Wissenschaftliche Beiträge aus dem Tectum Verlag

Reihe Rechtswissenschaften

Wissenschaftliche Beiträge
aus dem Tectum Verlag

Reihe: Rechtswissenschaften
Band 72

Anna Kröner

Effektivitätsanforderungen an die Lärmaktionsplanung

Straßenverkehrslärm in Ballungsräumen und an Hauptverkehrsstraßen

Tectum Verlag

Anna Kröner

Effektivitätsanforderungen an die Lärmaktionsplanung. Straßenverkehrslärm in Ballungsräumen und an Hauptverkehrsstraßen

Wissenschaftliche Beiträge aus dem Tectum Verlag
Reihe: Rechtswissenschaften; Bd. 72

Zugl. Diss., Universität Osnabrück 2013

ISBN: 978-3-8288-3422-4

ISSN: 1861-7875

Umschlaggestaltung: Mareike Gill | Tectum Verlag
Satz und Layout: Mareike Gill | Tectum Verlag
Druck und Bindung: CPI buchbücher.de, Birkach
Printed in Germany

Besuchen Sie uns im Internet
www.tectum-verlag.de

FSC
www.fsc.org
MIX
Papier aus verantwortungsvollen Quellen
FSC® C003147

Bibliografische Informationen der Deutschen Nationalbibliothek
Die Deutsche Nationalbibliothek verzeichnet diese Publikation in der Deutschen Nationalbibliografie; detaillierte bibliografische Angaben sind im Internet über http://dnb.ddb.de abrufbar.

Für meinen Großvater

Heinz Salmon

Vorwort

Die vorliegende Arbeit wurde vom Fachbereich Rechtswissenschaften der Universität Osnabrück im Sommersemester 2013 als Dissertation angenommen. Bei der Veröffentlichung handelt es sich um ein überarbeitetes Manuskript, dessen letzte Teile im März 2014 fertig gestellt wurden. Rechtsprechung und Literatur sind bis zu diesem Zeitpunkt berücksichtigt.

An erster Stelle möchte ich mich ganz herzlich bei meiner Doktormutter, Frau Prof. Dr. Pascale Cancik, für die gute Betreuung meiner Arbeit bedanken. Mit großem Engagement hat sie mich bei der Erstellung dieser Arbeit mit wertvollen Hinweisen gefördert und mir eine lehrreiche Zeit als wissenschaftliche Mitarbeiterin an ihrem Lehrstuhl für Öffentliches Recht und Verwaltungswissenschaften ermöglicht.

Mein Dank gilt zudem Herrn Prof. Dr. Oliver Dörr, LL. M. für seine weiterführenden Anregungen zu den europarechtlichen Aspekten der Arbeit und eine zügige Erstellung des Zweitgutachtens.

Bei meinen Kolleginnen und Kollegen vom Lehrstuhl möchte ich mich für eine wundervolle Zeit in toller Arbeitsatmosphäre bedanken. Mein Dank gilt insbesondere Frau Christine Schneider für eine gute Zusammenarbeit und eine angenehme Bürogemeinschaft.

Herzlicher Dank gilt meinen Freundinnen und Freunden. Dabei denke ich vor allem, aber nicht ausschließlich, an Dr. Kirsten Meyer und Ass. Jur. Franziska Lietz, LL. M., Ihnen danke ich für viele hilfreiche fachliche Diskussionen und Anregungen.

Ganz besonders möchte ich mich auch bei meiner Familie bedanken. Insbesondere meinen Eltern Birgit Kröner und Dr. Egbert Kröner und meinem Bruder Tonio Kröner, die mich mit vollem Einsatz unterstützt und mich durch ihr Vertrauen darin bestärkt haben meinen bisherigen Lebensweg so und nicht anders mit großem Zutrauen zu gehen. Mein ganz besonderer Dank gilt aber meinem Großvater, Heinz Salmon, der mich dazu ermutigt hat die Chance, die in dieser Arbeit steckt, zu ergreifen. Ihm ist diese Arbeit gewidmet, da er nie die Chance hatte einen Hochschulabschluss zu machen, geschweige denn einen Doktortitel zu erlangen, es aber ihm zu verdanken ist, dass nicht nur seinen Kinder alle Türen offen standen, sondern auch allen seinen Enkeln.

Hannover, im März 2014 Anna Kröner, LL. M.

Inhaltsverzeichnis

Darstellungsverzeichnis

Abkürzungsverzeichnis

a. F.	alte Fassung
Abb.	Abbildung
Abs.	Absatz
AdR	Ausschuss der Regionen der Europäischen Union
AEUV	Vertrag über die Arbeitsweise der Europäischen Union
Preuß. AllGewO	Allgemeine preußische Gewerbe-Ordnung
AöR	Archiv des öffentlichen Rechts
Art.	Artikel
AtG	Atomgesetz
Aufl.	Auflage
BAB	Bundesautobahn
BauGB	Baugesetzbuch
BauNVO	Baunutzungsverordnung
BauR	Baurecht
BayImSchG	Bayerisches Immissionsschutzgesetz
BayVBl.	Bayerische Verwaltungsblätter
Bbg	Brandenburg
Bd.	Band
Bearb.	Bearbeiter/in
Beschl.	Beschluss
BGB	Bürgerliches Gesetzbuch
BGBl.	Bundesgesetzblatt

BGH	Bundesgerichtshof
BGHZ	Entscheidungen des Bundesgerichtshofes in Zivilsachen
BImSchG	Bundes-Immissionsschutzgesetz
BImSchV	Bundes-Immissionsschutzverordnung
BMU	Bundesumweltministerium
BMVBS	Bundesministerium für Verkehr, Bau und Stadtentwicklung
BR-Drs.	Bundesratsdrucksachen
BReg	Bundesregierung
BT-Drs.	Bundestagsdrucksachen
BVerfG	Bundesverfassungsgericht
BVerwG	Bundesverwaltungsgericht
BW	Baden-Württemberg
bzgl.	bezüglich
bzw.	beziehungsweise
d. h.	das heißt
DAR	Deutsches Autorecht
dB(A)	Dezibel A-Bewertung
DIN	Deutsches Institut für Normung
Diss.	Dissertation
DÖV	Die öffentliche Verwaltung
Dt.	deutsche
DVBl.	Deutsches Verwaltungsblatt
E	Entscheidung
e. V.	eingetragener Verein
EFRE	Europäischer Fond für regionale Entwicklung
EG	Europäische Gemeinschaft
EGV	Vertrag zur Gründung der Europäischen Gemeinschaft
endg.	endgültig
ESVGH	Entscheidungssammlung des hessischen Verwaltungsgerichtshofs und des Verwaltungsgerichtshofs Baden-Württemberg
etc.	et cetera
EU	Europäische Union
EuGH	Europäischer Gerichtshof
EuR	Europarecht

EUV	Vertrag über die Europäische Union
EWG	Europäische Wirtschaftsgemeinschaft
EZB	Europäische Zentralbank
f.	folgend
FDP	Freie Demokratische Partei
ff.	folgende
Fn.	Fußnote
FStrG	Bundesfernstraßengesetz
GenTG	Gentechnikgesetz
GewArch	Gewerbearchiv
GG	Grundgesetz
ggf.	gegebenenfalls
GmbH	Gesellschaft mit beschränkter Haftung
GO NW	Gemeindeordnung Nordrhein-Westfalen
GVBl.	Gesetz- und Verordnungsblatt
Habil.-Schr.	Habilitationsschrift
Hrsg.	Herausgeber
HStrG	Hessisches Straßengesetz
HV	Hessische Verfassung
HWG	Hamburgisches Wegegesetz
i. S. d.	Im Sinne des
i. S. v.	Im Sinne von
i. V. m.	In Verbindung mit
JÖR	Jahrbuch des öffentlichen Rechts
JuS	Juristische Schulung
JZ	JuristenZeitung
Kap.	Kapitel
KFZ	Kraftfahrzeug
km	Kilometer
km^2	Quadratkilometer
KommP	KommunalPraxis
LAI	Länderausschuss für Immissionsschutz
L_{den}	Level day, evening, night
lit.	littera
LKW	Lastkraftwagen
L_{night}	Level night
LSA	Land Sachsen-Anhalt
LStrG	Landesstraßengesetz

MBl.	Ministerialblatt
MKRO	Ministerkonferenz für Raumordnung
Mio.	Millionen
Mrd.	Milliarden
M-V	Mecklenburg-Vorpommern
Nds.	Niedersachsen
Nds.VBl.	Niedersächsische Verwaltungsblätter
NJW	Neue Juristische Wochenschrift
NNVG	Niedersächsisches Nahverkehrsgesetz
NordÖR	Zeitschrift für Öffentliches Recht in Norddeutschland
Nr.	Nummer
NRW	Nordrhein-Westfalen
NStrG	Niedersächsisches Straßengesetz
NUVPG	Niedersächsisches Gesetz über die Umweltverträglichkeitsprüfung
NV	Niedersächsisches Verfassung
NVwZ	Neue Zeitschrift für Verwaltungsrecht
NVwZ-RR	Neue Zeitschrift für Verwaltungsrecht Rechtsprechungs-Report
NWVBl.	Nordrhein-Westfälische Verwaltungsblätter
NZV	Neue Zeitschrift für Verkehrsrecht
OMT	Outright Monetary Transactions
ÖPNV	Öffentlicher Personennahverkehr
ÖPNVG	Gesetz über den öffentlichen Personennahverkehr
OVG	Oberverwaltungsgericht
PBefG	Personenbeförderungsgesetz
PolVS	Politische Vierteljahresschrift
RdErl	Runderlass
RegG	Gesetz zur Regionalisierung des Personennahverkehrs
RegioHanG	Gesetz über die Region Hannover
RL	Richtlinie
RLS-90	Richtlinie für den Lärmschutz an Straßen
Rn.	Randnummer
ROG	Raumordnungsgesetz
Rs.	Rechtssache

S.	Seite
Sächs	Sächsisch(es)
SARO	Sachverständigen Ausschuss für Raumordnung
SH	Schleswig-Holstein
Slg.	Sammlung der Rechtsprechung des Gerichtshofes und des Gerichts erster Instanz
SRU	Sachverständigenrat für Umweltfragen
StrG	Straßengesetz
StrWG	Straßen- und Wegegesetz
StVO	Straßenverkehrsordnung
t	Tonne
TA	Technische Anleitung
TanspR	Transportrecht
TEHG	Treibhausgansemissionshandelsgesetz
teilw.	teilweise
u. a.	unter anderem
UBA	Umweltbundesamt
UL-RL	Umgebungslärmrichtlinie
Umw	Umwelt
Univ.	Universität
UPR	Umwelt- und Planungsrecht
Urt.	Urteil
UTR	Umwelt- und Technikrecht
UVP	Umweltverträglichkeitsprüfung
v.	vom
VBlBW	Verwaltungsblätter für Baden-Württemberg
VDI	Verein Deutscher Ingenieure
Verf.	Verfasser
VerwArch	Verwaltungsarchiv
VG	Verwaltungsgericht
VGH	Verwaltungsgerichtshof
Vgl.	vergleiche
VkBL.	Verkehrsblatt
VLärmSchR97	Richtlinien für den Verkehrslärmschutz an Bundesfernstraßen in der Baulast des Bundes
VO	Verordnung
VR	Verwaltungsrundschau
VRS	Reihe Verwaltungsrechts-Sammlung

VVDStRL	Veröffentlichungen des Vereins der Deutschen Staatsrechtslehrer
VwGO	Verwaltungsgerichtsordnung
VwV	Verwaltungsvorschrift
VwVfG	Verwaltungsverfahrensgesetz
WHG	Wasserhaushaltsgesetz
WHI	Walter Hallstein-Institut
WiVerw	Wirtschaft- und Verwaltung
WSA	Europäischer Wirtschafts- und Sozialausschuss
z. B.	zum Beispiel
ZfBR	Zeitschrift für deutsches und internationales Bau- und Vergaberecht
ZfL	Zeitschrift für Lebensrecht
Ziff.	Ziffer
Zugl.	zugleich
ZUR	Zeitschrift für Umweltrecht
Zust.	Zuständigkeit

Einführung

I. Einführung in die Problematik

Die Lärmaktionsplanung als Ansatz für einen umfassenden Lärmschutz ist Gegenstand kontroverser Diskussionen auf nationaler aber auch europäischer Ebene.[1]

In einer Lärmumfrage des Umweltbundesamtes (UBA) von 2011 wird Straßenverkehrslärm als Beeinträchtigungsursache Nummer eins genannt. Damit rangiert der Straßenverkehrslärm vor dem Fluglärm und dem Schienen- und Gewerbelärm.[2] Nur 17% der Befragten gaben an, von Straßenverkehrslärm überhaupt nicht beeinträchtigt zu sein, hochgradig oder wesentlich beeinträchtigt fühlen sich demgegenüber 36% bzw. 59% der Befragten.[3] Innerhalb der EU waren Schätzungen zufolge bereits 1996 20% der Bevölkerung Lärmpegeln von 65 dB(A) ausgesetzt, also beinahe 80 Mio.

1 Vgl. u. a. Spiegel-Online, Lärmforschung: Wenn Geräusche bloß noch nerven, online; Spiegel-Online, Neue Lärmgrenzwerte für Autos: Die volle Dröhnung, online; Frankfurter Allgemeine Zeitung, Auswirkungen von Lärm, 24.8.2012, online.

2 *UBA*, Auswertung der Online-Lärmumfrage des UBA, S. 8, 11, online.

3 „Hochgradig belästigt" fast die Kategorien „äußerst belästigt" und „stark belästigt" zusammen; „wesentlich belästigt" fasst die Kategorien „äußerst belästigt", „stark belästigt" und „mittelmäßig belästigt" zusammen. *UBA*, Auswertung der Online-Lärmumfrage des UBA, S. 5

Menschen. Solche Lärmpegel werden von Wissenschaftlern als nicht hinnehmbar bewertet. Etwa doppelt so viele Menschen lebten in einem Bereich wesentlicher Belästigung mit Lärmpegeln von 55 bis 65 dB(A).[4] Diese Belastung weiter Teile der Bevölkerung durch Verkehrslärm bringt hohe „soziale Kosten" mit sich. Die EU schätzt diese auf europaweit 40 Mrd. € pro Jahr.[5]

Aus diesem Grunde wurde im Jahre 2002 die Umgebungslärmrichtlinie erlassen[6], sie wurde im sechsten Teil des Bundes-Immissionsschutzgesetzes in den §§ 47a bis 47f BImSchG in deutsches Recht umgesetzt und muss nun durch die Verwaltung vollzogen werden.

Durch die vom europäischen Recht als ersten Schritt vorgegebene Lärmkartierung soll zunächst die Lärmbelastung in Europa erfasst und die Öffentlichkeit über ihre Lärmsituation informiert werden. Erfasst werden der Lärm des Straßenverkehrs, von Flughäfen und Eisenbahnen sowie der Gewerbelärm. Aufgrund der Ergebnisse dieser Lärmkartierung sind in den sich anschließenden Lärmaktionsplänen Maßnahmen vorzusehen, durch die „schädliche Auswirkungen einschließlich Belästigung durch Umgebungslärm verhindert, ihnen vorgebeugt oder gemindert" werden sollen.[7] Diese Maßnahmen sind im Lärmaktionsplan zu einem geeigneten Gesamtpaket zu verbinden. Dieses Paket kann beispielsweise die Einführung von Geschwindigkeitsbeschränkungen oder die Errichtung von Schallschutzwänden vorsehen. Die Umgebungslärmrichtlinie gibt dabei keine zu erreichenden Lärmgrenzwerte vor, sondern fordert allgemein ein „hohes Gesundheits- und Umweltschutzniveau" und stellt damit Anforderungen an eine bestimmte Umweltqualität.[8] Diese sollen von den zuständigen Behörden verwirklicht, also in konkrete Verhaltenspflichten und die Planung baulicher Anlagen umgesetzt werden.

Die Umsetzung der Umgebungslärmrichtlinie in das nationale Recht ist durch einen eigenen Teil im Bundes-Immissionsschutz-

4 Grünbuch, Künftige Lärmschutzpolitik, KOM(96) 540 endg.

5 Kommissionsbericht v. 1.6.2011, KOM (2011), 321 endg. 2 f.

6 RL 2002/49/EG, ABl. L 189 vom 18.7.2002, S. 12–25.

7 Art. 1 Abs. 1 UL-RL.

8 So 1. Erwägungsgrund, Art. 1 Abs. 1 lit. c) UL-RL.

gesetz[9] derart erfolgt, dass die Lärmaktionspläne keine Ermächtigungsgrundlagen für die vorgesehenen Maßnahmen bereitstellen, sondern bestehende Ermächtigungsgrundlagen aus dem BImSchG oder anderen Gesetzen in Bezug nehmen. Die Aufgabe der Aufstellung von Lärmaktionsplänen ist in der deutschen Umsetzung überwiegend den Gemeinden zugewiesen worden.[10] Bei der Lärmminderung handelt es sich allerdings um eine Querschnittsaufgabe, die sich Vorgaben einer Vielzahl von Rechtsregimen zu Nutze macht und damit verbunden auch in die Zuständigkeitsbereiche einer Vielzahl von Behörden eingreift. Durch diese Bündelung einer Planungsaufgabe in einem solch heterogen verteilten Bereich, wie des Lärmschutzes an Straßen, Schienen, Flughäfen und Gewerben, ist das Entstehen von Kompetenzkonflikten nicht zu verhindern. Gleichzeitig fehlen konkrete Verfahrensvorgaben für die Aufstellung von Lärmaktionsplänen und für die Festlegung von Maßnahmen sowie für die spätere Verwirklichung der Maßnahmen sowohl in der Umgebungslärmrichtlinie als auch in der deutschen Umsetzung. Lediglich die Pflicht zur Erstellung von Lärmaktionsplänen und damit die Pflicht, den Schwerpunkt auf Verfahrensanforderungen zu setzen und das Ziel ein „hohen Umwelt- und Gesundheitsschutzniveau" zu erreichen, sind in der Umgebungslärmrichtlinie vorgegeben und werden auch durch das Immissionsschutzrecht fortgeführt.[11]

Insgesamt verfolgt das Europarecht beim Lärmschutz, wie auch bei anderen Umweltschutzvorgaben, wie der Luftreinhalteplanung und der Umweltverträglichkeitsprüfung, in Bezug auf Administration, Normstruktur und Regelungsansätzen einen anderen Weg als das deutsche Recht. Das deutsche Recht setzt beim Umweltschutz (klassisch) auf Erlaubnisse, Emissionsgrenzwerte und technische Vorgaben für Maschinen und Anlagen. Das Europarecht demgegenüber stellt Anforderungen an eine hohe Umweltqualität anhand von Zielvorgaben und ohne bindende Grenzwerte oder detaillierte Ver-

9 Sechster Teil, §§ 47 a – § 47 f BImSchG.

10 Abweichende landesrechtliche Regelungen treffen etwa Hessen oder Bayern für Hauptverkehrsstraßen, vgl. Art. 8a Abs. 2 S. 1 und 4 BayImSchG § 7 Abs. 2 VO Zust.

11 Vgl. § 47 d Abs. 1 S. 1 i. V. m. § 1 BImSchG.

fahrensvorgaben umzusetzen. In diesen unterschiedlichen Ansätzen wird ein Grund gesehen, weshalb das deutsche Verfahrensrecht und die Verwaltungsakteure bei der Umsetzung europarechtlicher Vorgaben regelmäßig vor einer großen Herausforderung stehen.[12] Dieser Umstand führt zudem immer wieder zu Anpassungsschwierigkeiten des deutschen Rechts und Vertragsverletzungsverfahren gegen Deutschland vor dem EuGH.[13]

Auch die Umgebungslärmrichtlinie enthält Zielvorgaben und legt den Fokus auf ein integriertes, lärmquellenübergreifendes Verfahren durch die Erstellung von Lärmaktionsplänen für Orte im Einwirkungsbereich von verschiedenen Lärmquellen. Die Richtlinie verfolgt einen raumüberspannenden und lärmquellenübergreifenden Ansatz. Zudem soll die Verwaltung ineinandergreifende Maßnahmen, die verschiedene Rechtsgebiete zuzuordnen sind den Lärmschutz gestalten. Damit stellt der Ansatz der Umgebungslärmrichtlinie im deutschen Recht einen Fremdkörper dar, indem er der planerstellenden Behörde derartig weitreichende Gestaltungsaufgaben einräumt, die in Kompetenzen anderer Träger öffentlicher Belange eingreifen und daher nach dem nationalen Recht zumeist der Politik bzw. Planungsbehörden auf Bundes- oder Landesebene[14] überlassen sind.

Dennoch sind die Vorgaben der Umgebungslärmrichtlinie in nationales Recht umzusetzen und durch nationales Recht zu vollziehen. Aus der europäischen Richtlinie als Grundlage folgt, dass diese in ihren Zielen verbindlich ist und sich ihre Um- und Durchsetzung im nationalen Recht an europäischen Effektivitätsanforderungen messen lassen muss.[15] So soll das Ziel eines hohen Umwelt- und Gesundheitsschutzniveaus bei der Durchsetzung der Richtlinie

12 Allgemein zu Systemveränderungen durch Einwirkungen des EU-Rechts. *v. Danwitz*, Verwaltungsrechtliches System und Europäische Integration, S. 334 ff.

13 Z. B. EuGH, Urt. v. 15.07.2004, C-420/03, ABl. 2004, Nr. 228, 16 o NuR 2004, 657 f.- GVO Freisetzungs-RL; EuGH Urt. v. 11.9.2001, C-71/99, ABl. 2001, Nr. C 289, 1-2 = DVBl. 2001, 1826 ff. RL-Erhaltung natürlicher Lebensräume und wildlebender Arten; EuGH, Urt. v. 9.9.1999, C-217/97, ABl. 1999, Nr. C 352, 3-4 = DVBl. 1999, 1494 ff.-UL-RL.

14 Wie im Rahmen der Raumordnung oder Bundesbedarfsplanung.

15 Art. 4 EUV.

durch Aufstellung und Verwirklichung der Lärmaktionspläne realisiert werden.[16] Die Effektivitätsanforderungen des Unionsrechts gelten für die Um- und Durchsetzung der Umgebungslärmrichtlinie insgesamt, also auch für die Aufstellung der Lärmaktionspläne. Die europäischen Effektivitätsanforderungen stellen sich außerdem an die Qualität sowie an die Verwirklichung der in den Lärmaktionsplänen vorgesehenen Maßnahmen. Insgesamt besteht daher für den Gesetzgeber und die Verwaltung die Herausforderung, die Umgebungslärmrichtlinie vor dem Hintergrund des deutschen Rechts und entsprechend den europäischen Effektivitätsanforderungen zu vollziehen.

II. Ziel der Arbeit

Ziel der Arbeit ist es die Effektivitätsanforderungen des Unionsrechts an die Umsetzung der Umgebungslärmrichtlinie in nationales Recht sowie an ihren Vollzug durch die nationale Verwaltung herauszuarbeiten und auf ihre Einhaltung zu prüfen. Aufgezeigt wird aber auch, wann und welche Anforderungen an einen effektiven Lärmschutz sich aus dem nationalen Recht stellen. Im Mittelpunkt der Arbeit steht die Untersuchung der Vorgaben zur Erstellung von Lärmaktionsplänen und Festlegung von Maßnahmen in den Plänen sowie Vorgaben für die Verwirklichung dieser Maßnahmen aus der Umgebungslärmrichtlinie. Daran werden die Richtlinienumsetzung und der Richtlinienvollzug im deutschen Recht und durch die deutsche Verwaltungspraxis nachgezeichnet. Schließlich werden Vorschläge gemacht, identifizierten Um- und Durchsetzungsdefiziten in europarechtskonformer Weise zu begegnen, dabei aber einen schonenden Umgang mit dem nationalen Verwaltungsrecht und nationaler Verwaltungspraxis zu wahren.

Die Arbeit konzentriert sich auf den Lärmfaktor Straßenverkehr in Ballungsräumen und an Hauptverkehrsstraßen. Außer Betracht bleiben die Lärmkartierung, die Bürgerbeteiligung und Ansprüche der Bürger auf Planerstellung[17] sowie der Flug- und Schienenlärm.

16 Erwägungsgrund 1 UL-RL.

17 Dazu *Kröner*, UPR 2013, 89 ff.

III. Stand der Forschung

Die Lärmaktionsplanung bietet viele Fragestellungen, die von der Literatur bisher nur teilweise und dann nur sehr knapp aufgegriffen wurden. Die umfassendste Kommentierung liefert *Schulze-Fielitz* im Gemeinschaftskommentar-BImSchG herausgegeben von *Koch*. *Schulze-Fielitz* behandelt in der Kommentierung viele der wesentlichen Fragestellungen, die auch dieser Arbeit zugrunde liegen, wie eine Rechtspflicht zur Aufstellung von Lärmaktionsplänen, ihre Mindestinhalte und ihre rechtliche Wirkung für andere Behörden und Planungsträger.[18] Die Darstellung und Argumentation hält sich aber in der gebotenen Kürze einer Kommentierung. Diskutiert werden in der Literatur weiter die Problemstellung zu Implementierungspflichten der Lärmaktionsplanmaßnahmen[19], der räumlicher Umfang von Ballungsräumen[20] und die Notwendigkeit eines Auslösetatbestandes für eine Planungspflicht.[21] Zentraler und bisher am intensivsten diskutierter Punkt ist die Frage, wem durch § 47 d Abs. 1 S. 3 BImSchG Ermessen in Bezug auf Maßnahmen eingeräumt wird, den planerstellenden oder den planvollziehenden Behörden.[22]

Die Kommentarliteratur beschränkt sich aber in weiten Teilen auf einen knappen Überblick der Regelungsinhalte der §§ 47a ff. BImSchG und den Vorgaben der Umgebungslärmrichtlinie.

In Aufsätzen werden die auch in den Kommentaren aufgegriffenen Fragestellungen breiter aber nicht abschließend behandelt. Außerdem greift die Aufsatzliteratur weitere Problemstellungen auf, etwa das Verhältnis der Kartierungspflicht zur Planerstellungspflicht,

18 *Schulze-Fielitz*, in: Koch (Hrsg.), GK-BImSchG, § 47 d.

19 Vgl. *Herrmann*, in: Koch (Hrsg.), GK-BImSchG, § 47 Rn. 100; *Jarass*, BImSchG, § 47 Rn. 52 ff.; *Hansmann*, in: Landmann/Rohmer, BImSchG, § 47 Rn. 29.

20 *Schulze-Fielitz*, in: Koch (Hrsg.), GK-BImSchG, § 47b. Rn. 23.
So *Hansmann*, in: Landmann/Rohmer, BImSchG, § 47b Rn. 11; *Schulze-Fielitz*, in: Koch (Hrsg.), GK-BImSchG, § 47b Rn. 23.

21 *Hansmann*, in: Landmann/Rohmer, BImSchG, § 47d Rn. 8; *Scheidler*, DVBl. 2005, 1344, 1349.

22 Dazu *Hansmann*, in: Landmann/Rohmer, BImSchG, § 47 d Rn. 15; *Scheidler*, DVBl. 2005, 1344, 1349; *Stettner*, in: Ule/Laubinger (Hrsg.), BImSchG, § 47 d Rn. C 5.

bezogen auf ihren jeweiligen räumlichen Umfang.[23] Die Lärmaktionsplanung unter Effektivitätsgesichtspunkten untersucht *Kupfer* in einem Aufsatz, der 2012 in der NVwZ[24] veröffentlich wurde. Er wirft dabei ähnliche Fragen auf, wie sie in dieser Arbeit diskutiert werden. Einen ersten Überblick über die Planungspraxis gibt der Aufsatz von *Cancik* für Niedersachsen[25], wobei sie auch auf die Datengrundlage dieser Arbeit zurückgreift.

Als Monographie ist die Dissertation von *Ulrich Blaschke* als grundlegende Arbeit zu nennen. Sie behandelt die Lärmaktionsplanung einschließlich Kartierung umfassend und grundlegend.[26] *Blaschke* widmet den hier angesprochenen Problemen einen kurzen Abschnitt.[27]

Parallele Fragestellungen werden in der Literatur zur Luftreinhalteplanung diskutiert. Diese sind ausdifferenzierter und tiefergehender als es bei der Lärmaktionsplanung bisher der Fall ist. Dies mag daran liegen, dass die Luftreinhalteplanung auf eine Richtlinie aus dem Jahre 1996[28] zurückgeht und damit wesentlich älter ist als die Lärmaktionsplanung. Zudem hat die Luftreinhalteplanung mit ihren Umweltzonen für mehr Resonanz in der Presse gesorgt[29], als die Lärmaktionsplanung bisher. Parallel zur Lärmaktionsplanung wird für die Luftreinhalteplanung etwa die Auslegung des Berücksichtigungsgebotes planungsrechtlicher Festlegungen diskutiert.[30]

---

23 *Feldmann*, ZUR 2005, 352, 355; *Repkewitz*, VBlBW. 2006, 309, 312.

24 *Kupfer*, NVwZ 2012, 784 ff.

25 *Cancik*, Nds.VBl. 2013, S. 329 ff.

26 *Blaschke*, Lärmminderungsplanung.

27 *Blaschke*, Lärmminderungsplanung, S. 471 ff.

28 Luftqualitätsrahmenrichtlinie 96/62/EG, Amtsblatt Nr. L 296 vom 21/11/1996 S. 0055.

29 Vgl. nur *Spiegel.de*, Neue Untersuchung: Feinstaub-Studie zeigt Nutzen von Umweltzone, v. 30.4.2013, online; *Spiegel.de*, Umweltschutz contra Ostalgie: No, Trabi, no!, v. 27.1.2012, online; *Spiegel.de*, Feinstaubplakette: Ruhrgebiet wird größte Umweltzone, v. 29.12.2011, online; *Spiegel.de*, Umweltzone 2010: Freie Fahrt für saubere Bürger, v. 5.1.2010, online.

30 *Sparwasser*, NVwZ 2006, 369, 373; Steenbuck, NVwZ 2005, 770, 771; differenzierter *Jarass*, VerwArch 2006, 429, 443.

In der Rechtsprechung spielt die Lärmaktionsplanung im Vergleich zu Klagen auf Vornahme lärmschützender oder lärmmindernder Maßnahmen an Straßen, Schienen oder Flughäfen nur eine untergeordnete Rolle.[31] Als Klagen mit Bezug zur Lärmaktionsplanung ist der Rechtsstreit vor dem OVG Lüneburg aus 2009 zum Flughafen Hannover-Langenhagen zu nennen.[32] Die Kläger begehren aktive Lärmschutzmaßnahmen insbesondere gegen Flüge zwischen 22 und 6 Uhr nachts. Fraglich war, ob sich der Kläger auf die §§ 47a ff. BImSchG und insbesondere auf die Pflicht zur Lärmkartierung und Aktionsplanerstellung nach § 47c Abs. 1 S. 1 und § 47d Abs. 1 S. 1 BImSchG berufen kann. Das Gericht stellt fest, dass die Zuständigkeit für eine Lärmkartierung und Lärmaktionsplanerstellung inklusive möglicher Maßnahmen zum Lärmschutz nicht beim Niedersächsischen Ministerium für Wirtschaft, Arbeit und Verkehr als oberste Luftfahrt- und Genehmigungsbehörde des Flughafens und als Beklagte liegt und daher auch nicht in der Planfeststellung zu berücksichtigen ist.

Vor dem VG Düsseldorf[33] wurde bis Mitte 2010 die Frage verhandelt, ob Anwohnern einer stark befahrenen Straße im Stadtgebiet Krefeld Ansprüche auf die Erstellung eines Lärmaktionsplanes haben. Da die Stadt Krefeld im Fürhjahr 2010 aber ein Lärmaktionsplanungsverfahren einleitete und die klagenden Bürger zur Planerstellung beteiligte, erklärten diese das Verfahren für erledigt. Die Kosten des Verfahrens übernahmen auf Hinweis des Gerichts die Kläger, da das Gericht an einem Anspruch auf Planerstellung zweifelte. Dem OVG Münster[34] wurde zudem eine Beschwerde gegen die Streitwertfestsetzung vorgelegt und es setzte den Wert von 225.000€ auf 150.000€, was 10.000€ je Kläger entsprach, herab.

Auch das OVG Bremen wies die Klage von Anwohnern gegen den Bau einer Straßenbahnlinie gestützt auf das Fehlen einer zwingend gebotenen Lärmaktionsplanung mit Öffentlichkeitsbeteiligung

31 Vgl. etwa VG Meiningen, Urt. v. 1.3.2011 – 2 K 468/08 Me; VG Berlin, Urt. v. 22.12.2010 – 1 K 94.10.

32 OVG Lüneburg, Urt. v. 23.4.2009 – 7 KS 18/07.

33 VG Düsseldorf, 3 K 8495/08, zitiert bei *Cancik*, WiVerw 2012, 210, 219.

34 OVG Münster, Beschl. v. 17.2.2011 – 8 E 814/10.

ab.[35] Es sah den Planfeststellungsbeschluss zum Bau der Straßenbahnlinie aufgrund des unterbliebenen Lärmaktionsplans nicht als fehlerhaft an.

In einer neueren Entscheidung ließ das VG Magdeburg im Eilverfahren offen, ob die bundesgesetzliche Zuweisung der Lärmkartierung verfassungswidrig sei, da nur die Länder über solch eine Zuweisung entscheiden könnten und ob eine Zuweisung ohne Kostenausgleich gegen das Konnexitätsprinzip der Landesverfassung Sachsen-Anhalt verstoße. Das VG verschob diese Entscheidung auf das Hauptsachverfahren und versagte der antragstellenden Gemeinde nach einer Abwägung mit öffentlichen Interessen an der Lärmkartierung den vorläufigen Rechtsschutz.[36]

Im Januar 2014 entschied das OVG Lüneburg über eine fachaufsichtliche Weisung an eine Straßenverkehrsbehörde. Diese hatte auf Messungen im Rahmen eines Lärmaktionsplanungsverfahrens der Kommune hin, eine nächtliche Tempobeschränkung auf 30 km/h eingeführte, welche aufgrund der Weisung nun wieder aufzuheben war. Das OVG entschied, dass ein Lärmaktionsplan keine unmittelbare Außenwirkung gegenüber dem Bürger entfalte und auch keine selbständige Rechtsgrundlage zur Anordnung von Maßnahmen darstelle.[37] Zwar erkennt der Senat an, dass die Aufstellung von Lärmaktionsplänen als Teil der örtlichen Planung dem Selbstverwaltungsrecht unterfallen, konnte aber offen lassen, ob durch die Weisung in das Selbstverwaltungsrecht der Kommune eingegriffen wurde. Zum Zeitpunkt der verkehrsbehördlichen Anordnung der Tempobeschränkung lag der Lärmaktionsplanung noch nicht einmal als Entwurf vor. Mithin war die Planung der Gemeinde noch nicht so weit fortgeschritten, dass durch die Weisung in ihr Selbstverwaltungsrecht eingegriffen werden konnte.[38]

Untersuchungen wie in dieser Arbeit, die rechtliche Fragestellungen mit tatsächlichen Problemen des Verwaltungsvollzuges kombinieren, gibt es bisher nicht. Das UBA hat zwar den Stand der Lärmaktionsplanung zum Stichtag 1.1.2010 untersucht und in seiner

35 OVG Bremen, Urt. v. 18.2.2010 – 1 D 599/08.

36 VG Magdeburg, Beschl. v. 14.11.2012 – 9 B 226/12.

37 OVG Lüneburg, Beschl. v. 10.1.2014 – 12 LA 68/13, zitiert nach Juris Rn. 4.

38 Lüneburg, Beschl. v. 10.1.2014 – 12 LA 68/13, zitiert nach Juris Rn. 9.

Lärmbilanz 2010 herausgegeben.[39] Diese Untersuchung betrachtet aber nur die tatsächlichen Gegebenheiten, u. a. in Bezug auf bisher erstellte und gemeldete Lärmaktionspläne, vermutete Kosten und die Ausweisung ruhiger Gebiete und nimmt keine rechtliche Einordnung vor.

Die Lärmaktionsplanung wirft in rechtlicher und tatsächlicher Hinsicht großen Untersuchungsbedarf auf, der erst in Ansätzen zufrieden gestellt wurde.

IV. Gang der Untersuchung

Den Fragen, welche Effektivitätsanforderungen sich an die Implementierung der Umgebungslärmrichtlinie stellen und ob diese durch das deutsche Verfahrensrecht und damit in der Praxis eingehalten werden, soll in folgenden Schritten nachgegangen werden.

Im ersten Teil der Arbeit wird die Ausgangssituation der Lärmaktionsplanung dargestellt. Zunächst wird das deutsche Lärmschutzrecht vor Umsetzung der Umgebungslärmrichtlinie vorgestellt. Anschließend werden das Konzept der Umgebungslärmrichtlinie und ihre Entstehung vom Umweltaktionsprogramm bis zu ihrem Erlass nachgezeichnet. Daraufhin wird die Ausgangssituation des deutschen Lärmschutzrechts vor Umsetzung der Umgebungslärmrichtlinie dem Ansatz der Richtlinie gegenübergestellt. Hier ist auch ein Vergleich mit anderen Planungsinstrumenten des deutschen Rechts möglich, der erste Anhaltspunkte für die Einordnung der Lärmaktionsplanung als Planungsinstrument geben kann und zeigt, ob Parallelen zu diesen anderen Planungen bestehen. Gleichzeitig lässt sich anhand der Lärmschutzkonzepte auf deutscher und europäischer Ebene bereits ablesen, vor welche Schwierigkeiten Deutschland bei der Implementierung der Umgebungslärmrichtlinie gestellt wird. An einen Überblick über die Umsetzung der Umgebungslärmrichtlinie im deutschen Recht schließt sich der Stand der Planung anhand von Praxisbeispielen an. Es wird beispielhaft dargestellt in

39 *UBA*, Lärmbilanz 2010.

welcher Form Lärmaktionspläne in der Praxis erstellt und welche Maßnahmen darin vorgesehen werden.

Im zweiten Teil der Arbeit werden die Effektivitäts- und Verbindlichkeitsanforderungen, die sich an die Umsetzung und den Vollzug der Umgebungslärmrichtlinie stellen, dargestellt.

Hier ist zunächst das Verhältnis von nationalem Recht zum Unionsrecht zu klären. Nur so kann entschieden werden, aus welcher Rechtsordnung Effektivitätsanforderungen an die Umsetzung und Verwirklichung der Umgebungslärmrichtlinie maßgeblich abzuleiten sind und in welchem Verhältnis sie zueinander stehen. Insoweit das Unionsrecht mit der Umgebungslärmrichtlinie seine zugewiesenen Kompetenzen wahrgenommen hat, gilt ausschließlich ein unionsrechtlicher Effektivitätsmaßstab. Unionsrechtliche Effektivitätsanforderungen lassen sich aus dem vom EuGH entwickelten Grundsatz des „effet utile“ herleiten.

Nur insoweit die Umgebungslärmrichtlinie Regelungsbereiche nicht ausfüllt oder sie ausdrücklich den Mitgliedstaaten überlässt, kommen nationale Effektivitätsanforderungen zur Anwendung. Nationalen Effektivitätsanforderungen liegen primär die Grundrechte als Anforderungen an einen effektiven Lärmschutz und Ausgleich zu lärmverursachenden Handlungen zugrunde. Daher werden Grundrechte Lärmbetroffener und von Lärmverursachern sowie die Staatszielbestimmung Umweltschutz des Art. 20a GG untersucht. Daneben stellt die kommunale Selbstverwaltungsgarantie Anforderungen an die Verwirklichung der in Lärmaktionsplänen durch die Gemeinden festgelegten Maßnahmen. Beide Anforderungsregime, des Unionsrechts und des nationalen Rechts müssen von der deutschen Verwaltung bei der Implementierung der Lärmaktionsplanung eingehalten werden.

Schließlich wird geprüft, welche Sanktionen für einen nicht richtlinienkonformen Vollzug bzw. eine nicht richtlinienkonforme Umsetzung drohen.

Der Arbeit liegt dabei die These zugrunde, dass sich Effektivität insbesondere durch Verbindlichkeit erreichen lässt. Für die Lärmaktionsplanung könnte dies bedeuten, dass zunächst eine Pflicht zur Aufstellung von Lärmaktionsplänen besteht, außerdem eine Pflicht, in ihnen Maßnahmen einer gewissen Qualität und eines abgestimmten Konzepts vorzusehen, und schließlich eine Bindung der für die Verwirklichung der Maßnahmen zuständigen Behörde an die Vorgaben der Lärmaktionspläne besteht.

Diese These gilt es im Einzelnen zu prüfen. Deshalb werden im dritten, vierten und fünften Teil diese drei Schritte bis zur Verwirklichung der Maßnahmen aus Lärmaktionsplänen auf ihre durch das deutsche Umsetzungs- und Verfahrensrecht gewährleistete Verbindlichkeit hin untersucht.

Zunächst rückt im dritten Teil die Erstellung von Lärmaktionsplänen an sich in den Mittelpunkt. Es stellt sich die Frage, ob nach europäischen Effektivitätsanforderungen eine Pflicht zur Erstellung von Lärmaktionsplänen besteht und wie umfassend diese sein müsste, nach deutschem Recht ist und in der Praxis wahrgenommen wird. Diese Frage der Planerstellungspflicht wird an drei in der Praxis aufgeworfenen und relevanten Problemstellungen untersucht. Zunächst stellt sich die Frage, ob es eines bestimmten Lärmpegels bedarf, um die Planerstellungspflicht auszulösen oder ob allein das Vorhandensein eines Ballungsraumes oder einer Hauptverkehrsstraße dafür genügen. Weiter stellt sich die Frage, wie Ballungsräume und damit der räumliche Planungsumfang zu bestimmen sind. In der Praxis werden Ballungsräume oft anhand der Gemeindegrenzen bestimmt und damit auch begrenzt. Nach der Definition von Ballungsräumen in der Umgebungslärmrichtlinie könnte aber eine räumliche Bestimmung unabhängig von Gemeindegrenzen anzunehmen sein. Die dritte Frage innerhalb der Planerstellung betrifft das Verhältnis der Lärmaktionsplanung von Ballungsräumen zu der von Orten in der Nähe von Hauptverkehrsstraßen. In jedem Ballungsraum verlaufen Straßen, die als Hauptverkehrsstraßen zu beplanen sind. Dennoch wird die Planerstellung für diese Straßen bisher nur im Zusammenhang mit der Planerstellung für den Ballungsraum wahrgenommen, nicht aber eigenständig und unabhängig.

Im vierten Teil geht es um die Anforderungen an die Qualität der Maßnahmen in den Lärmaktionsplänen. Zunächst ist fraglich, ob Lärmaktionspläne überhaupt Maßnahmen enthalten müssen und wenn ja unter welchen Voraussetzungen. Weiter wird untersucht, ob den Maßnahmen generell oder unter bestimmten Voraussetzungen eine bestimmte Qualität zukommen muss. Dazu werden die unterschiedlichen Arten von Maßnahmen, die die Umgebungslärmrichtlinie, ihre Umsetzung im BImSchG vorsehen oder sich als Ausgestaltung der Praxis herausgebildet haben, auf ihre Verbindlichkeit für die zur Verwirklichung der Maßnahmen berufenen Behörden untersucht. Danach wird nachgeprüft, welche Anforderungen sich auf dieser Stufe an eine effektive Planerstellung und Richtlinienimplementierung stellen und ob diese eingehalten sind. Neben der möglichen unterschiedlichen Verbindlichkeit durch die Maßnahmenkategorien Plananordnungen, planungsrechtliche Festlegungen, langfristige Strategien und politische Absichtserklärungen wird weiter ein abgestimmtes Gesamtkonzept von Maßnahmen als Anforderung der Umgebungslärmrichtlinie an einen effektiven Lärmminderung untersucht.

Im fünften Teil der Arbeit rückt die Maßnahmenverwirklichung, also der Vollzug der in den Lärmaktionsplänen bisher nur festgelegten Maßnahmen, in den Blick. Dieser dritte Schritt der Richtlinienimplementierung wirft die Frage auf, ob die für die Verwirklichung der Maßnahmen berufenen Fachbehörden, die zu der planerstellenden Behörde unterschiedlich sein können, verpflichtet sind, die im Lärmaktionsplan festgelegten Maßnahmen zu vollziehen. Dazu werden zunächst die Anforderungen der Umgebungslärmrichtlinie an die Verwirklichung der Maßnahmen dargestellt. Anschließend werden die Tatbestandsvoraussetzungen und die Zuständigkeiten für den Vollzug der in Betracht kommenden Ermächtigungsgrundlagen zur Maßnahmenverwirklichung des deutschen Rechts beleuchtet. Dazu werden die Rechtsregimes Straßen- und Straßenverkehrsrecht, Recht der kommunalen Wirtschaftstätigkeit sowie Planungen von Verkehrswegen, Bauleitplanung und kommunale Verkehrskonzepte in den Blick genommen. Aus diesem Überblick über mögliche Ermächtigungsgrundlagen lässt sich schließen, inwieweit auf eine Verwirklichung durch die planerstellende Behörde Einfluss genommen werden kann und welche Hindernisse der Einflussnahme entgegen stehen.

Anschließend werden in einem sechsten Teil Verbindlichkeitshindernisse identifiziert und überprüft, ob das deutsche Recht richtlinienkonform angewandt werden kann. Verwirklichungshindernisse sind: (1) das Fehlen speziell auf den Lärmschutz an Straßen zugeschnittener Ermächtigungsgrundlagen; (2) die zur Verwirklichung der Maßnahmen berufenen Behörden sind oft nicht mit der planerstellenden Behörden identisch; (3) den zuständigen Behörden ist bei der Maßnahmenverwirklichung Ermessen eingeräumt, das sie selber ausüben müssen; (4) denn die überwiegende Zahl der Maßnahmen wirkt direkt gegenüber dem Bürger; (5) außerdem entfalten die Maßnahmen Wirkungen für die Finanzhaushalte. Diese Verbindlichkeitshindernisse kommen besonders auf Ebene der Maßnahmenverwirklichung zum Tragen, spielen aber auch bei der Frage, Maßnahmen welcher Qualität in Lärmaktionsplänen vorgesehen werden müssen, eine Rolle.

Es wird gezeigt, dass im Wege der Rechtfortbildung durch eine analoge Anwendung der Beteiligungspflicht aus der Luftreinhalteplanung in § 47 Abs. 4 S. 2 BImSchG für in ihren Aufgaben betroffenen Straßenverkehrsbehörden, nicht ausreicht, um alle Defizite auszugleichen.

Anschließend werden Lösungsansätze vorgestellt, den bestehenden Defiziten in Bezug auf eine effektive Lärmaktionsplanung durch Regelungen des Gesetzgebers zu begegnen. Dazu werden zunächst Grundlegende Anforderungen, die Lösungen erfüllen müssen dargestellt. Diese folgen aus den Vorgaben des Unionsrechts an die Richtlinienumsetzung, wie sie in den Teilen 3 bis 5 dargestellt wurden sowie aus den Staatsstrukturprinzipien an ein möglichst schonendes Einfügen der Richtlinie ins nationale Recht. Der Schwerpunkt liegt auf Lösungsansätzen, die eine verbindliche Maßnahmenverwirklichung sicher stellen.

Die Arbeit schließt mit einem Ergebnis und Ausblick.

V. Begriffe

Die Begrifflichkeiten der Umgebungslärmrichtlinie sowie die verwendeten Begriffe bei der Lärmaktionsplanung in der Verwaltungspraxis und Literatur sind noch uneinheitlich. Deshalb ist es für die Bearbeitung erforderlich, die wesentlichen Begriffe vorab zu klären.

1. „Maßnahmen"

Den Kern der Lärmaktionsplanung bilden die „Maßnahmen". Diese sollen in den Lärmaktionsplänen festgelegt werden, um Umgebungslärm zu verhindern, zu mindern oder ihm vorzubeugen (so Art. 1 Abs. 1 UL-RL i. V. m. Anhang V).[40] Das BImSchG geht in § 47d BImSchG davon aus, dass Lärmaktionspläne Maßnahmen enthalten, sagt aber nichts zu deren Ausgestaltung oder Inhalt. § 47 Abs. 6 BImSchG bestimmt das Maßnahmen „durchzusetzen" oder „zu berücksichtigen" sind, lässt aber auch ihren Inhalt offen.

Maßnahmen können allgemein als Handlung definiert werden, mit der ein bestimmtes Ziel erreicht werden soll.[41] In der Rechtswissenschaft werden Maßnahmen überwiegend als hoheitliches Handeln definiert, das in die Rechte einer anderen Person eingreift und auch gegen ihren Willen vollzogen wird. Der Rechtseingriff durch die Maßnahme ist dann rechtmäßig, wenn sie auf einer Ermächtigungsgrundlage beruht und deren Voraussetzungen gegeben sind.[42] Für Maßnahmen in Lärmaktionsplänen treffen beide Ansätze zu. Zum einen werden sie festgelegt, um das Ziel zu erreichen Umgebungslärm vorzubeugen, zu verhindern oder zu mindern. Zum anderen werden durch sie hoheitliche Handlungen aufgrund von bestehenden Ermächtigungsgrundlagen vorgesehen, die auch in Rechte Dritter eingreifen können.

40 Umgebungslärmrichtlinie wird mit UL-RL abgekürzt.

41 *FreeDictionary.com* Großwörterbuch Deutsch als Fremdsprache, online: http://de.thefreedictionary.com/Maßnahme.

42 Keine materiell-rechtlichen Fehler vorliege, dazu *Peine*, Allg. VerwR, Rn. 219 ff.

Der Begriff „Maßnahme“ wird in der Arbeit als Sammelbegriff gebraucht und darunter weiter in Kategorien unterteilt.

In den Regelungen zur Lärmaktionsplanung werden primär zwischen solchen Maßnahmen unterschieden, die durch Anordnungen oder sonstige Entscheidungen erlassen werden und „planungsrechtlichen Festlegungen“.[43] Maßnahmen, die durch Anordnungen oder sonstige Entscheidungen verwirklicht werden, werden im Folgenden als „Plan-Anordnungen“ bezeichnet. Dies sind insbesondere solche Maßnahmen, die als Einzelfallentscheidungen ergehen, wie etwa Verkehrsverbote im Straßenrecht. „Planungsrechtliche Festlegungen“ sind solche Maßnahmen, die durch einen Plan verwirklicht werden, insbesondere durch Bauleitplanung oder Planfeststellungen.[44]

Im Anhang V der Umgebungslärmrichtlinie ist außerdem von „langfristigen Strategien“ die Rede. Als Abgrenzungen zu den anderen Kategorien kommt es bei ihnen maßgeblich auf die zeitliche Komponente an. Langfristige Strategien sollen längere Wirkung entfalten und über den Zeitraum sonstiger Maßnahmen hinaus verfolgt werden.

Aus vielen Formulierungen bereits aufgestellter Lärmaktionspläne lässt sich außerdem erkennen, dass häufig Absichtserklärungen, auf eine bestimmte Weise handeln zu wollen, abgegeben werden. Solche Erklärungen, die weder in der Umgebungslärmrichtlinie noch in ihrer nationalen Umsetzung vorgesehen sind, werden „politische Absichtserklärungen“ genannt.

---

43 Cancik unterscheidet zwischen „Maßnahmen im engeren Sinne“ und „Maßnahmen im weitere Sinne“, die auch „planungsrechtlichen Festlegungen“ umfassen *Cancik*, ZUR 2007, 169, 175.

44 Zur Frage, ob Planfeststellungen zu planungsrechtlichen Festlegungen zählen, vgl. 4. Teil, II. 2. a) bb) (4).

2. Implementierung, Umsetzung und Verwirklichung von Maßnahmen

Weitere zentrale Begriffe der Arbeit sind die „Umsetzung“ und „Durchsetzung“ der Umgebungslärmrichtlinie, die „Implementierung der Umgebungslärmrichtlinie“ durch das deutsche Verwaltungsrecht und die „Verwirklichung von Maßnahmen“. Dass diese Begriffe so genau bestimmt werden müssen, ist dem Umstand geschuldet, dass die „Durchsetzung“ von Richtlinien im nationalen Recht, von der gesetzlichen Verankerung bis zum Wirksamwerden gegenüber dem Bürger in mehreren Schritten erfolgt. Nicht alle diese Schritte sind Gegenstand dieser Arbeit.

Als Sammelbegriff des Wirksamwerdens der Richtlinienvorgaben von der gesetzlichen Verankerung bis zum Bürger soll der Begriff „Durchsetzung“ dienen. In einem ersten Schritt der Richtliniendurchsetzung sind die Richtlinienvorgaben in nationales Gesetzesrecht „umzusetzen“. Dies ist mit den §§ 47a–47f BImSchG erfolgt. In Anlehnung an den üblichen Sprachgebrauch ist insofern von „Umsetzung“ der Richtlinie in nationales Recht die Rede. Damit ist die „Durchsetzung“ der Richtlinienvorgaben aber noch nicht beendet. Vielmehr muss noch die Anwendung der nationalen Vorschriften folgen, die oft in einer Wirkung gegenüber dem Bürger mündet. Diese weiteren Schritte werden im Folgenden allgemein als „Implementierung der Richtlinie“ bezeichnet. Zur „Implementierung der Umgebungslärmrichtlinie“ gehören die Erstellung von Lärmkarten, die Erstellung von Lärmaktionsplänen, inklusive der in ihnen vorgesehenen Maßnahmen und die „Verwirklichung“ dieser Maßnahmen durch die Behörden.[45] Unter „Verwirklichung der Maßnahmen“ werden alle Schritte verstanden, die nach ihrem Festlegen im Lärmaktionsplan nötig werden, damit sie ihre Wirkung gegenüber dem Bürger entfalten können, etwa durch Aufstellen oder Anordnen konkreter Verhaltenspflichten gegenüber dem Bürger und der Planung baulicher Anlagen (vgl. zum zeitlichen Ablauf, Darstellung 1, S. 21).

45 Vgl. zu den einzelnen Schritten Darstellung Nr. 1, S. 23, Einführung V. 5. a. E.

Im Rahmen dieser Arbeit interessieren primär folgende Schritte der Richtlinienimplementierung: das Erstellen von Lärmaktionsplänen, das Festlegen von Maßnahmen und dann zentral die Verwirklichung dieser Maßnahmen. Die Erstellung von Lärmkarten und der gegebenenfalls erforderlich werdende letzte Schritt, die Überwachung der Maßnahmenbefolgung durch die Behörden, ist nicht mehr Gegenstand der Arbeit.

Um die Behörden, die den Lärmaktionsplan erstellen und die Maßnahmen in ihnen vorsehen, von den Behörden, die diese vorgesehenen Maßnahmen verwirklichen, begrifflich abzugrenzen, werden die erstgenannten Behörden als „planerstellende Behörde" und die zweitgenannten als „maßnahmenverwirklichende Behörde" bezeichnet.

3. Ballungsräume

Zur Bestimmung des Umfangs der Lärmkartierungs- und Aktionsplanpflicht setzt die Umgebungslärmrichtlinie zunächst an Ballungsräumen an.[46] Die Umgebungslärmrichtlinie bestimmt den Begriff des Ballungsraumes als „einen durch den Mitgliedstaat festgelegten Teil seines Gebiets mit einer Einwohnerzahl von über 100.000 und einer solchen Bevölkerungsdichte, dass der Mitgliedstaat den Teil als Gebiet mit städtischem Charakter betrachtet".[47] Dies wird durch die deutsche Umsetzung in § 47b Nr. 2 BImSchG weiter auf ein Gebiet mit einer Bevölkerungsdichte von mindestens 1.000 Einwohner/km^2 konkretisiert.

Um kleineren Gemeinden mehr Zeit zur Vorbereitung auf die Lärmkartierung und die Lärmaktionsplanung zu geben, sieht die Richtlinie zwei Kartierungs- und Planungsphasen vor. So waren in der ersten Phase bis 2007 alle Ballungsräume mit mehr als 250.000 Einwohnern zu kartieren und bis 2008 für diese auch Lärmaktionspläne zu erstellen. In der zweiten Phase waren dann die Ballungs-

46 Zu den sich aus diesem ergebenden Problemen, vgl. 1. Teil II. 3. a) und 3. Teil II.

47 Art. 3 lit. k) UL-RL.

räume mit mehr als 100.000 Einwohnern bis 2012 zu kartieren und bis 2013 die Lärmaktionspläne zu erstellen.[48]

Eine weitere Konkretisierung des Begriffs Ballungsraum, aber auch die Bedeutung des Ansatzes für die Planungspraxis wird in der Literatur nur angedeutet.[49] Wie die Beispiele im ersten Teil zeigen werden, geht die Planungspraxis sehr unterschiedlich mit der Ausgestaltung der Ballungsräume um.[50]

4. Orte in der Nähe von Hauptverkehrsstraßen

Als weiteren Anknüpfungspunkt für die Lärmkartierungs- und Aktionsplanungspflicht knüpft die Umgebungslärmrichtlinie an „Orten in der Nähe von Hauptverkehrsstraßen" an. Hauptverkehrsstraßen werden in der Richtlinie als „eine vom Mitgliedstaat angegebene regionale, nationale oder grenzüberschreitende Straße mit einem Verkehrsaufkommen von über drei Millionen Kraftfahrzeugen pro Jahr" definiert.[51] Nach der deutschen Umsetzung wird dies auf „Bundesfernstraßen, Landesstraßen oder auch sonstige grenzüberschreitende Straßen" konkretisiert.[52]

Unbestimmt ist demgegenüber der „Ort" in der Nähe von Hauptverkehrsstraßen.

Wie auch bei den Ballungsräumen erfolgt die Kartierung und Beplanung der Hauptverkehrsstraßen in zwei Phasen. Bis 2007 waren alle Orte in der Nähe Hauptverkehrsstraßen mit mehr als sechs Millionen Fahrzeugen im Jahr zu kartieren und bis 2008 die Aktionspläne zu erstellen. In der zweiten Phase folgte dann die Kartierung bis 2012 und die Aktionsplanerstellung bis 2013 auch

---

48 So Art. 7 Abs. 1, 1 Hs. UL-RL und Art. 8 Abs. 1 b) UL-RL.

49 Vgl. *Schulze-Fielitz*, in: Koch (Hrsg.) GK-BImSchG, § 47a Rn. 22 f.; *Hansmann*, in: Landmann/Rohmer, BImSchG, § 47a Rn. 11; *Stettner*, in: Ule/Laubinger (Hrsg.) BImSchG, § 47a Rn. D 1.

50 1. Teil II. 3.

51 Art. 3 lit. n) UL-RL.

52 § 47 b Nr. 3 BImSchG.

für Orte in der Nähe von Hauptverkehrsstraßen ab drei Millionen Fahrzeugen pro Jahr.[53]

5. Ruhige Gebiete

Neben Hauptlärmquellen, wie Ballungsräumen und Hauptverkehrsstraßen, knüpft die Umgebungslärmrichtlinie an „ruhige Gebiete" an. Der Schutz vor Lärmbelästigungen wird dadurch durch den Schutz solcher Gebiete ergänzt, die bisher nicht belastet sind und als solche erhalten bleiben sollen. Was genau unter „ruhigen Gebieten" zu verstehen ist, ist unklar. Die Kommentarliteratur beschränkt sich bisher darauf, den Richtlinien- oder Gesetzestext zu zitieren.[54] Die Umgebungslärmrichtlinie unterscheidet in Art. 3 lit. l) und lit. m) weiter zwischen ruhigen Gebieten in Ballungsräumen, die als „ein von der zuständigen Behörde festgelegtes Gebiet, in dem beispielsweise der L_{den}-Index oder ein anderer geeigneter Lärmindex für sämtliche Schallquellen einen bestimmten, von dem Mitgliedstaat festgelegten Wert nicht übersteigt" definiert werden und ruhigen Gebieten auf dem Land. Ruhige Gebiete auf dem Land werden als „ein von der zuständigen Behörde festgelegtes Gebiet, das keinem Verkehrs-, Industrie- und Gewerbe- oder Freizeitlärm ausgesetzt ist" definiert. Den zuständigen Behörden wird durch eine fehlende weitere Konkretisierung, insbesondere durch anwendbare Lärmindizes, ein weiter Ermessensspielraum eröffnet.

---

53 Art. 7 Abs. 1, 2 Hs. UL-RL und Art. 8 Abs. 1 a) UL-RL.

54 So überwiegend für ruhige Gebiete *Schulze-Fielitz*, in: Koch (Hrsg.), GK-BImSchG, § 47d Rn. 46 ff; *Hansamm*, in: Landmann/Rohmer, BImSchG, § 47d Rn. 26.

Darstellung 1: Zeitlicher Ablauf der Durchsetzung der Umgebungslärmrichtlinie

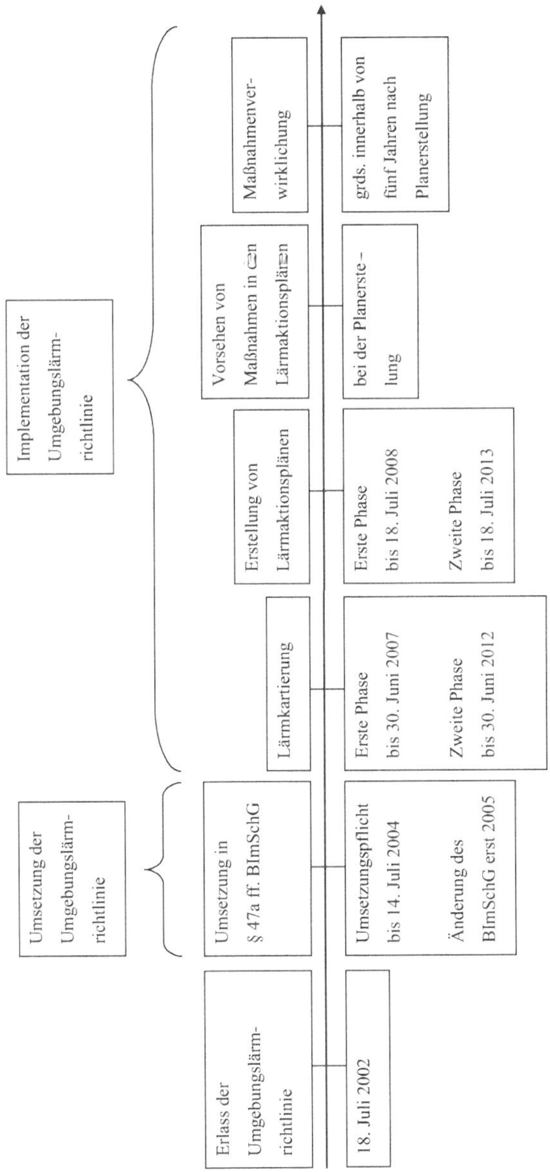

1. Teil

Ausgangssituation der Lärmaktionsplanung

Im ersten Teil der Arbeit ist zu klären, welche Ausgangssituation der Durchsetzung der Umgebungslärmrichtlinie und damit der Lärmaktionsplanung in Deutschland zugrunde liegt. Aus einem Vergleich zwischen dem Lärmschutzrecht in Deutschland vor Umsetzung der Umgebungslärmrichtlinien und dem Ansatz und Hintergrund der Richtlinie lassen sich die grundlegenden Schwierigkeiten, die der Lärmaktionsplanung begegnen, ableiten. In einem ersten Abschnitt wird das deutsche Lärmschutzrecht vor Umsetzung der Umgebungslärmrichtlinie in den Blick genommen, um anschließend die Entstehung der Umgebungslärmrichtlinie einschließlich ihres Ansatzes und seiner Auswirkungen auf das deutsche Recht nachzuzeichnen. Neben den gewachsenen Unterschieden zwischen deutschem Lärmschutzrecht und europäischer Einflussnahme spielt auch der Stand der Lärmaktionsplanung in Deutschland für einen Problembefund eine Rolle. Deshalb werden in einem weiteren Abschnitt die Schwierigkeiten, die aufgrund der unterschiedlichen Ansätze zwischen den Rechtsordnungen existieren, am Stand der Um- und Durchsetzung der Umgebungslärmrichtlinie in Deutschland deutlich gemacht.

I. Unterschiedliche Konzepte beim Lärmschutz in Deutschland und Europa vor historischem Hintergrund

1. Deutsches Lärmschutzrecht vor Umsetzung der Umgebungslärmrichtlinie

Das deutsche Lärmschutzrecht ist Teil des Immissionsschutzrechts und damit Teil eines sehr ausdifferenzierten Bereiches des Umweltrechts. Mangels abweichender Definition ist Lärm als eine schädliche Umwelteinwirkung im Sinne von § 3 BImSchG von den immissionsschutzrechtlichen Regelungen erfasst. Schädliche Umwelteinwirkungen sind danach „Immissionen, die nach Art, Ausmaß oder Dauer geeignet sind, Gefahren oder erhebliche Nachteile oder erhebliche Belästigungen für die Allgemeinheit oder die Nachbarschaft herbeizuführen".

Das Immissionsschutzrecht ist noch sehr jung, umfasste aber schon früh auch das Lärmschutzrecht. Zu Beginn des Immissionsschutzrechtes generell, aber auch des Lärmschutzrechtes im Speziellen, stand das Nachbarschaftsrecht als Teil des Zivilrechts. Der Grundstückseigentümer konnte Ansprüche geltend machen, von anderen Grundstücken ausgehenden Immissionen freigehalten zu werden.[55] Erst mit der Entwicklung des öffentlichen Rechts im gewerberechtlichen Sinne im 19. Jahrhundert wurden auch hoheitliche Anforderungen gestellt und Regelungen im Gewerberecht erlassen.[56] Das zivilrechtliche Nachbarrecht begründet keinen umfassenden Schutz gegen Lärm und lässt auch heute noch bloße Anwohner- und Umweltinteressen unberücksichtigt.[57] Mit der Entwicklung des Immissionsschutzrechts im öffentlichen Recht traten staatliche Kontrollen und Immissionsbekämpfung in Form von gewerberechtlichen Regelungen in den Mittelpunkt gesetzlicher Normen und ergänzten das Recht dort, wo das Zivilrecht nicht aus-

55 Solche Ansprüche finden sich auch heute noch in: § 906 BGB, Zuführung unwägbarer Stoffe.

56 *Murswiek*, Die staatliche Verantwortung für die Risiken der Technik, S. 343 ff.

57 *Kloepfer*, Umweltrecht, § 14 Rn. 8.

reichend war.[58] Diese öffentlich-rechtlichen Normen regelten aber ausschließlich die Emissionen von Anlagen und waren als polizeirechtliche Ansätze eines Immissionsschutzrechts als Sonderrecht zum Gewerberecht ausgestaltet. Vorläufer des heute geltenden Bundesimmissionsschutzgesetzes waren Gewerbeordnungen, wie die Preußische Allgemeinen Gewerbeordnung (AllgGewO) von 1845,[59] und keine ausschließlich auf Immissionsschutz zugeschnittenen Regelungen. Die Regelungen aus der AllgGewO wurden in die nachfolgenden Gewerbeordnungen übernommen und erst mit Inkrafttreten des Immissionsschutzgesetzes 1974 herausgelöst und in einem eigenen Gesetz kodifiziert.[60]

Eine andere Entwicklung nahmen aber spezifische verkehrs- und gebietsbezogene Immissions- und damit auch Lärmschutzregelungen. Diese haben sich außerhalb der anlagenbezogenen Gewerberegelungen entwickelt. Verkehrs- und gebietsbezogene Regelungen entstanden als umfassendes Planungs- und Wirtschaftslenkungsrecht und bewegen sich im Rahmen der Zuteilung von Umweltgütern.[61] Die Regelungen zum Schutz vor Verkehrslärm und zur Beschaffenheit von Fahrzeugen wurden 1974 in einem eigenen besonderen Teil in das Bundesimmissionsschutzgesetz (BImSchG) eingefügt. Dazu gehörten unter anderem die Vorgänger der heutigen §§ 41–43 BImSchG, die die weitestgehende Vermeidung von schädlichen Umwelteinwirkungen ausgehend von Straßen und Schienenwegen regeln.[62] 1974 sollte zudem eine konkretisierende Verordnung[63] erlassen werden, die nötige Immissionsgrenzwerte, Schallschutzmaßnahmen und -anforderungen für Straßen und Schienenwege regelt. Auf die dazu zu erlassenden Grenzwerte konnte man sich aber nicht einigen, sodass die Verordnungsermächtigung ungenutzt blieb. Denn Grenzwerte, die den Anforderungen

58 *Kloepfer*, Umweltrecht, § 14 Rn. 5.

59 §§ 26 ff Pr. AllGewO, 17.1.1845

60 *Kloepfer*, Umweltrecht, § 14 Rn. 6.

61 *Murswiek*, Die staatliche Verantwortung für die Risiken der Technik, S. 343 ff.; ferner *Leitl*, in: Weidner/Knoepfel (Hrsg.), Luftreinhaltepolitik in: städtischen Ballungsräumen, S. 61 ff.

62 BT-Drs. 7/1513 v. 14.1.1974, S. 3.

63 *Stich*, UPR 1985, 265.

des § 1 BImSchG „vor schädlichen Umwelteinwirkungen zu schützen", gerecht würden, waren nicht finanzierbar. Somit sollte der Verkehrslärmschutz dann vom BImSchG abgekoppelt in einem eigenen Gesetz zur Lärmsanierung an Straßen- und Schienenwegen geregelt werden. Der Entwurf eines Verkehrslärmschutzgesetzes[64], das auch Grenzwerte enthielt, wurde 1978 beraten, scheiterte dann aber im Vermittlungsausschuss[65] an der Forderung des Bundesrates, die Grenzwerte herabzusetzen. Bis heute sind keine Immissionsgrenzwerte für Straßen geregelt, die unabhängig von einem Aus- oder Neubau der Straße Anwendung finden.

Erst spät entwickelte sich der Ansatz einer spezifischen Lärmminderungsplanung. Vorreiter war Nordrhein-Westfalen. Hier wurden 1985 in § 12a des Landesimmissionsschutzgesetzes NRW Regelungen zur Lärmminderungsplanung erlassen.[66] 1990 wurden dann auch im BImSchG Regelungen für eine bundeseinheitliche Lärmminderungsplanung in den §§ 47 ff. BImSchG a. F. erlassen.[67] Diese unterschied sich im Detail von der heutigen Regelung auf Grundlage der Umgebungslärmrichtlinie.[68]

Auch heute ist die historisch gewachsene Teilung des Lärmschutzrechts in die Bereiche des Anlagenrechts, Planungsrechts und der Lärmminderungsplanung beibehalten. Diese Unterteilung wird gerade beim Schutz vor Straßenverkehrslärm deutlich. Auf der einen Seite werden Fahrzeuge und Straßen als Anlagen im Sinne des § 3 BImSchG betrachtet.[69] Die Fahrzeuge werden der Straße dann als Folge der hoheitlichen Widmung und Öffnung für den Verkehr zugerechnet.[70] Neben der Straße werden aber auch die Fahrzeuge einzeln als Anlage betrachtet und Anforderungen an ein Mindest-

---

64 BT-Drs. 8/1671 v. 23.3.1978.

65 BR-Drs. 126/80 v. 18.4.1980.

66 vgl. Gesetz zur Änderung des Landes-Immissionsschutzgesetzes vom 19.3.1985, GV NW S. 292; *Mitschang*, ZfBR 2002, 430, 439.

67 BGBl. I 1990 (Nr. 23), S. 870, 875.

68 Dazu eingehend 1. Teil II. 2.

69 Anlagen sind u. a. „Betriebsstätten und sonstige ortsfeste Einrichtungen, Maschinen, Geräte und sonstige ortsveränderliche technische Einrichtungen sowie Fahrzeuge, soweit sie nicht der Vorschrift des § 38 unterliegen".

70 *Staudinger/Roth*, BGB-Kommentar, Nachbarrecht, § 906 BGB Rn. 103 f.

maß an Emissionsarmut oder die Erfüllung zwischenstaatlicher Vereinbarungen zum Schutz vor Immissionen gestellt.[71]

Auf der anderen Seite unterliegt die Straße Anforderungen des Planungsrechts. Straßen werden mit Hilfe von Bauleitplänen oder Planfeststellungsentscheidungen geplant und zugelassen.[72] Im Rahmen dieser Planung können Anforderungen an Umweltgesichtspunkte und damit auch an den Lärmschutz gestellt werden. Als Schutz vor Straßenverkehrslärm kommen beispielsweise Schutzflächen und andere Vorkehrungen[73] oder eine Trennung von Nutzungsarten in Betracht.[74] Das BImSchG geht in der Umweltplanung grundsätzlich in drei Stufen vor: Zunächst sind schädliche Umweltbeeinträchtigungen, zu denen auch Lärm gehört, durch Planung (§ 50 BImSchG), etwa durch geeignete Trassierung, zu vermeiden. Als zweite Stufe folgt der aktive Schallschutz (§ 41 Abs. 1 BImSchG), z. B. durch Schallschutzwände oder -wälle, wenn eine planerische Handhabe nicht genügt.[75] Zum Schluss in Stufe drei wird bei Unzu-

---

71 § 38 Abs. 1 BImSchG.

72 Durch Flächennutzungsplan nach § 5 Abs. 2 Nr. 3 BauGB „Flächen für den überörtlichen Verkehr und für die örtlichen Hauptverkehrszüge"; durch einen Bebauungsplan, § 9 Abs. 1 Nr. 11 BauGB „Verkehrsflächen"; Planfeststellung für Bundesfernstraßen § 17 FStrG.

73 § 5 Abs. 2 Nr. 6 BauGB „Flächen für Nutzungsbeschränkungen oder für Vorkehrungen gegen schädliche Umwelteinwirkungen", entsprechend für den Bebauungsplan, § 9 Abs. 1 Nr. 23 BauGB vgl. zum Anspruch auf lärmschützende Vorkehrungen BVerwG, Beschl. v. 7.9.1988 – 4 N 1.87, E 80, 184 = DVBl. 1995, 1010 f.; OVG Münster NVwZ 1994, 1016 f.; *Mitschang/Reidt*, in: Battis/Krautzberger/Löhr (Hrsg.), BauGB-Kommentar, § 9 Rn. 142 f.; *Koch*, in: Erbguth/Oebbecke/Rengeling/Schulte (Hrsg.), Planung: FS f. Hoppe, S. 559.

74 **§ 50 BImSchG** „Bei raumbedeutsamen Planungen und Maßnahmen sind die für eine bestimmte Nutzung vorgesehenen Flächen einander so zuzuordnen, dass schädliche Umwelteinwirkungen (…) in Betriebsbereichen hervorgerufene Auswirkungen auf die ausschließlich oder überwiegend dem Wohnen dienenden Gebiete sowie auf sonstige schutzbedürftige Gebiete so weit wie möglich vermieden werden."; *Koch*, in: Erbguth/Oebbecke/Rengeling/Schulte (Hrsg.), FS f. Hoppe, S. 552 f.

75 **§ 41 Abs. 1 BImSchG** „Bei dem Bau oder der wesentlichen Änderung öffentlicher Straßen ist unbeschadet des § 50 sicherzustellen, dass durch diese keine schädlichen Umwelteinwirkungen durch Verkehrsgeräusche hervorgerufen werden können, die nach dem Stand der Technik vermeidbar sind."

mutbarkeit aktiven Schallschutzes (§§ 42 Abs. 2, 43 BImSchG) passiver Schallschutz, etwa in Form von Schallschutzfenstern, vorgesehen.[76] Konkretisiert werden diese Anforderungen durch Grenzwerte aus der 16. BImSchV.

Das Immissionsschutzrecht sieht sehr enge und punktuelle Regelungsansätze vor, dies wird gerade bei Lärmschutz an Straßen deutlich. Die Vorschriften der §§ 42 und 43 BImSchG und die dazugehörigen Grenzwerte sind nur für wesentliche Änderungen und Neuerrichtungen der Verkehrswege bei steigendem Geräuschpegel einschlägig, lösen jedoch nicht eine Sanierung bestehender, unveränderter Verkehrswege aus. Die Anwendbarkeit der Normen wird auch nicht ausgelöst, wenn ein Anstieg des Lärmpegels auf einem Anstieg des Verkehrsaufkommens und damit nicht auf einer baulichen Veränderung beruht. Ein Anspruch auf Schutzmaßnahmen wird grundsätzlich auch dann nicht begründet, wenn ein Bewohnen der anliegenden Gebäude unzumutbar wird.[77] Diese Regelungslücke sollte mit dem Verkehrslärmschutzgesetz[78] geschlossen werden. Da dies scheiterte besteht die Regelungslücke bis heute.[79] Außerdem werden nur Verkehrsgeräusche isoliert betrachtet, Einwirkungen zusammen mit anderen Quellen bleiben außer Betracht.[80]

Neben einer Ausgestaltung des Lärmschutzrechts im BImSchG finden sich weitere Regelungen im Gaststättenrecht, Straßenverkehrsrecht und in Regelungen zum Fluglärm. All diese Regelungen beruhen aber auf einer gemeinsamen Grundlage und zählen somit zum Immissionsschutzrecht. Diese Normen des BImSchG und

76 **§ 42 Abs. 2 BImSchG** „Die Entschädigung ist zu leisten für Schallschutzmaßnahmen an den baulichen Anlagen in Höhe der erbrachten notwendigen Aufwendungen, soweit sich diese im Rahmen der Rechtsverordnung nach § 43 Abs. 1 Satz 1 Nr. 3 halten."; *Uechtritz*, DVBl. 1999, 198, 199 ff.; als Maßnahmen des passiven Schallschutzes *Schulte*, ZUR 2002, 190, 197.

77 *Dürr*, UPR 1992, 241, 246.

78 BT-Drs. 8/1671.

79 Vgl. bei *Parzefall*, Entschädigung des Straßennachbarn bei Eigentumsbeeinträchtigungen durch Verkehrslärm, S. 73 f.

80 § 3 i. V. m. Anlage 1 und 2 der 16. BImSchV; dazu BVerwG, Urt. v. 21.3.1996 – AC 9.95, DVBl. 1996, 916 ff. **§ 3 S. 1 16. BImSchV** „Der Beurteilungspegel ist für Straßen nach Anlage 1 und für Schienenwege nach Anlage 2 zu dieser Verordnung zu berechnen".

anderer Gesetze werden durch eine Vielzahl sehr differenzierter Verfahrensvorgaben oder Grenzwerte aus untergesetzlichen Regelungen konkretisiert. Hier sind die Rechtverordnungen zum BImSchG zu nennen, wie etwa im Verkehrsbereich die 16. BImSchV, aber auch die 18. BImSchV, die Sportanlagenlärmschutzverordnung und weitere sich auf bestimmte Maschinen oder Anlagen beziehende Verordnungen, wie die 32. BImSchV. Hinzu kommen die TA-Lärm als Verwaltungsvorschrift des Bundes und weitere untergesetzliche Regelungen der Länder[81]. Außerdem sind Empfehlungen des Länderausschusses für Immissionsschutz (LAI) und Regelungen privater Normgeber wie VDI 2058 und DIN 18005 relevant.

Trotz der langen Tradition des Lärmschutzes und der sehr detaillierten Vorgaben sind diese wenig aufeinander abgestimmt und meist lückenhaft.[82] Dies gilt besonders für den Verkehrslärmschutz. Insgesamt ist das deutsche Lärmschutzrecht zwar sehr ausdifferenziert, aber auch auf die Bedürfnisse beim Zusammentreffen unterschiedlicher Regelungsbereiche schlecht harmonisiert.

2. Entstehung der Umgebungslärmrichtlinie

Dieser nationalen Entwicklung steht die Entstehung der Umgebungslärmrichtlinie im Europarecht gegenüber. Der Richtlinie gingen das fünfte Umweltaktionsprogramm, das Grünbuch über die künftige Lärmschutzpolitik der Gemeinschaft sowie das Weißbuch „Die europäische Verkehrspolitik bis 2010“ voraus.

Wie das gesamte Umweltrecht hat sich auch das Lärmschutzrecht der EU zunächst als Teil der Wirtschaftspolitik entwickelt und begrenzte sich darauf, die Geräuschpegel von Produkten zu regeln, z. B. für Rasenmäher[83] und Kraftfahrzeuge[84]. Durch eine Begrenzung

81 Niedersächsische Freizeitlärm-Richtlinie, Nds. MBl. 2001 Nr. 7, S. 201; Lärm-VO HH, GVBl. 1981 I S. 4, 15.03.1988 S. 36; VV d. Innenministeriums zum Verkehrslärmschutz an Straßen (BW), GMBl. Nr. 5 vom 30.05.2007 S. 199.

82 *Hansmann*, NuR 1997, 53.

83 RL 84/538/EWG.

84 RL70/1015/EWG; RL 74/151/EWG.

der Emissionen von Produkten wird indirekt auch die Gesundheit geschützt, die Regelungen wurden aber primär mit Blick auf den Binnenmarkt erlassen und auf die Wirtschaftskompetenz der EU gestützt. Der Umweltaspekt stand zunächst nicht im Mittelpunkt[85]. Mit diesem produktbezogenen Ansatz konnte sich aber kein kohärentes Lärmschutzsystem entwickeln.

a) Fünftes Umweltaktionsprogramm

Das fünfte Umweltaktionsprogramm von 1993[86] sollte ein kohärentes Lärmschutzsystem auf den Weg bringen und grundlegende Zielwerte für die Lärmausbreitung festlegen, die bis 2000 erreicht werden sollten. Das fünfte Umweltaktionsprogramm wurde 1995 überarbeitet und die Kommission kündigte Maßnahmen zur Lärmbekämpfung an.[87]

Umweltaktionsprogramme sind ein zentrales Element der EU-Umweltpolitik.[88] Sie sind seit dem Vertrag von Maastricht in Art. 175 Abs. 3 EGV (heute Art. 192 Abs. 3 AEUV) vorgesehen[89]. Aktionsprogramme werden von der Kommission in eigener Initiative oder auf Anregung des Europäischen Rates erlassen. Sie dienen

85 *Irmer*, BBauBl. 2000, 14; Rechtsgrundlege zur Verwirklichung des Binnenmarktes **Art. 115 AEUV** „Unbeschadet des Art. 11 erlässt der Rat gemäß einem besonderen Gesetzgebungsverfahren einstimmig und nach Anhörung des Europäischen Parlaments und des Wirtschafts- und Sozialausschusses Richtlinien für die Angleichung derjenigen Rechts- und Verwaltungsvorschriften der Mitgliedstaaten, die sich unmittelbar auf die Errichtung oder das Funktionieren des Binnenmarktes auswirken.".

86 5. Umweltaktionsprogramm, Beschluss des Europäischen Parlaments und des Rates Abl. L 275 v. 10.10.1998.

87 Kraftfahrzeuge RL70/1015/EWG; RL 74/151/EWG; Rasenmäher RL 84/538/EWG.

88 *Appel*, in: Koch (Hrsg.) Umweltrecht, § 2 Rn. 22.

89 *Oppermann*, Europarecht, § 29 Rn. 22; vgl. **Art. 192 Abs. 3 AEUV** „Das Europäischen Parlaments und der Rat beschließen gemäß dem ordentlichen Gesetzgebungsverfahren und nach Anhörung des Wirtschafts- und Sozialausschusses sowie Ausschusses der Regionen einstimmig allgemeine Aktionsprogramme, in denen die vorrangigen Ziele festgelegt werden".

der Konkretisierung allgemeiner Gesetzgebungsprogramme und Zielvorstellungen der EU. Umweltaktionsprogramme setzen in der europäischen Umweltpolitik wegweisende, mittelfristige Ziele und schaffen einen konzeptionellen Rahmen. Sie werden als sonstige verbindliche Äußerung der EU erlassen, sie haben mittlerweile in Art. 192 Abs. 3 AEUV ihre eigene Kompetenzgrundlage[90] und sind damit Teil des europäischen Sekundärrechts[91]. Die Umweltaktionsprogramme werden in sog. Grün- oder Weißbüchern für die Unionsorgane weiter ausgestaltet und konkretisiert. Ob im konkreten Fall ein Grün- oder ein Weißbuch zur Ausgestaltung erlassen wird, hängt davon ab, ob den Organen der Gemeinschaft bestimmte Maßnahmen verbindlich vorgeschrieben sind[92] oder sie lediglich als Orientierungshilfen dienen sollen. Für den Fall verbindlicher Maßnahmen wird die Form des Weißbuches und für Orientierungshilfen die Form des Grünbuches gewählt. Aber auch in einem Grünbuch wird die Absicht der Union zum Ausdruck gebracht, den Vorgaben des Grünbuches entsprechend zu handeln.[93]

b) Grünbuch über die künftige Lärmschutzpolitik der Gemeinschaft

Als erster Schritt zur weiteren Konkretisierung des fünften Umweltaktionsprogrammes wurde das Grünbuch über die künftige Lärmschutzpolitik der Gemeinschaft erlassen.[94]

Die Gemeinschaft erhob darin Lärmschutzmaßnahmen zur umweltpolitischen Priorität. Sie sollten über bisherige wirtschaftlenkende Maßnahmen, die einer Verwirklichung des Binnenmarktes dienten, hinausgehen. Die bisherigen Regelungen legten maximale Geräuschpegel, etwa für Kraftfahrzeuge oder Flugzeuge, fest.

---

90 *Appel*, in: Koch (Hrsg.), Umweltrecht, § 2 Rn. 22.

91 *Beutler/Bieber/Clemes*, Die Europäische Union, Rn. 1174.

92 *Beutler/Bieber/Clemens*, Die Europäische Union, Rn. 402; *Oppermann*, Europarecht, Rn. 589.

93 *Dietrich/Au/Dreher*, Umweltrecht der Europäischen Gemeinschaft, s. 136

94 Grünbuch über die künftige Lärmschutzpolitik, KOM(96) 540 endg. vom 4.11.1996.

Diese Maßnahmen führten zu einer wesentlichen Minderung der Geräuschpegel, dennoch konnte das Problem Lärm nicht ausreichend gelöst werden, da das Verkehrsaufkommen in der EU weiter zunahm. Die Kommission geht im Grünbuch davon aus, dass der Schlüssel zu wirksamen Maßnahmen in der gemeinsamen Verantwortung liegt.[95] Lärm tritt zwar lokal auf und bedarf auch hier geeigneter Lösungen, dennoch ist er meist nicht rein lokalen Ursprungs. Deshalb müssten unterschiedliche Maßnahmen auf höherer Ebene abgestimmt werden, um eine größere Wirksamkeit zu erreichen. Somit sollten gemeinsame Lärmbewertungsverfahren und Lärmbelastungsgrößen festgelegt werden, um die bisher unzureichende Datenlage zu ergänzen und einen Informationsaustausch zwischen den Mitgliedstaaten und den Organen der EU zu fördern.[96]

Nach dem Grünbuch über die zukünftige Lärmschutzpolitik der Gemeinschaft sollen alle lokalen und nationalen Partner ein globales Konzept verwirklichen, um eine möglichst große Effizienz zu erreichen. Dazu schlägt die Kommission vor, die Verantwortlichkeiten effektiv aufzuteilen, Zielvorgaben festzulegen und eine Kohärenz der Maßnahmen voranzutreiben. Weiter sollen die einzelnen Schritte überwacht und schließlich Verfahren zur Überwachung der Lärmbelastung insgesamt entwickelt werden.[97]

Die Kommission teilt die Lärmschutzmaßnahmen dazu in zwei Hauptkategorien ein, allgemeine Maßnahmen zur Lärmbekämpfung und Maßnahmen für einzelne Geräuschquellen. Für die allgemeinen Maßnahmen schlägt sie eine Vereinheitlichung der Bewertungsverfahren zwischen den unterschiedlichen Lärmquellen sowie gemeinsame EU-Beurteilungsgrößen und die Begrenzung der Lärmübertragung vor.[98]

Für die bereichsspezifische Kategorie schlägt die Kommission unterschiedliche Maßnahmen für den Straßenverkehr, den Eisenbahn- und Flugverkehr sowie für im Freien verwendete Maschinen

95 Grünbuch über die künftige Lärmschutzpolitik, KOM(96) 540 endg. vom 4.11.1996.

96 Vgl. *Irmer*, BBauBl. 2000, 14, 15.

97 Grünbuch über die künftige Lärmschutzpolitik, KOM(96) 540 endg. vom 4.11.1996.

98 Erwägungsgründe 7, 8 UL-RL.

vor. Im Bereich des Straßenverkehrs will sie zunächst die relevanten Grenzwerte herabsetzen, Infrastrukturmaßnahmen zur Verminderung von Abrollgeräuschen der Reifen ergreifen und Geräuschemissionen bei der technischen Überwachung überprüfen sowie an Emissionen anknüpfende Abgaben erheben. Daneben sind wirtschaftliche Anreize für den Verkauf geräuscharmer Fahrzeuge geplant. Zusätzlich soll eine Benutzung lärmverursachender Fahrzeuge durch Nacht- oder Wochenendfahrverbote begrenzt werden.[99]

c) Weißbuch „Die europäische Verkehrspolitik bis 2010"

Neben dem Grünbuch über die künftige Lärmschutzpolitik der Gemeinschaft ist das Weißbuch „Die europäische Verkehrspolitik bis 2010" für den Lärmschutz von Bedeutung.[100] Dieses Weißbuch dient der Konkretisierung des nachfolgenden und damit sechsten Umweltaktionsprogramms.[101] Die Gemeinschaft erließ das Weißbuch 2010 und stimmt darin die wirtschaftliche Entwicklung des Verkehrs mit gesellschaftlichen Anforderungen ab. Die Kommission schlägt fast sechzig Maßnahmen für ein Verkehrssystem vor, das den Gebrauch der Verkehrsmittel ausgleichen soll.[102] Das Weißbuch zielt dazu auf eine europäische Verkehrspolitik ab, im Rahmen der Sicherheit des Straßenverkehrs wird zudem die Umweltbelastung u. a. durch Lärm relevant. Dem Straßenverkehrslärm soll mit einer gemeinsamen Tarifierung der Infrastrukturnutzung begegnet werden, auch um einen fairen Wettbewerb zwischen den Verkehrsträgern herzustellen. Die Gebühren sollen nach den Umwelteigenschaften, wie Abgas- und Lärmemissionen, gestaffelt sein.[103]

---

99 Grünbuch über die künftige Lärmschutzpolitik, KOM(96) 540 endg. vom 4.11.1996.

100 Weißbuch – Die europäische Verkehrspolitik bis 2010, KOM (2001) 370) vom 12.9.2001.

101 6. Umweltaktionsprogramm, KOM(2001) 31endg.

102 Grünbuch über die künftige Lärmschutzpolitik, KOM(96) 540 endg. Vom 4.11.1996.

103 Weißbuch – Die europäische Verkehrspolitik bis 2010: Weichenstellung für die Zukunft, KOM (2001) 370) vom 12.9.2001.

d) Umgebungslärmrichtlinie

Die Richtlinie zur Bewertung und Bekämpfung von Umgebungslärm trat am 18. Juli 2002 in Kraft. Sie regelt die Ansätze, die schon das fünfte Umweltaktionsprogramm mit seinem Grünbuch zur künftigen Lärmschutzpolitik skizziert, nun für die Mitgliedstaaten verbindlich.

Das der Richtlinie zugrunde liegende Ziel, nach Art. 1 UL-RL ein „hohes Gesundheits- und Umweltschutzniveau", ist als Teil der Unionspolitik zu verwirklichen.[104] Dazu sollen „schädliche Auswirkungen, einschließlich Belästigungen durch Umgebungslärm verhindert, gemindert oder ihnen vorgebeugt werden".[105] Um dieses Ziel zu erreichen, ist zunächst vorgesehen, die Belastung durch Umgebungslärm anhand von Lärmkarten nach einheitlichen Bewertungsmethoden zu ermitteln und diese Informationen über den Umgebungslärm und seine Auswirkungen der Öffentlichkeit zur Verfügung zu stellen.[106] Anschließend sollen die Mitgliedsstaaten Aktionspläne auf Grundlage dieser Kartierung erstellen, um „den Umgebungslärm, soweit erforderlich, insbesondere in Fällen mit gesundheitsschädlichen Auswirkungen, zu verhindern, zu mindern und zufriedenstellende Umweltqualitäten zu erhalten".[107]

Die Richtlinie soll aber auch die Grundlage zur Weiterentwicklung und Ergänzung der Maßnahmen für Geräuschemissionen

---

104 Die Kompetenz für die EU war aufgrund des Subsidiaritätsprinzips str., Art. 192 AEUV wird aber als taugliche Kompetenz angenommen, dazu *Feldmann*, ZUR 2005, 352, 353.

105 **Art. 1 Abs. 1 S. 1 UL-RL** „Mit dieser Richtlinie soll ein gemeinsames Konzept festgelegt werden, um vorzugsweise schädliche Auswirkungen, einschließlich Belästigung, durch Umgebungslärm zu verhindern, ihnen vorzubeugen oder sie zu mindern".

106 **Art. 1 Abs. 2 S. 2 lit. b) UL-RL** „Sicherstellung der Information der Öffentlichkeit über Umgebungslärm und seine Auswirkungen".

107 **Art. 1 Abs. 1 S. 2 lit. c) UL-RL** "auf der Grundlage der Ergebnisse von Lärmkarten Annahme von Aktionsplänen durch die Mitgliedstaaten mit dem Ziel, den Umgebungslärm soweit erforderlich und insbesondere in Fällen, in denen das Ausmaß der Belastung gesundheitsschädliche Auswirkungen haben kann, zu verhindern und zu mindern und die Umweltqualität in den Fällen zu erhalten, in denen sie zufrieden stellend ist."; dazu auch *UBA*, Lärm, Umgebungslärmrichtlinie, online.

bilden und die Europäische Kommission über die Belastung durch Umgebungslärm in den Mitgliedstaaten informieren.[108]

3. Unterschiede im Lärmminderungsansatz zwischen Deutschland und Europa

Das deutsche Lärmschutzrecht, wie das Immissionsschutzrecht insgesamt, geht im Ganzen von einem Recht der „Anlagensicherheit" aus und weniger von einem zu erreichenden Umweltziel.[109] Auch wenn Planungen und damit die Betrachtung von Gesamtsituationen zum Lärmschutzrecht gehören, werden nach dem vorherrschenden Verständnis Anlagen zugelassen. So werden Straßen im Wege der Planfeststellung, Plangenehmigung oder der Bauleitplanung zugelassen. Dies stellen zwar Planungen dar, sind aber einzig auf die Zulassung des Verkehrsweges als Anlage ausgerichtet.[110] Eine allein auf Lärmschutz ausgerichtete und damit lärmquellenübergreifende Planung spielte bisher eine untergeordnete Rolle. Zwar sah das BImSchG seit 1990 eine Lärmminderungsplanung vor, diese war aber nicht verbindlich.

Frühe Regelungen des Europäischen Lärmschutzrechts stellten noch anlagen- und quellenbezogene Anforderungen. Neben Baulärm wurden etwa die Geräuschemissionen von Rasenmähern[111] und Kraftfahrzeugen[112] geregelt. Dies entsprach noch weitestgehend dem deutschen Lärmschutzansatz, im Sinne von technischen Regelungen und Anlagenzulassung.

---

108 **Art. 10 Abs. 2 UL-RL** "Die Mitgliedstaaten sorgen dafür, dass die in Anhang VI genannten Informationen aus den strategischen Lärmkarten und die dort genannten Zusammenfassungen der Aktionspläne binnen sechs Monaten nach den in Artikel 7 bzw. Artikel 8 genannten Zeitpunkten der Kommission übermittelt werden"; *UBA*, Lärm, Umgebungslärmrichtlinie, online.

109 *Jarass*, UPR 2000, 241.

110 Zur Planung und Genehmigung von Straßen eingehend 5. Teil I. 2. a).

111 RL 84/538/EWG – Schallleistung von Rasenmähern.

112 RL 74/151/EWG – Land- und forstwirtschaftliche Zugmaschinen und Räder.

Im Zuge der Entwicklung eines kohärenten und umfassenden Lärmschutzsystems im europäischen Recht wurde dieser wirtschaftpolitische und quellenbezogene Ansatz Ende der 1980er Jahre aufgegeben und durch einen qualitätsbezogenen und quellenübergreifenden Ansatz ersetzt.[113] Als europarechtliche Vorgaben wurde zudem eine Vielzahl materieller Regelungen erlassen, die aber überwiegend auf die Erreichung eines Ziels hin ausgerichtet waren und damit an „inhaltlicher Dichte" verloren.[114] Bis heute setzt die europäische Ebene vermehrt auf Steuerung durch Organisation und Verfahren, die immer öfter an die Stelle legislativer Entscheidungen treten.[115]

Das Ziel des europäischen Lärmschutzansatzes, der gerade durch die Umgebungslärmrichtlinie deutlich wird, liegt darin, die Umwelt zu erhalten, zu schützen und ihre Qualität zu verbessern. Dabei stehen der Schutz der menschlichen Gesundheit, umsichtige und rationelle Verwendung der Ressourcen und die Förderung von Maßnahmen auf internationaler Ebene zur Bewältigung regionaler und globaler Umweltprobleme im Mittelpunkt.[116]
Somit liegen das deutsche und das europäische Lärmschutzkonzept heute weit auseinander, mit nur marginalen Anknüpfungspunkten. Das deutsche Recht hat seinen quellenbezogenen Ansatz (noch) nicht aufgegeben.

Eine qualitätsbezogene Betrachtung der Umweltbelange, wie es die Umgebungslärmrichtlinie fordert, hat gegenüber einer quellenbezogenen Betrachtung, die bisher das deutsche Recht verfolgt, viele Vorteile.[117] Mit quellenunabhängigen Regelungen können alle Lärmquellen erfasst und als Summation einheitlich betrachtet werden. Es

---

113 *Kloepfer*, NVwZ 2002, 645, 647; allgemein zur Weiterentwicklung des europäischen Umweltrechts *Baake*, Fortentwicklung des Umweltrechts – Europa als Modell oder Problem, WHI Paper 3/2000, Rn. 9.

114 *Kahl*, Die Verwaltung 42 (2009), 463, 472.

115 *Breuer*, AöR 127 (2002), 523 ff.; *Wahl*, in: Dolde (Hrsg.), Umweltrecht im Wandeln, S. 237, 242 ff., 254 ff; *Calliess*, NuR 2006, 601, 606.

116 Vgl. **Art. 191 Abs. 1 AEUV** „Die Umweltpolitik der Union trägt zur Verfolgung der nachstehenden Ziele bei: Erhaltung der Umwelt sowie Verbesserung der Qualität; Schutz der menschlichen Gesundheit".

117 *Malchin*, Durchführung und Durchsetzung von Immissionsgrenzwerten im Luftqualitätsrecht, S. 18 f.

werden Regelungslücken deutlich, die bei einem quellenbezogenen Ansatz vielleicht nicht einmal als solche erkannt werden. Des Weiteren sorgt ein übergreifender Ansatz für eine bessere Lastenverteilung auf die Verursacher. Ein quellenabhängiger Ansatz tendiert strukturell bedingt zu Ungleichbehandlung, wobei auch in einem integrierten Ansatz Ungleichheiten nicht immer ausgeschlossen werden können.[118] Eine strukturelle Ungleichbehandlung zeigt sich in Deutschland gerade bei den Verkehrswegen, diese sind nur bei Neu- oder Ausbau Lärmschutzanforderungen ausgesetzt. Für bestehende Verkehrswege ergeben sich hingegen keine Anforderungen. Des Weiteren werden die „Betreiber" der Autos über die §§ 38 ff. BImSchG fast gar nicht als Verursacher erfasst. Darüber hinaus birgt das auf Beteiligung und Verständigung ausgerichtete Verfahren der Umgebungslärmrichtlinie seine Vorteile, insbesondere für die Akzeptanz der getroffenen Maßnahmen beim Bürger. Ein qualitätsbezogener Ansatz, wie es das EU-Recht mit der Umgebungslärmrichtlinie vorsieht, hat aber auch einige Nachteile. Grundsätzlich sind quellenunabhängige Regelungen schwieriger umzusetzen als quellenbezogene, da zunächst geklärt werden muss, auf welchem Weg und bei welchem Verursacher die Lärmbelastung reduziert werden soll. Im Rahmen eines quellenunabhängigen Ansatzes müssen gebietsbezogene Maximalbelastungen zunächst weitgehend vollständig erfasst werden.[119] Er bringt damit einen größeren Aufwand mit sich als ein rein quellenabhängiger Ansatz.

4. Vergleich der Lärmaktionsplanung mit nationalen Planungsinstrumenten

Die Bezeichnung Lärmaktionsplan legt den Schluss nahe, dass es sich dabei um einen Plan handelt. Daher liegt es nahe aus einem Vergleich mit anderen Planungen des deutschen Rechts zu versuchen, Rückschlüsse auf die Wirkungsweise der Lärmaktionspläne zu ziehen.

118 *Jarass*, NVwZ 2003, 257, 258.

119 *Würsig*, Die Steuerung von Summenbelastungen im öffentlichen Immissionsschutzrecht, S. 212.

Pläne gehören zum festen Repertoire der Handlungsformlehre des deutschen Verwaltungsrechts.[120] Pläne und auch die ihnen vorausgehende Planung unterscheidet sich von anderen Handlungsformen zunächst grundlegend dadurch, dass der Plan keine eigene Handlungsform im engeren Sinne ist. Das Ergebnis einer Planung, der Plan, ergeht vielmehr in einer eigenständigen Handlungsform. Damit entscheidet auch die gewählte Handlungsform über die Ausrichtung des Planes in Bezug auf sein Steuerungspotential und damit seine Verbindlichkeit. Das Lenkungspotential der gewählten Handlungsform kann sich durch die Planung oftmals erst richtig entfalten. Denn wesentliches Element der Planung, dass ihm in Abgrenzung zu anderen Handlungsformen dennoch Eigenständigkeit zuweist, ist die Abwägung.[121] Auch in der Lärmaktionsplanung ist die Öffentlichkeit zu beteiligen und ein umfassendes Verfahren der Abwägung vorgesehen, um die Lärmminderungspotentiale optimal auszuschöpfen. So stellt Art. 8 Abs. 1 UL-RL die Maßnahmen in den Lärmaktionsplänen in das Ermessen der Behörde, die aber auf Prioritäten eingehen soll, also eine Abwägung vornehmen muss.[122]

Somit erfüllen Lärmaktionspläne die wesentliche Voraussetzung und sind als Pläne anzusehen. Dies sagt aber noch nichts über ihre Rechtsnatur oder sonstige Ausrichtung etwa im Hinblick auf Verbindlichkeit aus.

Da viele Pläne in Bezug auf ihre Rechtsnatur unklar sind oder ihnen uneinheitlich Rechtsnaturen zugewiesen wurden, lässt sich aus der allgemeinen Einordnung als Plan nicht viel ableiten. Planfeststellungsbeschlüsse etwa ergehen als Verwaltungsakt, Bebau-

120 *Di Fabio*, in: Becker-Schwarze/Köck/Kupka/v. Schwanenflügel (Hrsg.), Wandel der Handlungsformen im Öffentlichen Recht, S. 47, 55 f.

121 Vgl. dazu und zur Bestandskraftlehre, die für Pläne generell, nicht aber für die Lärmaktionsplanung, eine Rolle spielt, *Hoppe*, in: Erichsen/Hoppe/v. Mutius, (Hrsg.), FS Menger, S. 747 ff.; *Schmidt-Aßmann*, Das allgemeine Verwaltungsrecht als Ordnungsidee, S. 333.

122 Vgl. **Art. 8 Abs. 1 UL-RL** „Maßnahmen sind in das Ermessen der zuständigen Behörden gestellt, sollten aber insbesondere auf die Prioritäten eingehen, die sich gegebenenfalls aus der Überschreitung relevanter Grenzwerte oder aufgrund anderer von den Mitgliedstaaten festgelegter Kriterien ergeben, und insbesondere für die wichtigsten Bereiche gelten, wie sie in den strategischen Lärmkarten ausgewiesen wurden".

ungspläne demgegenüber als Satzung, Raumordnungspläne als Verordnungen, Flächennutzungspläne gelten behördenintern und sind Pläne sui generis, die teilweise Rechtsnormen gleichstehen.

Auch in ihrer Ausrichtung unterscheiden sich diese Pläne. Die einen sollen Nutzungen im Raum zuordnen, andere Vorhaben zulassen oder ein Programm erstellen.[123] Es fehlt daher schon eine eindeutige Einordnung von Plänen in Bezug auf ihren Zweck.

Die rechtliche Qualifizierung der Lärmaktionspläne ist in den §§ 47 ff. BImSchG und der Umgebungslärmrichtlinie nicht geregelt. Ihr Zweck oder Ziel wird aber durch die Umgebungslärmrichtlinie dahin vorgegeben, dass sie nach Art. 1 Abs. 1 UL-RL ein gemeinsames Konzept der Mitgliedstaaten festlegen sollen, um schädliche Auswirkungen, einschließlich Belästigung, durch Umgebungslärm zu verhindern, ihnen vorzubeugen oder sie zu mindern. Dieses Ziel soll über Erfassung von Daten, Ermittlung der Lärmbelastungen, Information der Öffentlichkeit und auf dieser Grundlage Erstellung von Lärmkarten und Lärmaktionsplänen erreicht werden.[124] Somit sollen nach der Umgebungslärmrichtlinie eine bestehende Belastungssituation erfasst, als Information für die Öffentlichkeit aufgearbeitet und dann Verbesserungen vorsehen werden. Die Lärmaktionspläne stehen am Ende dieses Verfahrens und sollen auf Grundlage der Daten und Beteiligung Verbesserungen vorsehen oder eine zufriedenstellende Situation bewahren.

Die Lärmaktionspläne lassen sich daher mit Plänen vergleichen, die in ähnlichem Maße eine Datenerfassung voraussetzen, Prognose- und Ermessensentscheidungen treffen und Maßnahmen in einer bestehenden Belastungssituation vorsehen.

Abgrenzen lassen sich daher Pläne, die Vorhaben zulassen, wie Bebauungspläne nach § 10 BauGB und Planfeststellungsbeschlüsse[125] sowie Pläne, die der Inanspruchnahme von Umweltressourcen dienen, wie Abfallwirtschaftspläne. Lärmaktionspläne dienen aus-

---

123 Vgl. *Köck*, UPR 2002, 321, 322; *Sparwasser/Engel/Voßkuhle*, Umweltrecht, S. 185 f.; *Maurer*, Allgemeines Verwaltungsrecht, S. 18; *Stober/Kluthe*, Verwaltungsrecht 2, S. 259 Rn. 7.

124 Art. 1 Abs. 1 UL-RL.

125 Etwa §§ 74 f. VwVfG, aber auch Bsp. § 17 FStrG.

schließlich einer reinen „Umweltschutzplanung".[126] Die Aufgabe einer „Umweltschutzplanung" ist es das konkrete Problem in seinen systematischen Ursachen- und Wirkungszusammenhängen zu erfassen, seine zukünftige Entwicklung vorherzusagen und auf dieser Grundlage ein umfassendes Konzept für gegenläufige Interessen und Ziele zu entwickeln.[127]

Mit Sicherheit lässt sich daher sagen, dass Lärmaktionspläne keine Ähnlichkeit zur Raumordnung haben und eine Übertragung der Ausrichtung der Raumordnung im Hinblick auf rechtliche Wirkung und Verbindlichkeit nicht möglich ist. Zunächst unterscheiden sich die rechtlichen Rahmenbedingungen zwischen Raumordnung und Lärmaktionsplanung dahin wesentlich, dass für die Lärmaktionsplanung keine vorgelagerten und nachgeordneten Pläne bestehen. Daher kann auch die Bindung von Raumordnungsplänen bzgl. Zielen der Raumordnung nicht auf die Lärmaktionsplanung übertragen werden. Die Lärmaktionsplanung wurde vielmehr als neues Instrument in eine bestehende Problem- und Gemengelage, Lärm durch Verkehrswege, Flughäfen und Schienen, eingefügt. Damit kann sie gerade nicht, wie die Raumordnung Nutzungen auf einer sehr hohen Ebene zuordnen, sondern muss sehr kleinteilige Lösungen für Probleme zwischen bestehenden Nutzungen finden.

Sehr nah stehen den Lärmminderungsplänen aber die Luftreinhaltepläne, die in § 47 ff. BImSchG geregelt sind. Die Rechtsnatur der Luftreinhaltepläne ist bisher nicht abschließend geklärt[128], so dass sich aus dieser Diskussion Anhaltspunkte für die Einordnung von Lärmaktionsplänen gewinnen lassen. Die Luftreinhalteplanung wurde durch die Luftqualitätsrahmen-Richtlinie 96/62/EG erstmals der EU eingeführt. Sie greift genauso, wie die Lärmaktionsplanung in bestehende Gemengelagen aus sich gegenseitig beeinträchtigenden Nutzungen als neues Instrument von außen ein. Deswei-

126 *Hendler/Heimlich*, UTR 2000, 7, 11; vgl. auch *Sparwasser/Engel/Voßkuhle*, Umweltrecht, S. 92.

127 *Köck*, UPR 2002, 321, 322; *Sparwasser/Engel/Voßkuhle*, Umweltrecht, S. 92.

128 Vgl. zur Diskussion etwa *Jarass*, BImSchG, § 47 Rn. 58; *Jarass*, VerwArch 2006, 429, 449; *Stettner*, in: Ule/Laubinger (Hrsg.), BImSchG, § 47 Rn. E 1; *Steenbuck*, NVwZ 2005, 770 ff.; *Herrmann*, in: Koch (Hrsg.), GK-BImSchG, § 47 Rn. 102.

teren geht auch ihr eine Kartierung voraus, in den Plänen werden dann Maßnahmen vorgesehen, die es durch in Bezug genommene Ermächtigungsgrundlagen für Maßnahmen zu lösen gilt. Auch die Luftreinhaltepläne stellen eine Umweltschutzplanung dar.

Ein wesentlicher Unterschied zwischen Lärmaktionsplänen und Luftreinhalteplänen besteht aber darin, dass der Lärm eher ein lokales und kleinräumiges Problem darstellt und die Luftverunreinigungen regional und großflächiger wirken.[129] Zudem ist die Luftreinhaltung an konkreten, bindenden und drittschützenden Grenzwerten fest gemacht, die es bei der Lärmminderungsplanung gerade nicht gibt. Trotz dieses Unterschieds ist die Systematik bei der Instrumente sehr ähnlich und im Laufe der Untersuchung wird immer wieder zur Luftreinhalteplanung Bezug genommen. Neben den Luftreinhalteplänen lassen sich keine hinreichenden Ähnlichkeiten zu anderen Planungen erkennen, so dass die Untersuchung von Ausrichtung und Wirkung der Lärmaktionspläne weitestgehend ohne solch einen Vergleich auskommen muss.

II. Stand der Umsetzung und Implementierung der Umgebungslärmrichtlinie in Deutschland

Welche Probleme diese sehr unterschiedlichen Lärmschutzkonzepte des europäischen und deutschen Rechts für den Verwaltungsvollzug mit sich bringen werden, lässt sich nur aus dem Stand der Umsetzung und Implementierung der Umgebungslärmrichtlinie in Deutschland herausarbeiten. Dies umfasst eine Zusammenschau der geltenden Gesetzesregelungen, Stand des Vollzuges in der Praxis und eines Vergleichs der bisher bestehenden Lärmminderungsplanung mit den Vorgaben der Umgebungslärmrichtlinie.

Zunächst wird die Umsetzung der Richtlinienvorgaben in deutsches Gesetzesrecht als Grundlage für den späteren Vollzug der Normen dargestellt. Anschließend werden diese neuen Regelungen des BImSchG mit denen von 1990 zur Lärmminderungsplanung vergli-

129 *Jarass/Kühling/Bärwolf*, Verbesserungsmöglichkeiten, S. 106; *Schulze-Fielitz*, ZUR 2002, 190 ff.

chen. Schließlich folgt eine Darstellung des Implementierungsstandes in der Verwaltungspraxis.[130]

1. Umsetzung im BImSchG und in Landesregelungen

Die Vorgaben der Umgebungslärmrichtlinie wurden 2005 in einem neuen sechsten Teil (§§ 47a–47f) des BImSchG umgesetzt. Zunächst wird in § 47a BImSchG der Anwendungsbereich der Vorschriften bestimmt. Der Anwendungsbereich ist auf Gebiete, in denen Menschen Lärm ausgesetzt sind, begrenzt, nimmt aber Lärm aus Wohnungen, Nachbarschafts-, Arbeits- und Militärlärm aus.

In § 47b BImSchG werden daran anschließend die wesentlichen Begriffe bestimmt: Umgebungslärm, Ballungsraum, Hauptverkehrsstraßen, Haupteisenbahnstrecken und Großflughäfen. Die Begriffsbestimmungen der Umgebungslärmrichtlinie werden dazu übernommen und teilweise ergänzt.[131] § 47c BImSchG macht Vorgaben für die Erstellung von Lärmkarten und § 47d BImSchG Vorgaben für die Erstellung von Lärmaktionsplänen. § 47d BImSchG nimmt zudem die Vorgaben in § 47 BImSchG für Luftreinhaltepläne in Bezug. Beide Planungsarten sind parallel ausgestaltet und werden ähnlich vollzogen, wenn auch im Detail wesentliche Unterschiede bestehen. Sowohl die Vorgaben für die Lärmkartierung in § 47c BImSchG als auch die Vorgaben für die Lärmaktionsplanung in § 47d BImSchG beschränkt sich weitestgehend auf eine Regelung der zeitlichen Abstufung in zwei Planungsphasen. Kleinere Ballungsräume und weniger befahrene Hauptverkehrsstraßen bis 2013 und die übrigen größeren Ballungsräume und mehr befahrene Hauptverkehrsstraßen bis 2008. Detaillierte Verfahrensanforderungen fehlen und sollten dem Verordnungsgeber gemäß § 47f BImSchG überlassen werden. Es wurden bisher aber nur eine Verord-

130 Detailliert zum Stand der Lärmaktionsplanung mit Aspekten, die in dieser Arbeit nicht berücksichtigt wurden, *UBA*, Lärmbilanz 2010, 78/2011.

131 Vgl. zu Begriffsbestimmungen Art.3 UL-RL.

nungsermächtigung[132] genutzt, die die Erstellung von Lärmkarten konkretisiert.[133]

In § 47e BImSchG werden die zuständigen Behörden für die Lärmkartierung und die Lärmaktionsplanung bestimmt.

a) Zuständigkeiten

Nach § 47e BImSchG sind die Gemeinden zuständig, soweit das Landesrecht nichts Abweichendes bestimmt. Abweichende Bestimmungen sehen einige Bundesländer etwa für die Lärmaktionsplanerstellung an Hauptverkehrsstraßen vor (vgl. Darstellung 2).

Darstellung 2: Zuständigkeiten für die Lärmaktionsplanung in den Bundesländern[134] (Fortsetzung auf der nächsten Seite)

Bundesland	Lärmaktionsplanung	Regelungen
Baden-Württemberg	Gemeinden	§ 8 Abs. 5 S. 2 BImSchZuVO BW
Bayern	Gemeinden im Einvernehmen mit den Regierungen und ggf. Staatsregierung	Art. 8a Abs. 2 S. 3 BayImSchG
	Bundesautobahnen: Regierungen im Einvernehmen mit den Gemeinden	Art. 8a Abs. 2 S. 1 und 4 BayImSchG
Berlin	Senatsverwaltung für Gesundheit, Umwelt und Verbraucherschutz	Verwaltungsvorschrift[1]
Brandenburg	Amtsfreie Gemeinden und Ämter, jeweils im Benehmen mit der Landesregierung	§ 13 Nr. 2 ImSchZV Bbg.

132 34. BImSchV vom 6. März 2006 (BGBl. I S. 516).

133 Kritisch zu den ungenutzten Verordnungsermächtigungen *Engel*, in: Gesellschaft für Umweltrecht (Hrsg.), S. 94, 110 ff.

134 Darstellung ähnlich bei *Blaschke*, Lärmminderungsplanung, S. 358 f.

Bundesland	**Lärmaktionsplanung**	**Regelungen**
Bremen	Stadtgemeinde Bremen und Bremerhaven	Verwaltungsvorschrift[2]
Hamburg	Behörde für Stadtentwicklung und Umwelt	Ziffer I der Anordnung zur Durchführung des BImSchG
Hessen	Regierungspräsidien zusammen mit den für die Maßnahmenimplementierung zuständigen Behörden	§ 7 Abs. 2 VO Zust. BImSchG bei der Zulassung eines Vorhabens durch mehrere Behörden
Mecklenburg-Vorpommern	Gemeinden	§ 5 Nr. 1 ImSchZustVO M-V
Niedersachsen	Gemeinden (bei gemeindeübergreifenden Ballungsräumen gemeinsam)	§ 1 Abs. 1 ZustVO-Umwelt-Arbeitsschutz mit Anlage 1 Nr. 8.1.1.14
Nordrhein-Westfalen	Gemeinden im Einvernehmen mit den für die Maßnahmenimplementierung zuständigen Behörden	Runderlass NW (Fn. 91), Nr. 2 und 9 a. E.
Rheinland-Pfalz	Gemeinden	
Saarland	Gemeinden	§ 1 ZVO-BImSchG-TEHG SL i. V. m. § 47e Abs. 1 BImSchG
Sachsen	Landkreise und kreisfreie Städte	§ 1 Nr. 3 i. V. m. § 2 Abs. 1 S. 3 Sächs.AGImSchG
Sachsen-Anhalt	Gemeinden	§ 1 Abs. 1 ZustVO GewAIR LSA mit Anhang 2 Nr. 9.1.2.10
Schleswig-Holstein	Gemeinden	Leitfaden SH, 5. Teil, Fn. 411, S. 5
Thüringen	Gemeinden im Einvernehmen mit den für die Maßnahmenimplementierung zuständigen Behörden	§ 6 Abs. 1 Nr. 1 Th. VO-Zust. ImSch

1 *Berlin*, Senatsverwaltung für Staatentwicklung und Umwelt, Lärmminderungsplanung Berlin, Lärmaktionsplan online.

2 *Bremen*, Senator für Umwelt, Bau und Verkehr, Bremer Umweltinformationsystem, Luft Lärm, Mobilität, Chemikalien-Klimaschutzverordnung, online.

b) Vorgaben und Empfehlungen zur Durchführung der Lärmaktionsplanung

Da es im Wesentlichen an gesetzlichen Verfahrensvorgaben fehlt, haben einige Bundesländer Empfehlungen herausgegeben, etwa ab wann eine Lärmaktionsplanung erforderlich sein soll (vgl. Darstellung 3).[135] Diese Empfehlungen sind zwischen den Bundesländern nicht abgestimmt. Darüber hinaus hat auch das Umweltbundesamt ähnliche Empfehlungen herausgegeben.[136]

Darstellung 3: Vorgaben für die Planerstellung der Bundesländer und des UBA (Fortsetzung auf der nächsten Seite)

Bundesland	**Pegel Tag-Nacht**	**Pegel Nacht**	**sonstige Erwägungen**
Baden-Württemberg[1]	L_{den} 65 dB(A)	L_{night} 55 dB(A)	Bei Unterschreitung der Werte, wenn weniger belastete Gebiete im Zusammenhang mit stark Belasteten stehen oder bekannte Lärmschwerpunkte bilden.
Bayern[2]	L_{den} 70 dB(A)	L_{night} 60 dB(A)	an schutzwürdigen Gebäuden und einem betroffenen Personenkreis
Berlin[3]	kurzfristig: L_{den} 70 dB(A) langfristig: L_{den} 55 dB(A)	kurzfristig: L_{night} 65 dB(A) langfristig: L_{night} 45 dB(A)	Stufenkonzept

135 Zur rechtlichen Einordnung dieser Empfehlungen, vgl. 3. Teil I.

136 *UBA*, Richtlinie über die Bewertung und Bekämpfung von Umgebungslärm – Auslösekriterien für die Lärmaktionsplanung, März 2006.

Bundesland	Pegel Tag-Nacht	Pegel Nacht	sonstige Erwägungen
Brandenburg[4]	L_{den} 65 dB(A)	L_{night} 60 dB(A)	Nach einer Vorprüfung und bei bestehenden Lärmkonflikten ist eine Lärmaktionsplanung auch bei Lärmbelastungen unterhalb von bestehenden Grenz- oder Richtwerten notwendig.
Hamburg[5]	kurzfristig: L_{den} 70 dB(A) langfristig: L_{den} 55 dB(A)	kurzfristig: L_{night} 65 dB(A) langfristig: L_{night} 45 dB(A)	Stufenkonzept
Nordrhein-Westfalen[6]	L_{den} 70 dB(A)	L_{night} 60 dB(A)	an schutzwürdigen Gebäuden und einem betroffenen Personenkreis
Saarland[7]	------------	------------	Planungspflicht für alle kartierten Bereiche
Sachsen[8]	L_{den} 65 dB(A)	L_{night} 60 dB(A)	nach einer Vorprüfung
Schleswig-Holstein[9]	------------	------------	Planungspflicht für alle kartierten Bereiche
UBA[10]	kurzfristig: 65 dB(A) langfristig: 60 dB(A)	kurzfristig: 55 dB(A) langfristig: 50 dB(A)	Stufenkonzept

1 *Baden-Württemberg*, Ministerium für Verkehr und Infrastruktur, Hinweis zur Lärmaktionsplanung 23.12.2012, online.

2 In *UBA*, Lärmbilanz 2010, S. 8 wird Bayern als gleichlaufend mit Nordrhein-Westfalen dargestellt.

3 In *UBA*, Lärmbilanz 2010, S. 8 wird Berlin als gleichlaufend mit Hamburg dargestellt.

4 *Brandenburg*, Ministerium für Umwelt, Gesundheit und Verbraucherschutz, Die Strategie der Lärmaktionsplanung im Land Brandenburg, online, 4.2.2. a).

5 Der Lärmaktionsplan der Stadt Hamburg übernimmt Werte des *UBA*, Lärm, Umgebungslärmrichtlinie, online; so *Hamburg*, Lärmaktionsplan, Behörde für Stadtentwicklung und Umwelt, online, S. 10.

6 *Nordrhein-Westfahlen*, Ministeriums für Umwelt und Naturschutz, Landwirtschaft und Verbraucherschutz, Runderlass, V-5.8820.4.1, vom 07.02.2008, MBl. NW 2008, 105, Nr. 5.

7 Saarland wird in *UBA*, Lärmbilanz 2010, S. 8 als gleichlaufend mit Schleswig-Holstein dargestellt.

8 In *UBA*, Lärmbilanz 2010, S. 8 wird Sachsen als gleichlaufend mit Brandenburg dargestellt.

9 *Schleswig-Holstein*, Ministerium für Landwirtschaft, Umwelt und ländliche Räume, Leitfaden für die Aufstellung von Lärmaktionsplänen, online.

10 *UBA*, Richtlinie über die Bewertung und Bekämpfung von Umgebungslärm – Auslösekriterien für die Lärmaktionsplanung, März 2006.

Neben unterschiedlichen Kriterien und Pegeln ist aber auch die Form, in der die Empfehlungen ergingen, unterschiedlich. Nordrhein-Westfahlen hat etwa einen Runderlass des Umweltministeriums gewählt[137], viele Empfehlungen ergehen aber in informellen Leitfäden und Arbeitshilfen.[138] Wieder andere Bundesländer geben gar keine Empfehlungen.[139]

137 *Nordrhein-Westfahlen*, Ministerium für Umwelt und Naturschutz, Landwirtschaft und Verbraucherschutz, Runderlass, V-5.8820.4.1, vom 07.02.2008, MBl. NW 2008, 105, Nr. 5.

138 *Baden-Württemberg*, Ministerium für Verkehr und Infrastruktur, Hinweis zur Lärmaktionsplanung 23.12.2012, online; *Schleswig-Holstein*, Ministerium für Landwirtschaft, Umwelt und ländliche Räume, Leitfaden für die Aufstellung von Lärmaktionsplänen, online; *Nordrhein-Westfahlen*, Ministerium für Umwelt und Naturschutz, Landwirtschaft und Verbraucherschutz, Runderlass, V-5.8820.4.1, vom 07.02.2008, MBl. NW 2008, 105, Nr. 5.

139 *UBA*, Lärmbilanz 2010, 78/2011, S. 7.

c) Unterstützung der Gemeinden

In einigen Bundesländern werden die Gemeinden bei der Lärmaktionsplanerstellung zudem unterstützt, überwiegend geschieht dies durch fachliche Beratung der Landesministerien. In einigen Bundesländern findet auch eine finanzielle Förderung der Lärmaktionsplanung und der Maßnahmenverwirklichung statt oder eine Unterstützung bei Information und Beteiligung der Öffentlichkeit. So fördert Baden-Württemberg Ballungsräume der zweiten Planungsphase (bis 2013) finanziell, wenn sie ihre Planung vorziehen.[140] Das Land Brandenburg fördert Lärmschutzmaßnahmen mit Mitteln des Europäischen Fonds für regionale Entwicklung (EFRE).[141] Nordrhein-Westfalen hat eine Website eingerichtet, auf der Förderprogramme aufgelistet sind und gesucht werden können.[142]

Darüber hinaus gab es 2008 Verhandlungen zwischen dem Bund, den Ländern und Kommunen über die Auflage eines Finanzierungsprogrammes zur Lärmsanierung an kommunalen Straßen mit einem Finanzierungsvolumen von 2 Mrd €.[143] Durch die dann folgende Wirtschaftskrise wurden die Verhandlungen nicht fortgesetzt, aber Mittel aus dem Konjunkturpaket II für die Förderung von Lärmschutzmaßnahmen für 2009 und 2010 freigegeben.[144] Für Lärmschutzmaßnahmen an kommunalen Straßen wurden daraufhin 195 Mio. Euro ausgegeben.[145]

---

140 *Pforzheim*, Amt für Umweltschutz, Beilage O1130, 16.4.2007.

141 *Brandenburg*, Umweltministerium, Förderrichtlinie Umweltschutz, 18.6.2008, Amtsblatt für Brandenburg Nr. 30 vom 30. Juli 2008, S. 1881.

142 *Nordrhein-Westfalen*, Ministerium für Klimaschutz, Umwelt, Landwirtschaft, Natur- und Verbraucherschutz, Förderportal Lärmschutz, online.

143 So die Ausführungen in der Antwort auf eine Kleine Anfrage der Partei Die Linke, BT-Drs. 17/4409, S. 1.

144 § 3 Absatz 1 Nummer 2 des Zukunftsinvestitionsgesetzes – ZuInvG

145 BT-Drs. 17/4409, S. 2.

d) Kosten der Lärmaktionsplanung

Eine Befragung von Gemeinden durch das Umweltbundesamt hat ergeben, dass die Kosten der Lärmaktionsplanung mit 500€ bis 190.000€ angegeben werden. Das Mittel liegt bei knapp 150 beteiligten Gemeinden bei 11.600€, dies entspricht einem Aufwand pro Kopf der Gesamtbevölkerung von etwa 0,58 €. Diese Kosten umfassen sowohl die der Planerstellung, als auch die für die Verwirklichung der Maßnahme.[146] Nach Angaben des UBA umfassen die bis zum 1.1.2010 gemeldeten Lärmaktionspläne ein Gebiet in dem 37,2 Mio. Menschen leben.[147] Auf diesen Wert hochgerechnet beliefen sich die Gesamtkosten der Lärmaktionsplanung auf insgesamt 21,6 Mio. €.

Diese Kosten erscheinen sehr gering, wenn man die im 1. Teil II.4. dargestellten möglichen Maßnahmen zugrunde legt.

2. Vergleich zur früheren Lärmminderungsplanung

Schon vor Umsetzung der Umgebungslärmrichtlinie kannte das deutsche Recht eine spezifische Lärmminderungsplanung. Die dritte Novellierung des BImSchG schuf 1990 eine Grundlage zur Aufstellung von bundeseinheitlichen Lärmminderungsplänen.[148] Die Lärmminderungsplanung nach dem BImSchG von 1990 wies aber wesentliche Unterschiede zur Lärmaktionsplanung nach der Umgebungslärmrichtlinie ab 2005 auf. Ein detaillierter Vergleich macht diese Unterschiede deutlich (vgl. auch die Darstellung 4, S. 53).

Die Lärmminderungsplanung vor 2005 und vor Umsetzung der Umgebungslärmrichtlinie war fakultativ, einzelfallveranlasst und orientierte sich an schädlichen Umwelteinwirkungen im Sinne

146 Die Aussagen dieser Kosten sind aber aufgrund weniger Meldungen und fehlender Daten zur Ermittlung gering. *UBA*, Lärmbilanz 2010, 78/2011, S. 26.

147 *UBA*, Lärmbilanz 2010, S. 11.

148 BGBl. I 1990 (Nr. 23), S. 870, 875.

des § 3 Abs. 1 BImSchG als reaktiver Ansatz.[149] Ab wann schädliche Umwelteinwirkungen gegeben waren, wurde durch die Grenzwerte der 16. BImSchV bestimmt. Zudem bezog sich der bisherige Ausgangspunkt auf den punktuellen Schutz bestimmter Gebiete nach § 47a Abs. 2 BImSchG a. F., etwa in Wohngebieten, in denen „schädliche Umwelteinwirkungen durch Geräusche“ hervorgerufen werden oder zu erwarten sind.[150] Die Lärmminderungsplanung nach alter Fassung, wie auch die §§ 41 ff. BImSchG heute, sahen nur eine Lärmminderungsplanung oder Lärmsanierung bei wesentlicher Änderung oder dem Neubau von Verkehrswegen vor und wenn in deren Folge die Grenzwerte der 16. BImSchV überschritten wurden. Beide sind damit bei steigendem Verkehrsaufkommen ohne bauliche Änderungen unzureichend.[151] Ein weiteres Problem der alten Fassung war die segmentierte Betrachtung einzelner Lärmquellen. Einzelne Lärmquellen führen zu einer sich summierenden Belastung, die nicht ausreichend erfasst wurde.[152] Weiter mussten die Gemeinden nach § 47a BImSchG a. F. zwar eine Vorprüfung zur Lärmminderungsplanung machen, für die Planerstellung war aber keine Frist vorgegeben, so dass viele Gemeinden keine Lärmminderungspläne erließen. Zudem konnten die Lärmminderungspläne alter Form zwar die Ursachen der Lärmbelastung ermitteln und Maßnahmen zum Schutz angeben, aber § 47a BImSchG a. F. begründete keine Rechtspflicht zur Maßnahmenverwirklichung.[153]

149 **§ 3 Abs. 1 BImSchG** „Schädliche Umwelteinwirkungen im Sinne dieses Gesetzes sind Immissionen, die nach Art, Ausmaß oder Dauer geeignet sind, Gefahren, erhebliche Nachteile oder erhebliche Belästigungen für die Allgemeinheit oder die Nachbarschaft herbeizuführen“.

150 BGBl. I 1990 (Nr. 23), S. 870, 875.; *Wysk*, in: Giesberts/Reinhardt (Hrsg.), Beck'scher-OK-BImSchG, § 47d Rn. 12.

151 **§ 41 Abs. 1 BImSchG** „Bei dem Bau oder der wesentlichen Änderung öffentlicher Straßen sowie von Eisenbahnen, Magnetschwebebahnen und Straßenbahnen ist unbeschadet des § 50 sicherzustellen, dass durch diese keine schädlichen Umwelteinwirkungen durch Verkehrsgeräusche hervorgerufen werden können, die nach dem Stand der Technik vermeidbar sind.“; vgl. *Wysk*, in: Giesberts/Reinhardt (Hrsg.), Beck'scher-OK-BImSchG, § 47 d, Rn. 10.1.

152 *Koch*, NVwZ 2000, 490, 494.

153 *Dürr*, UPR 1992, 241, 247

§ 47 Abs. 3 BImSchG a. F. ließ durchaus auf eine Implementierungspflicht für die nachfolgend zuständige Behörde schließen, dies war laut Gesetzesbegründung[154] aber nicht beabsichtigt, vielmehr sollte eine Durchsetzung nur im Rahmen der Gesetzesvorschriften und der Haushaltsmittel erfolgen.[155] Zudem waren die Lärmminderungspläne alter Fassung keine Rechtssätze, es fehlte ihnen die nötige Verbindlichkeit. Sie waren somit eher ein Optimierungsgebot.[156] All diese Voraussetzungen führten praktisch zu einem umfassenden Durchsetzungsdefizit der Lärmminderungsplanung. Eine größere Rolle spielten die Pläne alter Form bei der Bauleitplanung, da hier die angegebenen Immissionsbelastungen Teil des Abwägungsmaterials wurden.[157]

Die Umgebungslärmrichtlinie verlangt für die Lärmaktionsplanung heutiger Form hingegen ein Ansetzen an „schädlichen Umwelteinwirkungen", eine Konkretisierung der Grenzwerte und ein optimierendes Konzept für ein hohes Umwelt- und Gesundheitsschutzniveau.[158] Zwar soll den Auswirkungen von Umgebungslärm begegnet werden, die möglichen Maßnahmen sind aber nicht vorgegeben, sondern bleiben den Behörden vor Ort überlassen. Deutlich wird dies in der englischen Fassung durch den Begriff „management of environmental noise".[159] Es soll gerade keine Bindung der Verwaltung an fest definierte Tatbestandsmerkmale und genauso festgelegte Rechtsfolgen stattfinden. Vielmehr ist ein Ziel vorgegeben, dass unter strengen Verfahrensanforderungen zu erreichen ist, aber eine freie Wahl der Mittel lässt.[160] Im Rahmen der Richtliniendurchsetzung werden zudem auch „ruhige Gebiete" gegen eine Zunahme der Lärmbelastung geschützt. Dieser Ansatz wirkt im Rahmen des

154 BT-Drs. 11/4909 S. 36.

155 *Dürr*, UPR 1992, 241, 247.

156 *Dürr*, UPR 1992, 241, 247.

157 § 1 Abs. 6 Nr. 7 e) BauGB.

158 Erwägungsgrund 7 UL-RL.

159 *Feldmann*, ZUR 2005, 352, 354.

160 *Blaschke*, Lärmminderungsplanung, S. 38.

Vorsorgeprinzips[161] schon weit unterhalb jeglicher Schwellenwerte und schädlicher Umwelteinwirkungen. Auch setzt die Umgebungslärmrichtlinie Fristen für die Erstellung von Lärmkarten und Lärmaktionsplänen. Die Lärmkarten mussten bis zum 30.6.2007 in der ersten Phase und 30.6.2012 in der zweiten Phase und die Aktionspläne bis zum 18.7.2008 in der ersten Phase und 18.7.2013 in der zweiten Phase erstellt sein.[162] Zudem besteht eine Pflicht zur Planerstellung für die Gemeinden nach § 47d Abs. 1 BImSchG.[163] Im Rahmen der Lärmaktionsplanung nach der Richtlinienumsetzung müssen auch Maßnahmen für bestehende Verkehrswege festgelegt werden, nicht nur für solche, die neu errichtet oder wesentlich verändert wurden. Außerdem sind Lärmaktionspläne nach neuer Fassung wohl kein reines Internum mehr, denn die Umgebungslärmrichtlinie verpflichtet zur Beteiligung und Information der Öffentlichkeit, was unter den alten Regelungen nicht der Fall war.[164]

Somit unterscheidet sich die Lärmminderungsplanung alter Fassung in wesentlichen Punkten von der europarechtlich determinierten Lärmaktionsplanung. Die Lärmaktionsplanung seit 2005 bringt neue Herausforderungen, aber auch bekannte Probleme mit sich, wie die Frage nach einer Verbindlichkeit der Pläne.[165]

---

161 *Wysk*, in: Giesberts/Reinhardt (Hrsg.), Beck'scher-OK-BImSchG, § 47 d, Rn. 13.

162 In der ersten Phase sind Ballungsräume mit mehr als 250.000 Einwohnern und Hauptverkehrsstraßen mit mehr als 6 Mio. Fahrzeuge pro Jahr zu kartieren und zu beplanen, in der zweiten Phase Ballungsräume mit mehr als 100.000 Einwohnern und Hauptverkehrsstraßen mit mehr als 3 Mio. Fahrzeuge im Jahr.

163 **§ 47d Abs. 1 BImSchG** „Die zuständigen Behörden stellen bis zum 18. Juli 2008 Lärmaktionspläne auf, mit denen Lärmprobleme und Lärmauswirkungen geregelt werden für Orte in der Nähe der Hauptverkehrsstraßen mit einem Verkehrsaufkommen von über sechs Millionen Kraftfahrzeugen pro Jahr, der Haupteisenbahnstrecken mit einem Verkehrsaufkommen von über 60.000 Zügen pro Jahr und der Großflughäfen, Ballungsräume mit mehr als 250.000 Einwohnern".

164 Art. 9 UL-RL; § 47 d Abs. 7 BImSchG.

165 *LAI*, UPR 1991, 334 ff.

Darstellung 4: Unterschiede zwischen der Lärmminderungsplanung ab 1990 und ab 2005 (Fortsetzung auf der nächsten Seite)

Differenzierung nach	**Lärmminderungsplanung ab 1990**	**Lärmminderungsplanung ab 2005**
Anlass	Lärmaktionsplanung nur bei Änderung oder Erweiterung von Verkehrswegen und Grenzwertüberschreitung der 16. BImSchV nötig.	Lärmaktionsplanung auch bei bestehenden Verkehrswegen, da Lärmaktionsplanung für Straßen in Ballungsräumen und Hauptverkehrsstraßen nötig. Eine Beplanung von ruhigen Gebieten unterhalb jeglicher Schwellenwerte ist vorgesehen.
Konzept	Planung war fakultativ, einzelfallveranlasst, als reaktiver Ansatz verstanden und an schädliche Umwelteinwirkungen geknüpft. Ausgangspunkt war § 3 Abs. 1 BImSchG oder wenn schädliche Umweltauswirkungen als Folge eines Vorhabens geschaffen wurden.	Die Lärmaktionsplanung sieht ein optimierendes Konzept eines Lärmmanagements vor. Die Umgebungslärmrichtlinie stellt Anforderungen an ein hohes Gesundheits-, Umweltschutzniveau und weitmögliche Reduzierung der Lärmbelastung[1]; sie setzt unterhalb der Schwelle schädlicher Umweltbeeinträchtigungen an.
Räumlicher Umfang	Punktuell auf bestimmte schutzbedürftige Gemeindegebiete bezogen Keine speziell gesetzliche Verpflichtung zur Aufstellung von Lärmkarten für Straßen und Schienenwege	Flächendeckender Anspruch, für Ballungsräume und Hauptlärmquellen: Auch Straßen und Schienenwege müssen kartiert und beplant werden.
Pflicht	Freiwilliges Instrument der Kommunen.	Pflicht zur Planaufstellung in hartem, gesetzlichem Rahmen, ergänzt durch Fristen.
		Dauerhaft, auf Jahrzehnte angelegt, Fortschreibungspflicht[2] mindestens alle 5 Jahre
		Informationspflichten an die Kommission.

Differen-zierung nach	Lärmminderungsplanung ab 1990	Lärmminderungsplanung ab 2005
Wirkung	Lärmaktionspläne waren rein verwaltungsintern.	Pflicht zur Beteiligung der Öffentlichkeit besteht.[3]
Ursprung	Am ehesten ist diese Regelung mit dem Optimierungsgebot des § 50 BImSchG vergleichbar, diese greift auch erst ab der Schwelle schädlicher Umweltbeeinträchtigungen und nur bei räumlicher Gesamt- oder Fachplanung. 16. BImSchV und Vorgaben des Bundes für Lärmsanierung bieten Schallschutz im Rahmen eines Konditionalprogramms, wenn Immissionsgrenzwerte und Sanierungswerte überschritten sind.	Managementansatz und Optimierungsgebot.

1 LAI, UPR 1991, 334 ff.

2 Art. 8 Abs. 5 UL-RL; § 47d Abs. 5 BImSchG.

3 § 47d Abs. 3 BImSchG.

3. Stand der Planung anhand von Praxisbeispielen

Die Frist für die Lärmkartierung und die Lärmaktionsplanerstellung für die erste Phase bis 2008 (Ballungsräume mit mehr als 250.000 Einwohnern und Hauptverkehrsstraßen mit mehr als 6 Mio. Fahrzeugen pro Jahr) ist abgelaufen. Auch der Ablauf der Frist für die zweite Planungsphase bis 2013 steht kurz bevor.

Mit Stand November 2011 waren in den meisten Ballungsräumen und für die meisten Hauptverkehrsstraßen der ersten Planungsphase die Lärmaktionspläne erstellt. Nur einige wenige Städte haben bis zum Ablauf der Frist bis 2008 keinen Lärmaktionsplan vorgelegt.[166]

Da die überwiegende Zahl der Pläne vorliegt, lässt sich der Stand der Lärmaktionsplanung insbesondere an Ballungsräumen und Hauptverkehrsstraßen der ersten Planungsphase nachzeichnen.

a) Ballungsräume

Die Umgebungslärmrichtlinie bestimmt den Begriff des Ballungsraumes in Art. 3 lit. k) UL-RL als „einen durch den Mitgliedstaat festgelegten Teil seines Gebiets mit einer Einwohnerzahl von über 100.000 und einer solchen Bevölkerungsdichte, dass der Mitgliedstaat den Teil als Gebiet mit städtischem Charakter betrachtet".[167] Dies wird durch die deutsche Umsetzung in § 47b Nr. 2 BImSchG weiter auf eine Bevölkerungsdichte von 1.000 Einwohner/km^2 konkretisiert.

Die Festlegung der Ballungsräume übernahm für Deutschland das Bundesministerium für Umwelt, Naturschutz und Reaktorsicherheit (BMU) oder die von diesem benannten Stellen, z. B. die Landesministerien[168]. Im Interesse der Rechtssicherheit können diese Festlegungen durch die Gemeinden als zuständigen Planungsträger auch nicht mehr verändert werden,[169] die Gemeinden sind damit bei der Planung an diese Vorgaben gebunden. Insgesamt wurden 71 Ballungsräume für Deutschland identifiziert und der Kommission gemeldet. In 27 davon müssen Lärmaktionspläne in der ersten Planungsphase bis 2008 und in 44 in der zweiten Planungsphase bis 2013 erstellt werden.[170]

166 Die Lärmaktionspläne der Städte Nürnberg, Bochum, Bonn und Leipzig befinden sich in der Aufstellung, Stand einer Internetabfrage, November 2011.

167 Art. 3 lit. k) UL-RL.

168 *Stuttgart*, Lärmaktionsplan 2009, online, S. 5.

169 Vgl. dazu *Repkewitz*, VBlBW. 2006, 409, 412.

170 *UBA*, Daten zur Umwelt, Karte: Lage der Ballungsräume 2013; *UBA*, Daten zur Umwelt, Karte: Lage der Ballungsräume 2008.

Mit dem Lärmschutzansatz an Ballungsräumen und den Kriterien Einwohnerzahl und Bevölkerungsdichte wird ein Raum beschrieben, in dem besondere Herausforderungen bestehen. Die Probleme dicht besiedelter Gebiete werden in der Wissenschaft auch unter dem Stichwort Verdichtungsraum behandelt.[171] Diese Verdichtungsräume haben aufgrund ihrer Bevölkerungsdichte und hohen Nutzung umfassende Probleme, die auch als Ballungsschäden bezeichnet werden. Hier sind die Überlastung der Umwelt durch konzentrierte Beanspruchung, ein hohes Verkehrsaufkommen und knappe Flächen zur Regeneration und Naherholung zu nennen.[172] In Gebieten mit einer hohen Bevölkerungsdichte können Umweltgefahren schwerwiegendere Auswirkungen haben als in weniger dicht besiedelten Gebieten.[173] Weiter neigen Verdichtungsräume zu einer fortschreitenden Trennung der Nutzungen, etwa zwischen Wohnen und Arbeiten[174]. All diese Probleme finden sich im direkten oder im weiteren Bezug auch bei der Lärmproblematik wieder. Eine Trennung von Wohnen und Arbeiten führt zwangsläufig zu Verkehr, der wiederum Lärm verursacht. Bei einer hohen Nutzungsdichte bestehen kaum Möglichkeiten dem Lärm auszuweichen, meist stehen nur wenige ruhige Flächen zur Erholung zur Verfügung.

Die Anknüpfung an Verdichtungs- oder Ballungsräume rührt von einem immissionsbezogenen im Gegensatz zu einem anlagenbezogenen Ansatz her. Belästigungen sollen dort vermieden werden, wo Menschen wohnen oder sich aufhalten und gleichzeitig lärmversursachende Handlungen vornehmen[175].

Als praktische Beispiele für Ballungsräume dienen für die Arbeit die Städte Stuttgart, Halle, Düsseldorf, Hannover und Hamburg.

---

171 *Schmidt-Aßmann*, Die Verwaltung 1985, 273, 274 f.

172 *Schmidt-Aßmann*, Die Verwaltung 1985, 273, 274 f.

173 *Jarass/Kühling/Bärwolf*, Verbesserungsmöglichkeiten, S. 53.

174 *Schmidt-Aßmann*, Die Verwaltung 1985, 273, 274 f.

175 *Schmidt-Aßmann*, Die Verwaltung 1985, 273, 274 f; *Jarass/Kühling/Bärwolf*, Verbesserungsmöglichkeiten, S. 53.

aa) Stuttgart

Stuttgart ist eine von drei Städten in Baden-Württemberg, für die schon bis 2008 ein Lärmaktionsplan zu erstellen war. Insgesamt hat Baden-Württemberg neun Ballungsräume, die es zu beplanen gilt.

Der Ballungsraum Stuttgart wurde für die Lärmaktionsplanung durch das Umweltministerium Baden-Württemberg festgelegt[176]. Der Ballungsraum umfasst eine Fläche von 207 km², mit einer gemittelten Einwohnerzahl von 593.297 Personen. Dies entspricht einer Einwohnerdichte von 2.866 Einwohnern pro km².[177] Der durch den Lärmaktionsplan erfasste Raum umfasst neben der Landeshauptstadt die Stadtteile Mettingen, Brühl und Weil der Gemeinde Esslingen. Als Grund für die Erfassung der Stadtteile von Esslingen wird im Lärmaktionsplan angegeben, dass dort das Werk von Mercedes-Benz die Stadtgrenzen überschreitet.[178] Obwohl der Ballungsraum über die Grenzen der Stadt Stuttgart hinausreicht, stellt die Stadt Esslingen für ihr Stadtgebiet einen eigenen Lärmaktionsplan auf[179].

bb) Halle

Als weiteres Praxisbeispiel für die Arbeit dient der Ballungsraum der Stadt Halle (Saale) in Sachsen-Anhalt. Halle ist, obwohl es mit über 230.000 Einwohnern die bevölkerungsreichste Stadt und eines von drei Oberzentren des Landes Sachsen-Anhalt ist, erst bis 2013 zu beplanen. Halle liegt auf einer Fläche von 135 km² und hat eine durchschnittliche Bevölkerungsdichte von 1725 Einwohnern pro km².[180] Halle hat die Besonderheit, dass es an der Landesgrenze zu Sachsen liegt und an den Verdichtungsraum Leipzig angrenzt. In den Landesentwicklungsplänen von Sachsen-Anhalt und Sachsen

176 *Stuttgart*, Lärmaktionsplan 2009, online, S. 5.

177 *Stuttgart*, Lärmaktionsplan 2009, online, S. 22 f.

178 *Stuttgart*, Lärmaktionsplan 2009, online, S. 15 f.

179 *Esslingen*, Lärmaktionsplan Entwurf, 2009, online.

180 *Sachsen-Anhalt*, Statistisches Landesamt, online.

wird der Raum Halle/Leipzig als eine Metropolregion aufgeführt.[181] In der gesamten Region Halle/Leipzig leben etwa 950.000 Einwohner. Diese Metropolregion gehört außerdem zum „Sachsendreieck“, dies umfasst die Städte Dresden, Leipzig mit Halle, Chemnitz und Zwickau.[182] Die Verdichtungsräume Halle und Leipzig grenzen aber nicht in den Kern-Verdichtungsräumen aneinander, sondern der die Verdichtungsräume umgebende Raum, mit einer wesentlich geringeren Bevölkerungsdichte grenzt an den jeweils anderen Verdichtungsraum. Die geforderte Bevölkerungsdichte von mehr als 1.000 Einwohnern pro km^2 wird in diesen Gebieten unterschritten. Somit sind Halle und Leipzig nach den Landesentwicklungsplänen zwar eine Metropolregion und nach der Definition des § 47b Nr. 2 BImSchG jeweils ein Ballungsraum, aber kein einheitlicher Ballungsraum nach dieser Definition.

cc) Düsseldorf

In Nordrhein-Westfalen stellt sich die Herausforderung einer besonders großen Verdichtung. Hier leben 2/3 der Einwohner auf 25% der Landesfläche.[183] Allein in Düsseldorf leben 585.000 Einwohner auf einer Fläche von 217 km^2, dies entspricht einer Bevölkerungsdichte von 2.695 Einwohnern pro km^2 im Durchschnitt. Die Stadt grenzt im Westen an die Gemeinden Neuss und Meerbusch, im Osten an die Gemeinde Ratingen, Erkrath, Hilden und Mettmann, im Norden an die Stadt Duisburg und im Süden an Dormargen, Monheim und Langenfeld. Die Gemeinden Neuss und Duisburg sind als eigene Ballungsräume ausgewiesen und stellen eigene Lärmaktionspläne auf und die Gemeinden stimmen sich nur bei den sie verbindenden Straßen ab. Der Lärmaktionsplan der Stadt Düsseldorf sieht selber keine Maßnahmen vor, diese sind in einen sogenannten Masterplan-

181 Gesetz über den Landesentwicklungsplan des Landes Sachsen-Anhalt 1999, 3.1.2; GVBl. LSA 1999, 244.

182 Landesentwicklungsplan 2003 Sachsen, Sächsischen Gesetz- und Verordnungsblatt Nr. 19/2003 vom 31. Dezember 2003, S. 7.

183 Landesentwicklungsplan NRW 2005, vom 11. Mai 1995 – VI B 3 – 50.21, B. I. 1.

Lärmschutz ausgelagert. Der Masterplan-Lärmschutz wurde bereits vor Umsetzung der Umgebungslärmrichtlinie ins deutsche Recht erarbeitet und wird nun fortgeführt und ergänzt einen zusätzlich erstellten Lärmaktionsplan um Maßnahmen.[184] Ob dieses Vorgehen mit den Verfahrensvorgaben für die Erstellung von Lärmaktionsplänen und Abwägung der Maßnahmen in Einklang steht ist fraglich, soll hier aber nicht untersucht werden.

dd) Hannover

Als weiteres Beispiel dient der Ballungsraum Hannover. Die Stadt Hannover gehört zum Kommunalverband Region Hannover. Die Region Hannover ging 2001 aus den Kommunen des bisherigen Landkreises Hannover und der kreisfreien Stadt Hannover hervor.[185] Zwar wurde die Stadt Hannover in die Region Hannover eingegliedert, sie behielt aber ihren Status als kreisfreie Stadt. Zur Region Hannover gehören insgesamt 21 Städte und Gemeinden. Hinter Hannover ist zwar Langenhagen die größte Gemeinde in der Region, aber nur die Gemeinde Laatzen weist eine Bevölkerungsdichte von mehr als 1000 Einwohner pro km^2 auf. Zum Ballungsraum Hannover gehören damit die Landeshauptstadt und die Gemeinde Laatzen. Für beide Gemeinden wird ein einheitlicher Lärmaktionsplan durch die Behörden der Stadt Hannover erstellt.[186]

184 Vgl. *Düsseldorf*, Masterplan-Lärm: „Reduzierung des Straßenverkehrslärms“, online.

185 § **1 RegioHanG Nds.** GVBl. 2001 S. 348 „ Aus den Gemeinden des Landkreises Hannover und der Landeshauptstadt Hannover wird als neuer Gemeindeverband die Gebietskörperschaft Region Hannover gebildet. Zugleich werden die Landkreise Hannover und der Kommunalverband Großraum Hannover aufgelöst“.

186 § 1 Abs. 1 Nds.ZustVO-Umwelt-Arbeitsschutz mit Anlage 1 Nr. 8.1.1.14; *Hannover*, Fachbereich Planen und Stadtentwicklung, Lärmaktionsplan Landeshauptstadt Hannover, online, S. 4 ff.

ee) Hamburg

Auch für die Ballungsräume der Stadtstaaten sind Lärmaktionspläne zu erstellen. Die Stadtstaaten befinden sich in der besonderen Lage, nicht nur Gemeinde, sondern auch Bundesland zu sein, was andere verwaltungsrechtliche Anforderungen mit sich bringt.

Als Beispiel soll hier der Ballungsraum Hamburg dienen. Dieser umfasst laut Untersuchungsgebiet des Lärmaktionsplans Hamburg das Stadtgebiet Hamburg und 14 Gemeinden in Schleswig-Holstein.[187] Für den gesamten Ballungsraum wurde durch die Hamburger Behörde für Stadtentwicklung und Umwelt in Zusammenarbeit mit Experten, den schleswig-holsteinischen Gemeinden und anderen Trägern öffentlicher Belange, ein sogenannter strategischer Lärmaktionsplan erstellt und auch im Hamburger Senat sowie den Gemeinderäten der Gemeinden in Schleswig-Holstein verabschiedet. Der strategische Lärmaktionsplan, der als Instrument weder in der Umgebungslärmrichtlinie noch in der Umsetzung im BImSchG vorgesehen ist, beschreibt zunächst den Ballungsraum und bestimmt grobe Ansatzpunkte für den Lärmschutz. Der strategische Lärmaktionsplan wurde an das UBA nach § 47d Abs. 7 BImSchG gemeldet und akzeptiert[188]. Die kommunale Zusammenarbeit zwischen Hamburg und den schleswig-holsteinischen Gemeinden wurde zudem Gegenstand eines Kabinettsbeschlusses. Die Abstimmung erfolgte auch auf Ebene des schleswig-holsteinischen Ministerpräsidenten und der Hamburger Senatoren bzw. des Oberbürgermeisters.[189]

In den strategischen Lärmaktionsplan wurde ein 12-Punkte-Programm für konzeptionelle Maßnahmen aufgenommen.[190] Danach soll etwa ein gesamtstätisches Verkehrskonzept erarbeitet werden, das Lärmschutz-, Luftreinhalte- und Klimaschutzaspekte mit den Anforderungen des Verkehrs in Einklang bringen soll. Des Weiteren ist ein Konzept zur Verstetigung des Verkehrsflusses vorgesehen

---

187 Vgl. *Hamburg*, Behörde für Stadtentwicklung und Umwelt, Strategischer-Lärmaktionsplan, online, Abb. 1, S. 8.

188 Als gemeldet aufgeführt in *UBA*, Lärmbilanz 2010, online, S. 12.

189 Auskunft *Wendland*, Hamburg, Behörde für Stadtentwicklung und Umwelt, 3.2011.

190 Vgl. *Hamburg*, Behörde für Stadtentwicklung und Umwelt, Strategischer-Lärmaktionsplan, online, S. 46 ff.

sowie eine Park&Ride-Strategie zur Reduzierung des Pendelverkehrs in die Innenstadt und die Entwicklung von Ansätzen für ein betriebliches Mobilitätsmanagement.[191] Im Einzelnen auf Straßen oder Straßenabschnitte bezogene Maßnahmen werden im Anschluss an den strategischen Lärmaktionsplan für Hamburg erarbeitet, indem im Rahmen einer groß angelegten Öffentlichkeitsbeteiligung, Ideen für konkrete Maßnahmen in den einzelnen Bezirken der Stadt gesammelt und veröffentlicht werden.[192] Die 14 schleswig-holsteinischen Gemeinden, die zum Ballungsraum Hamburg gehören, haben eigene Öffentlichkeitsbeteiligungen durchgeführt und stellen eigene Lärmaktionspläne mit weiteren Maßnahmen auf.[193]

b) Orte in der Nähe von Hauptverkehrsstraßen

Neben Ballungsräumen knüpft die Umgebungslärmrichtlinie an „Orte in der Nähe" von Hauptverkehrsstrecken an. In Ballungsräumen bestehen besondere Probleme sehr verdichteter Nutzungen, Hauptverkehrsstraßen bringen demgegenüber andere Schwierigkeiten mit sich. Hier besteht zumeist keine hohe Verdichtung der Nutzungen, sie stellen aber für ein ansonsten wenig genutztes Gebiet die Hauptlärmquelle dar. Auch für Orte in der Nähe von Hauptverkehrsstraßen sollen die Belästigungen dort vermieden werden, wo Menschen wohnen oder sich aufhalten. Eine ideale Auswahl der zu beplanenden Gebiete erfolgt anhand von Immissionssituationen, die sich an Lärmbelästigungen von Menschen orientieren und bei Hauptverkehrsstraßen ebenso vorliegen wie in Ballungsräumen.

Hauptverkehrsstraßen werden in der Richtlinie als „eine vom Mitgliedsstaat angegebene regionale, nationale oder grenzüberschreitende Straße mit einem Verkehrsaufkommen von über drei

191 *Hamburg*, Behörde für Stadtentwicklung und Umwelt, Strategischer-Lärmaktionsplan, online, S. 46 ff.

192 Z. B. *Hamburg*, Behörde für Stadtentwicklung und Umwelt, Strategischer-Lärmaktionsplan, Lärmaktionsplanung in Hamburg Vorschläge für Hamburg-Nord, Gutachterliche Bewertung der Ergebnisse der Lärmforums im Bezirk Hamburg-Nord, online, S. 2–17.

193 Z. B. *Norderstedt*, Lärmminderungsplanung Norderstedt, online.

Millionen Kraftfahrzeugen pro Jahr." definiert.[194] Die deutsche Umsetzung konkretisiert dies auf „Bundesfernstraßen, Landesstraßen oder auch sonstige grenzüberschreitende Straßen".[195] Für die Planaufstellungspflicht der ersten Phase bis zum 18.7.2008 wurde das Verkehrsaufkommen auf Straßen mit über sechs Millionen Kraftfahrzeuge pro Jahr beschränkt.[196] Insgesamt sind in Deutschland nach diesen Kriterien 45.000 km Straße bis 2013 zu beplanen. In der ersten Planungsphase mussten 17.000 km Straße bis Juli 2008 beplant sein.

Fraglich ist aber, was unter „Orten in der Nähe" zu verstehen ist. „Ort in der Nähe" kann sowohl als Stelle als auch als Ortschaft im Sinne von Gemeinde verstanden werden. Nach Ausrichtung der Umgebungslärmrichtlinie ist „Ort" aber im Sinne von Gebiet um die Hauptverkehrsstraße herum zu verstehen.[197] Die Lärmminderungsplanung begreift sich als gebietsbezogener Lärmschutz, zudem finden sich keine Anhaltspunkte in der Umgebungslärmrichtlinie oder im BImSchG für die Voraussetzung eines Bebauungszusammenhangs mit einer Ortschaft.[198] Auch die Auslegung der anderssprachigen Fassungen spricht gegen „Ort" im Sinne einer Ortschaft oder Gemeinde. Die englische Fassung spricht von „places near the major roads" und die französische von „endroits situés près de grand axes routiers". Beide Begriffe bedeuten nicht Ortschaft oder Gemeinde, sondern Platz oder Stelle.[199] In der Nähe der Straße befindet sich jeder Ort, an dem die Auswirkungen der Lärmquelle messbar sind, dies entspricht auch der immissionsschutzbezogenen Ausrichtung der Lärmaktionsplanung.[200] Daneben können aber auch Orte erfasst

194 Art. 3 lit. n) UL-RL.

195 § 47 b Nr. 3 BImSchG.

196 § 47 d I Nr. 2 BImSchG und Art. 8 Abs. 1 lit a) UL-RL.

197 *Hansmann*, in: Landmann/Rohmer, BImSchG, § 47 d Rn. 6; *Stettner*, in: Ule/Laubinger (Hrsg.), BImSchG, § 47 d Rn. C 1; so auch die Begründung der BReg, BR Drs. 610/04, S. 30.

198 *Schulze-Fielitz*, in: Koch (Hrsg.), GK-BImSchG, § 47 d Rn. 25; *Hansmann*, in: Franßen (Hrsg.), Bürger – Richter – Staat, FS Rehbinder, S. 347; *Fickert*, BauR 2006, 920, 934.

199 *Langenscheidt*, Taschenwörterbuch Englisch; *Langenscheidt*, Taschenwörterbuch Französisch.

200 *Schulze-Fielitz*, UTR 2008, 25.

sein, an denen sich zukünftig eine Belastung einstellen kann und die als „ruhige Gebiete auf dem Land" nach Art. 3 lit. m) UL-RL zu schützen sind.[201] Nicht zu beplanen sind demgegenüber Orte auf dem Lande, die nicht durch eine Hauptverkehrstrecke, sondern durch Gewerbelärm belastet sind, auch wenn in ihnen dennoch Lärmprobleme vorliegen. Trotz der Definition von ruhigen Gebieten auf dem Land, die Industrie- und Gewerbelärm in Bezug nimmt, findet eine Lärmaktionsplanerstellung nur im Zusammenhang mit Hauptverkehrsstraßen oder anderen Infrastruktureinrichtungen statt.[202] Mit der Inbezugnahme von „Orten" ist gleichzeitig auch festgelegt, dass es keiner Beplanung des gesamten Streckenverlaufs bedarf. Dies ermöglicht erst eine effektive Öffentlichkeitsbeteiligung, wie es die Umgebungslärmrichtlinie fordert.[203] Damit können auch Streckenabschnitte ausgenommen werden, in denen keine Menschen von Lärmproblemen oder Lärmauswirkungen betroffen sind[204]

Als Beispiele der konkreten Implementierung werden für die Arbeit die Lärmaktionsplanung für Hauptverkehrsstraßen in Hessen und Niedersachsen herangezogen.

aa) Hessen

Für die Ausgestaltung und Zuweisung der Zuständigkeit der Lärmaktionsplanung an Hauptverkehrsstraßen gibt es im Wesentlichen zwei Modelle. Das eine Modell sieht vor, dass die Regierungspräsidien die Pläne für das gesamte Streckennetz in ihrem Bereich aufstellen,[205] das andere System überlässt auch die Beplanung von

201 *Schulze-Fielitz*, in: Koch (Hrsg.), GK-BImSchG, § 47d Rn. 24 f; **Art. 3 lit. m) UL-RL** „Ruhige Gebiete auf dem Land, ein von der zuständigen Behörde festgelegtes Gebiet, das keinem Verkehrs-, Industrie-, und Gewerbe- oder Freizeitlärm ausgesetzt ist".

202 So auch *Stettner*, in: Ule/Laubinger (Hrsg.), BImSchG, § 47 d Rn. C 1.

203 *Feldmann*, ZUR 2005, 352, 356.

204 *Feldmann*, ZUR 2005, 352, 356; Begründung im Regierungsentwurf zur Umsetzung der UL-RL, BT-Drs. 5/3782.

205 **§ 7 Abs. 2 ZustVO-BImSchG Hessen** „Zuständige Behörde für die Aufstellung von Lärmaktionsplänen nach § 47d Abs. 1 des Bundes-Immissionsschutzgesetzes ist das Regierungspräsidium. Es legt die erforderlichen

Bundes- und Landesstraßen den Gemeinden in ihrem Gebiet. In Hessen ist in § 7 Abs. 2 ZustVO-BImSchG Hessen das erstgenannte Modell vorgesehen. Die Regierungspräsidien Gießen, Kassel und Wiesbaden erstellen die Lärmaktionspläne für die Hauptverkehrsstraßen in ihrem Bereich, soweit sie nicht in einen der ausgewiesenen Ballungsräume fallen.[206] Die ruhigen Gebiete werden in Hessen von den Kommunen ausgewiesen, da dies in die Planungshoheit der Gemeinden fällt bzw. sie werden von den Landesplanungsbehörden z. B. in der Regionalplanung definiert und den Regierungspräsidien für die Lärmaktionsplanung gemeldet.[207]

Als konkretes Beispiel für eine Lärmaktionsplanung auf höherer Ebene wird der Plan der Bezirksregierung Gießen herangezogen.[208] Dieser Lärmaktionsplan bezieht in der ersten Planungsstufe Hauptverkehrsstraßen außerhalb von Ballungsräumen mit einem Verkehrsaufkommen von mehr als 6 Mio. KFZ/Jahr ein.[209] Zum Gebiet des Regierungspräsidiums Gießen gehören die Landkreise Gießen, Marburg-Biedenkopf, der Vogelsbergkreis, der Lahn-Dill-Kreis und der Kreis Limburg-Weilburg.

Maßnahmen im Einvernehmen mit den für Anordnungen und sonstige Entscheidungen zur Lärmbekämpfung sowie für lärmbedeutsame Planungen aufgrund eisenbahnrechtlicher, straßenrechtlicher und immissionsschutzrechtlicher sowie sonstiger Vorschriften des Bundes und der Länder zuständigen Behörden fest".

206 Für die Beplanung von vielbefahrenen Straßen in den Ballungsräume Frankfurt a. M., Wiesbaden, Kassel, Darmstadt und Offenbach sind die Gemeinden verantwortlich.

207 *Gießen*, Regierungspräsidium, Lärmaktionsplan Hessen: Teilplan Straßenverkehr Regierungsbezirk Gießen, online, S. 244.

208 Z. B. als Grundlage für bisher in den Plänen vorgesehene Maßnahmen, 1. Teil II. 4.

209 *Gießen*, Regierungspräsidium, Lärmaktionsplan Hessen: Teilplan Straßenverkehr Regierungsbezirk Gießen, online, S. 28.

bb) Niedersachsen

Anders verläuft die Lärmaktionsplanung an Hauptverkehrsstraßen in Niedersachsen. Hier wurde keine abweichende Regelung von der bundesrechtlichen Zuweisung an die Gemeinden nach § 47e Abs. 1 BImSchG getroffen. Somit stellt jede Gemeinde für die in ihrem Gebiet verlaufenden Abschnitte von Bundes- und Landesstraßen Lärmaktionspläne auf, soweit deren Lärm auf Wohngebiete oder andere Bereiche, in denen sich Menschen aufhalten, einwirkt. Damit hat sich Niedersachsen für das oben erwähnte zweite Modell entschieden.

Als Beispiele für einen damit einhergehenden sehr begrenzten Planungsumfang dienen die Lärmaktionspläne der Gemeinde Loxstedt und Buchholz. Die Gemeinde Loxstedt liegt im Landkreis Cuxhaven zwischen Bremerhaven und der Freien Hansestadt Bremen. Das Gemeindegebiet wird von der BAB A 27 in Nord-Südrichtung und der B 437 durchkreuzt.[210] Die Gemeinde Buchholz liegt im Nord-Osten Niedersachsens etwas südlich von Hamburg und gehört zur Metropolregion Hamburg. Sie ist das einwohnerstärkste Mittelzentrum des Landkreises Harburg. Durch das Gemeindegebiet verlaufen die BAB A 1 sowie die B 75, in der nächsten Planungsstufe kommen zudem innerörtliche Hauptverkehrsstraßen hinzu.[211] Von der jeweiligen Gemeinde werden nur diejenigen Abschnitte der Hauptverkehrsstraßen beplant, die durch ihr Gemeindegebiet verlaufen. Die weiteren Streckenabschnitte sind von den weiteren an der Hauptverkehrsstraße liegenden Gemeinden zu beplanen. Dies birgt natürlich das Risiko, dass für einzelne Abschnitte der Hauptverkehrsstraße gar kein Lärmaktionsplan erstellt wird, bzw. sehr unterschiedliche und nicht notwendig harmonierende Maßnahmen vorgesehen werden.

210 *Loxstedt*, Lärmaktionsplan der Gemeinde Loxstedt, online, S. 2.

211 *Buchholz i. d. N.*, Lärmaktionsplan, online, S. 1.

c) Ruhige Gebiete

Die Lärmaktionsplanung erfasst Lärmauswirkungen und Lärmprobleme. Zudem sollen aber auch ruhige Gebiete gegen eine Zunahme von Umgebungslärm geschützt werden.[212] Dabei wird von der Umgebungslärmrichtlinie zwischen ruhigen Gebieten auf dem Land und ruhigen Gebiete in Ballungsräumen unterschieden. Ein ruhiges Gebiet in einem Ballungsraum ist ein Gebiet, in dem „beispielsweise der L_{den}-Index oder ein anderer geeigneter Lärmindex für sämtliche Schallquellen einen bestimmten, von den Mitgliedstaaten festgelegten Wert nicht übersteigt“.[213] Ein ruhiges Gebiet auf dem Land ist ein Gebiet, „das keinem Verkehrs-, Industrie-, und Gewerbe- oder Freizeitlärm ausgesetzt ist“.[214] Darüberhinausgehende Definitionen gibt es weder im deutschen Recht noch als europäische Vorgabe, insbesondere sind keine Grenzwerte vorgegeben. Vielmehr müssen die ruhigen Gebiete nach Art. 3 lit. l) und m) ULRL von der für die Planerstellung zuständigen Behörde festgelegt werden.

Der Leitfaden „Silent City“ geht auf die Definition von ruhigen Gebieten ein und schlägt als Auswahlkriterium Gebiete vor mit Pegeln unter 55 dB(A) und einer bestimmten Mindestgröße oder Gebiete die einen Höheren Pegel als 55 dB(A) aufweisen, dafür aber 6 dB(A) unter dem Maximalwert des höchstbelasteten Bereiches liegen.[215] Die Länderarbeitsgemeinschaft Immissionsschutz (LAI) orientiert sich an einem Pegel unter 50 dB(A) oder schlägt solche Gebiete in Ballungsräumen vor, die von der Bevölkerung als ruhig empfunden werden, wie Parks, Kurgebiete und Friedhöfe.[216] Bayern gibt als Empfehlung an die Gemeinden einen Schwellenwert von

212 Art. 8 Abs. 1 lit. b) UL-RL

213 So Art. 3 lit. l) UL-RL.

214 So Art. 3 lit. m) UL-RL.

215 *UBA/EA.UE, LK Argus GmbH, Konsalt GmbH, Lärmkontor GmbH*: Silent City – Ein Handbuch zur kommunalen Lärmminderung. Berlin 2008.

216 *LAI*, Hinweise zur Lärmaktionsplanung. Gemäß UMK-Umlaufbeschluss 33/2007 von der Umweltminis-terkonferenz zur Kenntnis genommen mit der Ergänzung zu ruhigen Gebieten entsprechend des Beschlusses zu TOP 10.4.2. der 117. LAI-Sitzung. Stand: 25.03.2009.

unter 50 dB(A)[217] und Hamburg von zum Teil unter 45 dB(A)[218], die übrigen Bundesländer werden nicht so konkret. Das Land Sachsen gibt vor, sich an den Ruheerwartungen des jeweiligen Gebietes zu orientieren[219] und Nordrhein-Westfalen überlässt die Festlegung gleich ganz den Kommunen[220].

In der Praxis wurden in vielen Lärmaktionsplänen ruhige Gebiete in Ballungsräumen ausgewiesen, wenngleich sie durch sehr unterschiedliche Kriterien bestimmt wurden.[221]

Auf dem Land wurden bisher nur wenige ruhige Gebiete festlegt. Ein Beispiel ist aber der Lärmaktionsplan der Stadt Buchholz. Dort werden ruhige Gebiete in den Randlagen und im Stadtgebiet festgelegt.[222]

4. Bisher in den Plänen vorgesehene Maßnahmen und deren Verwirklichung

Als Beispiele für in der Praxis vorgesehene Maßnahmen zum Verhindern, Vorbeugen oder Mindern von schädlichen Auswirkungen von Umgebungslärm durch den Straßenverkehr dienen die festgesetzten oder angedachten Maßnahmen aus den Aktionsplä-

217 *Bayerisches Landesamt für Umweltschutz* (LfU): Die Umsetzung der EU-Umgebungslärmrichtlinie.

218 So etwa im *Hamburg*, Behörde für Stadtentwicklung und Umwelt, Strategischer Lärmaktionsplan Hamburg, online, S. 41; der Lärmaktionsplan für *Norderstedt*, Lärmminderungsplanung Norderstedt, online, (Teil des Ballungsraumes Hamburg) unterschiedet zwischen sehr ruhigen Gebieten mit L_{den} unter 45 dB(A) und ruhigen Gebieten mit L_{den} unter 55 dB(A), S. 81.

219 *Sächsisches Landesamt für Umwelt und Geologie*: Hinweise für die Lärmaktionsplanung – Informationsbroschüre für Städte und Gemeinden.

220 Lärmaktionsplanung, RdErl. d. Ministeriums für Umwelt und Naturschutz, Landwirtschaft und Verbraucherschutz des Landes Nordrhein-Westfalen-V-5 – 8820.4.1 vom 07.02.2008.

221 Z. B. *Stuttgart*, Lärmaktionsplan 2009, online, S. 127; *Hannover*, Fachbereich Planen und Stadtentwicklung, Lärmaktionsplan Landeshauptstadt Hannover, online, S. 34; *Gießen*, Regierungspräsidium, Lärmaktionsplan Hessen: Teilplan Straßenverkehr Regierungsbezirk Gießen, online, S. 243

222 *Buchholz i. d. N.*, Lärmaktionsplan, online, S. 5 f.

nen der Städte Hamburg, Hannover, Stuttgart und Halle[223] sowie aus Lärmaktionsplänen zu ausgewählten Hauptverkehrsstrecken in Hessen.[224] Diese Pläne geben keinen abschließenden, aber einen für Rückschlüsse auf die Planungspraxis ausreichenden Überblick über in Lärmaktionsplänen festgelegte Maßnahmen zum Schutz vor Straßenverkehrslärm. Die Maßnahmen aus den Lärmaktionsplänen setzen unterschiedlich an, da der Straßenverkehrslärm an verschiedenen Stellen entsteht und ihm auf unterschiedlichen Wegen begegnet werden kann.

Der Lärm von Fahrzeugen setzt sich im Wesentlichen aus Antriebsgeräuschen und Rollgeräuschen zusammen. Die Antriebsgeräusche werden von der Motordrehzahl beeinflusst und sind deshalb beim Anfahren und Beschleunigen am stärksten. Die Rollgeräusche oder Reifen- und Fahrbahngeräusche werden durch die Reifen und den Fahrbahnbelag bestimmt und nehmen mit steigender Geschwindigkeit zu.[225] Somit ist der Lärm zum einen entscheidend vom Fahrverhalten abhängig. Je mehr starkes Beschleunigen und eine unstete Fahrweise vermieden werden, desto leiser wird es. Zum anderen ist der Lärm von der Fahrbahn und den Reifen abhängig. Je unebener und rauer die Fahrbahn ist, desto lauter ist der Verkehrsweg.[226]

Deshalb lassen sich Maßnahmen danach unterscheiden, ob sie an der Quelle oder am Verhalten ansetzen. Daneben werden aber auch Maßnahmen relevant, die die Ausbreitung des Lärms verhindern, sowie städtebauliche Maßnahmen, die schon die Notwendigkeit zu lärmverursachendem Verhalten und die Benutzung von lärmverursachenden Verkehrsmitteln an sich verringern können. Im Detail lässt sich zwischen diesen Kategorien keine trennscharfe Abgrenzung der einzelnen Maßnahmenansätze vornehmen, viele Maßnahmen greifen für eine effektive Ausgestaltung ineinander oder werden in mehreren Bereichen relevant.

---

223 Nicht alle genannten Lärmaktionspläne sind endgültig aufgestellt oder sehen die genannten Maßnahmen schon für konkrete Straßen und endgültig vor.

224 Die Lärmaktionspläne geben einen repräsentativen Überblick über mögliche Maßnahmen und Aufstellungsverfahren, stellen aber keinen Anspruch daran diese abschließend aufzeigen.

225 *Rebler/Scheidler*, Immissionsschutz im Straßenverkehr, S. 24.

226 *Rebler/Scheidler*, Immissionsschutz im Straßenverkehr, S. 25 f.

a) Verhaltensbezogene Maßnahmen

Verhaltensbezogene Maßnahmen des Straßenverkehrs dienen der Verlangsamung, Verstetigung und Verlagerung des motorisierten Verkehrs.

Zur Verstetigung des motorisierten Verkehrs werden in den Lärmaktionsplänen insbesondere Ampelschaltungen in grüner Welle mit einer Anzeige der empfohlenen Geschwindigkeit sowie Dauerrot für Fußgänger mit Anforderungskontakt und Kreisverkehre vorgesehen[227]. Für eine Verstetigung bedarf es zudem einer guten Verkehrsorganisation, die es schafft, den KFZ- und LKW-Verkehr zu bündeln. Dies soll etwa durch ein Routennetz mit Zuflussdosierung und Pförtnerampeln, die Rot zeigen, bis sich ein Verkehrsteilnehmer mit der vorgeschriebenen Geschwindigkeit nähert und erst dann auf Grün schalten, verwirklicht werden.[228]

Für die Verlangsamung des KFZ- und LKW-Verkehrs kommen Geschwindigkeitsbeschränkungen in Betracht. Gerade auf Hauptverkehrsstraßen werden Reduzierungen auf eine Höchstgeschwindigkeit tagsüber von Tempo 50 und nachts gegebenenfalls von Tempo 30 vorgesehen.[229] Dabei ist allerdings zu beachten, dass eine Reduktion auf Tempo 30 für die gesamte Strecke nur ausnahmsweise möglich ist, wenn eine Verlagerung des Verkehrs gewünscht ist und in vertretbarem Maße erfolgt. Um gleichzeitig den ÖPNV[230] nicht zu beeinträchtigen, sollen entsprechende Bevorrechtigungen eingerichtet werden.[231] Außerdem wird in Lärmaktionsplänen vorgesehen, dass neue, aber auch bestehende Geschwindigkeitsbeschränkungen durch Kontrollen durchgesetzt werden.[232] Darüber hinaus

227 *Halle*, Fachbereich Umwelt, Lärmaktionsplanung der Stadt Halle (Saale): Zwischenbericht, online, S. 49; Hannover Landeshauptstadt, Lärmaktionsplan: Entwurf, online, S. 23 f.

228 *Halle*, Fachbereich Umwelt, Lärmaktionsplanung der Stadt Halle (Saale): Zwischenbericht, online, S. 49; *Hannover* Landeshauptstadt, Lärmaktionsplan: Entwurf, online, S. 23 f.

229 *Hannover*, Lärmaktionsplan: Entwurf, online, S. 23.

230 Öffentlicher Personennahverkehr.

231 *Halle*, Fachbereich Umwelt, Lärmaktionsplanung der Stadt Halle (Saale): Zwischenbericht, online, 53.

232 *Hamburg*, Behörde für Stadtentwicklung und Umwelt, Lärmaktionsplanung in Hamburg Vorschläge für Hamburg-Nord, Gutachterliche Bewer-

werden umfassende verkehrsorganisatorische Maßnahmen durch Ummarkierung der Straße, durch Ausweisung einzelner Streifen als Parkstreifen oder durch Schaffung von Radverkehrsflächen vorgesehen.[233] Diese Maßnahmen verengen die Fahrbahn und halten zu einer langsameren Fahrweise an. Daneben wird vorgesehen sogenannte Shared-Space Bereiche oder „Gemeinschaftsstraßen“ einzurichten.[234] Dies sind Bereiche, in denen alle Verkehrsarten gleichwertig sind und nicht durch Schilder oder Ampeln geleitet werden, wobei Fahrbahnmarkierungen und sonstige Abgrenzungen, wie etwa Bordsteine, fehlen. Als einzige Regeln gelten die gegenseitige Rücksichtnahme und Rechts-vor-Links.[235] Damit werden die Verkehrsteilnehmer verunsichert und zu einer vorsichtigeren und langsameren Fahrweise gezwungen.

Weiter kommen Verkehrsbeschränkungen in Betracht, beispielsweise in Form von Verkehrsverboten für bestimmte Fahrzeuge - wie LKW - oder zu bestimmten Zeiten - z. B. nachts -, oder beide Maßnahmen kombiniert. Dadurch kann der Verkehr in lärmsensiblen Gebieten oder zu lärmsensiblen Zeiten beschränkt werden.[236] Eine Beschränkung wird in Lärmaktionsplänen - neben Fahrverboten und Tempolimits - auch durch Einbahnstraßen, Abbiegeverbote und ein Verkehrsleitsystem vorgesehen.[237] Denn neben einer Verlangsamung und Verstetigung des motorisierten Verkehrs richten sich verhaltensbezogene Maßnahmen in Lärmaktionsplänen auf eine Verlagerung des Individualverkehrs auf andere lärmarme Verkehrsmittel

---

tung der Ergebnisse der Lärmforums im Bezirk Hamburg-Nord, S. 2–17.

233 *Halle*, Fachbereich Umwelt, Lärmaktionsplanung der Stadt Halle (Saale): Zwischenbericht, online, S. 76.

234 *Hamburg*, Behörde für Stadtentwicklung und Umwelt, Lärmaktionsplanung in Hamburg Vorschläge für Hamburg-Nord, Gutachterliche Bewertung der Ergebnisse der Lärmforums im Bezirk Hamburg-Nord, S. 2–17.

235 ausführlich *Füreder/Schwab*, Shared-Space/Begegnungszonen - ein Überblick.

236 *Hessisches Ministerium* für Umwelt, Energie, Landwirtschaft und Verbraucherschutz, Lärmaktionsplanung für Hauptverkehrsstraßen in Hessen, S. 14.

237 *Halle*, Fachbereich Umwelt, Lärmaktionsplanung der Stadt Halle (Saale): Zwischenbericht, online, S. 49; Hannover, Lärmaktionsplan: Entwurf, online, S. 22.

oder in unempfindlichere Gebiete. Für eine Verringerung der Verkehrsmenge in Innenstadtbereichen oder in Wohngebieten und die Bündelung des Verkehrs in weniger konfliktträchtigen Bereichen werden eine Verringerung der Anzahl von Fahrspuren und eine veränderte Verkehrsführung für den Durchgangsverkehr – durch Umleitung um die städtische Kernzonen etwa durch Ortsumgehungen – vorgesehen.[238] Verkehrslenkende Maßnahmen dienen einer besseren Zielführung und sollen die Nutzung von Schleichwegen vermeiden.[239]

Durch Maßnahmen für eine verstärkte Nutzung lärmarmer alternativer Verkehrsmittel und dadurch eine Verminderung des KFZ-Verkehrs sollen Fahrten mit dem Auto in die Innenstädte weniger attraktiv gemacht und die Attraktivität des ÖPNV, der Fahrradbenutzung und der Fußwege erhöht werden.[240]

Die Verlagerung auf lärmarme Verkehrsmittel soll zum einen durch eine bessere Verknüpfung des ÖPNV mit anderen Verkehrsträgern, einer Beschleunigung durch hohe Taktdichte, geringe Wartezeiten und der Sicherung einer guten Erreichbarkeit für bedeutende Quell- und Zielbereiche erreicht werden, etwa zu großen Einzelhandelseinrichtungen am Stadtrand oder im unmittelbar angrenzenden Umland. Zum anderen werden kurze Zu- und Abgangswege und die Anpassung der Takte an die Öffnungszeiten des Einzelhandels vorgesehen. Dies wird überwiegend durch ein gutes Informationssystem, über Park&Ride-Anlagen, über die Taktzeiten der öffentlichen Verkehrsmittel sowie das Parkplatzangebot unterstützt.[241] Weiter wird der ÖPNV gegenüber dem KFZ-Verkehr mittels baulicher und organisatorischer Anlagen – beispielsweise besonderer Bahnkörper und Straßenraumaufteilung – im Zusammenhang mit Begrünung oder Vorrangschaltungen an Ampeln

238 *Hessisches Ministerium* für Umwelt, Energie, Landwirtschaft und Verbraucherschutz, Lärmaktionsplanung für Hauptverkehrsstraßen in Hessen, S. 14.

239 So *Hessisches Ministerium* für Umwelt, Energie, Landwirtschaft und Verbraucherschutz, Lärmaktionsplanung für Hauptverkehrsstraßen in Hessen, S. 14.

240 *Hannover*, Lärmaktionsplan: Entwurf, 2009, S. 19 f.

241 *Halle*, Fachbereich Umwelt, Lärmaktionsplanung der Stadt Halle (Saale): Zwischenbericht, online, S. 56.

priorisiert sowie die Park&Ride-Anlagen ausgebaut.[242] In einigen Städten wird ein umfassendes Mobilitätsmanagement zur besseren Koordinieren der Verkehrsarten vorgesehen und um verkehrsbeschränkende Maßnahmen im gesamten Straßennetz abstimmen zu können.[243]

Die Koordination der Verkehrsarten soll durch ein Parkraummanagement auch mit ausgewiesenen Be- und Entladezonen unterstützt werden. Der Parkraum ist Ziel und Quelle des Verkehrs und spielt somit auch eine Rolle bei der Reduktion von Straßenverkehrslärm.[244] Durch ein Parkraummanagement als Maßnahme in Lärmaktionsplänen soll zum einen der KFZ-Zielverkehr, wie der Berufsverkehr und der Parkplatzsuchverkehr, verringert werden. Bei hohem Parkplatzdruck und unterschiedlicher Nutzung (Arbeiten, Wohnen, Einkaufen) werden ein Parkraummanagement und Anliegerparkplätze vorgesehen.[245] Zum anderen soll sich der KFZ-Verkehr bei kostenpflichtigen Parkplätzen auf lärmarme Verkehrsarten, wie den ÖPNV und den Radverkehr, verlagern. Bei einer verstärkten Nutzung des ÖPNV – gerade von Straßenbahnen – wird in den Lärmaktionsplänen darauf geachtet, dass diese Bahnen geräuscharm sind. Hier werden etwa leise Fahrzeuge eingesetzt, die Geschwindigkeit reduziert oder Haltestellen an weniger sensible Orte verlegt.[246]

Als vergleichbare Anregung machen die Gemeinden den Fahrradverkehr attraktiver, um den KFZ-Verkehr zu verlagern. Dies soll durch den Ausbau sicherer, komfortabler, flächendeckender und nutzerfreundlicher Radverkehrsanlagen erfolgen. Dazu wird

---

242 *Halle*, Fachbereich Umwelt, Lärmaktionsplanung der Stadt Halle (Saale): Zwischenbericht, online, S. 56 f.

243 *Hannover*, Lärmaktionsplan: Entwurf, 2009, S. 21; *Hamburg*, Behörde für Stadtentwicklung und Umwelt, Strategischer Lärmaktionsplan, S. 46 ff.

244 So *Halle*, Fachbereich Umwelt, Lärmaktionsplanung der Stadt Halle (Saale): Zwischenbericht, online, S. 53 ff.

245 *Halle*, Fachbereich Umwelt, Lärmaktionsplanung der Stadt Halle (Saale): Zwischenbericht, online, S. 53 ff.; *Hamburg*, Behörde für Stadtentwicklung und Umwelt, Lärmaktionsplanung in Hamburg Vorschläge für Eimsbüttel, Gutachterliche Bewertung der Ergebnisse der Lärmforums im Bezirk Eimsbüttel S. 2–18.

246 *Hamburg*, Behörde für Stadtentwicklung und Umwelt, Lärmaktionsplanung in Hamburg Vorschläge für Hamburg-Nord, Gutachterliche Bewertung der Ergebnisse der Lärmforums im Bezirk Hamburg-Nord, S. 2–17.

ein durchgängiges und sicheres Radverkehrsnetz vorgesehen.[247] Meist werden zusätzlich verkehrsorganisatorische Maßnahmen in Betracht gezogen, wie die Umwidmung des rechten KFZ-Fahrstreifens in einen Fahrradstreifen sowie die Verdeutlichung der Fahrbahnüberquerungen, um eine größere Sicherheit zu erreichen. Konkret werden an den Ortseinfahrten bei einem Straßenneubau oder -ausbau auch getrennte Rad- und Gehwege vorgesehen. Weiter soll der Ausbau von Fahrradstellplätzen mit ausreichender sozialer Kontrolle, etwa durch Radstationen, erfolgen.[248]

Der KFZ-Verkehr kann in engen Grenzen auch auf den Fußverkehr verlagert werden. Dazu werden geeignete Querungshilfen an Hauptverkehrsstraßen in Form von Mittelinseln, aber auch eine Geschwindigkeitsreduzierung, breite und befestigte Gehwege sowie eine Verbesserung der Oberflächenqualität dieser und eine Barrierefreiheit durch abgesenkte Bordsteine vorgesehen.[249]

Als zusätzliche Möglichkeit zur Reduzierung des KFZ-Verkehrs werden ein betriebliches Mobilitätsmanagement angedacht. Dies umfasst die Förderung von Jobtickets für den ÖPNV, mit denen Betriebe die Bereitstellung von Parkplätzen ersetzen können oder eine Vermietung von Parkplätzen an Arbeitnehmer. Das betriebliche Mobilitätsmanagement soll durch Information der Gemeinde erreicht werden, die dabei selber eine Vorreiterrolle einnehmen soll.[250]

Weiter wollen die Gemeinden durch Informationen auf das Verhalten der Verkehrsteilnehmer einwirken, so soll an bestehende Informationssysteme aus der Luftreinhalteplanung angeknüpft werden. Das Informationssystem soll neben einer Überschreitung von Feinstaubgrenzwerten auch die durchschnittlichen Schallpegel angeben.[251]

---

247 *Halle*, Fachbereich Umwelt, Lärmaktionsplanung der Stadt Halle (Saale): Zwischenbericht, online, S. 58.

248 *Halle*, Fachbereich Umwelt, Lärmaktionsplanung der Stadt Halle (Saale): Zwischenbericht, online, S. 58

249 *Halle*, Fachbereich Umwelt, Lärmaktionsplanung der Stadt Halle (Saale): Zwischenbericht, online, S. 60 f.

250 *Halle*, Fachbereich Umwelt, Lärmaktionsplanung der Stadt Halle (Saale): Zwischenbericht, online, S. 54.

251 *Halle*, Fachbereich Umwelt, Lärmaktionsplanung der Stadt Halle (Saale): Zwischenbericht, online, S. 57.

b) Quellenbezogene Maßnahmen

Im Bereich baulicher Schallschutz als quellenbezogene Maßnahme werden in Lärmaktionsplänen oftmals der Einbau lärmarmer und die Reparatur schadhafter Fahrbahnbeläge vorgesehen.[252] Lärmarme Fahrbahnbeläge werden als ebene, glatte und lärmdämpfende Fahrbahnoberflächen beschrieben, die auch Pflasterbeläge und Asphaltbeton ersetzen. Als weitere Möglichkeit zur Minderung der Rollgeräusche wird offenporiger Asphalt vorgesehen.[253] Zudem werden lärmmindernde Beläge auch an Bahnübergängen eingesetzt.[254]

Für eine Verstetigung des Verkehrs werden außerdem als quellenbezogene Maßnahmen Kreisverkehre eingesetzt.[255] Hinsichtlich der Fahrbahn wird im Rahmen baulicher Maßnahmen die Anzahl der Fahrstreifen verringert, indem diese zu Fahrrad- oder Parkstreifen umgestaltet werden.[256] Durch die neuen Rad- oder Parkstreifen wird eine größere Entfernung zwischen der durch den KFZ-Verkehr befahrenen Straße und der Wohnbebauung geschaffen, indem die Fahrbahn für den KFZ-Verkehr in die Mitte der Straße rückt.[257]

Zudem ist eine am Aufenthalt orientierte Gestaltung der Straße, etwa für den ruhenden Verkehr oder für Fuß- und Radwege, möglich. Dies wird durch eine Begrünung oder Schaffung von Verweil- und Erholungsflächen unterstützt. Allein durch die optische Trennung von Fußwegen und Aufenthaltsflächen wird die Straße als leiser wahrgenommen. Daneben werden in Lärmaktionsplänen auch Fahrbahnverengungen sowie Querungsmöglichkeiten für Radfahrer und Fußgänger vorgesehen.[258]

---

252 *Hannover*, Lärmaktionsplan: Entwurf, online, S. 24.

253 *Stuttgart*, Lärmaktionsplan 2009, S. 99.

254 *Halle*, Fachbereich Umwelt, Lärmaktionsplanung der Stadt Halle (Saale): Zwischenbericht, online, S. 68 f.

255 *Stuttgart*, Lärmaktionsplan 2009, S. 97.

256 *Hannover*, Lärmaktionsplan: Entwurf, online, S. 25.

257 *Stuttgart*, Lärmaktionsplan 2009, S. 95; *Halle*, Fachbereich Umwelt, Lärmaktionsplanung der Stadt Halle (Saale): Zwischenbericht, online, S. 73 f.

258 *Halle*, Fachbereich Umwelt, Lärmaktionsplanung der Stadt Halle (Saale): Zwischenbericht, online, S. 73 f.

Der meistgewählte Schallschutz durch bauliche Maßnahmen an der Lärmquelle Straße sind Schallschutzwände, -wälle und Troglagen der Straßen sowie der Schluss von Baulücken.[259] Durch das Schließen von Baulücken soll der Straßenverkehrslärm aus benachbarten Straßen und sonstigen abgewandten Bereichen wie Innenhöfen ferngehalten werden. Als kostengünstige Variante werden grafisch gestaltete Wände, Kunst, Werbung oder Gebäude- und Grünraumillusionen in den Lärmaktionsplänen vorgesehen.[260] Da Schallschutzwände und -wälle in eng bebauten Straßenräumen, welche für Städte typisch sind, aber kaum praktikabel sind, werden sie überwiegend außerorts vorgesehen.[261]

Tunnel und Troglagen von Straßen werden auch für neugebaute Straßen in den Innenstädten in den Lärmaktionsplänen festgelegt. Hierbei wird auch darauf geachtet, dass die Tunneleinfahrten nicht selber zusätzlich Lärm verursachen. Dem wird mit der Verarbeitung von lärmabsorbierenden Materialien an den Eingängen begegnet.[262]

In einigen Lärmaktionsplänen werden zudem Schallschutzfenster zur Reduktion des Verkehrslärms vorgesehen.[263] Die Umgebungslärmrichtlinie setzt aber an Außenschallpegeln an, also dem Lärm, der außen am Gebäude gemessen wird und gerade nicht an Innenpegeln, aber nur diesen würden Schallschutzfenster mindern. Eine reine Abschirmung der Wohnung gegen Lärm ist primär nicht gewollt, obwohl dies dem Gesundheitsschutz zugutekäme, gerade wenn ansonsten keine oder nur wenige effektive Alternativen zur Verfügung stehen. Dennoch können Schallschutzfenster nicht dem Ziel der Umgebungslärmrichtlinie, den Umgebungslärm zu min-

---

259 *Hannover*, Lärmaktionsplan: Entwurf, online, S. 18, 25.

260 *Halle*, Fachbereich Umwelt, Lärmaktionsplanung der Stadt Halle (Saale): Zwischenbericht, online, S. 80.

261 *Halle*, Fachbereich Umwelt, Lärmaktionsplanung der Stadt Halle (Saale): Zwischenbericht, online, S. 80 f.

262 *Hamburg*, Behörde für Stadtentwicklung und Umwelt, Lärmaktionsplanung in Hamburg Vorschläge für Hamburg-Nord, Gutachterliche Bewertung der Ergebnisse der Lärmforums im Bezirk Hamburg-Nord, S. 2–17.

263 *Halle*, Fachbereich Umwelt, Lärmaktionsplanung der Stadt Halle (Saale): Zwischenbericht, online, S. 81; *Düsseldorf*, Umweltamt, Schallschutzfensterförderung der Landeshauptstadt Düsseldorf, online.

dern oder zu verhindern, dienen. Denn bei einer Abschottung gegen den Lärm nach außen erfolgt keine Reduktion oder Minderung.[264]

c) Städtebauliche Maßnahmen

Neben Maßnahmen, die direkt am KFZ-Verkehr und dem Verkehrsweg ansetzen, werden auch städtebauliche Maßnahmen vorgesehen, wie der Bau neuer Straßenverbindungen und Ortsumgehungen[265] im Rahmen einer immissionsgünstigen Stadtentwicklung.

Durch städtebauliche Maßnahmen soll möglichst eine kompakte Stadtstruktur erreicht werden, um die innerstädtischen Wege zu verkürzen.[266] Hierzu werden Wohn- und Gewerbeflächen möglichst dort ausgewiesen, wo eine gute Verknüpfung mit bestehenden Quell-, Ziel- und Versorgungsbereichen auf kurzen Wegen und insbesondere mit dem ÖPNV zu erreichen sind. Eine kompakte Stadtstruktur soll auch durch eine hohe Nutzungsdichte, etwa durch Nutzungsmischung und dezentrale Einkaufsmöglichkeiten, erreicht werden. In solch einer Struktur wird eine Lärmreduzierung durch kurze Reisewege, die weitgehend ohne individuellen Kraftfahrzeugverkehr möglich sind, angenommen.[267] Dazu ist eine andere räumliche Verteilung von Nutzungen, die Verkehr entstehen lassen, sowie eine sach- und problemgerechte Zuordnung von emittierenden zu schutzwürdigen Nutzungen geplant.[268] Selten wird dies aber für dichtbesiedelte und gewachsene Bereiche, die für die Innenstädte der Ballungsräume typisch sind, möglich sein.

Weiter sind die Trennung unvereinbarer Nutzungen und eine Festsetzung geschlossener Bauweisen wesentlich. Schließlich werden Vorgaben für eine bauplanungsrechtliche Anordnung sensibler

---

264 Dazu auch 5. Teil I. 2. b) bb) (2).

265 *Hamburg*, Behörde für Stadtentwicklung und Umwelt, Strategischer Lärmaktionsplan Hamburg, online.

266 *Hannover*, Lärmaktionsplan: Entwurf, online; S. 19.

267 *Halle*, Fachbereich Umwelt, Lärmaktionsplanung der Stadt Halle (Saale): Zwischenbericht, online, S. 49.

268 *Hamburg*, Behörde für Stadtentwicklung und Umwelt, Strategischer Lärmaktionsplan Hamburg, online.

Nutzungen, wie Wohn- und Schlafräume, zur straßenabgewandten Seite in Lärmaktionsplänen sowie eine Festsetzung von Flächen für Schallschutzeinrichtungen und eine lärmoptimierte Überplanung von Gemengelagen festgelegt.[269] Gegen eine spezielle Nutzung von Räumen, indem also der Lärmquelle abgewandte Räume als Schlaf- und Aufenthaltsräume genutzt werden, bestehen dieselben Bedenken wie für den Einsatz von Schallschutzfenstern. Auch hier erfolgt durch die Maßnahmen keine Reduktion oder Minderung des Lärms selbst.

III. Abschnittsergebnis

Wie gesehen kennt das deutsche Lärmschutzrecht bisher wenige quellen- und regelungsübergreifende sowie quellenunabhängige Regelungen. Die Rechtsverordnungen und Verwaltungsvorschriften, die das BImSchG überwiegend konkretisieren, beschränken sich auf Grenzwerte und Regelungen für bestimmte Lärmquellen. Der sonstige Lärm, der neben der jeweilig betrachteten Quelle häufig zu einer Summation führt, bleibt dabei völlig ausgeblendet.[270] Kumulative Effekte durch andere Teile des Verkehrsweges oder andere Verkehrswege bleiben völlig außer Betracht, obwohl der Immissionsbegriff des BImSchG grundsätzlich auf eine Gesamtbelastung abstellt.[271]

Mit den Vorgaben der Umgebungslärmrichtlinie war nun ein quellenübergreifender Regelungsansatz gerichtet auf das Ziel eines hohen Umwelt- und Gesundheitsschutzes ins deutsche Recht umzusetzen und zu vollziehen. Auch die Beschreibung der Ballungsräume, aber auch die Kartierung von insgesamt 45.000 km Straße, machen deutlich, dass es sich um große Gebiete und viel Fläche handelt, die es zu beplanen gilt. Der Überblick über mögliche in den Lärmaktionsplänen vorgesehene Maßnahmen zum Schutz vor Verkehrslärm

269 *Halle*, Fachbereich Umwelt, Lärmaktionsplanung der Stadt Halle (Saale): Zwischenbericht, online, S. 50.

270 *Jarass*, NVwZ 2003, 257, 265.

271 *Jarass*, UPR 1998, 417 f.; *Hansmann*, NuR 1997, 53, 59; *Schulze-Fielitz*, DÖV 2001, 181, 187; *Silagi*, UPR 1997, 272, 277 f.; BVerwG, Urt. v. 23.2.2005 – 4 A 4/04, E 123, 37, 45 = NVwZ 1991, 320.

zeigt zudem, dass es eines Zusammenspiels unterschiedlicher Maßnahmen und Ansätze bedarf, die koordiniert und verwirklicht werden müssen, um einem lärmschützenden Gesamtpaket Wirkung zu verleihen und die gesetzten Ziele der Umgebungslärmrichtlinie zu erreichen.

Aus historischem Blick auf das deutsche und das europäische Lärmschutzkonzept wird aber auch deutlich, dass zum praktischen Anspruch an einen enormen Umfang zu beplanender Gebiete und Strecken noch die Herausforderung unterschiedlicher Konzepte hinzutritt. Der europäische Ansatz einer quellenübergreifenden und an Umweltqualitätszielen orientierten Lärmaktionsplanung und ihre Um- und Durchsetzung im deutschen Recht und der deutschen Praxis, bedeuten ein komplexes Konglomerat aus vorgesehenen Maßnahmen und untersuchten Gebieten. Das deutsche Lärmschutzrecht setzt bisher überwiegend quellenbezogen an und schöpft das Lärmschutzpotential nicht überall voll aus. Beide Systeme ergänzen sich und tragen so zu einem umfassenden Lärmschutz bei. Eine Kombination aus quellenbezogenen und quellenunabhängigen Regelungen könnten die jeweiligen Schwächen der Systeme ausgleichen. Somit ist die Durchsetzung der quellenübergreifenden Regelungen des EU-Rechts nicht nur eine durch das Unionsrecht bedingte Rechtspflicht, sondern auch ein Ansatz, der der Effektivität des deutschen Lärmschutzrechts insgesamt dienen kann.

2. Teil

Effektivitäts- und Verbindlichkeitsanforderungen an die Lärmaktionsplanung

Im zweiten Teil der Arbeit wird der Maßstab, an dem sich die deutsche Verwaltung bei der Implementierung der Umgebungslärmrichtlinie orientieren muss, erörtert. Sowohl das nationale Verfassungsrecht als auch das Unionsrecht stellen Anforderungen an einen effektiven Vollzug ihrer Rechtsakte. Da es sich bei der Lärmaktionsplanung um ein unionsrechtlich determiniertes Instrument handelt, sieht sich die Verwaltung nicht nur den Anforderungen des nationalen Rechts sondern zunächst denen des Unionsrechts ausgesetzt.

Um den Maßstab zu finden, der sich an die nationalen Behörden stellt, die die Umgebungslärmrichtlinie vollziehen müssen, ist zunächst darzustellen, was allgemein unter einem effektiven Vollzug zu verstehen ist. Anschließend muss der Frage nachgegangen werden, welche und wessen Anforderungen sich an die Vollzugsbehörden stellen, die des nationalen Rechts und/oder die des Unionsrechts. Dazu ist das Verhältnis zwischen nationalem Recht und Unionsrecht darzustellen. Daraus lässt sich neben dem Maßstab auch eine Prüfungsreihenfolge ableiten, nach der das Erfüllen der Anforderungen beim nationalen Vollzug des Unionsrechts beurteilt wird.

I. Konzept: Effektivität durch Verbindlichkeit

Effektivität beschreibt allgemein, in welchem Umfang ein jeweils vorgegebenes Ziel verwirklicht wurde.[272] Damit ist die Effektivität Maßeinheit der Zielerreichung innerhalb eines vorgegeben Rahmens und vergleicht die angestrebten Steuerungsziele und die realisierte Wirkung miteinander.[273] Effektivität wird in einigen Veröffentlichungen zudem mit Wirksamkeit gleichgesetzt, da effektiv auch mit „tatsächlich", „wirklich", „real" umschrieben werden kann.[274] Somit umschreibt Effektivität als Substantiv eine faktische Beschaffenheit und einen absoluten Begriff, als Adjektiv ein Verhältnis und relativen Begriff mit Bezugspunkt.[275]

Die Effektivität von Rechtsordnung und Rechtssätzen wurde, an dieser allgemeinen Beschreibung anknüpfend, zunächst als völkerrechtliches Prinzip der Effektivität entwickelt und soll die Frage nach der Wirksamkeit von Rechtsordnungen und Rechtsnormen beantworten.[276]

Daraus wird für diese Arbeit der Maßstab einer verbindlichen Anwendung der Umgebungslärmrichtlinie abgeleitet. Denn eine Rechtsordnung gilt nach diesem völkerrechtlichen Prinzip der Effektivität als wirksam, wenn in der überwiegenden Zahl der Anwendungsfälle ihrer Rechtsnormen mit einer Befolgung gerechnet werden kann[277], die Normadressaten den Normbefehl also überwiegend tatsächlich befolgen[278] und der Rechtsordnung damit Geltung verschafft.[279] Das Völkerrecht unterscheidet von der Geltung

---

272 *Pitschas*, in: Hoffmann-Riem/Schmidt-Aßmann/Voßkuhle (Hrsg.), Grundlagen des Verwaltungsrechts, § 42 Rn. 157; *Hoffmann-Riem*, in: Hoffmann-Riem/Mollnau/Rottleuthner (Hrsg.), Rechtssoziologie in der DDR und der BRD, S. 126 f.; *Röhl*, DVBl. 2006, 1070, 1071.

273 *Grabatin*, Effizienz und Organisation, S. 18.

274 *Duden*, Fremdwörterbuch; *Le petit Robert*, Dictionnare de la langue Francaise.

275 *Dicke*, Effizienz und Effektivität internationale Organisationen, S. 40.

276 *Verdross/Simma*, Universelles Völkerrecht, S. 494.

277 *Zweigert/Radbruch*, Einführung, S. 13.

278 I. E. *Kelsen*, Reine Rechtslehre, S. 81 f.

279 Vgl. auch *Ipsen*, Völkerrecht, S. 120.

einer Rechtsordnung die Geltung ihrer einzelnen Rechtssätze wobei die Geltung der Rechtsordnung insgesamt von ihrer Wirksamkeit abhängen soll, aber nicht mit ihr identisch ist. Damit eine Rechtsordnung Geltung zukommt, muss sie wirksam sein, d. h. dass die von ihr geschaffene Ordnung der zu ihr in Verbindung stehenden Wirklichkeit im Großen und Ganzen entspricht.[280] Eine Entsprechung im Großen und Ganzen oder zu einem gewissen Grad ist ausreichend. Nach *Kelsen* bedarf es ohne die Möglichkeit einer Widersprüchlichkeit zwischen Rechtsordnung und Wirklichkeit keiner weitergehenden Ordnung, da bereist das Anzuordnende befolgt wird.[281] Gleichzeitig darf die Wirklichkeit der Rechtsordnung aber nicht über einen gewissen Grad hinaus zuwider laufen, da die Geltung der Rechtsordnung zu der sie befolgenden Wirklichkeit in einem Abhängigkeitsverhältnis steht.[282] Die Geltung einzelner Rechtsnormen hängt im Gegensatz zur gesamten Rechtsordnung nicht von ihrer Wirksamkeit ab. Daher stellt auch die fehlende Wirksamkeit einer einzelnen Norm ihre Geltung zunächst nicht in Frage, vielmehr ist den einzelnen Normen innerhalb der Rechtsordnung zu Wirksamkeit zu verhelfen.[283] Die Wirksamkeit der einzelnen Rechtsnormen leitet *Kelsen* aus dem Prinzip der Effektivität als völkerrechtliche Grundnorm her. Diese hat den Inhalt, dass eine Rechtsordnung für den Bereich ihrer tatsächlichen Wirksamkeit gültig ist und die konstituierte Gemeinschaft (den Staat) legitimiert.[284] *Kelsen* sah diese Grundnorm als Bedingung und Identifizierung dafür an, welche Ordnung legitimiert wird auf die Befolgung ihrer Normbefehle verpflichtet. Diese Verbindung zwischen Effektivität, Wirksamkeit und nun Verbindlichkeit als die Möglichkeit der Rechtsnorm, den Adressaten an seinen Normbefehl zu binden und ihr Geltung zu verleihen sind nicht beliebig sondern ergeben sich zwingend auseinander. Denn soll die Rechtsordnung dazu dienen, das Zusammenleben zu regeln oder die staatliche Herrschaftsordnung

280 *Kelsen*, Reine Rechtslehr,e S. 81 f.

281 *Kelsen*, Reine Rechtslehr,e S. 79.

282 *Kelsen*, Reine Rechtslehre, S. 80.

283 I. E. *Kelsen*, Reine Rechtslehre, S. 81 f.

284 *Kelsen*, Reine Rechtslehre, S. 81 f.

zu sichern, müssen ihre Normbefehle von Befehlen eines Jedermann unterschieden und in ihrer Wirkung abgegrenzt werden.[285] Nur die staatliche Rechtsordnung kann einen Anspruch auf Befolgung und damit Verbindlichkeit erheben. Aber weder aus der Geltung einer Rechtsordnung, noch aus der Befolgung ihre Befehle folgt zwingend ihre Verbindlichkeit als Ganzes oder die einzelner Normen.[286] Obwohl die Annahme *Kelsens* einer „fiktiven" Grundnorm häufig kritisiert wurde[287], versucht er die Lücke zwischen Norm und ihrer Verbindlichkeit zu schließen und den fehlenden Verbindlichkeitsgrund herzustellen. Andere haben diesen fehlenden Grund mit dem „Mythos" des Rechts[288] oder dem Reflex der Staatslegitimität[289] zu füllen versucht. Einer Lösung der Frage nach dem Grund für Verbindlichkeit bedarf es nicht, da sich alle Ansichten darin einig sind, dass es für eine wirksame Rechtsordnung auf ihre Verbindlichkeit und die ihrer Rechtsnormen ankommt.

Unter einer streng funktionalen Sicht auf das Recht ist das Handeln der Hoheitsträger daher zwingend auf effektive Rechtsanwendung und Rechtsdurchsetzung ausgerichtet.[290] Eine Rechtsordnung kann nicht als rein abstrakte Normordnung bestehen, sondern muss immer eine Verbindung zwischen der Norm und ihrer Wirkung gewährleisten, also mit einer Anlehnung an *Kelsen* verbindlich sein.[291] Zudem dient in einem Rechtsstaat jede Regelung dem Zweck, ein bestimmtes Ziel zu erreichen oder zumindest zu fördern.[292] Das Recht geht daher von zwei Grundsätzen aus: seiner Normativität

285 *Meyer*, Juristische Geltung als Verbindlichkeit, S. 217.

286 Dazu im Detail *Meyer*, Juristische Geltung als Verbindlichkeit.

287 *Kriele*, Recht und praktische Vernunft, S. 9; *Ott*, Der Rechtspositivismus, S. 24.

288 *Vesting*, in: Joerges/Sand/Teuber (Hrsg.), Transnational Governance and Constitutionalism, S. 29, 38.

289 *Würtenberger*, Legitimität staatlicher Herrschaft, S. 13 ff.

290 *Hilf/Hörmann*, in: Dupuy/Fassbender/Shaw/Sommermann, (Hrsg.) Völkerrecht als Werteordnung: FS f. Tomuschat, S. 913, 917.

291 *Kelsen*, Reine Rechtslehre, S. 214, 216; vgl. auch *Alexy*, Begriff und Geltung des Rechts, S. 142, 144 f.

292 *Rüthers*, Rechtstheorie, S. 35, 54 f.; *Krawietz*, Recht als Regelsystem, S. 11.

und seiner Durchsetzbarkeit.[293] Im Zusammenhang mit der Voraussetzung, dass ein gewisser Grad an Wirksamkeit ausreicht, folgt die weitere Annahme des Rechts, dass es nicht in jedem Fall beachtet wird. Beide Grundsätze, die Normativität und die Durchsetzbarkeit, müssen daher durch hoheitlichen Zwang abgesichert werden. Daraus folgt weiter, dass die Effektivität von Normen durch ein Zusammenwirken von Vorgaben im Gesetz, deren verbindlicher Ausführung durch die Verwaltung und einer Befolgung durch den Bürger, gegebenenfalls auch mit Hilfe drohender Zwangsmaßnahmen, gesichert werden muss. Das Recht geht bereits von der Möglichkeit seiner Nichtbeachtung aus und hält auch Mittel bereit, seine Wirksamkeit zu garantieren.[294]

Daraus lässt sich das weitere Prinzip ableiten, dass das Völkerrecht aber auch die Normen jeder Rechtsordnung so zu entwickeln und auszulegen sind, dass sie ihren Funktionen entsprechen können und ihnen Wirksamkeit zukommt.[295] Die die Effektivität bestimmenden Faktoren sind daher solche, die auf den Normadressaten einwirken und ihn zu einem den Normbefehlen entsprechenden Verhalten veranlassen.

In diesem Sinne wird Verbindlichkeit der Umgebungslärmrichtlinie in dieser Arbeit verstanden. Damit kommt es nicht auf die klassisch juristische Frage an, ob die Normen der Umgebungslärmrichtlinie verbindlich im Sinne von anwendbar sind, sondern, ob sie tatsächlich ihren Anforderungen entsprechend befolgt und damit effektiv verwirklicht werden.

293 *Rüthers*, Rechtstheorie, S. 35, 54 f.; *Krawietz*, Recht als Regelsystem, S. 11.

294 *Hilf/Hörmann*, in: Dupuy/Fassbender/Shaw/Sommermann, (Hrsg.) Völkerrecht als Werteordnung: FS f. Tomuschat, S. 913, 917.

295 *Bleckmann*, Methodenlehre des Völkerrechts, S. 166 und 718; *Bleckmann*, DÖV 1996, 137, 140.

II. Verhältnis der nationalen Rechtsordnung zum Unionsrecht

Um zu beantworten, welche Effektivitätsanforderungen des nationalen oder des Unionsrechts an die Durchsetzung einer EU-Richtlinie stellen, ist zunächst das Verhältnis der nationalen Rechtsordnung zum Unionsrecht darzustellen.

1. Unionsrecht als selbständige Rechtsordnung

Das Unionsrecht stellt eine selbständige Rechtsordnung dar[296], die zur nationalen Rechtsordnung verschieden ist und neben die der nun 28 Mitgliedstaaten[297] tritt. Diese Autonomie des Unionsrechts folgt aus Art. 2 Abs. 1 AEUV, den von den Mitgliedstaaten übertragenen Kompetenzen auf die Unionsorgane selbständige Rechtsakte zu erlassen. Die Geltung und Entstehung des Unionsrechts bedarf keiner Mitwirkung der Mitgliedstaaten mehr. Dem steht nicht entgegen, dass die mitgliedsstaatlichen Vertreter in den Organen der Union mitwirken.[298] Auch das BVerfG hat die Selbständigkeit des Unionsrecht und insbesondere auch des Sekundärrechts als eigene Rechtsordnung anerkannt.[299]

Die Autonomie des Unionsrechtes und die Annahme von einem Nebeneinander der nationalen Rechtsordnungen und des Unionsrechts sind nicht unumstritten. Gegen diese dualistische Annahme wird eingewandt, dass das Unionsrecht in den Mitgliedstaaten nur Geltung erhalte, weil das nationale Verfassungsrecht die Anwendung bestimme oder das Unionsrecht in nationales Recht transformiert werde.[300] Die in diesen Ansichten angesprochenen und

296 EuGH, Rs. 6/64, Slg. 1964, 1215, 1269, Costa/ENEL, EuGH, Rs. 26/62, Slg. 1963, 1/24, Van Gend & Loos.

297 Seit 1. Juli 2013 mit dem Beitritt Kroatiens als 28. Mitgliedstaat.

298 *Nettesheim*, in: Grabitz/Hilf/Nettesheim (Hrsg.), Das Recht der Europäischen Union, 2012, Art. 288 Rn. 34.

299 BVerfG, Entsch. v. 18.10.1967 – 1 BvR 248/63, 1 BvR 216/67, E 22, 293, 296.

300 Darstellung bei *Nettesheim*, in: Grabitz/Hilf/Nettesheim (Hrsg.), Das Recht der Europäischen Union, 2012, Art. 288 AEUV Rn. 37.

auch vom BVerfG grundsätzlich anerkannten aber nicht ausgeübten Kontrollvorbehalt[301] ändern aber nichts daran, dass das Unionsrecht gerade aus einer anderen in sich geschlossenen Rechtsquelle stammt und nicht mit den mitgliedsstaatlichen Rechtsordnungen identisch ist.[302] Des Weiteren bestimmt der deutsche Gesetzgeber nicht in jedem Einzelfall über die Geltung des Unionsrechts, sondern hat seine Rechtsordnung für Einwirkungen des Unionsrechts durch Art. 23 Abs. 1 GG eröffnet. Auch das BVerfG erkennt die Eigenständigkeit des Unionsrechts als Rechtsordnung an.[303] Dies hat das BVerfG auch in seinem Beschluss vom 14. Januar 2013, dem EuGH Fragen zum Kauf von Staatsanleihen durch die EZB im Rahmen des OMT vorzulegen, bestätigt. Das BVerfG beruft sich dazu auf die Grundsätze, die es auch in der Honeywell-Entscheidung entwickelt hat. „Die Kontrollaufgabe des Bundesverfassungsgerichts erstreckt sich darauf, ob Handlungen europäischer Organe und Einrichtungen auf ersichtlichen Kompetenzüberschreitungen beruhen oder den nicht übertragbaren Bereich der Verfassungsidentität betreffen (Art. 79 Abs. 3 i. V. m. Art. 1 und Art. 20 GG).[304]

2. Durchführung des Unionsrechts durch nationale Organe

Zwar haben sich die Rechtsordnungen der Mitgliedstaaten für unionsrechtliche Regelungen geöffnet, aber mangels eines eigenen Verwaltungsverfahrens und eigener Behördenstruktur der EU werden wesentliche Teile des Unionsrechts durch die Mitgliedstaaten vollzogen. Dies entspricht auch dem Grundsatz der begrenzten Einzeler-

301 BVerfG, Entsch. v. 18.10.1967 – 1 BvR 248/63, 1 BvR 216/67, E 22, 293, 296.

302 *Nettesheim*, in: Grabitz/Hilf/Nettesheim (Hrsg.), Das Recht der Europäischen Union, 2012, Art. 288 AEUV Rn. 34.

303 BVerfG, Entsch. v. 18.10.1967 – 1 BvR 248/63, 1 BvR 216/67, E 22, 293, 296.

304 Vgl. BVerfG, Beschl. v. 8.4.1987 – 2 BvR 687/85, E 75, 223, 235, 242; BVerfG, Urt. v. 12.10.1993 – 2 BvR 2134/92, 2 BvR 2159/92, E 89, 155, 188 (Maastricht-Urteil); BVerfG, Urt. v. 30.6.2009 – 2 BvE 2/08 – 2 BvR 182/09, E 123, 267, 353 f. (Lissabon-Urteil); BVerfG Beschl. v. 6.7.2010 – 2 BvR 2661/06, E 126, 286, 302 (Mangold-Urteil, Honeywell); BVerfG, Urt. v. 24.4.2013 - 1 BvR 1215/07 -, NJW 2013, S. 1499, 1501 Rn. 91.

mächtigung nach Art. 5 Abs. 1 EUV und dem Subsidiaritätsprinzip nach Art. 5 Abs. 3 EUV, nach denen die Union nur dann tätig werden darf, wenn sie Aufgaben besser als die Mitgliedstaaten wahrnehmen kann und die Aufgaben ihr zugewiesen sind.[305] Zudem folgen aus Art. 291 Abs. 1 AEUV und Art. 197 Abs. 1 AEUV die Grundsätze der Durchführung des Unionsrechts durch die Mitgliedstaaten. Eine Zuweisung von Kompetenzen für den Vollzug von Rechtsakten ist aus dem Wortlaut des Unionsrechts nicht zu entnehmen, wird teilweise aber als den Rechtsetzungskompetenzen zugehörig angesehen, was der Union auch die Kompetenz zur Regelung des Verwaltungsverfahrens zuweise.[306]

Die Mitgliedstaaten können auf ihre gewachsenen Verwaltungsstrukturen zurückgreifen und die unionsrechtlichen Vorgaben so in ihr Rechts- und Vollzugsystem einpassen,[307] was ihnen einen Vollzugsvorteil bringt. Durch die Indienstnahme der Organe und Verfahren der Mitgliedstaaten wird aber auch die Wirksamkeit des Unionsrechts gesichert, da bewährte Strukturen zum Einsatz kommen. Aber gerade der mitgliedsstaatliche Vollzug birgt auch die Gefahren uneinheitlicher Rechtsanwendung sowie der Bevorzugung originär mitgliedsstaatlicher Rechtsakte gegenüber den europarechtlich determinierten. Somit wird gleichzeitig die einheitliche Anwendung des Unionsrechts durch die unterschiedlichen Rechtstraditionen der Mitgliedstaaten in Frage gestellt.[308] Dieses Spannungsverhältnis zwischen den Interessen der Union an ihrer Funktionsfähigkeit, ihren Integrationszielen und den Interessen der Mitgliedstaaten löst der EuGH, indem die Mitgliedsstaaten an beschlossenes Gemeinschaftsrecht gebunden und auf seine volle Wirksamkeit verpflichtet

305 *Nettesheim*, in: Grabitz/Hilf (Hrsg.), Das Recht der Europäischen Union, 2009, Art. 249 EGV a. F., Rn. 239; *Schmidt-Aßmann*, in: Schmidt-Aßmann/Hoffmann-Riem (Hrsg.), Strukturen des europäischen Verwaltungsrechts, S. 10, 18.

306 Zu abgeleiteten Kompetenzen *v. Danwitz*, NVwZ 2004, 272, 277; grundlegend auch *Nicolaysen*, EuR 1966, 129, 131.

307 *Nettesheim*, in: Randelzhofer (Hrsg.), GS f. Grabitz, S. 452 ff.; *Magiera*, DÖV 1998, 173, 178 f.

308 *Scharpf*, PolVS 26 (1985), S. 323 ff.

sind.[309] Dennoch bleibt den Mitgliedstaaten der Vollzug überlassen, und damit gehen gewisse – vom EuGH akzeptierte –Einschränkungen der einheitlichen Anwendung des Europarechts einher.[310]

III. Effektivitätsanforderungen des Unionsrechts

Auch das Unionsrecht kennt einen funktionalen Rechtsbegriff und ein diesem zugrunde liegendes Effektivitätsgebot.[311] Das Effektivitätsgebot ist der EU-Rechtsordnung immanent, da auch diese innerhalb ihres Rahmens die Erreichung der gesetzten Ziele anstrebt.

Effektivitätsanforderungen des Unionsrechts stellen sich zunächst an dieses selber, indem seine Normen, etwa Richtlinienvorgaben, nach den Grundsätzen des „effet utile" auszulegen sind.[312] Die Effektivitätsanforderungen des Unionsrechts, die sich dann an das nationale Recht stellen, bestimmen sich im Einzelfall durch die ggf. ausgelegten Vorgaben der Richtlinie, die es nach Art. 288 Abs. 3 AEUV in nationales Recht umzusetzen gilt.[313] Richtlinien sind gemäß Art. 288 Abs. 3 AEUV hinsichtlich ihrer Ziele für die Mitgliedstaaten verbindlich, sie überlassen es aber den innerstaatlichen Stellen Form und Mittel ihrer Umsetzung zu wählen. Über die Erreichung der Ziele hinaus sind Richtlinien auch in Bezug auf den Rechtszustand verbindlich, den sie erreichen wollen. Damit geht die Verbindlichkeit über das Hinaus, was der Wortlaut von Art. 288 AEUV erwarten lässt.[314] Des Weiteren besteht die Freiheit der Wahlmöglichkeiten bei. Form und Mittel für die Mitgliedstaaten nur insoweit die Richtli-

309 EuGH, Rs. 57/72, Slg. 1973, 321 Rn. 17 – Westzucker; *Hilf/Hörmann*, in: Dupuy/Fassbender/Shaw/Sommermann, (Hrsg.) Völkerrecht als Werteordnung: FS f. Tomuschat, S. 913, 942.

310 *Nettesheim*, in: Randelzhofer (Hrsg.), GS f. Grabitz, S. 452 ff; *Magiera*, DÖV 1998, 173, 178 f.

311 *Bredimas*, Methods of Interpretation and Community Law, S. 77 ff.

312 *V. Danwitz*, Verwaltungsrechtliches System und Europäische Integration, 1996, S. 144; R. *Streinz*, in: Streinz, EUV/EGV, Art. 10 EGV, Rn. 16.

313 *Heiderhoff*, Gemeinschaftsprivatrecht, S. 53 m. w. N. zu Art. 249 EGV.

314 *Ipsen*, Europarecht, 21/22.

nienvorgaben keine Festlegungen treffen.[315] Eine Umsetzung oder Ausgestaltung bedarf es im nationalen Recht nur dann nicht mehr, wenn das innerstaatliche Recht bereits entsprechende Rechtsvorschriften enthält.[316] Damit ist die Richtlinie als Handlungsform der Union gerade auf eine schonende Rechtsanpassung angelegt, indem etwa durch Verfahrensvorgaben Eigenheiten des nationalen Rechts beibehalten werden können.[317] Dennoch machen auch Richtlinien immer detailliertere Vorgaben und schränken damit den Handlungsspielraum der Mitgliedstaaten zunehmend ein.

1. Auslegung des Unionsrechtes nach den Grundsätzen des effet utile

Daher ist zunächst die Umgebungslärmrichtlinie nach den vom EuGH entwickelten Anforderungen des effet utile auszulegen. Insbesondere in solchen Bereichen, in denen die Richtlinie keine eindeutigen Vorgaben macht, wird diese Auslegung relevant.

Dabei kann die Auslegung mit dem Ziel, dass ein möglichst effektiver Vollzug gewährleistet werden soll, aber nicht über das hinaus gehen, was der europäische Gesetzgeber als Vollzugsvorgaben für die Mitgliedstaaten hätte regeln können. Daher sind die Anforderungen des effet utile in Verhältnis zum Prinzip der begrenzten Einzelermächtigung, dem Grundsatz der mitgliedsstaatlichen Durchführung des Unionsrechts, der aus Art. 291 Abs. 1 AEUV und Art. 197 Abs. 1 AEUV folgt, sowie dem Grundsatz der Subsidiarität nach Art. 5 EUV und den Grundsatz der Verhältnismäßigkeit zu stellen.

---

315 *Nettesheim*, in: Grabitz/Hilf/Nettesheim (Hrsg.), Recht der Europäischen Union, 2012, Art. 288 AEUV Rn. 112.

316 EuGH, Urt. v. 22.4.1999, Rs. C-340/96, Slg. 1999, I-2023 (Kommission/UK).

317 *Ipsen*, Europarecht, 21/21.

a) effet utile

Der Grundsatz des effet utile stammt, wie bereits gesehen aus dem Völkerrecht und ist durch das Wiener Übereinkommen über das Recht der Verträge allgemein anerkannt.[318] In seiner grundlegenden Ausformung darf die Auslegung eines völkerrechtlichen Vertrages nicht dazu führen, dass dieser ganz oder teilweise seine „volle Wirksamkeit“ verliert.[319] Der Vertrag ist so auszulegen, dass sein Gestaltungsziel und sein Regelungszweck „bestmöglich erreicht werden“.[320] Diese Maximen hat das Unionsrecht in Art. 197 Abs. 1 AEUV festgelegt. Die effektive Durchführung des Unionsrechts durch die Mitgliedstaaten ist als Frage von gemeinsamem Interesse für eine ordnungsgemäß funktionierende Union anerkannt.

Der EuGH hat für den Anwendungsbereich Unionsrechts in vielen Urteilen eine Kasuistik zur Anwendung des effet utile und zur Auslegung des Unionsrechtes entwickelt. Unter anderem verwendet er in den deutschen Übersetzungen seiner Urteile die Begriffe der „praktischen Wirksamkeit“[321], „nützliche Wirkung“[322] oder der „vollen Wirksamkeit“[323]. Somit hat der Grundsatz in der Rechtsprechung des EuGH eine große Bandbreite und verschiedene Abstufungen. Es lässt sich aber eine Typologie des effet utile im engeren Sinne, einer absoluten Wirksamkeit, und des effet utile im weiteren Sinne, einer minimalen Wirksamkeit, ableiten.[324] Der EuGH sieht den effet utile als eine Form der teleologischen Auslegung an[325], die sich daran ori-

---

318 Vgl. 2. Teil I.; WÜRV vom 23. Mai 1969, BGBl. 1985 II, S. 927 ff.

319 Z. B. *Verdross/Simma*, Universelles Völkerrecht, S. 494.

320 *Ipsen*, Völkerrecht, S. 120.

321 EuGH, Rs. 48/75 (Royer), Slg. 1976, 497, Rn. 69/73.

322 EuGH, Rs. 9/70 (Grad), Slg. 1970, 825, Rn. 5; EuGH, Rs. 41/74 (Van Duyn), Slg. 1974, 1337, Rn. 12

323 Eine inhaltliche Abgrenzung zwischen diesen Begriffen ist nicht möglich und auch nicht notwendig *Seyr*, Der effet utile in der Rechtsprechung des EuGH, 2008, S. 286 ff.; anders *Ukrow*, Richterliche Rechtsfortbildung durch den EuGH, S. 245.

324 *Potacs*, EuR 2009, 465, 468.

325 Z. B. EuGH, Rs. C-223/98 (Adidas), Slg. 1999, I-7081, Rn. 23, EuGH, Rs. C-191/99 (Kvaerner), Slg. 2001, I-4447, Rn. 30, EuGH, Rs. C-76/06 P (Bri-

entiert, dass der Zweck der Richtlinie und ihre Vorgaben möglichst umfassend erreicht werden.[326] Der EuGH orientiert sich damit auch an den in den Mitgliedstaaten anerkannten Auslegungsgrundsätzen. Der EuGH unterscheidet dabei nicht streng nach deutschem Verständnis zwischen Auslegung und Rechtsfortbildung, sondern bezieht die Möglichkeit und ggf. das Erfordernis der Rechtsfortbildung mit ein.[327] Die Richtlinienvorgaben sind daher ggf. über ihren Wortlaut hinaus fortzuentwickeln, um ihren Zweck möglichst wirksam zu erreichen.

Die Auslegung nach dem effet utile kommt in den Fällen zu einem eindeutigen Ergebnis, in denen nur eine Auslegungsvariante die Wirksamkeit des Unionsrechts überhaupt sichert. Sind aber mehrere Varianten möglich, die in unterschiedlicher Intensität die Wirksamkeit sichern, muss zwischen diesen gewählt werden. Hier spielt dann die Frage nach der verlangten Intensität wieder eine Rolle.[328] Der EuGH greift dann auf die Präambel der Verträge zurück, die die Formulierung enthält, „die Grundlagen für einen immer engeren Zusammenschluss der europäischen Völker zu schaffen" und damit den Integrationsgedanken zum Ausdruck bringt.[329] Dieser Integrationsgedanke wird auch durch die Fortschreibung der Verträge hin zu einer eigenen Rechtsordnung deutlich.[330] Der EuGH hat diesem sich

tannia Alloys & Chemicals), Slg. 2007, I-4405, Rn. 21, EuGH, Rs. C-97/06 (Navicon), Slg. 2007, I-8755, Rn. 24, in Bezug auf Sekundärrecht und EuGH, Rs. C-156/98 (Deutschland/Kommission), Slg. 2000, I-6857, Rn. 50.

326 EuGH, Rs. C-248/04, Slg. 2006, I-10211, Rn. 45(Koninklijke Coöperatie Cosun); EuGH, Urteil v. 18.10.2008, Rs C-298/07, Rn. 20(Verbraucherzentrale Bundesverband); EuGH, Rs. C-370/89, Slg. 1992, I-6211, Rn. 15 (SGEEM); EuGH, Rs. C-467/98, Slg. 2002, I- 9519, Rn. 108 (Kommission/Dänemark).

327 *Potacs*, Auslegung im öffentlichen Recht, S. 36.

328 *Potacs*, EuR 2009, 465, 474.

329 Z. B. *Streinz*, in: Streinz, EUV/EGV, EGV Präambel, Rn. 1 f. Siehe bereits *Kutscher*, Thesen zu den Methoden der Auslegung des Gemeinschaftsrechts, aus der Sicht eines *Richters*, in: Gerichtshof der Europäischen Gemeinschaften, Begegnung von Justiz und Hochschule, 1976, S. I-41 f.

330 Vgl. zur Entwicklung *Schwarze*, in: Schwarze (Hrsg.), EU-Kommentar, 2. Aufl., 2009, Art. 1 EGV Rn. 6.

verstärkenden Integrationsgedanken durch eine angepasste Auslegung im Rahmen des effet utile Rechnung getragen.[331]

Wenn unklar ist, wie eine Rechtsnorm aus den europäischen Primär- oder Sekundärrecht zu verstehen ist, dann ist für das Verständnis dieser Vorschrift ausschlaggebend, bei welcher Auslegung das Unionsrecht seine größtmögliche Wirksamkeit entfalten kann. Es ist also die Auslegung zu wählen, nach der Zweck und Ziele der jeweiligen Regelung tatsächlich am besten erfüllt werden.[332]

b) Einschränkungen des effet utile

Dem Grundsatz des effet utile werden durch die Verträge aber auch Grenzen gesetzt, die für die Auslegung des Unionsrechts und seine abgeleiteten Anforderungen an das nationale Recht von Bedeutung sind. Der Grundsatz des effet utile wird insbesondere durch allgemeine Rechtsgrundsätze des Unionsrechts eingeschränkt. Allgemeine Rechtsgrundsätze wurden vom EuGH entwickelt und gehören zum ungeschriebenen EU-Primärrecht. Im Unionsrecht, wie auch im nationalen Recht, folgen solche Rechtsgrundsätze oft aus dem Rechtsstaatsprinzip.[333] Relevant sind hier das Prinzip der begrenzten Einzelermächtigung, das Subsidiaritätsprinzip, das Verhältnismäßigkeitsprinzip und der geschriebene Grundsatz eines mitgliedsstaatlichen Vollzuges.

331 *Buck*, Über die Auslegungsmethoden des Gerichtshofs der Europäischen Gemeinschaft, S. 213 ff.; Buerstedde, Juristische Methodik des Europäischen Gemeinschaftsrechts. Ein Leitfaden, 2006, S. 130 f.; EuGH, Rs. 283/81, CILFIT, Slg. 1982, Rn. 20.

332 EuGH, Rs. C-223/98, Slg. 1999, I-7081, Rn. 24, (Adidas) m. w. N.

333 Vgl. die Übersicht bei *Schweitzer/Hummer/Obwexer*, Europarecht, Rn. 241 ff.; *Schwarze*, DVBl. 1996, 881, 883 ff.

aa) Prinzip der begrenzten Einzelermächtigung

Das Prinzip der begrenzten Einzelermächtigung besagt, dass die Union nur im Rahmen der ihr zugewiesenen Kompetenzen tätig werden darf, denn nur insoweit haben die Mitgliedstaaten der Union Kompetenzen übertragen und ihre Rechtsordnungen für Regelungen geöffnet.[334] In Art. 5 Abs. 1 EUV wird aber auch vorausgesetzt, dass die Union innerhalb der ihr durch die Verträge gesetzten Ziele tätig werden darf, dies lässt eine Auslegung der Ermächtigungen anhand der Vertragsziele zu.[335] Die Kompetenz der EU soll sich in den Fällen, in denen die Verwirklichung der Ziele maßgeblich vom Verfahren abhängt, aber neben materiellen Vorgaben auch auf das Verfahrensrecht erstrecken.[336] Diese Kompetenz wird überwiegend vom EuGH über die „implied powers"-Lehre hergeleitet. Sie stellt eine Ausnahme vom Prinzip der begrenzten Einzelermächtigung dar und besagt, dass die Europäische Union auch Materien regeln darf, die ihr nicht ausdrücklich durch die Verträge zugewiesen sind, wenn sie die Regelung zur Erfüllung ihrer Aufgaben benötigt.[337] Damit lässt sich die „implied powers"-Lehre mit ungeschriebenen Gesetzgebungskompetenzen des Bundes kraft Sachzusammenhang vergleichen und steht im Unionsrecht neben der Kompetenzerweiterung nach Art. 352 AEUV.[338] Ein wesentlicher Unterschied zu Art. 352 AEUV besteht aber darin, dass damit neue Kompetenzen aus

---

334 *Calliess*, in: Calliess/Ruffert (Hrsg.), EUV/EGV, 3. Aufl., 2007, Art. 5 EGV Rn. 12.

335 EuGH, GA 2/94 (EMRK), Slg. 1996, I-1763, Rn. 23, wonach die Gemeinschaft „nur über begrenzte Ermächtigungen" verfügt. Siehe nunmehr weiters EuGH, Urteil v. 3.9.2008 (Yassin Abdullah Kadi und Al Barakaat International Foundation), Rn. 158 ff.

336 Dazu *v. Danwitz*, NVwZ 2004, 272, 277.

337 *Schweitzer/Hummer/Obwexer*, Europarecht, Rn. 628, 635 f.; st. Rspr. des EuGH, EuGH, Rs. 8/55, Slg. 1955/56, S. 311 ff.; Typischer Weise darf die Union zur effektiven Verwirklichung der Gemeinschaft in den Verträgen nicht vorgesehene Hilfsorgane einrichten, vgl. *Streinz*, Europarecht, Rn. 400.

338 **Art. 352 Abs. 1 S. 1 AEUV** „Erscheint ein Tätigwerden der Union im Rahmen der in den Verträgen festgelegten Politikbereiche erforderlich, um eines der Ziele der Verträge zu verwirklichen, und sind in den Verträgen die hierfür erforderlichen Befugnisse nicht vorgesehen, so erlässt der Rat ein-

den Vertragszielen erst begründet werden,[339] während die „implied powers“-Lehre Kompetenzen im Sachzusammenhang aus bestehenden Kompetenzen herleitet[340]. Somit wird aus der Umweltkompetenz auch eine Grundlage für Verfahrensvorgaben hergeleitet und etwa umweltbezogene Planungen auf sie gestützt.[341]

bb) Subsidiaritätsgrundsatz

Der Subsidiaritätsgrundsatz nach Art. 13 Abs. 2 EUV begrenzt die Kompetenzausübung der Union insoweit die Angelegenheit nicht in ihre ausschließliche Zuständigkeit fällt.[342] Dann darf die Union nur tätig werden, wenn durch sie die Ziele besser als bei Handeln der Mitgliedstaaten erreicht werden. Dieser Grundsatz dient dazu die nationale Identität der Mitgliedstaaten zu achten.[343]

cc) Verhältnismäßigkeitsgrundsatz

Nach dem Grundsatz der Verhältnismäßigkeit nach Art. 13 Abs. 2 EUV dürfen die von der Union erlassenen Rechtsakte nicht über das hinaus gehen, was zur Erreichung der Vertragsziele notwendig ist. Dieser Grundsatz räumt nach der Rechtsprechung des EuGH den Organen der Union zwar weites Ermessen ein[344], soll aber für einen schonenden Umgang mit den Identitäten der Mitgliedsstaaten führen.[345]

---

stimmig auf Vorschlag der Kommission nach Zustimmung des Europäischen Parlaments die geeigneten Vorschriften“.

339 *Schweitzer/Humme/Obwexerr*, Europarecht, Rn. 635 f.

340 Grundlegen *Nicolaysen*, EuR 1966, 129, 131.

341 Vgl. u. a. UVP-RL 85/337/EWG, SUP-RL 2001/42/EG und Öffentlichkeitsbeteiligungs-RL 2003/35/EG.

342 EuGH, Rs. C-491/01 (British American Tobacco), Slg. 2002, I-11453, Rn. 179.

343 *V. Danwitz*, EuR 2008, 769, 783 ff.

344 EuGH, Rs. C-491/01 (British American Tobacco), Slg. 2002, I-11453, Rn. 123.

345 Vgl. *Calliess*, in: Calliess/Ruffert (Hrsg.), EUV/EGV, 3. Aufl., 2007, Art. 5 EGV Rn. 57.

dd) Grundsatz der mitgliedsstaatlichen Durchführung des Unionsrecht

Der Grundsatz der Durchführung des Unionsrechts durch die Mitgliedstaaten verlangt, dass das Verfahrensrecht durch die Mitgliedstaaten selbst geregelt wird und der Vollzug durch die mitgliedsstaatlichen Organe erfolgt, soweit das Unionsrecht keine besonderen Vorschriften bereithält.[346] Das Prinzip der mitgliedsstaatlichen Durchführung des Unionsrechts wurde zunächst nicht primärrechtlich verankert, ergab sich aber aus der Kompetenzverteilung zwischen der Union und den Mitgliedstaaten.[347] Heute legt Art. 291 Abs. 1 AEUV die Durchführungsbefugnis des Unionsrechts bei den Mitgliedstaaten fest und regelt damit primärrechtlich den Grundsatz der nationalen Verfahrensautonomie.[348] Auch Art. 197 Abs. 1 AEUV geht in seinem Grundsatz von einem mitgliedsstaatlichen Vollzug des Unionsrechts aus. Zur nationalen Verfahrenskompetenz zählen auch die Organisation und die Zuständigkeit nationaler Behörden.[349] Ob insbesondere durch Art. 291 Abs. 1 AEUV eine Aufwertung des mitgliedsstaatlichen Vollzugs oder weitere Eingriffsmöglichkeiten für die Organe der Union geschaffen wurden, ist aber umstritten.[350]

---

346 EuGH, Urt. v. 21.9.1983, verb. Rs. 205-215/82, Slg. 1983, 2633 Rn. 37 – Deutscher Milchkontor; seitdem st- Rspr. EuGH, Urt. v. 19.9.2002 – Rs. C-336/00, Slg. 2002, I-7699 Rn. 61 – Österreich/Huber; EuGH, Urt. v. 9.10.2001 – verb. Rs. C-80/99 bis C-82/99, Slg. 2001, I-7211 Rn. 5 – Flemmer u. a.; vgl. *Karpenstein*, Praxis des EG-Rechts, Rn. 240 f.

347 *Schwarze*, EuR 2009, Beiheft 1, 9, 21.

348 **Art. 291 Abs. 1 AEUV** „Die Mitgliedstaaten ergreifen alle zur Durchführung der verbindlichen Rechtsakte der Union erforderlichen Maßnahmen nach innerstaatlichem Recht."; Dies weicht von den bisherigen Regelungen ab *Ruffert*, in: Callies/Ruffert (Hrsg.), EUV/AEUV-Kommentar, Art. 291 AEUV Rn. 2; *Gärditz*, DÖV 2010, 453, 461 f.; zur alten Regelung *Schroeder*, AöR 129 (2004), 3, 9 ff.

349 *Classen*, Die Verwaltung, 31 (1998), 307, 309; Allgemein zum Verwaltungsorganisationsrecht der Mitgliedstaaten *Kahl*, Die Verwaltung 29 (1996), 341 ff; *Hatje*, in: Schwarze/Müller, S. 7, 14 ff.

350 Eine Verpflichtung sieht *Gärditz, DÖV 2010, 453, 463;* eine Grundentscheidung für mitgliedsstaatlichen Vollzug hingegen *Gellermann*, in: Streinz, EUV/AEUV, Art. 291 Rdnr. 3.

Eine vollständige mitgliedsstaatliche Verfahrensautonomie auf der einen Seite und vollständige Gleichwertigkeit der Maßnahmen und Wirksamkeit im unionsrechtlichen Sinne auf der anderen Seite schließen sich aber gegenseitig aus.[351]

Auch wenn der Vollzug des Unionsrechts durch die Mitgliedstaaten durch das Primärrecht grundsätzlich anerkennt ist, zeigt sich in der Judikatur des EuGH aber, dass die Autonomie der Mitgliedstaaten unter dem Vorbehalt anderer Aussagen des Unionsrechts steht, etwa dem Grundsatzes des effet utile.[352] Damit wird generell und besonders im Umweltrecht von dem Grundsatz der nationalen Verfahrensautonomie stark abgewichen oder er wird sogar ganz angezweifelt.[353] Im Umweltrecht ist anerkannt, dass das Verfahren dazu dient, die materiell-rechtlichen Vorgaben zu verwirklichen; damit wird das Verfahrensrecht materialisiert.[354] Materiell-rechtliche Vorgaben sind etwa die Umweltschutzziele, diese sind primärrechtlich in Art. 191 EUV verankert und werden darüber hinaus etwa von der jeweiligen Richtlinie gemäß Art. 288 AEUV bestimmt. Vorgaben, wie das jeweilige Ziel zu erreichen ist, gibt das materialisierte Verfahrensrecht vor und macht einen Großteil der umweltrechtlichen Regelungen im Unionsrechts aus.[355] Bei dieser engen Verzahnung ist eine Trennung zwischen materiellem und Verfahrensrecht im Umweltrecht schwierig,[356] was sich bei den zugrundeliegenden Kompetenzen fortsetzt. Damit werden verfahrensrechtliche Vorga-

351 *Kment*, Nationale Beachtlichkeits-, Heilungs- und Präklusionsvorschriften, S. 43.

352 Etwa EuGH, Rs. 33/76, Slg. 1976, 1989, 1998 (Rewe); Rs. 68/79, Slg. 1980, 501, 522 f. (Just); vgl. v. *Bogdandy*, in: Grabitz/Hilf (Hrsg.), Recht der Europäischen Union, 2009, Art. 10 EUV Rn. 24; *Gellermann*, in: Rengeling/Middeke/Gellermann (Hrsg.), Hdb. d. RSch id EU, § 37 Rn. 29 ff.

353 Allgemein zur unterschiedlichen Bedeutung des Verfahrens im deutschen und europäischen Recht *Wegener*, UTR 2008, 319, 329.

354 *Schmidt-Aßmann*, NVwZ 2007, 40, 43.

355 *Kloepfer*, NVwZ 2002, 645, 647; vgl. etwa nur die Regelungen zur UVP, zur Ausweisung von Vogelschutz- und FFH-Gebieten, sowie die Vorgeben zum Management von Flussgebietseinheiten nach der WRRL.

356 Die Möglichkeit der Trennung von materiellem und Verfahrensrecht wird in den verschiedenen Mitgliedstaaten unterschiedlich gesehen und tlw. ganz abgelehnt, vgl. *Classen*, Die Verwaltung 31 (1998), 307, 331.

ben gleichzeitig zu Zielen und materiell-rechtlichen Regelungen des EU-Umweltrechts, was auch für die Umgebungslärmrichtlinie der Fall ist.

Auch für das Lärmschutzrecht nach der Umgebungslärmrichtlinie steht das Verfahren in engem Zusammenhang mit den wenigen materiell-rechtlichen Anforderungen, die gegenüber dem Verfahren stark in den Hintergrund gedrängt werden. Bei der Umgebungslärmrichtlinie werden Verfahrensvorgaben, wie die Erstellung von Lärmkarten und Aktionsplänen sowie die Beteiligung und Information der Öffentlichkeit, zu Zielen gemacht.[357] Damit wird auch für die Durchsetzung der Umgebungslärmrichtlinie in das nationale Verfahrensrecht durch Vorgaben zur Lärmkartierung und Lärmaktionsplanung eingegriffen.

Das EU-Recht erkennt eine Wahlfreiheit der Mitgliedstaaten bez. des Durchsetzungsinstrumentariums grundsätzlich an und beläst den Mitgliedstaaten Spielraum, die EU-rechtlichen Vorgaben in das mitgliedsstaatliche Rechtssystem schonend einzufügen.[358] Die Grenze ist aber dort gezogen, wo das Unionsrecht eigene Vorgaben macht. Aus der Alternative, strikte Vorgaben für Form und Mittel zu machen, die dann in ein evtl. systematisch sehr unterschiedliches Recht eingesetzt werden, könnten zum einen Mängel bei der konformen Durchsetzung des EU-Rechts, aber auch Störungen innerhalb des nationalen Rechtsgefüges resultieren.[359] Insbesondere im Hinblick auf ein schonendes Einfügen der Richtlinie in das deutsche, sehr materiell-rechtlich geprägte Recht, stellt die Vorgabe strikter Verfahrensanforderungen eine Herausforderung dar.

357 2. Teil IV. 2.

358 *Gellermann*, Beeinflussung des bundesdeutschen Rechts durch Richtlinien der EG, S. 21.

359 *Hansmann*, NVwZ 2006, 51.

c) Ergebnis

Insgesamt ist eine Abwägung zwischen den Anforderungen des effet utile an einen Integrationsgewinn und dem mitgliedsstaatlichen Kompetenzverlust vorzunehmen.[360] Daher wird das hohe Gewicht, das einer Auslegung nach den Grundsätzen des effet utile zukommt durch entgegenstehende Prinzipien des Unionsrechts wieder relativiert.[361] Die Rechtsprechung des EuGH sieht aber meist die Anforderungen an einen effektive Umsetzung des Unionsrechtes im Vordergrund und auch in der Literatur werden die Schlagkraft der oben genannten Prinzipien gegenüber dem Grundsatz des effet utile eher zurückhaltend beurteilt.[362]

2. Vorrang des Unionsrechtes

Dieser durch Auslegung der Richtlinie entwickelte Maßstab ist durch das nationale Recht zu gewährleisten. Hier wirken die Effektivitätsanforderungen, die sich an das Unionsrecht stellen im Wege des Anwendungsvorranges des Unionsrechts auf das nationale Recht ein.[363] Ein möglicher Widerspruch zwischen nationalem Recht und Unionsrecht ist so aufzulösen, dass das Unionsrecht weder in seiner Wirkung noch in seiner Durchsetzung unzulässig beeinträchtigt wird. Der Vorrang des Unionsrechts wird zudem von der durch ihn angestrebten Rechtseinheit vorausgesetzt, beruht aber auch auf der Öffnung des nationalen Rechtsraumes für das Unionsrecht.[364] Somit ist der für die Auslegung des Unionsrechts angewandte Effektivitätsmaßstab nicht mit dem identisch, der zur Lösung von Kollisionen

360 Vgl. *Calliess*, in: Calliess/Ruffert (Hrsg.), EUV/EGV, 3. Aufl. 2007, Art. 5 EGV Rn. 49; V. Danwitz, EuR 2008, 769, 783 ff.

361 *Potacs*, EuR 2009, 465, 478 f.

362 Vgl. *Gärditz, DÖV 2010, 453, 463; Gellermann*, in: Streinz, EUV/AEUV, Art. 291 Rdnr. 3.

363 Vgl. EuGH, Rs.6/64, Slg. 1964, 1251, 1269 f. (Costa/ENEL); EuGH Rs. C-106/77, E 1978, 629 ff. (Simmenthal II).

364 *Dörr*, Rechtsschutzauftrag, S. 138; vgl. BVerfG, Beschl. v. 8.4.1987 – 2 BvR 687/85, E 75, 223, 235, 242.

zwischen Unionsrecht und dem Recht der Mitgliedstaaten herangezogen wird.[365] Der EuGH hat für den Vollzug des Unionsrechts durch die Mitgliedsstaaten zwei allgemeine Rechtsgrundsätze entwickelt, das Vereitelungsverbot und den Äquivalenz-Grundsatz.[366] Nach dem Vereitelungsverbot dürfen die mitgliedsstaatlichen Regelungen die Ausübung des Unionsrechts nicht praktisch unmöglich machen oder übermäßig erschweren.[367] Nach dem Äquivalenz-Grundsatz haben die Mitgliedstaaten beim Vollzug des Unionsrechts die gleiche Wirksamkeit zu gewährleisten, wie bei eigenen Rechtsnormen.[368]

Beide Prinzipien sorgen für eine wirksame Anwendung des Unionsrechts, der EuGH trägt in seiner Rechtsprechung zugleich aber auch den Besonderheiten des nationalen Rechts Rechnung und beachtet dabei die oben genannten Prinzipien.[369] Dies wird insbesondere in der differenzierten Rechtsprechung zum vorläufigen Rechtsschutz[370] und zur Bestandskraft unionsrechtwidriger Entscheidungen[371] deutlich.

Für die Richtlinie folgt der Vorrang des Unionsrechts aus Art. 288 Abs. 3 AEUV, auf Art. 4 Abs. 3 EUV muss nicht zurück gegriffen werden.[372]. Die Richtlinie definiert den Rechtszustand, der durch die Mitgliedstaaten herzustellen und beizubehalten ist, dies wird gemeinhin als Umsetzung verstanden.[373] Insoweit nimmt die Richtlinie auch Einfluss auf die Mittel und den Mitgliedstaaten kommt ein Spielraum nur innerhalb der von der Richtlinie gezogenen

365 *Schmidt-Aßmann*, DVBl. 1993, 924, 931.

366 *Potacs*, EuR 2009, 465, 480.

367 Z. B. EuGH, Urteil v. 15.4.2008, Rs. C-268/06 (Impact), Rn. 45.

368 Z. B. EuGH, Rs. C-34/02 (Pasquini), Slg. 2003, I-6515, Rn. 59.

369 *Potacs*, in: Hummer (Hrsg.), Paradigmenwechsel im Europarecht zur Jahrtausendwende, S. 272 ff.

370 Statt vieler EuGH, Rs. C-432/05 (Unibet), Slg. 2007, I-2271, Rn. 78 ff.

371 EuGH, Rs. C-453/00 (Kühne), Slg. 2004, I-837, Rn. 28; EuGH, Rs. C-234/04 (Kapferer), Slg. 2006, I-2582, Rn. 20 ff.; EuGH, verb. Rs. C-392/04 und C-422/04 (Arcor), Slg. 2006, I-8559, Rn. 53 ff.; EuGH, Rs C-119/05 (Lucchini), Slg. 2007, I-6199, Rn. 46 ff.; EuGH, Rs. C-2/06 (Kempter), Rn. 37 ff.

372 *Nettesheim*, in: Grabitz/Hilf/Nettesheim (Hrsg.), Das Recht der Europäischen Union, 2012, Art 288 AEUV Rn. 114.

373 *Ipsen*, Europarecht, 21/28.

Grenzen zu.[374] Mit Ablauf der Umsetzungsfrist besteht die Pflicht der Mitgliedstaaten einen richtlinienkonformen Zustand hergestellt zu haben. Die strikte Einhaltung der Frist ist für die Wahrung der einheitlichen Wirkung des Unionsrechts erforderlich.[375] Die Richtlinie muss durch die Mitgliedstaaten vollständig[376], hinreichend bestimmt, klar und transparent umgesetzt werden[377]. Dem nationalen Umsetzungsnormgeber steht es in diesem Rahmen aber frei, an der nationalen Rechtstraditionen und den nationalen Begrifflichkeiten orientierte Wege zu gehen, einer Übernahme des Wortlauts der Richtlinie bedarf es nicht.[378]

3. Auslegung und Fortbildung des nationalen Rechts

Bei der Sicherstellung der Effektivität des Unionsrechts handelt es sich aber nicht nur um ein bloßes Interpretationsinstrument, sondern um ein politisches Ziel der Union, dass das Verhältnis zwischen Unionsrechtsordnung und mitgliedsstaatlicher Rechtsordnung insgesamt strukturiert. Dieses Gebot schlägt damit auf die Verwaltungsverfahren zur Implementierung des Unionsrechts in den Mitgliedstaaten durch. Das politische Ziel der Effektivität hat der EuGH neben anderen zu einem allgemeinen Rechtsgrundsatz erklärt und damit in den Rang des EU-Primärrechts erhoben.[379] Zur Verwirklichung dieses allgemeinen Rechtsgrundsatzes hat der EuGH unter anderem das Prinzip der „Staatsverantwortung" entwickelt und macht die Mitgliedsstaaten für eine ineffektive Um- und

374 *Nettesheim*, in: Grabitz/Hilf/Nettesheim (Hrsg.), Das Recht der Europäischen Union, 2012, Art 288 AEUV Rn. 112.

375 EuGH, Rs. 10/76 (Kommission/Italien), Slg. 1976, 1359/1365; allgemein Nettesheim, in: Randelzhofer (Hrsg.), GS f. Grabitz, S. 447.

376 EuGH, Rs. C-268/97, *(Kommission/Belgien)*, Slg. 1998, I-6069; vgl. auch EuGH, Rs. C-298/97, *(Kommission/Spanien)*, Slg. 1989, I-3301.

377 St. Rspr. EuGH, Rs. 16/95 (Kommission/Spanien), Slg. 1995, I-4883; EuGH, Rs. C-220/94 (Kommision/Luxemburg), Slg. 1995, I-1589.

378 So etwa EuGH, Rs. C-360/87, *(Kommission/Italien)*, Slg. 1991, I-791; EuGH, Rs. C-96/95, *(Kommission/Deutschland)*, Slg. 1997, I-1653; EuGH, 9. 9. 1999, Rs. C-217/97, *(Kommission/Deutschland)*.

379 EuGH, Urt. v. 13.11.1990, Rs. C-106/89, Slg. 1990, I-4135, Rn. 8 f.

Durchsetzung des Unionsrechts sekundärrechtlich verantwortlich. Weiter müssen die Organe der Mitgliedsstaaten alle innerstaatlichen Vorschriften im Sinne des Sekundärrechts auslegen und nicht nur solche, die zur Richtlinienumsetzung erlassen wurden.[380]

Um zu ermitteln, ob das nationale Recht den vom Unionsrecht gesetzten Maßstab im konkreten Fall wahrt, ist es nun nach seinem eigenen Auslegungskanon auszulegen und nach den Möglichkeiten nationaler Rechtsfortbildung fortzuentwickeln.[381] Hierbei werden aber nicht nur spezifische zur Umsetzung der Richtlinie erlassene Normen betrachtet, sondern das gesamte nationale Recht, das für die Durchsetzung der Richtlinie eine Rolle spielen kann.[382]

Eine gewisse Einschränkung in der praktischen Wirkung ist aber zwangsläufig hinzunehmen. Denn eine absolute Verwirklichung des Unionsrechts ist angesichts unterschiedlicher Interessen der nationalen Behörden und privaten Akteure sowie angesichts des unterschiedlichen Informationsstandes bez. des Unionsrechts und der rechtlichen Traditionen in den Mitgliedstaaten nicht möglich.[383]

a) Auslegung

Bei der Auslegung des nationalen Rechts sind die bekannten Auslegungsregeln heranzuziehen. Zunächst ist das deutsche Recht nach seinem Wortlaut, dann nach seiner Systematik, Sinn und Zweck und schließlich nach dem historischen Willen des Gesetzgebers auszulegen.[384]

Dabei ist der Zweck der Richtlinie schon im Blick zu behalten, obwohl die Anforderungen der Richtlinie genau genommen keine

---

380 EuGH, Urt. v. 13.11.1990, Rs. C-106/89, Slg. 1990, I-4135, Rn. 8 f.; *Haltern*, Europarecht, Rn. 595 ff.

381 EuGH, Urt. v. 5.10.2004, verb. Rs. C-397/01 bis C-403/01 – Pfeiffer; EuGH, Urt. v. 4.7.2006, Rs. C-212/04 – Adeneler; BGH, Urt. v. 19.10.2004, IX ZR 337/03.

382 EuGH, Rs. 39/70, Slg. 1971, 49 Rn. 4 f. – Norddeutsches Vieh- und Fleischkontor.

383 *Nettesheim*, in: Randelzhofer (Hrsg.), GS f. Grabitz, S. 452 ff; *Magiera*, DÖV 1998, 173, 178 f.

384 Vgl. die Auslegungsmethoden bei *Zipellius*, Juristische Methodenlehre, S. 35 ff.

weitere Auslegungsform, sondern eine Vorrangregelung darstellen.[385] Insbesondere ist zu beachten, dass das nationale Recht zwar orientiert an den Anforderungen des Unionsrechts auszulegen ist, sich aber im Rahmen seiner eigenen Auslegungs- und Rechtsfortbildungsgrenzen hält, also nicht zu einer Anwendung contra legem führen darf.[386] Damit wird auch verhindert, dass durch unionsrechtliche Vorgaben die Auslegung oder Rechtsfortbildung über das hinaus geht, was der nationale Auslegungskanon erreichen kann.[387]

h) Rechtsfortbildung

Die Rechtsfortbildung dient dazu, Regelungen über ihren wörtlichen Anwendungsbereich hinaus auf weitere Fälle anzuwenden, die auch nach der Intention des Gesetzgebers nicht erfasst werden sollten.[388] Als Hilfsmittel kommen die Analogie oder die teleologische Extension in Betracht. Nach allgemeiner Ansicht bedarf es für eine solche Rechtsfortbildung einer Regelungslücke.[389] Diese Lücken lassen sich in Normlücken, Regelungslücken und Rechtslücken unterscheiden.[390]

In dieser Arbeit interessiert nur die Variante der Regelungslücke. Eine Regelungslücke beschreibt eine Regelung, die technisch zwar anwendbar ist, ohne Ergänzung durch andere Normen aber zu Ergebnissen führt, die der Rechtsordnung im Übrigen widerspricht.[391]

Solche Regelungslücken lassen sich im Wege einer Analogie durch die Anwendung solcher Normen schließen, die der Gesetz-

385 I. E. *Jarass/Beljin*, JZ 2003, 768, 774.

386 So auch BGH, Urt. v. 19.10.2004, IX ZR 337/03.

387 EuGH, Urt. v. 5.10.2004, verb. Rs. C-397/01 bis C-403/01 – Pfeiffer; EuGH, Urt. v. 4.7.2006, Rs. C-212/04 – Adeneler; BGH, Urt. v. 19.10.2004, IX ZR 337/03; *Jarass*, Grundfrage, S. 95; *Burgi*, Verwaltungsprozessrecht und Europarecht, S. 19.

388 *Pawlowski*, Methodenlehre für Juristen, Rn. 453.

389 *Bydlinski*, Juristische Methodenlehre und Rechtsbegriffe, 3.3, S. 472 ff. m. w. N.; BGH, Urt. v. 19.10.2004, IX ZR 337/03.

390 *Pawlowski*, Methodenlehre für Juristen, § 11.

391 *Larenz/Canaris*, Methodenlehre der Rechtswissenschaft, 5.2, S. 193 ff.

geber an anderer Stelle für die Regelung ähnlicher Fälle vorgesehen hat.[392] Ein anderer Weg der Rechtsfortbildung ist die teleologische Extension. Danach wird der Anwendungsbereich einer Norm entgegen ihrem Wortlaut unter Rückgriff auf den Zweck des Gesetzes auf andere, aber gleichgelagerte Fälle ausgedehnt.[393]

4. Richtlinienkonforme Anwendung

Dass dasjenige Auslegungsergebnis zu wählen ist, dass die Anforderungen der Richtlinie und damit ihre Wirksamkeit gewährleistet, folgt aus dem Vorrang des Unionsrechtes. Gemäß Art. 288 Abs. 3 AEUV wird die europarechtsfreundlichste Auslegung ausgewählt.[394] Im Rahmen der richtlinienkonformen Anwendung ist zu beachten, dass vom nationalen Recht einer möglichst effektiven Anwendung des Unionsrechts nach denselben Grundsätzen Grenzen gesetzt werden können, wie es das Unionsrecht selber könnte.[395]

5. Nichtanwendungspflicht und unmittelbare Wirkung

Ist eine richtlinienkonforme Auslegung des nationalen Rechts aufgrund seines klaren Wortlautes nicht möglich[396], ist die Frage zu stellen, ob die deutsche Norm wegen Verstoßes gegen die Richtlinienvorgaben unanwendbar ist.[397] Dem eindeutigen Wortlaut sind

392 *Pawlowski*, Methodenlehre für Juristen, Rn. 160 ff. und 481; *Larenz*, Methodenlehre der Rechtswissenschaft, S. 49 ff.

393 *Larenz/Canaris*, Methodenlehre, 5.2, S. 216 ff.

394 *Nettesheim*, in: Grabitz/Hilf/Nettesheim (Hrsg.), Das Recht der Europäischen Union, 2012, Art. 288 AEUV Rn. 133 ff.

395 EuGH, Urt. v. 24. 3. 2009 Rs. C-445/06, Slg. 2009, I-2119, Rn. 32 – Dansher Slagterier.

396 EuGH, Urt. v. 5.10.2004, verb. Rs. C-397/01 bis C-403/01 – Pfeiffer; EuGH, Urt. v. 4.7.2006, Rs. C-212/04 – Adeneler; BGH, Urt. v. 19.10.2004, IX ZR 337/03.

397 *V. Bogdnady/Nettesheim*, in: Grabitz/Hilf (Hrsg.), Recht der Europäischen Union, 2009, Art. 1 EGV Rn. 41; BVerfG Urt. v. 28.1.1992 – 1 BvR 1025/82, 1

andere Auslegungshindernisse, wie andere entgegenstehende Normen der nationalen Rechtsordnung, gleichgestellt, da Normen immer im Zusammenhang der gesamten Rechtsordnung anzuwenden sind.[398]

Diese Verdrängungswirkung des Unionsrechts gegenüber dem nationalen Recht gilt dabei nicht nur für den Fall, dass sich zwei Normen, die denselben Sachverhalt regeln, gegenüber stehen, also direkt kollidieren, sondern auch für den Fall der indirekten Kollision. Das heißt für den Fall, dass Vorschriften nur vorübergehend oder nur im konkreten Einzelfall die Anwendung des Unionsrechts verhindern.[399]

Die Nichtanwendung setzt aber die unmittelbare Wirkung einer unionsrechtlichen Norm als „Ersatz" voraus.[400] Eine unmittelbare Wirkung besteht bei Richtlinienvorgaben grundsätzlich nicht, da die Richtlinie als Instrument der Rechtsangleichung und nicht Rechtsvereinheitlichung gerade auf eine Umsetzung der Mitgliedstaaten angelegt ist.[401] Unter einer effet-utile-Auslegung des Art. 288 AEUV bzw. einer Anwendung des Effektivitätsgrundsatzes aus Art. 4 Abs. 3 EUV ist eine unmittelbare Wirksamkeit der Richtlinie aber im Einzelfall geboten, um ihren Vollzug sicherzustellen.[402] Der EuGH erkennt daher die unmittelbare Wirkung von Richtlinien unter bestimmten Voraussetzungen an. Ob eine Vorschrift unmittelbare Wirkung entfaltet hängt dabei nicht von ihrer Regelung, sondern von ihrer Normstruktur ab.[403] Sie muss inhaltlich unbedingte

BvL 16/83, 1 BvL 10/91, E 85, 191, 204; BVerfG Urt. v. 22.3.1995 – 2 BvG 1/89, E 92, 203, 227.

398 Zur Einheit der Rechtsordnung vgl. *Engisch*, Die Einheit der Rechtsordnung.

399 EuGH, Slg. 1978, 629, Rn. 22 – Simmenthal; EuGH, Slg. 1990, I-2433, Rn. 20 – Factortame; EuGH, Slg. 2000, I-5063, Rn. 51 ff. – Larsy; EuGH, Slg. 2000, I-7321, Rn. 39 – Engelbrecht; EuGH, Slg. 2003, I-1877, Rn. 63 – Santex.

400 Vgl. *Jarass*, Grundfragen, S. 74– 77; *Jarass/Belijn*, JZ 2003, 768, 770.

401 Vgl. *Dörr/Lenz*, Europäischer Verwaltungsrechtsschutz, 2006, Rn. 373.

402 EuGH, Rs. C-76/97, Slg. 1998, I-5357 – Törgel; als Akt der zulässigen Rechtsfortbildung anerkannt von BVerfG, Beschl. v. 8.4.1987 – 2 BvR 687/85, E 75, 223, 235, 242.

403 Grabitz, EuR 1971, 1, 7.

Vorgaben machen, die dem nationalen Gesetzgeber keinen Umsetzungsspielraum lassen und hinreichend den Inhalt einer Pflicht genau bestimmen sowie wer Berechtigter und Verpflichteter ist.[404] Reine Ziel- und Programmvorgaben können daher nie hinreichend bestimmt und unmittelbar wirksam sein.[405] Unmittelbare Wirkung keine eine Richtlinie aber nur dann entfalten, wenn sie nach Ablauf der Umsetzungsfrist nicht ordnungsgemäß umgesetzt wurde.[406] Bis zum Ablauf der Frist steht es den Mitgliedstaaten frei eine konforme Umsetzung zu regeln. Darin kann nicht eingegriffen werden.

IV. Anforderungen der Umgebungslärmrichtlinie

Fraglich ist nun, welche Anforderungen die Umgebungslärmrichtlinie an eine effektive Umsetzung und einen effektiven Vollzug stellt.

Generell zielt die Umgebungslärmrichtlinie auf ein hohes Umwelt- und Gesundheitsschutzniveau ab.[407] Dafür soll gemäß Art. 1 Abs. 1 UL-RL „ein gemeinsames Konzept festgelegt werden, um vorzugsweise schädliche Auswirkungen, einschließlich Belästigungen durch Umgebungslärm zu verhindern, ihnen vorzubeugen oder sie zu mindern". Um diese Ziele zu erreichen, sieht die Umgebungslärmrichtlinie in Art. 1 weiter vor, dass die Belastungen durch Lärmkarten ermittelt werden und auf Grundlage dieser Ergebnisse Lärmaktionspläne mit dem Ziel erstellt werden, „den Umgebungslärm soweit erforderlich und insbesondere in den Fällen, in denen das Ausmaß der Belastung gesundheitsschädliche Auswirkungen haben

404 EuGH, Rs. C-236/92, Slg. 1994, I-483, Rn. 10 – Difesa della Cava; EuGH, Rs. C-264/94, Slg. 1996, I-4373, Rn. 18 – S. Antonio; EuGH, Rs. C-389/95, Slg. 1997, I-2719, Rn. 33 – Klattner.

405 Zur Trennung von Normstruktur und Norminhalt in diesem Sinne schon *Grabitz*, EuR 1971, 1, 7.

406 EuGH, Rs. C-76/97, Slg. 1998, I-5357 – Tögel; EuGH, Rs. C-319/97, Slg. 1999, I-3143, Rn. 21 – Kortas; EuGH, Rs. C-388/00, Slg. 2002, I-5845, Rn. 49 – Radiosistemi; EuGH, Rs. C-157/02, Slg. 2004, I-1477, Rn. 34 – Rieser Internationale Transporte; EuGH, Urt. v. 5.10.2004, verb. Rs. C-397/01 bis C-403/01 – Pfeiffer.

407 So Erwägungsgrund 1 UL-RL.

kann, zu verhindern und zu mindern und die Umweltqualität in den Fällen zu erhalten, in denen sie zufriedenstellend ist".

Damit gibt die Umgebungslärmrichtlinie zum einen das Ziel eines hohen Umwelt- und Gesundheitsschutzniveaus vor, definiert gleichzeitig einen Rechtszustand, der eine Lärmkartierung und eine Lärmaktionsplanung verlangt und legt die Verfahrensvorgaben zur Lärmkartierung und Aktionsplanerstellung fest.[408] Den Mitgliedstaaten bleibt nur ein geringer Ausgestaltungsspielraum, um den Rechtszustand Lärmkartierung und Lärmaktionsplanung nach dem Konzept der Umgebungslärmrichtlinie umzusetzen.

Welche Anforderungen sich aus dieser generellen Ausrichtung und einer Auslegung der einzelnen Bestimmungen nach den Grundsätzen des effet utile ergeben, ist in den nachfolgenden Abschnitten darzustellen.[409]

V. Anforderungen aus nationalen Grundrechten

Insoweit die Umgebungslärmrichtlinie keine Vorgaben macht, richtet sich ihr (effektiver) Vollzug allein nach dem nationalen Recht. Effektivitätsanforderungen des nationalen Rechts finden im Rahmen der Auslegung und Rechtsfortbildung der nationalen Normen Anwendung.

408 So **Art. 1 Abs. 1 UL-RL** „Mit dieser Richtlinie soll ein gemeinsames Konzept festgelegt werden, um vorzugsweise schädliche Auswirkungen, einschließlich Belästigung, durch Umgebungslärm zu verhindern, ihnen vorzubeugen oder sie zu mindern. Hierzu werden schrittweise die folgenden Maßnahmen durchgeführt: a) Ermittlung der Belastung durch Umgebungslärm anhand von Lärmkarten nach für die Mitgliedstaaten gemeinsamen Bewertungsmethoden; b) Sicherstellung der Information der Öffentlichkeit über Umgebungslärm und seine Auswirkungen; c) auf der Grundlage der Ergebnisse von Lärmkarten Annahme von Aktionsplänen durch die Mitgliedstaaten mit dem Ziel, den Umgebungslärm soweit erforderlich und insbesondere in Fällen, in denen das Ausmaß der Belastung gesundheitsschädliche Auswirkungen haben kann, zu verhindern und zu mindern und die Umweltqualität in den Fällen zu erhalten, in denen sie zufrieden stellend ist".

409 Dazu 3., 4. und 5. Teil.

Insbesondere für Grenzwerte macht die Umgebungslärmrichtlinie keine Vorgaben[410] und stellt diese ganz bewusst in die Zuständigkeit der Mitgliedstaaten.[411] Der Zuständigkeitsbereich der EU im Bereich Lärmpegel soll nur die Festlegung gemeinsamer Indizes[412] umfassen.[413] Die Mitgliedstaaten sind für den Erlass von Grenzwerten und die Verwendung zusätzlicher Indizes zuständig. Die Richtlinie gibt hier nur Mindestanforderungen oder allgemeine Ziele vor.[414] Deshalb ist es Aufgabe und Befugnis der Mitgliedstaaten geltende oder geplante Grenzwerte für die Harmonisierung der Indizes anzugeben und solche für jede innerstaatliche Lärmquelle festzulegen.[415] Anforderungen an ein zu gewährleistendes Lärmschutzniveau als Untergrenze werden klassisch aus den Grundrechten als Abwehrrechte abgeleitet. In diesem Fall folgt aus den Grundrechten über abgeleitete Grenzwerte auch ein Maßstab für effektiven Lärmschutz. Bei Überschreitung von Grenzwerten sind Maßnahmen zur Abwehr der Beeinträchtigungen zu ergreifen. Neben der Staatszielbestimmung des Art. 20a GG spielen als verfassungsrechtliche Vorgaben für einen effektiven Lärmschutz die Grundrechte von durch Lärm Betroffener, wie das Recht auf körperliche Unversehrtheit, die Eigentumsfreiheit und die allgemeine Handlungsfreiheit eine entscheidende Rolle. Demgegenüber stehen die Grundrechter derjenigen, die lärmverursachende Handlungen vornehmen.

410 Dazu ausführlich 3. Teil I. 1. d).

411 Weiterentwicklung und Ergänzung der bestehenden Gemeinschaftsmaßnahmen ist gerade erklärtes Ziel der UL-RL, vgl. 5. Erwägungsgrund UL-RL.

412 Vgl. dazu 3. Teil I. 1. d).

413 Richtlinien-Vorschlag vom 26.07.2000, KOM(2000) 468 endg. 2000/0194 (COD), ABl. EG 2000 Nr. C 337 E S. 251.

414 Richtlinien-Vorschlag vom 26.07.2000, KOM(2000) 468 endg. 2000/0194 (COD), ABl. EG 2000 Nr. C 337 E S. 251.

415 Richtlinien-Vorschlag vom 26.07.2000, KOM(2000) 468 endg. 2000/0194 (COD), ABl. EG 2000 Nr. C 337 E S. 251.

1. Grundrechte lärmbetroffener Bürger

Zunächst lassen die Grundrechte konkrete Anforderungen an einen Schutz vor Lärm erwarten. Aus ihnen lassen sich Grenzwerte ableiten, bei deren Überschreitung eine Gesundheitsbeeinträchtigung oder ein Eingriff in die Eigentumsfreiheit grundsätzlich vorliegen.[416] Eine so festgestellte Beeinträchtigung von Grundrechten würde dann eine Handlungspflicht des Staates bzw. einen Abwehranspruch der Betroffenen auslösen. Die Belastungsgrenzen der Lärmimmissionen bilden außerdem die notwendige Kollisionslösung zwischen den geschützten Freiheitsrechten bei Beeinträchtigungen und dem Handeln lärmverursachender privater Dritter.[417] Soweit die Beeinträchtigungen dem Staat selber zuzurechnen sind, schafft er mit den Grenzwerten erst eine Grundlage für die grundrechtliche Beeinträchtigung, aber auch die Grenzen der Abwehrdimension der Grundrechte und eine Achtungspflicht.[418] Zudem stehen Grenzwerte als umwelt- und gesundheitsschützende Instrumente in einem Spannungsfeld zwischen idealen Zumutbarkeitsschwellen, die etwa den Schutzanforderungen von Art. 1, 2, 14 und 20 GG gerecht werden und den realen finanzpolitischen Möglichkeiten einer Lärmsanierung.[419]

a) Abwehrdimension der Grundrechte

Den Grundrechten kommen nach allgemeinem Verständnis zwei Dimensionen zu. Die eine Dimension umfasst die Grundrechte als Abwehrrecht des Bürgers gegen Beeinträchtigungen durch den Staat (status negativus), die andere Dimension umfasst die Grundrechte als Schutzpflichten, die der Staat gegenüber dem Bürger wahrzuneh-

416 *Spannowsky*, NVwZ 1995, 845 f.

417 *Spannowsky*, NVwZ 1995, 845 f.

418 *Stich*, UPR 1985, 265, 270.

419 *Stich*, UPR 1985, 265, 270.

men hat und die der Bürger als Leistung einfordern kann (status positivus).[420]

Für den Bereich Straßenverkehrslärm ist problematisch, dass der Lärm sowohl durch das Handeln von Privaten als auch durch das Handeln des Staates bedingt wird. Die Straßen werden durch den Staat gebaut und dem öffentlichen Straßenverkehr gewidmet, aber benutzt werden sie überwiegend von Privaten, die dann auch die letzte Ursache für den Lärm setzen. Die Beeinträchtigungen müssen der Schutz- oder Abwehrdimension der Grundrechte zugeordnet werden.[421] Die Zuordnung des Verkehrslärms wird nach dem Handlungs- und Funktionszusammenhang der immissionswirksamen Handlung beurteilt und hängt nicht von einer formalen Zuordnung, etwa zum öffentlichen Recht, ab.[422] Die Immission selber stellt keine für sich qualifizierbare Handlung dar, sondern nur eine sich aus der Handlung ergebende tatsächliche Folge.[423] Woran die Zuordnung genau anknüpft, ist im Detail umstritten.[424]

Teilweise werden Infrastruktureinrichtungen, die unter staatlicher Trägerschaft oder einer privaten Betreibergesellschaft, die zumindest überwiegend durch den Staat dominiert wird, stehen, als Akte der öffentlichen Gewalt angesehen und damit sind die Grundrechte in ihrer Abwehrdimension betroffen.[425] Auch öffentliche Straßen im wegerechtlichen Sinne zählen nach dieser Ansicht zu

420 Dazu *Ipsen*, Staatsrecht 2: Grundrechte, Rn. 105 ff.; *Epping*, Grundrechte, Rn. 15 ff.

421 BVerfG, Beschl. v. 28.2.2002, 1 BvR 1676/01, NJW 2002, 1638 ff. (Mobilfunk); BVerfG, Beschl. v. 29.11.1995 – 1 BvR 2203/95, NJW 1996, 651 (Ozon).

422 *Couzinet*, Die Zulässigkeit von Immissionen, S. 123 f; *Maurer*, Allg. VerwR, § 3 Rn. 14 ff.

423 BayVGH, Urt. v. 27.7.1989 – 20 B 81 D.I, BayVBl. 1990, 82, 83.

424 BGH, Urt. v. 20.3.1975 – III ZR 215/71, NJW 1975, 1406 f.; für Fluglärm, BVerfG, Beschl. v. 16.5.1989 – 1 BvR 705/88, NJW 1990, 1783 ff.; VGH Kassel, Beschl. v. 14.3.2003 – 6 TG 691/03, NVwZ 2003, 874, 875; *Krämer*, in: Kodal/Krämer, Straßenrecht, Kap. 5 Rn. 1; *Mußgnung*, in: Bartelsperger/Blüml/Schroeter (Hrsg.), Ein Vierteljahrhundert Straßenrechtsgesetzgebung, S. 81; Stern, VVDStRL Bd. 21 (1964), S. 190, 227.

425 BGH, Urt. v. 20.3.1975 – III ZR 215/71, NJW 1975, 1406 f.; für Fluglärm, BVerfG, Beschl. v. 16.5.1989 – 1 BvR 705/88, NJW 1990, 1783 ff.; VGH Kassel, Beschl. v. 14.3.2003 – 6 TG 691/03, NVwZ 2003, 874, 875.

den „öffentlichen Sachen im Gemeingebrauch", da sie einer unbeschränkten Öffentlichkeit allgemeine durch Widmung für eine bestimmungsgemäße Nutzung zur Verfügung stehen.

Nach anderer Ansicht handelt es sich bei Straßen um öffentliche Anstalten, denn die Straßen selbst sind hoch technisierte Bauwerke und bedürfen weiterer verkehrslenkender, -regelnder und -sichernder Zeichen und Einrichtungen. Damit zählen sie zu den öffentlichen Sachen und liegen im Aufgabenbereich eines Trägers öffentlicher Gewalt.[426]

Der Straßenverkehrslärm wird damit nach beiden Ansichten dem Staat zugerechnet, so dass die abwehrrechtliche Dimension der Grundrechte berührt ist.[427] Denn öffentliche Straßen erfüllen, egal ob man auf die Widmung oder die gesetzliche Zuordnung zu den Aufgaben eines Trägers öffentlicher Gewalt abstellt, in jedem Fall die Voraussetzungen für eine Zuordnung zu den öffentlichen Sachen. An Straßen besteht öffentliche Sachherrschaft, Grundlage sind die Straßen- und Wegegesetze der Länder und des Bundes.[428] Damit sind auch die Immissionen dieser staatlich betriebenen Infrastruktureinrichtungen grundsätzlich Grundrechtsbindungen unterworfen[429], und bei von ihnen ausgehenden Beeinträchtigten sind die Grundrechte in Form von Abwehrrechten gegen Beeinträchtigungen durch den Staat betroffen.[430]

Aus den Grundrechten lassen sich aber generell keine konkreten, im Einzelfall ausschließlich zu ergreifenden Maßnahmen im Sinne eines verbindlichen Verwaltungsvollzuges ableiten. Der Gesetzgeber hat ein Einschätzungsprärogativ, welche Maßnahmen er im

426 *Mußgnung*, in: Bartelsperger/Blüml/Schroeter (Hrsg.), Ein Vierteljahrhundert Straßenrechtsgesetzgebung, S. 81; *Stern*, VVDStRL Bd. 21, S. 190, 227.

427 *Krämer*, in: Kodal/Krämer, Straßenrecht, Kap. 5 Rn. 1.

428 Eingehender *Herber*, in: Kodal/Krämer, Straßenrecht, Kap. 5 Rn. 8 ff.

429 *Couzinet*, Die Zulässigkeit von Immissionen, S. 127 f.; *Hermes*, Das Grundrecht auf Schutz von Leben und Gesundheit, S. 84; so auch *Würsig*, Die Steuerung von Summenbelastungen im Deutsche Immissionsschutzrecht, S. 26 f.; vgl. zur Planfeststellung für Straßen *Löwer*, DVBl. 1981, 528, 533.

430 Im Gegensatz dazu ist bei Fluglärm nur eine Schutzpflicht des Staates anzunehmen, vgl. BVerfG, Beschl. v. 14.1.1981 – 1 BvR 612/72, E 56, 54; BVerfG, Beschl. v. 29.7.2009 – 1 BvR 1606/08, NVwZ 2009, 1494 ff.

Einzelfall vornehmen möchte, solange er verhältnismäßige Maßnahmen vorsieht und diese durch die Verwaltung ergriffen und durchgesetzt werden.[431] Nur in Ausnahmefällen verdichtet sich der Abwehranspruch gegen die Grundrechtsbeeinträchtigung auf eine einzige verhältnismäßige Maßnahme. Die Möglichkeit, sich direkt auf Grundrechte zu berufen, kommt nur dann in Betracht, wenn das Rechtssystem keine oder nur ungeeignete Maßnahmen vorsieht.[432]

b) Art. 2 Abs. 2 S. 1 GG – Recht auf Leben und körperliche Unversehrtheit

Zunächst kommt das Grundrecht auf Leben und körperliche Unversehrtheit als Abwehrrecht gegen Beeinträchtigungen durch Lärm in Betracht.[433]

Das Schutzgut Leben wird als biologisch-physische menschliche Existenz definiert.[434] Im Kontext von Lärmimmissionen ist das Leben aber kein Problem des Schutzbereiches, sondern allenfalls der Intensität des Eingriffes. Generell ist beim Lärmschutz das Recht auf körperliche Unversehrtheit als das auf Leben, relevant.[435] Das Recht auf körperliche Unversehrtheit umfasst die Gesundheit im engeren Sinne, die psychisch-seelische Gesundheit im weiteren Sinne, soweit diese sich körperlich niederschlägt, und die körperliche Integrität an sich.[436]

---

431 Vgl. etwa *Ipsen*, Staatsrecht 2: Grundrechte, Rn. 105 ff.; *Epping*, Grundrechte, Rn. 16.

432 Vgl. etwa *Ipsen*, Staatsrecht 2: Grundrechte, Rn. 105 ff.; *Epping*, Grundrechte, Rn. 16.

433 **Art. 2 Abs. 2 S. 1 GG** „Jeder hat das Recht auf Leben und körperliche Unversehrtheit. Die Freiheit der Person ist unverletzlich".

434 *Di Fabio*, in: Maunz/Düring (Hrsg.), GG-Kommentar, Art. 2 Abs. 2 Rn. 8; *Jarass*, in: Jarass/Pieroth (Hrsg.), GG-Kommentar, Art. 2 Rn 61; *Starck*, in: v. Mangoldt/Klein/Starck (Hrsg.), Art. 2 Rn. 192.

435 *Couzinet*, Die Zulässigkeit von Immissionen, S. 127 f.; *Hermes*, Das Grundrecht auf Schutz von Leben und Gesundheit, S. 84

436 *Schulze-Fielitz*, in: Dreier (Hrsg.), GG-Kommentar, Bd. I, Art. 2 Abs. 2 Rn. 33 f.

aa) Bagatellgrenze

Auch wenn das Grundrecht nach Art. 2 Abs. 2 S. 1 GG das Recht auf körperliche Unversehrtheit als psychisch-seelische Gesundheit und die körperliche Integrität schützt, ist die genaue Definition der „körperlichen Unversehrtheit“ umstritten. Es gilt eine uferlose Ausweitung des Grundrechts zu verhindern[437], dazu wird eine Gesundheitsgefährdung im Sinne eines medizinisch begründbaren und pathologischen Zustandes verlangt.[438] Zum Teil wird vertreten, dass geringfügigen Belastungen, die unter einem bestimmten Maß an Schädlichkeit bleiben, als grundrechtlicher „Bagatellvorbehalt“ jeglicher Grundrechtsschutz abgesprochen wird.[439] Dies ist gerade beim Lärmschutz, wie auch beim gesamten Immissionsschutz, von großer Bedeutung. Denn Immissionen werden in § 3 Abs. 2 BImSchG als physische Einwirkungen unwägbarer Stoffe[440], also physikalische Vorgänge, die durch Materialteilchen und physikalische Wellen übertragen werden, definiert[441], was auch als Orientierung

437 Vgl. *Fickert*, in: Geis/Umbach (Hrsg.), Planung – Steuerung – Kontrolle: FS Bartlsperger, S. 293, 305 f.

438 *Couzinet*, Die Zulässigkeit von Immissionen, S. 131 f.

439 Für die Beeinträchtigung von Persönlichkeitsrechten durch die Kunstfreiheit, BVerfG, Beschl. v. 13.6.2007 – 1 BvR 1783/05; a. A. BVerfG, Beschl. v. 15.10.1996 – 1 BvL 44/92; *Isensee*, in: Isensee/Kirchhof (Hrsg.), HdbdStR, Bd. V, § 111 Rn. 66; *Hochhuth*, NVwZ 2003, 30, 33.

440 *Koch*, in: Koch (Hrsg.), GK-BImSchG, § 3 Rn. 14; *Jarass*, DVBl. 1983, 725, 727; *Kutscheid*, in: Landmann/Rohmer, BImSchG, § 3 Rn. 20; **§ 3 Abs. 2 BImSchG** „Immissionen im Sinne dieses Gesetzes sind auf Menschen, Tiere und Pflanzen, den Boden, das Wasser, die Atmosphäre sowie Kultur- und sonstige Sachgüter einwirkende Luftverunreinigungen, Geräusche, Erschütterungen, Licht, Wärme, Strahlen und ähnliche Umwelteinwirkungen“.

441 *Jarass*, BImSchG, § 3 Rn. 8; zum Streit, ob Beeinträchtigungen unterhalb der Bagatellgrenzen bereits aus dem Schutzbereich ausgenommen sind oder erst auf Ebene der Eingriffsbestimmung bzw. Rechtfertigung einzuschränken sind. Anwendung beim Schutzbereich BVerfG, Beschl. v. 14.1.1981 – 1 BvR 612/72, E 56, 54, 75; *Di Fabio*, in: Maunz/Düring (Hrsg.), GG-Kommentar, Art. 2 II Rn. 60; *Storost*, NVwZ 2004, 257, 258; Anwendung bei der Rechtfertigung *Würsig*, Die Steuerung von Summenbelastungen im Deutschen Immissionsschutzrecht, S. 35 f.

für die grundrechtliche Dimension dient. Der Mensch ist ständig solchen Einwirkungen, darunter auch Geräuschen, ausgesetzt, und der Grundrechtschutz des Art. 2 Abs. 2 S. 1 GG würde ohne eine Beschränkung jegliche Konturen verlieren.[442] Eine Ausweitung der Schutzrichtung des Art. 2 Abs. 2 S. 1 GG über die historische Anwendung gegen Folter und Misshandlungen durch den Staat hinaus[443] ist aufgrund technischer Fortschritte und zivilisatorischer Entwicklung aber legitim. Denn es sind neue Gefahren entstanden und andere obsolet geworden.[444]

Art. 2 Abs. 2 S. 1 GG schützt danach unproblematisch vor Einwirkungen, die einem körperlichen Eingriff gleichzusetzen sind, also einem Zufügen von Schmerzen gleich kommen.[445] Dies umfasst auch schmerzerregenden Lärm, der ab einem Schallpegel von etwa 120 dB(A) erreicht wird.[446] Die Lärmwirkungsforschung liefert darüber hinaus aber gerade keine gesicherten Ergebnisse für die Schädlichkeit von Lärm unterhalb der Grenze von akuten Hörschäden[447], daher sind Grenzwerte immer umstritten. Welche Auswirkungen durch Lärm aber möglich sind, geht aus neueren Studien hervor. Danach lassen sich ab einem Dauerschallpegel von 48 dB(A) schon Auswirkungen auf die Gesundheit nachweisen. Es besteht insofern eine Abhängigkeit von der Lärmpegelintensität.[448] Bei der Bewertung von Lärm kommt es neben der Laustärke aber auch auf die Auffälligkeit, den Informationsgehalt, die Impulshaftigkeit und die

---

442 *Würsig*, Die Steuerung von Summenbelastungen im Deutsche Immissionsschutzrecht, S. 35 f.

443 *Wiedemann*, in: Umbach/Clemens (Hrsg.), Mitarb.-Kommentar-GG, Art. 2 II Rn. 350; BVerfG, Beschl. v. 30.11.1988, 1 BvR 1301/84, BVerfG, Beschl. v. 30.11.1988 – 1 BvR 1301/84, E 79, 174 ff. (Fluglärm).

444 *Di Fabio*, in: Maunz/Düring (Hrsg.), GG-Kommentar, Art. 2 II Rn. 55, 63.

445 BVerfG, Beschl. v. 14.1.1981 – 1 BvR 612/72, E 56, 54, 73 ff.; *Di Fabio*, in: Maunz/Düring (Hrsg.), GG-Kommentar, Art. 2 II Rn. 60.

446 Zu Hörschädigungen durch Fluglärm, *UBA*, Fluglärmwirkung, S. 8 f. vgl. auch die zitierten Studien.

447 Zum Forschungsstand, *Griefahn*, in: Kloepfer/Griefahn/Kaniowski (Hrsg.), Leben mit Lärm, S. 125, 165 ff; *Guski*, UVP-Report 2008, 141 ff.; *SRU*, Umweltgutachten 2004, Rn. 634 ff.

448 *UBA*, Beeinträchtigung durch Fluglärm: Arzneimittelverbrauch als Indikator für gesundheitliche Beeinträchtigung, Geiser/Jahnsen/Geiser (Bearb.).

subjektive Einstellung zur Lärmquelle an.[449] Daher bedarf es einer Bewertung und nicht so sehr einer Messung von Lärm.[450]

Generell[451], aber auch, um bei unspezifischen Einwirkungen in Form einer Folge- oder Begleitbeeinträchtigung solche mit Grundrechtsrelevanz von solchen ohne zu unterscheiden, wird für den Lärmschutz auf die Belastungsintensität abgestellt.[452] Dennoch geben die bestehenden Grenzwerte überwiegend Bandbreiten an und ermöglichen keine differenzierte Betrachtung im Einzelfall.[453]

Trotz Fortschritten in der Lärmwirkungsforschung ist weiter ungeklärt, oberhalb welcher Grenzwerte eine Grundrechtsverletzung besteht.[454] Überwiegend werden die im gescheiterten Entwurf des Verkehrslärmschutzgesetztes vorgesehenen Grenzwerte angewandt. In reinen und allgemeinen Wohngebieten sollten die Grenzwerte nach dem Verkehrslärmschutzgesetztes bei Neubau oder wesentlicher Änderung von Straßen auf 62 dB(A) bei Tag und 52 dB(A) bei Nacht festgesetzt werden.[455] Das BVerfG hat für Verkehrslärm festgelegt, dass ein Dauerschallpegel, der 60 dB(A) außen nicht überschreitet, nicht die Schwelle der Gesundheitsgefährdung erreicht.[456] Eine enteignungsrechtliche Zumutbarkeitsschwelle liegt nach dem BGH im Allgemeinen bei Werten von 70 bis 75 dB(A) tagsüber und 60 bis 65 dB(A) nachts.[457] Die europäische Umwelt-

449 *Hansmann*, in: Franßen (Hrsg.), Bürger – Richter – Staat: FS Sendler, S. 285, 291.

450 BVerwG, Urt. v. 20.10.1989, E 84, 31, 40.

451 *Würsig*, Die Steuerung von Summenbelastungen im Deutsche Immissionsschutzrecht, S. 37.

452 *Schulte*, DVBl. 1988, 512, 517.

453 Zur Ablehnung einer rein dosis-wirkungsbasierten Betrachtung und für eine differenzierte Betrachtung anhand weiterer Kriterien *Boeddinghaus*, UPR 1985, 1, 4 ff.

454 *Steinberg/Berg/Wickel*, Fachplanung, § 4 Rn. 33 ff.; ausführlich *Schmidt-Aßmann*, AöR 106 (1981), 205, 213 f.

455 BT-Drs. 8/3730, S. 5, 6, 22 f.; BVerfG Beschl. v. 30.11.1988 – 1 BvR 1301/84, E 79, 174.

456 BVerwG, Urt. v. 23.4.1997 – 11 A 17/96, NVwZ 1998, 846, 847; BVerwG, Urt. v. 18.3.1998 – 11 A 55/96, E 106, 241, 247 ff.

457 BGH, Urt. v. 6.2.1986 – III ZR 96/84, Z 97, 114, 123 = NVwZ 1986, 789 = NJW 1986, 1980; BGH, Urt. v. 17.4.1986 – III ZR 202/84, Z 97, 361 = NJW 1986, 2421 = NVwZ 1986, 867; OVG Münster, Urt. v. 13.3.2008 – 7 D 34/07.

agentur nimmt Gesundheitsschäden ab einem Pegel von 69 dB(A) tags und nachts an.[458] Diese werden so auch von einer Verwaltungsrichtlinie aus dem Jahre 1983 vorgesehen[459]. Auch die 16. BImSchV sieht in § 1 Abs. 2 S. 2 als Auslöseschwellen für eine Lärmsanierung Pegel von 70 dB(A) tags und 60 dB(A) nachts vor.

Neuere Studien widerlegen aber diese Annahmen, die die Auswirkungen von Lärm auf die menschliche Gesundheit als marginal ansehen und Grundrechtsverletzungen erst bei vergleichsweise hohen Pegeln annehmen.[460] Die Studie von *Geiser* etwa sichtete die Daten von über 800.000 Versicherten mit Hauptwohnsitz im Einzugsbereich des Flughafens Köln-Bonn, was insgesamt 1,8 Mio. Versicherungsjahre umfasst. Die Bürger waren einem Dauerschallpegel von 45 bis 60 dB(A) ausgesetzt. Die Vergleichsgruppe bildeten Personen außerhalb des Einflussbereichs eines Flughafens, die zugleich einem Schallpegel von unter 35 dB(A) ausgesetzt waren. In der Studie kam man zu dem Ergebnis, dass die Verordnungshäufigkeit und die Menge von Medikamenten gegen Bluthochdruck und Herz- Kreislauferkrankungen, aber auch von Schlaf- und Beruhigungsmitteln, sich in Abhängigkeit von der Lärmintensität erhöhen.[461] Maximale Effekte wurde hier schon ab einem Pegel von 48 dB(A) beobachtet, ein Wert, der bisher für völlig vertretbar gehalten wurde. Danach löst Fluglärm nicht nur Schlafstörungen oder Bluthochdruck aus,

NE, NWVBl. 2008, 467; BVerwG, Urt. 16.3.2006, 4 A 1075.04, E 125, 116, 244, 249 (Flughafen-Schönefeld); BVerwG, Urt. v. 9.11.2006, 4 A 2001.6, E 127, 95 (Flughafen-Halle); BGH, Urt. v. 25.3.1993 – III ZR 60/91, Z 122, 76, 81 m. w. N.; BGH, Urt. v. 16.3.1995 – III ZR 166/93, Z 129, 124, 126 ff.; *Boujong*, UPR 1987, 207, 209.

458 Grünbuch über die künftige Lärmschutzpolitik, KOM(96) 540 endg.; Der Diskussionsstand zwischen EU und WHO von 2007 ist in *WHO-Europa-Regionalbüro*, „Night Noise Guidlines for Europe".

459 Richtlinie für den Verkehrslärmschutz in der Baulast des Bundes, VkBl. 1983, S. 306.

460 *Griefahn/Jansen/Scheuch/Spreng* (Bearb.), Fluglärmsynopse, in ZfL 49 (2002), 171 gegenüber *UBA*, Beeinträchtigung durch Fluglärm: Arzneimittelverbrauch als Indikator für gesundheitliche Beeinträchtigung, Geiser/Jahnsen/Geiser (Bearb.).

461 *UBA*, Beeinträchtigung durch Fluglärm: Arzneimittelverbrauch als Indikator für gesundheitliche Beeinträchtigung, Greiser/Jahnsen/Greiser (Bearb.).

sondern führt zu Herz- Kreislauferkrankungen und schwächt darüber hinaus das Immunsystem, sodass die Krebshäufigkeit steigt.[462] Nach diesen Erkenntnissen müssten die Maximalpegel also niedriger als bisher angesetzt werden. Dennoch sind in einer rechtswissenschaftlichen Untersuchung zunächst bestehende und durch die Rechtsprechung abgeleitete die Grenzwerte maßgeblich.

Der Belastungsgrad entscheidet im Rahmen von Art. 2 Abs. 2 S. 1 GG aber nicht nur über den Umfang der Beeinträchtigung, sondern auch darüber, ob es überhaupt zu einer schädlichen Wirkung für grundrechtlich geschützte Individualrechtsgüter kommt.[463] Somit ist für eine Grundrechtsbeeinträchtigung durch Immissionsbelastung nicht nur die Qualität, sondern auch ein zeitlich quantitativer Ansatz entscheidend.[464]

bb) Keine finale und direkte Beeinträchtigung

Im Rahmen der Prüfung von Beeinträchtigungen durch Straßenverkehrslärm auf Seiten des Schutzbereichs folgen weitere Probleme daraus, dass die Beeinträchtigungen von Straßenverkehrslärm umweltvermittelt, nicht final und nur indirekt wirken.[465] Die Beeinträchtigung durch Straßenverkehrslärm und die daraus resultierenden körperlichen Auswirkungen und ihre Grundrechtsrelevanz im Einzelfall sind daher immer noch schwer nachweisbar.[466]

Ein Eingriff in Art. 2 Abs. 2 S. 1 GG liegt grundsätzlich dann vor, wenn Lärm physisch auf den Grundrechtsträger einwirkt und kau-

462 *UBA*, Beeinträchtigung durch Fluglärm: Arzneimittelverbrauch als Indikator für gesundheitliche Beeinträchtigung, Greiser/Jahnsen/Greiser (Bearb.).

463 *Würsig*, Die Steuerung von Summenbelastungen im Deutsche Immissionsschutzrecht, S. 34.

464 sonstige Grundrechtsbeeinträchtigungen, vgl. *Corell*, in: Denninger (Hrsg.), GG-Kommentar, Bd. 1, Art. 2 II Rn. 109; aber offengelassen von BVerfG, Entsch. v. 25.5.1965 – 1 BvR 190/55, E 5, 13, 15.

465 *Würsig*, Die Steuerung von Summenbelastungen im Deutsche Immissionsschutzrecht, S. 37.

466 So BVerfG, Beschl. v. 14.1.1981 – 1 BvR 612/72, E 56, 54, 74 f.-Fluglärmentscheidung.

sal eine gesundheitsbezogene Schädigung herbeiführt.[467] Solch ein sicherer Schädigungsfall mit nachgewiesener Kausalität liegt beim Straßenverkehrslärm aber meist nicht vor, da Einwirkung und Folge mit großen Unsicherheiten behaftet sind. Es ist umstritten, inwieweit Grundrechtsschutz auch ohne gesicherte Kausalität der Einwirkung zur Schädigung gewährt wird. Das BVerfG[468] hat zu atomrechtlichen Fragen zwar ein Bestehen des Schutzes auch bei Unsicherheit anerkannt, dennoch ist die Reichweite des Schutzes ungeklärt.

Nach einer Ansicht soll der einfach-rechtliche Gefahrenbegriff übernommen werden und der Grundrechtsschutz bei hinreichend wahrscheinlichem Schadenseintritt gegeben sein.[469] Demgegenüber steht eine andere auch vom BVerfG vertretene Ansicht, die auch bloßes Risiko erfassen und nur ein Restrisiko aus dem Schutz ausnehmen will.[470] Im Unterschied zum Gefahrenbegriff, wo der Schadenseintritt wahrscheinlich sein muss, reicht beim Risiko die Möglichkeit des Schadenseintritts aus, sodass hier keine gesteigerten Anforderungen an die hinreichende Wahrscheinlichkeit gestellt werden.[471] Vom Restrisiko werden im Sinne der Kalkar-Entscheidung des BVerfG solche Schadensereignisse ausgeschlossen, die trotz Sicherheitssystemen nach dem Stand der Technik nicht ausgeschlossen werden können.[472]

Eine weitere Schwierigkeit besteht beim Straßenverkehrslärm darin, dass Eingriffe meist unbeabsichtigt und nur indirekt erfol-

467 *Couzinet*, Die Zulässigkeit von Immissionen, S. 145 f.

468 BVerfG, Beschl. v. 8.8.1978 – 2 BvL 8/77, E 49, 89, 141 f. (Kalkar); BVerfG, Beschl. v. 20.12.1979 – 1 BvR 385/77, E 53, 30, 57 (Mühlheim-Kärlich); BVerfG, Beschl. v. 14.1.1981 – 1 BvR 612/72, E 56, 54, 78 (Fluglärm); vgl. aus der Lit. *Kunig*, in: v. Münch/Kunig (Hrsg.), GG-Kommentar, Bd. I, Art. 2 Rn. 68 ff.; *Schulze-Fielitz*, in: Dreier (Hrsg.), GG-Kommentar, Bd. I, Art. 2 II Rn. 51.

469 *Wiedemann*, in: Umbach/Clemens (Hrsg.), Mitarb.-Kommentar-GG, Art. 2 II Rn. 306.

470 *Kunig*, in: v. Münch/Kunig (Hrsg.), GG-Kommentar, Bd. I, Art. 2 Rn. 68; *Murswiek*, in: Sachs (Hrsg.), GG-Kommentar, Art. 2 Rn. 161.; BVerfG, Beschl. v. 8.8.1978 – 2 BvL 8/77, E 49, 89, 141 f. (Kalkar).

471 *Wahl/Appel*, in: Wahl (Hrsg.), Prävention und Vorsorge, S. 88 f.; *Petersen*, Schutz und Vorsorge, S. 193, 213 ff.

472 BVerfG, Urt. v. 8.8.1978 – 2 BvL 8/77, E 49, 89 ff. (Kalkar I).

gen.[473] Generell genügt es aber, dass die Schädigung durch die öffentliche Gewalt zurechenbar verursacht wurde.[474] Dies ist auch bei einer direkten Einwirkung des Lärms von öffentlichen Straßen auf die Anwohner zumeist der Fall.

c) Art. 14 GG – Eigentumsfreiheit

Ein weiteres Schutzgut, das durch Umgebungslärm regelmäßig beeinträchtigt ist, ist das Eigentum.[475] Die Eigentumsfreiheit soll vor jeglichen Nutzungsbeeinträchtigungen schützen und umfasst auch Nutzungsbeeinträchtigungen durch Straßenverkehrslärm. Art. 14 GG erfasst die Nutzung von Wohnflächen und Grundstücken zum Wohnen und Arbeiten[476] sowie den eingerichteten und ausgeübten Gewerbebetrieb.[477]

Generell ist bei Beeinträchtigungen durch Verkehrslärm keine Enteignung im Sinne von Art. 14 Abs. 3 GG anzunehmen, da keine vollständiger Entzug der Substanz[478], sondern nur eine Belastung durch den Lärm stattfindet. Meist liegt eine Inhalts- und Schrankenbestimmung nach Art. 14 Abs. 1 GG vor.[479] Die Enteignungs-

473 *Kingreen/Poscher*, Grundrechte, Rn. 238 ff.

474 *Correll*, in: Denninger (Hrsg.), GG-Kommentar, Bd. I, Art. 2 II Rn. 50, *Hermes*, Das Grundrecht auf Schutz von Leben und Gesundheit, S. 77 ff.

475 **Art. 14 Abs. 1 und Abs. 3 GG** „(1) Das Eigentum und das Erbrecht werden gewährleistet. Inhalt und Schranken werden durch die Gesetze bestimmt. (3) Eine Enteignung ist nur zum Wohle der Allgemeinheit zulässig. Sie darf nur durch Gesetz oder auf Grund eines Gesetzes erfolgen, das Art und Ausmaß der Entschädigung regelt. Die Entschädigung ist unter gerechter Abwägung der Interessen der Allgemeinheit und der Beteiligten zu bestimmen. Wegen der Höhe der Entschädigung steht im Streitfalle der Rechtsweg vor den ordentlichen Gerichten offen".

476 BVerwG, Urt. v. 14.4.1978 – IV C 96.76, IV C 97.76, DVBl. 1978, 614, 616; BVerwG, Urt. v. 23.1.1981 – 4 C 4/78, E 61, 295, 303.

477 vgl. *Axer*, in: Epping/Hillgruber (Hrsg.), Beck'scher OK-GG, Art. 14 Rn. 42 ff.

478 BVerfG, Beschl. v. 12.3.1986 – 1 BvL 81/79, E 72, 66, 77 f. m. w. N.

479 *Axer*, in: Epping/Hillgruber (Hrsg.), Beck'scher OK-GG, Art. 14 Rn. 77 f.; BVerfG, Beschl. v. 15.7.1981 – 1 BvL 77/78, E 58, 300 ff. (Nassauskiesung).

schwelle, aber auch die Eingriffs- und Rechtfertigungsfähigkeit des Verkehrslärms bestimmen sich auch hier maßgeblich nach der Intensität der Belastung.[480] Die Intensität wiederum lässt sich nur im Einzelfall bestimmen und muss sich an den Grundsätzen der Verhältnismäßigkeit wie auch der Erforderlichkeit als relativem Standard messen lassen.[481] Um dieses Kriterium mit Inhalt zu füllen, stellt sich auch hier die Frage nach Grenzwerten. Neben dem Schallpegel kommt es aber auf weitere Faktoren, wie Dauer und Uhrzeit, an. Auch für die Eigentumsfreiheit geben die Grenzwerte des Entwurfs zum Verkehrslärmschutzgesetz die Grenze des billigerweise nicht mehr Zumutbaren an, kennzeichnen aber nicht die Grenze zur Enteignung.[482] Die Enteignungsschwelle wird regelmäßig erst bei Werten von 75/65 dB(A) angenommen.[483] Auch die Rechtsprechung des BGH[484] nimmt die Enteignungsschwelle bei 70 bis 75 dB(A) tags und 60 bis 65 dB(A) nachts je nach Einzelfall an.[485]

Die unterhalb der Enteignungsgrenze liegende Zumutbarkeitsschwelle für eine Lärmsanierung nach §§ 42 und 43 BImSchG hat der BGH in Allgemeinen Wohngebieten mit 55/45 dB(A) angesetzt. In anderen Entscheidungen hat der BGH aber auf die Umstände des Einzelfalls abgestellt und höhere Grenzwerte angenommen.[486] Auch das Verkehrslärmschutzgesetz setzt mit 70/60 dB(A) in reinen Wohngebieten höhere Werte an.[487] Der BGH versteht § 42 BImSchG als grundlegende Wertentscheidung des Gesetzgebers und sieht die

480 Zum Kriterium der Lärmintensität bereits 2. Teil II. 2. b) aa).

481 *Hermann*, Schutz vor Fluglärm bei der Planung von Verkehrsflughäfen im Lichte des Verfassungsrechts, S. 147 f.

482 BT-Drs. 8/3730, S. 5, 6, 22 f.; BVerfG Beschl. v. 30.11.1988 – 1 BvR 1301/84, E 79, 174.

483 Richtlinie für den Verkehrslärmschutz in der Baulast des Bundes, VkBl. 1983, S. 306.

484 Vgl. zu den Grenzwerten oben, III. 2. a).

485 BGH Urt. v. 10.11.1977 – III ZR 166/75 – DVBl. 1978, 110, 111; BGH Urt. v. 6.2.1986 – III ZR 96/84 – BGHZ 97, 114, 123 – NJW 1986, 1980; BGH Urt. v. 17.4.1986 – III ZR 202/84 – BGHZ 97, 361, 366 = NJW 1986, 2421; BGH Urt. v. 25.3.1993 – III ZR 60/91 – NJW 1993, 1700, 1701 f.; vgl. u. a. *Aust/Jacobs*, Die Enteignungsentschädigung, S. 159 ff.

486 BGH, Urt. v. 6.2.1986 – III ZR 96/84, Z 97, 114, 123 = NVwZ 1986, 789 = NJW 1986, 1980.

487 BT-Drs. 8/3730, S. 5, 6, 22 f.

nach § 43 Abs. 1 Nr. 1 BImSchG erlassenen Grenzwerte als Opfergrenze an.[488] Diese Sanierungswerte gelten über § 41 BImSchG aber nur bei Neubau oder wesentlicher Änderung einer Straße, nicht jedoch bei einer Pegelerhöhung durch Zunahme des Verkehrsaufkommens an bestehenden und unveränderten Verkehrswegen.[489]

d) Art. 2 Abs. 1 GG – Allgemeine Handlungsfreiheit

Die allgemeine Handlungsfreiheit tritt zwar hinter die spezielleren Grundrechte, wie der körperlichen Unversehrtheit nach Art. 2 Abs. 2 S. 1 GG und dem Eigentumsschutz nach Art. 14 GG zurück[490], sie umfasst aber jegliches menschliches Verhalten. Damit ist auch die Störung der Kommunikation, z. B. von Radio und Fernsehen, erfasst.[491] Art. 2 Abs. 1 GG geht weit über die Schutzberei-

---

488 **§ 42 Abs. 1 und 2 BImSchG** „(1) Werden im Falle des § 41 die in der Rechtsverordnung nach § 43 Abs. 1 Satz 1 Nr. 1 festgelegten Immissionsgrenzwerte überschritten, hat der Eigentümer einer betroffenen baulichen Anlage gegen den Träger der Baulast einen Anspruch auf angemessene Entschädigung in Geld, es sei denn, dass die Beeinträchtigung wegen der besonderen Benutzung der Anlage zumutbar ist. (2) Die Entschädigung ist zu leisten für Schallschutzmaßnahmen an den baulichen Anlagen in Höhe der erbrachten notwendigen Aufwendungen, soweit sich diese im Rahmen der Rechtsverordnung nach § 43 Abs. 1 Satz 1 Nr. 3 halten."; **§ 43 Abs. 1 Nr. 1 BImSchG** „Die Bundesregierung wird ermächtigt, nach Anhörung der beteiligten Kreise (§ 51) durch Rechtsverordnung mit Zustimmung des Bundesrates die zur Durchführung des § 41 und des § 42 Abs. 1 und 2 erforderlichen Vorschriften zu erlassen, insbesondere über bestimmte Grenzwerte, die zum Schutz der Nachbarschaft vor schädlichen Umwelteinwirkungen durch Geräusche nicht überschritten werden dürfen, sowie über das Verfahren zur Ermittlung der Emissionen oder Immissionen".

489 **§ 41 Abs. 1 BImSchG** " Bei dem Bau oder der wesentlichen Änderung öffentlicher Straßen sowie von Eisenbahnen, Magnetschwebebahnen und Straßenbahnen ist unbeschadet des § 50 sicherzustellen, dass durch diese keine schädlichen Umwelteinwirkungen durch Verkehrsgeräusche hervorgerufen werden können, die nach dem Stand der Technik vermeidbar sind".

490 *Kunig*, in: v. Münch/Kunig (Hrsg.),GG-Kommentar, Bd. I, Art. 2 Rn. 12 m. w. N.

491 **Art. 2 Abs. 1 GG** „Jeder hat das Recht auf die freie Entfaltung seiner Persönlichkeit, soweit er nicht die Rechte anderer verletzt und nicht gegen die verfassungsmäßige Ordnung oder das Sittengesetz verstößt".

che der übrigen Grundrechte hinaus, ein Eingriff lässt sich aber durch entgegenstehende Grundrechte leichter rechtfertigen. Die Allgemeine Handlungsfreiheit gewährt damit einen vergleichsweise schwachen Schutz gegenüber etwa dem Schutz der körperlichen Unversehrtheit nach Art. 2 Abs. 2 S. 1 GG.

2. Abwehrrechte gegen Lärmschutz

Die Grundrechte und auch durch sie bestimmte Grenzwerte bilden einen Grenzbereich zwischen erlaubter Freiheit und hinzunehmender Beeinträchtigung.[492] Das Maß an hinzunehmender Beeinträchtigung durch den Verkehrslärm korrespondiert mit der erlaubten Freiheit derjenigen, die lärmverursachende Tätigkeiten vornehmen. Damit lassen sich Lärmverursachungen, auch die des Staates, rechtfertigen. Anhand von Umweltgrenzwerten, die im Detail politische Entscheidung sind[493], muss auch eine Entscheidung über das Mittelmaß zwischen Wirtschaftsfreiheit und Umwelt- bzw. Gesundheitsschutz gefunden werden.[494]

Das Recht, lärmverursachende Handlungen auszuführen, umfasst etwa ein Recht auf Betrieb eines lärmverursachenden Gewerbes aber auch auf Nutzung des lärmverursachenden PKW. Das Recht auf Nutzung eines PKW könnte sowohl von der Eigentumsfreiheit als auch die allgemeine Handlungsfreiheit umfasst werden.

Von der allgemeinen Handlungsfreiheit nach Art. 2 Abs. 1 GG wird jede Tätigkeit, auch die Ortsveränderung bei freier Wahl des Verkehrsmittels[495] und damit auch das Autofahren, geschützt.[496] Eine Einschränkung wird aber regelmäßig durch die Belange des Umweltschutzes und der Gesundheit gerechtfertigt sein.[497]

---

492 *Spannowsky*, NVwZ 1995, 845 f.

493 Zu Grenzwerten als politische Entscheidungen *Voßkuhle*, in: Isensee/Kirchhof (Hrsg.), HdbdStR, Bd. III, § 43 Rn. 19; *Schrader*, NuR 1989, 288, 291.

494 *Spannowsky*, NVwZ 1995, 845 f.

495 *Hermes*, DAR 1993, 92, 93; *Jahn*, NZV 1994, 5, 6.

496 BVerfG, Beschl. v. 7.4.1964 – 1 BvL 12.63, E 17, 306, 313 f.

497 *Brenner/Seifarth*, JuS 2009, 231, 236; *Röthel*, NZV 1999, 63, 68.

Aus Art. 14 Abs. 1 GG lässt sich etwa ein Recht auf Mobilität in Form der Verkehrsanbindung von Grundstücken ableiten.[498] Dabei wird aber nur die „Grundversorgung" im Sinne eines Kernbereichs gewährleistet. Dieser reicht soweit, wie die angemessene Nutzung des Grundstücks eine angemessene Erreichbarkeit erfordert.[499] Dies ist aber auch dann gewährleistet, wenn das Grundstück nur über einen zumutbaren Fußweg oder mit dem ÖPNV erreichbar ist.[500] Der Kernbereich dieser Garantie ist erst ab vollständigem Ausschluss der Zufahrt in Folge der Verkehrsbeschränkungen berührt.[501]

Weiter besteht nach Art. 12 Abs. 1 GG – der Berufsfreiheit – ein Recht am Weg zum Arbeitsplatz. Dieses Recht wäre betroffen, wenn ganze Innenstädte oder Teile davon gesperrt oder nur eingeschränkt befahrbar wären und so ein Erreichen des Arbeitsplatzes nicht möglich ist.[502] Aus Art. 12 Abs. 1 GG lässt sich aber nicht die Freiheit ableiten, ein bestimmtes Verkehrsmittel zu wählen, denn ausreichend ist, dass irgendein zumutbarer Weg zur Arbeit besteht.[503] Neben dem Weg zur Arbeit ist auch das Recht des Ladenbesitzers aus Art. 12 Abs. 1 GG auf Erreichbarkeit seines in einem verkehrseingeschränkten oder -gesperrten Bereich liegenden Geschäfts durch die Kunden geschützt.[504] Aber auch hier genügt irgendein Zugang, sodass die Kunden auf andere Verkehrsmittel, etwa den ÖPNV, verwiesen werden können. Ein Eingriff in Art. 12 Abs. 1 GG wäre wei-

498 Insbesondere zur gewerblichen Nutzung der KFZ, *Beaucamp*, Innerstädtische Verkehrsreduzierung mit ordnungsrechtlichen und planungsrechtlichen Mitteln, S. 179 ff., 198 ff.; *Hofmann*, Der Schutz vor Immissionen des Verkehrs, S. 128 ff., 137 ff.; *Röthel*, Grundrechte der mobilen Gesellschaft, S. 55 ff.; BVerwG, Urt. v. 25.9.1968 – IV C 195.65, E 30, 235, 238; BVerwG, Urt. v. 8.9.1993 – 11 C 38.92, NJW 1980, 1080, 1081.

499 BVerwG, Urt. v. 8.9.1993 – 11 C 38.92, NJW 1980, 1080, 1081.

500 *Steiner*, VerwArch 86 (1995), 173, 179.

501 *Steiner*, VerwArch 86 (1995), 173, 179.

502 **Art. 12 Abs. 1 GG** „Alle Deutschen haben das Recht, Beruf, Arbeitsplatz und Ausbildungsstätte frei zu wählen. Die Berufsausübung kann durch Gesetz oder auf Grund eines Gesetzes geregelt werden".

503 *Beaucamp*, Innerstädtische Verkehrsreduzierung mit ordnungsrechtlichen und planungsrechtlichen Mitteln, S. 206; *Röthel*, Grundrechte der mobilen Gesellschaft, S. 107.

504 Hier wäre aber zu Art. 14 GG abzugrenzen.

terhin dann gegeben, wenn die Belieferung des Geschäfts mit Waren nicht ausreichend gewährleistet wird.[505] Für Güteranlieferungen könnten daher Ausnahmeregelungen von Verkehrsbeschränkungen normiert werden.

3. Art. 20a GG – Staatszielbestimmung Umweltschutz

Vorgaben für einen effektiven Lärmschutz könnten sich weiter aus der Staatszielbestimmung Umweltschutz des Art. 20a GG herleiten lassen.

Staatszielbestimmungen geben Ziele vor, die im Wege eines dynamischen Prozesses durch die Staatsorgane zu erreichen sind.[506] Art. 20a GG stellt die Zielvorgaben auf, die natürliche Lebensgrundlage auch in Verantwortung für die zukünftigen Generationen zu erhalten.[507] Die natürliche Lebensgrundlage in Art. 20a GG entspricht etwa dem Begriff der Umwelt, ist aber ebenso unbestimmt.[508] Umwelt umfasst die Umweltmedien Boden, Wasser, Luft einschließlich der Atmosphäre sowie Tiere, Pflanzen und Mikroorganismen, inklusive der Beziehung dieser Umweltmedien zueinander und zum Menschen.[509] Daneben wird von Art. 20a GG auch die menschliche Gesundheit mit umfasst, die von einer intakten natürlichen Lebensgrundlage abhängig ist. Umgekehrt kann aber auch der Schutz der menschlichen Gesundheit dem Schutz der Umwelt dienen, da etwa ein Lärmschutz auch der Umwelt zugutekommt[510], dann tritt Art. 20a GG neben andere Grundrechte, wie Art. 2 Abs. 2 GG.

505 *Beaucamp*, Innerstädtische Verkehrsreduzierung mit ordnungsrechtlichen und planungsrechtlichen Mitteln, S. 209.

506 Vgl. *Huster/Rux*, in: Epping/Hillgruber (Hrsg.), Beck'scher OK-GG, Art 20a Rn. 8.

507 Bericht der gemeinsamen Verfassungskommission, BT-Drs. 12/6000, v. 5.12.1995, S. 67.

508 Vgl. für die Begriffsbestimmung, *Müller-Bromley*, Staatszielbestimmung Umweltschutz im Grundgesetz?, S. 104, 106.

509 *Storm*, Umweltrecht, Rn. 37.

510 *Jarass*, in: Jarass/Pieroth (Hrsg.), GG- Kommentar, Art. 20a Rn. 2.

Art. 20a GG kommt grundsätzlich nur eine objektiv rechtliche Wirkung zu und legt dem Bürger weder Rechtspflichten auf, noch begründet er subjektiv-öffentliche Rechte. Bestimmte umweltpolitische Entscheidungen oder konkrete Leistungsansprüche können von einzelnen Bürgern oder von Umweltverbänden nicht unter Berufung auf Art. 20a GG eingeklagt werden.[511] Die Staatszielbestimmung kann aber die in den Grundrechten enthaltenen umweltrechtlichen Teilgewährleistungen verstärken und erfährt damit eine Subjektivierung.[512] Der in dieser Arbeit zu untersuchende Grad effektiven Lärmschutzes ist daher auch unter einer Werteentscheidung der Staatszielbestimmung zu beurteilen. Die Vorgaben der Staatszielbestimmung richten sich an alle Gewalten, also nicht nur an den Gesetzgeber, sondern auch an die vollziehende Gewalt und die Rechtsprechung. Die Staatszielbestimmung ist damit vor allem Auslegungs- und Abwägungsmaßstab und hat insoweit gewichtschaffende Funktion.[513]

4. Zwischenergebnis

Aus dem Recht auf körperliche Unversehrtheit nach Art. 2 Abs. 2 S. 1 GG und der Eigentumsfreiheit nach Art. 14 GG lassen sich Grenzwerte ableiten, bei deren Überschreitung von einem zu rechtfertigenden Eingriff in die Grundrechte ausgegangen wird. Darüber hinaus lässt sich aber nicht ableiten, welche Abwehrmaßnahmen gegen den Grundrechteingriff ergriffen werden müssen. Hier kommt dem Gesetzgeber eine Einschätzungsprärogative zu.

Daher ist ein Eingriff durch Lärm, der spezifische Abwehransprüche auslöst, in der Praxis und bei umfassend geregelten Umweltnormen nur selten gegeben. Außerdem stellt der Grundrechtsschutz zunächst auf das Ergebnis ab, d. h. einen Eingriff in Grundrechte zu verhindern oder abzustellen. Daher ist der Weg oder das Verfahren, auf dem ein Grundrechtseingriff abgestellt wird nebensächlich.

511 *Meyer-Teschendorf*, ZRP 1994, 73, 77; *Vogel*, DVBl. 1994, 497, 499.

512 Allgemein zum Verhältnis Staatszielbestimmung und Grundrechte *Jarass* in: Jarass/Pieroth (Hrsg.), GG-Kommentar, Art. 20a Rn. 6.

513 *Peters*, NVwZ 1995, 555, 557.

VI. Verbindlichkeitsanforderungen aus der kommunalen Selbstverwaltungsgarantie

Neben Anforderungen an einen effektiven Lärmschutz könnten sich aus der Verfassung auch Anforderungen an eine verbindliche Verwirklichung der durch die Gemeinden in den Lärmaktionsplänen getroffenen Entscheidungen für die maßnahmenverwirklichenden Fachbehörden ergeben. Ein den Grundrechten teilweise als gleichstehende, aber zumindest als ähnliche Ausprägung angesehenes Rechtsinstitut ist die kommunale Selbstverwaltungsgarantie in Art. 28 Abs. 2 GG.

1. Rechtsstellung aus Art. 28 Abs. 2 GG

Aus dem kommunalen Selbstverwaltungsrecht nach Art. 28 Abs. 2 GG könnte ein Anspruch der planerstellenden Gemeinde auf Verwirklichung der von ihr in einem Lärmaktionsplan vorgesehenen Maßnahmen folgen. Durch Art. 28 Abs. 2 GG wird das Recht der Gemeinde gewährleistet, „alle Angelegenheiten der örtlichen Gemeinschaft im Rahmen der Gesetze in eigener Verantwortung zu regeln". Damit umschreibt die kommunale Selbstverwaltungsgarantie zum einen den Gegenstand, „alle Angelegenheiten der örtlichen Gemeinschaft", und die Qualität der damit verbundenen Kompetenzwahrnehmung, „in eigener Verantwortung".[514] Die überwiegende Zuweisung der Lärmaktionsplanerstellung an die Gemeinden könnte daher zunächst einer effizienten Aufgabenverteilung in Bezug auf den Gegenstand entsprechen. Maßgebliche Ausprägung einer effektiven Aufgabenverteilung ist die Kompetenzverteilung zwischen Bund, Ländern und Kommunen.[515] Auch wenn die Kompetenzverteilung rechtspolitischen Erwägungen folgt, orientiert sie sich auch an einer wirksamen Aufgabenerfüllung, die Sachnähe und Kapazitäten in den Blick nimmt. Leitsatz der Kompetenzverteilung

514 *Mehde*, in: Maunz/Dürig (Hrsg.), Grundgesetz-Kommentar, Art. 28 Rn. 49.

515 *Hilf/Hörmann*, in: Dupuy/Fassbender/Shaw/Sommermann, (Hrsg.) Völkerrecht als Werteordnung: FS f. Tomuschat, S. 913, 921.

ist eine möglichst effektive Ausübung der Hoheitsgewalt.[516]. Von der Selbstverwaltungsgarantie wird unter anderem die gemeindliche Planungshoheit als Kompetenz zur Planung des Gemeindegebiets umfasst.[517]

Das Rechtsstaatsprinzip verknüpft darüber hinaus die horizontale Gewaltenteilung auch unter Einbezug der Kommunen zu einem kohärenten System, wonach staatliche Entscheidungen grundsätzlich von dem Organ getroffen werden müssen, das nach seiner Organisation, Funktion und ihm zur Verfügung stehenden Verfahren die besten Voraussetzungen für die Aufgabenerfüllung bietet.[518] Damit könnte diese Zuweisung auch einer effizienten Aufgabenwahrnehmung entsprechen, indem die Lärmaktionsplanerstellung von den Gemeinden in eigener Verantwortung wahrgenommen wird und eine effektive Aufgabenverteilung steht in engem Zusammenhang mit einer effektiven Aufgabenwahrnehmung.

2. Verfassungsmäßigkeit der Aufgabenzuweisung an die Gemeinden

Zunächst müsste die Aufgabenzuweisung der Lärmaktionsplanerstellung an die Gemeinden verfassungskonform sein. Dazu müsste eine Übertragung der Aufgabe möglich oder sogar nötig und sie von der kommunalen Selbstverwaltungsgarantie umfasst sein. Bei der Aufgabenzuweisung an die Gemeinden nach § 47e Abs. 1 BImSchG handelt es sich um eine punktuelle Annexregelung einer Zuständigkeit des Bundes, die allgemein anerkannt ist.[519] Der Bund

516 *Hilf/Hörmann*, in: Dupuy/Fassbender/Shaw/Sommermann, (Hrsg.) Völkerrecht als Werteordnung: FS f. Tomuschat, S. 913, 921 f.

517 Zur Planungshoheit vgl., BVerfG, Beschl. v. 7.10.1980 – 2 BvR 584, 598, 599, 604/76, E 56, 298, 313; BVerfG, Beschl. v. 23.6.1987, E 76, 107, 109; BVerfG, Beschl. v. 7.5.2001 – 2 BvK 1/00, E 103, 332, 365; *Ipsen*, ZG 9 (1994) S. 194, 203 m. w. N.

518 Vgl. zur Atomwaffenstationierung BVerfG, Urt. v. 18.12.1984 – 2 BvE 13/83, E 68, 1, 86 – EuGRZ 1984, 593, 615.

519 BVerfG, Entsch. v. 18.7.1967 – 2 BvF 3/62 bis 2 BvR 335/62, E 22, 180 ff.; so auch im Bereich der Sozialhilfe LSG NRW Urt. v. 14.3.2007 – L 12 AS 2/06.

hat die Gesetzgebungskompetenz für den Lärmschutz nach Art. 74 Abs. 1 Nr. 24 GG inne.[520]

a) Verstoß gegen Art. 84 Abs. S. 6 GG

Diese Zuweisung könnte unzulässig sein, wenn die Übertragung der Aufgabe an die Gemeinden gegen Art. 84 Abs. 1 S. 6 GG verstößt. Danach dürfen „durch Bundesgesetz an Gemeinden und Gemeindeverbänden Aufgaben nicht übertragen werden". Die Umsetzung der Umgebungslärmrichtlinie fand aber 2005 und damit vor der Föderalismusreform 2006 statt, die den Art. 84 Abs. 1 S. 6 GG erst einführte.[521]

b) Verstoß gegen die Kompetenzordnung nach Art. 83 und Art. 84 Abs. 1 GG

Weiter könnte die Zuweisung der Lärmaktionsplanerstellung durch Bundesgesetz einen unzulässigen Durchgriff des Bundes auf die kommunale Ebene darstellen. Die Kompetenzordnung nach Art. 83 und 84 Abs. 1 GG sieht als Regel vor, dass die Länder in eigener Verantwortung entscheiden, ob Bundesgesetze durch unmittelbare oder mittelbare Landesverwaltung durchgeführt werden. Damit richtet sich die Einbeziehung der Gemeinden auch grundsätzlich nach Landesrecht. Die entspricht einem Schutzmechanismus zugunsten der Länder, da in vielen Landesverfassungen ein Konnexitätsprinzip verankert ist, das einen Finanzausgleich bei Aufgabenzuweisung an die Gemeinden vorsieht. Der Bund ist den Gemeinden demgegenüber nicht zum Ausgleich verpflichtet.[522]

Eine Aufgabenzuweisung des Bundes an die Gemeinden kann aber dann von Art. 84 Abs. 1 GG gedeckt sein, wenn es sich bei der

520 **Art. 74 Abs. 1 Nr. 24 GG** „die Abfallwirtschaft, die Luftreinhaltung und die Lärmbekämpfung (ohne Schutz vor verhaltensbezogenem Lärm)".

521 *Deutschen Bundestages*, Lachmuth/Georgii/Borhanian (Verf.), Föderalismusreform 2006, S. 12.

522 Vgl. BVerfG, Urt. v. 20.12.2007 – 2 BvR 2433/04, 2 BvR 2434/04, E 119, 331 ff.

Aufgabenzuweisung um eine punktuelle Annexregelung handelt und dies zum wirksamen Vollzug der Regelung notwendig ist.[523]

Die Zuweisung der Lärmaktionsplanerstellung an die Gemeinden wurde aus der bis zum 30. Juni 2005 geltenden Fassung des § 47a BImSchG zur Lärmminderungsplanung übernommen. Damals sollte die Formulierung „die Gemeinden oder andere nach Landesrecht zuständigen Stellen" so ausgelegt werden, dass die Gemeinden zuständig sind, wenn die Länder nicht wegen überörtlicher Ursachen andere Stellen bestimmen.[524] Dies sollte immer dann der Fall sein, wenn Gemeindegrenzen überschritten werden. Der jetzige Wortlaut des § 47e BImSchG könnte aber auf eine staatlich übertragene Aufgabe hindeuten[525], auch wenn er eine abweichende Zuweisung durch die Länder nicht ausschließt und von einigen Ländern auch genutzt wurde.[526]

Dennoch könnte die Aktionsplanerstellung gerade vom kommunalen Selbstverwaltungsrecht umfasst sein, wenn sie eine Aufgabe der örtlichen Gemeinschaft darstellt. Zur Garantie der kommunalen Selbstverwaltung gehört gerade auch der Zugriff auf alle Aufgaben der örtlichen Gemeinschaft, die nicht anderen Hoheitsträgern rechtmäßig zugewiesen sind.[527]

Hier ist zwischen der Lärmaktionsplanerstellung von Ballungsräumen und der von Hauptverkehrsstraßen zu unterscheiden. Mit der Planerstellung für Ballungsräume handeln die Gemeinden innerhalb der ihnen zustehenden Planungshoheit.[528] Bei Ballungsräumen wird an örtlich entstehenden Lärm angeknüpft. Es überwiegen Lärmauswirkungen von Straßen des örtlichen Verkehrs gegenüber Straßen

---

523 BVerfG, Entsch. v. 18.7.1967 – 2 BvF 3/62 bis 2 BvR 335/62, E 22, 180 ff.

524 BT-Drs. 11/4909, S. 23 zu Art. 1; BT-Drs. 12/4006 – 5. Bundesimmissionsschutzbericht der BReg – S. 138 f.

525 So *Berkemann*, S. 26.

526 Planung durch die Bezirksregierungen z. B. in Hessen § 7 Abs. 2 ZustVO-BImSchG und Bayern Art. 8a Abs. 2 BayImSchG.

527 So BVerfG, Urt. v. 20.12.2007 – 2 BvR 2433/04, 2 BvR 2434/04, Rn. 120, E 119, 331 ff.

528 Zur Planungshoheit vgl., BVerfG, Beschl. v. 7.10.1980 – 2 BvR 584, 598, 599, 604/76, E 56, 298, 313; BVerfG, Beschl. v. 23.6.1987, E 76, 107, 109; BVerfG, Beschl. v. 7.5.2001 – 2 BvK 1/00, E 103, 332, 365.

mit reinem Durchgangsverkehr. Weiter soll in Ballungsräumen auch Gewerbelärm[529] mit kartiert und anschließend entsprechende Maßnahmen vorgesehen werden. Gewerbelärm entsteht auch zwingend örtlich und bedarf damit auch eines örtlichen Lärmschutzansatzes. Somit steht den Gemeinden diese Lärmaktionsplanung im Rahmen ihres Selbstverwaltungsrechts nach Art. 28 Abs. 2 S. 1 GG aus ihrer Planungshoheit zu.[530] Die gemeinschaftsrechtlich determinierte Lärmaktionsplanung bestimmt als Plangebiet aber Ballungsräume und geht damit selbstverständlich von einer von Gemeindegrenzen losgelösten Planung aus.[531] Dies steht zunächst aber der Lärmaktionsplanung als Element der Selbstverwaltungsgarantie nicht entgegen, da jede Gemeinde eines Ballungsraumes einen abgestimmten Lärmaktionsplan erstellen kann oder an der Erstellung zu beteiligen wäre.[532] In diesem Fall ist die Aufgabenzuweisung an die Gemeinden auch für einen wirksamen Vollzug zweckmäßig, da sie die örtlichen Verhältnisse am besten kennen und geeignete Maßnahmen treffen können. Die Ziele der Lärmaktionsplanung könnten ohne maßgebliche Beteiligung der Gemeinden mit einem Ansatz auf der örtlichen Ebene nur schwer erreicht werden. Somit ist diese Zuweisung für den wirksamen Vollzug der materiellen Bestimmung unerlässlich.[533] Zudem erstreckt sich der Schutz der Eigenverantwortlichkeit auch

529 Vgl. Art. 3 lt. s und Anhang II 2.2 UL-RL.

530 **Art. 28 Abs. 2 S. 1 GG** „Den Gemeinden muss das Recht gewährleistet sein, alle Angelegenheiten der örtlichen Gemeinschaft im Rahmen der Gesetze in eigener Verantwortung zu regeln"; BVerfG, Beschl. v. 7.10.1980 – 2 BvR 584, 598, 599, 604/76, E 56, 298, 313; BVerfG, Beschl. v. 23.6.1987, E 76, 107, 109; BVerfG, Beschl. v. 7.5.2001 – 2 BvK 1/00, E 103, 332, 365.

531 Ausführlich 3. Teil II.

532 Zur Bestimmung des Ballungsraumes und zum Erfordernis einer planerstellenden Stelle vgl. 3. Teil II; Einvernehmenserfordernisse in der Lärmaktionsplanung z. B. Runderlass NRW, V-5-8820.4.1, v. 7.2.2008, MBl, NW 2008 S. 105, Nr. 2 und 9 a. E.; § 6 Abs. 1 Nr. 1 der Thüringer Verordnung zur Regelung von Zuständigkeiten und zur Übertragung von Ermächtigungen auf dem Gebiet des Immissionsschutzes; § 13 Nr. 2 ImSchZV Bbg; Art. 8a Abs. 2 S. 3 BayImSchG.

533 Vergleichbare Argumentation bei BVerfG, Beschl. v. 7.10.1980 – 2 BvR 584, 598, 599, 604/76, E 56, 298, 313; BVerfG, Beschl. v. 23.6.1987, E 76, 107, 109; BVerfG, Beschl. v. 7.5.2001 – 2 BvK 1/00, E 103, 332, 365; BVerfG, Beschl. v. 9.12.1987, E 77, 288, 299 = NVwZ 1988, 619.

auf solche Aufgaben, die den Gemeinden staatlich zugewiesen wurden[534], wie dies bei der Lärmaktionsplanung der Fall ist. Dies gilt auch in Bundesländern mit dualistischer Gemeindeverfassung.[535]

Anders ist dies aber für Hauptverkehrsstraßen zu beurteilen. Diese Bundes- und Landesstraßen verbinden schon ihrer Bestimmung nach nicht nur mehrere Gemeinden miteinander, sondern Bundesländer und auch Mitgliedsstaaten der EU. Sie führen oft nur am Rande von bebautem Gebiet vorbei und dienen nicht dem örtlichen Verkehr. Orte in der Nähe von Hauptverkehrsstraßen sind gerade nicht mit Ortschaften oder Gemeinden gleichzusetzen, und es kann nicht vordergründig an einen örtlich entstehenden Lärm angeknüpft werden.[536] Vielmehr steht die Nutzung des Verkehrsweges im Vordergrund. Die Fahrzeuge machen nicht an der Gemeindegrenze halt, sondern fahren über diese hinaus. Somit stellen die Lärmauswirkungen von Hauptverkehrsstraßen kein originär örtliches Problem dar, sondern ein landes- oder bundeweites. Die Planerstellung für Hauptverkehrsstraßen dürfte nicht den Gemeinden zugewiesen werden, sondern müsste einer höheren Stelle, wie etwa den Bezirksregierungen oder Ländern zugeordnet werden.[537] Schon nach alter Rechtslage der Lärmminderungsplanung wurde zwischen der Zuständigkeit nach kleinräumiger Bedeutung der Lärmprobleme und überörtlich verursachten Problemen differenziert.[538]

---

534 BVerfG, Beschl. v. 7.2.1991 – 2 BvL 24/84, E 83, 363, 382; Bbg. VerfGH, Urt. v. 17.10.1996 – 5/95, LVerfGE 5, 79, 86; *Dreier*, in: Dreier (Hrsg.), GG-Kommentar, Bd. II, Art. 28 Rn. 115.

535 *Burgi*, Kommunalrecht, § 8 Rn. 12, 16; BVerfG, Beschl. v. 7.2.1991 – 2 BvL 24/84, E 83, 363, 382; BVerfG, Urt. v. 20.12.2007 – 2 BvR 2433/04, 2 BvR 2434/04, E119, 331, Rn. 146; *Knemeyer/Wehr*, VerwArch 92 (2001), 317, 333 ff.

536 Dazu bereits 1. Teil II. 3. b).

537 Planung durch die Bezirksregierungen z. B. in Hessen § 7 Abs. 2 ZustVO-BImSchG und Bayern Art. 8a Abs. 2 BayImSchG.

538 Vgl. *Schulze-Fielitz/Berger*, DVBl. 1992, 389, 390.

c) Zuweisung an andere Hoheitsträger

Die Lärmaktionsplanerstellung für Orte in der Nähe von Hauptverkehrsstraßen ist, soweit die Länder von § 47e BImSchG abweichende Regelungen getroffen haben, Landesstellen zugewiesen.[539] Dies erscheint sachgerecht. Insbesondere sollte die Erstellung der Lärmaktionspläne an Hauptverkehrsstraßen nicht dem Bund zugewiesen werden. Er kommt als eine von den jeweiligen Gegebenheiten an der Hauptverkehrsstraße sehr weit entfernte Ebene nicht mehr für die Planung in Betracht. Auch für den Neubau von Strecken obliegt dem Bund nur die Bedarfsplanung,[540] die Genehmigung durch Planfeststellung obliegt aufgrund von Art. 90 Abs. 2 GG den Ländern[541]. Außerdem nehmen die Länder die Aufgaben der Unterhaltung für den Bund wahr. Für die Beplanung von Hauptverkehrsstraßen gewährleistet die Zuständigkeit der Gemeinden zudem keinen wirksamen Vollzug mehr, da etwa eine effektive Öffentlichkeitsbeteiligung durch die Gemeinden nicht möglich ist. Denn es können nur Alternativvorschläge für den Lärmschutz des jeweiligen Streckenabschnitts der Gemeinde diskutiert werden. Für einen effektiven Lärmschutz müsste aber ein Gesamtkonzept für eine größere Strecke zur Auswahl stehen. Ein Flickenteppich unterschiedlicher, nicht harmonisierter oder auch gar keiner Maßnahmen wird einem an der Lärmquelle ansetzenden und großräumigen Lärmschutz nicht gerecht.[542]

d) Ergebnis

Damit wird die Lärmaktionsplanung von der kommunalen Selbstverwaltungsgarantie nur erfasst, soweit sie das Gebiet der planerstellenden Gemeinde umfasst und hierfür Maßnahmen vorsieht.

539 Planung durch die Bezirksregierungen z. B. in Hessen § 7 Abs. 2 ZustVO-BImSchG und Bayern Art. 8a Abs. 2 BayImSchG.

540 Vgl. etwa den Bundesverkehrswegeplan 2003, BT-Drs. 15/2050.

541 **Art. 90 Abs. 2 GG** „Die Länder oder die nach Landesrecht zuständigen Selbstverwaltungskörperschaften verwalten die Bundesautobahnen und sonstigen Bundesstraßen des Fernverkehrs im Auftrage des Bundes".

542 Vgl. zum Ansatz der Umgebungslärmrichtlinie 1. Teil I. 2. d) und 3.

In diesen Fällen bedarf es auch einer Aufgabenzuweisung an die Gemeinden.[543]

Mit der Möglichkeit einer Bestimmung der zuständigen Behörde durch das Landesrecht wurde außerdem die Verfahrenshoheit der Länder gewahrt.

3. Bestehen und Umfang eines Verwirklichungsanspruchs

Aus der kommunalen Selbstverwaltungsgarantie folgt nicht nur die Möglichkeit gegen Beeinträchtigungen vorzugehen, sondern es folgen aus ihr auch positive Ansprüche, wie die auf gemeindefreundliches Verhalten[544] und Mitwirkung bei staatlichen Planungsprozessen[545]. Danach haben die Gemeinden einen Anspruch auf ermessensfehlerfreie Entscheidung in staatlichen Angelegenheiten, die ihre Selbstverwaltungsrechte betreffen.[546]

Im Bereich der Lärmaktionsplanung stehen ihnen daher nicht nur formelle Beteiligungsrechte zu, sondern diese werden um einen materiellen Anspruch auf Berücksichtigung der gemeindlichen Belange im Planungs- oder Abwägungsprozess nachfolgender Entscheidungen ergänzt.[547] Auch in anderen Fällen gesteht die Rechtsprechung den Gemeinden Ansprüche gegen staatliche Stellen zu, um ihre Planungshoheit wahren zu können.[548] Anspruchsgegner

543 Zu Möglichkeiten und Reichweite zulässiger Ausgestaltung und Einschränkung durch die Länder vgl. *Hellermann*, in: Epping/Hillgruber (Hrsg.), Beck'scher OK-GG, Art. 28 Rn. 43 ff.

544 *Macher*, Der Grundsatz des gemeindefreundlichen Verhaltens, S. 133 ff.; *Schmidt-Aßmann/Röhl*, in: Schmidt-Aßmann/Schoch (Hrsg.), Bes. VerwR, 1. Kap. Rn. 26; VerfGH NRW, DVBl. 2001, 1595, 1599.

545 *Stern*, Staatsrecht, Bd. I, S. 418 f.; *Steinberg*, JuS 1982, 578, 581 ff.; *Brohm*, DÖV 1989, 429 ff.

546 BVerwG, Urt. v. 21.3.1996 – 4 C 19/94, E 100, 388, 392 ff.- Autobahnplanung.

547 Vgl. Argumentation bei *Löwer*, in: v. Münch/Kunig (Hrsg.), GG-Kommentar, Bd. II, Art. 28 Rn. 53; Rechtsprechungsübersicht bzgl. Rechtsschutz gegen Raumordnungspläne, *Blümel*, VerwArch 84 (1993), 123 ff.

548 BVerwG, Urt. 12.12.1991 – 4 C 31/89, NVwZ 1992, 878; BVerwG, Urt. v. 14.12.1994 – 11 C 25/93, DVBl. 1995, 744.

können andere Planungsträger sein[549], wenn die Gemeinden Vorgaben für deren Planungen machen, aber auch die Träger der Straßenbaulast auf Bundes- und Landesebene.[550]

Aus der kommunalen Selbstverwaltungsgarantie lässt sich aber kein allgemeiner Anspruch auf Vollzug des durch die Gemeinden erstellten Planes herleiten.[551] Den Gemeinden kommt lediglich ein Anspruch auf ermessensfehlerfreie Entscheidung über die Verwirklichung der von ihnen in Lärmaktionsplänen vorgesehenen Maßnahmen zu. Die Reichweite dieses Anspruchs lässt sich daher nur an der konkreten Maßnahme und ihrer Ermächtigungsgrundlage ermessen.[552]

VII. Abschnittsergebnis

Die Anforderungen an einen effektiven Vollzug der Umgebungslärmrichtlinie folgen zunächst aus ihren eigenen Vorgaben. Somit sind für jeden Schritt zur Implementierung der Lärmaktionsplanung zunächst die Anforderungen der Umgebungslärmrichtlinie herauszuarbeiten, gegebenenfalls unter Auslegung nach dem Grundsatz des effet utile. Anschließend ist jeweils zu untersuchen, ob die nationalen Vorschriften und die nationale Implementierung diesen Anforderungen entsprechen. Gegebenenfalls sind die nationalen Normen im Hinblick auf einen möglichst wirksamen Vollzug ebenfalls auszulegen und entsprechend anzuwenden. Erst wenn eine richtlinienkonforme Anwendung der deutschen Vorschriften nicht

549 BVerfG, Beschl. v. 7.10.1980 – 2 BvR 584, 598, 599, 604/76, E 56, 298, 317 f; BVerwG, Urt. v. 16.12.1988 – 4 C 40/86, E 81, 95, 106 – Militärflugplätze; BVerwG, Urt. v. 16.12.1988 – 4 C 48/86, E 81, 111, 115 ff. – Bundesbahn; vgl. *Gern*, Deutsches Kommunalrecht, Rn. 170.

550 *Dreier*, in: Dreier (Hrsg.), GG-Kommentar, Bd. II, Art. 28 Rn. 141.

551 Für die Bauleitplanung, als typisches Beispiel der kommunalen Planungshoheit ist kein allgemeiner Vollzugsanspruch anerkannt, dazu *Heitsch*, in: Kotulla (Hrsg.), BImSchG, § 47 Rn. 45; vgl. auch *Rehbinder*, Rechtsgutachten über die Umsetzung der 22. Verordnung zur Umsetzung des BImSchG, S. 23 Rn. 42; z. T. a. A. *Engel*, in: Gesellschaft für Umweltrecht (Hrsg.), S. 94, 110 ff.

552 Dazu im 5. Teil.

möglich ist, ist weiter zu fragen, ob die Umgebungslärmrichtlinie für den konkreten Fall unmittelbare Wirkung entfaltet.

Insoweit die Umgebungslärmrichtlinie die Umsetzung und Verwirklichung den Mitgliedstaaten überlässt, insbesondere bei den Grenzwerten, kommen Anforderungen des nationalen Rechts, wie der Grundrechte hinzu.

3. Teil

Effektivität der Lärmaktionsplanung durch Planerstellung

Die Implementierung der Lärmaktionsplanung erfolgt in drei Schritten: der Lärmaktionsplanerstellung, der Maßnahmenfestlegung und der Maßnahmenverwirklichung. Diese Schritte werden auf ihre bisher gewährleistete Effektivität hinsichtlich einer verbindlichen Anwendung untersucht.

Es stellt sich zunächst die Frage, ob eine Pflicht zur Aufstellung der Lärmaktionspläne besteht und wenn ja, wie umfassend diese im Detail ist. Der Antwort auf diese Frage nähert sich die Untersuchung anhand von drei praxisrelevanten Problemen, die die Planerstellung an sich sowie ihren Umfang betreffen.

In einem ersten Abschnitt dieses Teils wird der praxisrelevanten Frage nachgegangen, was die Pflicht zur Lärmaktionsplanung auslöst, ob es einer Überschreitung von Auslöseschwellen bedarf oder das bloße Vorhandensein von Ballungsräumen und Hauptverkehrsstraßen ausreicht. Das zweite Praxisproblem dreht sich um die Frage, wie die Abmessungen und damit der Planungsumfang von Ballungsräumen zu bestimmen ist und ob diese durch Gemeindegrenzen definiert werden können oder unabhängig von ihnen bestimmt sein müssen. Die dritte Frage befasst sich mit dem Verhältnis zwischen der Beplanung von Ballungsräumen und der Beplanung von Orten in der Nähe von Hauptverkehrsstraßen, deren Beplanung in unterschiedlichen Planungsphasen stattfindet. Hier stellt sich die Frage, ob es ausreichend ist, innerhalb von kleineren Ballungsräumen, die in der zweiten Planungsphase zu beplanen sind, gelegene vielbefahrene Hauptverkehrsstraßen, die in der ersten Planungsphase zu beplanen wären, auszusparen und erst in der die Ballungsräume betreffenden zweiten Planungsphase zu beplanen.[553] Andererseits könnte es nötig sein die vielbefahrenen Hauptverkehrsstraßen gesondert zu beplanen und das bereits bevor der Ballungsraum im Ganzen beplant werden muss.

Im Bereich Straßenverkehrslärm sind dies die wesentlichen praktischen Unsicherheiten bei der Erstellung von Lärmaktionsplänen. Im Rahmen des Vollzugs der Umgebungslärmrichtlinie unterliegen diese Fragen sowohl den nationalen als auch den europäischen Effektivitätsanforderungen.

In jedem der Abschnitte ist zunächst heraus zu arbeiten, welche Anforderungen die Umgebungslärmrichtlinie an die Planerstellung stellt und in einem weiteren Schritt, ob diese Anforderungen durch den nationalen Vollzug gewährleistet werden können. Gegebenenfalls ist das nationale Recht auszulegen und richtlinienkonform anzuwenden.

I. Praxisproblem: Auslösen der Planungspflicht

Sowohl in der Literatur als auch in der Vollzugspraxis ist es nahezu unbestritten, dass das Vorliegen eines Ballungsraumes oder einer Hauptverkehrsstraße alleine noch nicht die Pflicht zur Erstellung von Lärmaktionsplänen auslöst.[554] Vielmehr wird neben dem Vorliegen eines Ballungsraumes oder eines Ortes in der Nähe einer Hauptverkehrsstraße die positive Feststellung eines Regelungsbedürfnisses im Sinne von Lärmauswirkungen oder Lärmproblemen

553 Vgl. zum Konzept zweier Planungsphasen Einführung V. 3. Und 4.

554 Im Wesentlichen übereinstimmend *Hansmann*, in: Führ/Wahl/Wilmowsky (Hrsg.), Umweltwissenschaften und Umweltrecht: FS Rehbinder, S. 346; *Schulze-Fielitz*, UTR 2008, 7, 23 f., 25; *Repkewitz*, VBlBW 2006, 409, 414; *Stettner*, in: Ule/Laubinger (Hrsg.), BImSchG, § 47d Rn. C 1; *Jarass*, BImSchG, § 47d Rn. 3; vgl. auch Bundesregierung, Einzelbegründung zu § 47e BImSchG-E, BT-Drs. 15/3782, S. 27; mit anderer Begründung *Wysk*, in: Giesberts/Reinhardt (Hrsg.), Beck'scher OK-BImSchG, § 47d Rn. 8; *Scheidler*, DVBl. 2005, 1344, 1349; Anderer Auffassung *Cancik*, NVwZ 2008, 167, 168 f.

verlangt. Die Anknüpfung an Ballungsräumen und Orten in der Nähe von Hauptverkehrsstraßen soll danach nur einer räumlichen Eingrenzung des Planungsumfanges dienen. Zur Ausgestaltung der unbestimmten Rechtsbegriffe „Lärmprobleme“ und „Lärmauswirkungen“, werden überwiegend Auslösewerte herangezogen.[555] Auslösewerte sind zunächst von Grenzwerten zu unterscheiden. In der Literatur ist die Terminologie zu Grenzwerten und Auslösewerten uneinheitlich, für die Abgrenzung werden in dieser Untersuchung aber folgende Definitionen zugrunde gelegt. Als Auslösewerte werden solche Werte bezeichnet, die eine Planerstellung an sich bedingen, also regelungsbedürftige Lärmauswirkungen kennzeichnen.[556] Grenzwerte sind demgegenüber solche Werte, ab denen Lärmschutzmaßnahmen im Lärmaktionsplan festgelegt oder in Betracht gezogenen werden sollen, da sie für das jeweilige Gebiet eine zu hohe Lärmbelastung anzeigen.[557]

Auch die Praxis folgt überwiegend dieser Ansicht, und in den meisten Bundesländern wurden Ministerialerlässe mit Auslösewerten für die Lärmaktionsplanung verabschiedet.[558] Nach einem Erlass des Landes Nordrhein-Westfalen liegen Lärmprobleme ab einem Pegel von 70 dB(A) tags und 60 dB(A) nachts zwingend vor.[559] Auch das Umweltbundesamt hat in seiner „Richtlinie zur Bewertung und

555 *Hansmann*, in: Landmann/Rohmer, BImSchG, § 47d Rn. 8.

556 Differenzierung so bei *Blaschke*, Lärmminderungsplanung, S. 264.

557 *Blaschke*, Lärmminderungsplanung, S. 256.

558 *Ministerium für Umwelt und Naturschutz, Landwirtschaft und Verbraucherschutz*, RdErl. – V-5 – 8820.4.1 v. 7.2.2008; *Brandenburg*, Ministerium für Umwelt, Gesundheit und Verbraucherschutz, Strategie der Lärmaktionsplanung im Land Brandenburg, online; für Hamburg, siehe *Heinrichs/Popp*, Lärmbekämpfung 2008, 95, 96; für Mecklenburg-Vorpommern siehe *Nozon*, Lärmbekämpfung 2008, 108, 112; *Niedersachsen*, Ministerium für Umwelt und Klimaschutz, Lärmaktionsplanung, online; *Nordrhein-Westfalen*, Ministeriums für Umwelt und Naturschutz, Landwirtschaft und Verbraucherschutz, Runderlass, V-5.8820.4.1, vom 07.02.2008, MBl. NW 2008, 105, Nr. 2; *Wiechers*, Lärmbekämpfung 2008, 102, 105; *Schleswig-Holstein*, Leitfaden für die Aufstellung von Lärmaktionsplänen, online, Rn. 411, Nr. 2.1 mit Tab. 3.

559 *Nordrhein-Westfalen*, Ministeriums für Umwelt und Naturschutz, Landwirtschaft und Verbraucherschutz, Runderlass, V-5.8820.4.1, vom 07.02.2008, MBl. NW 2008, 105, Nr. 1.

Bekämpfung von Umgebungslärm" Auslösewerte von 65 dB(A) tags und 55 dB(A) nachts für die erstmalige Aufstellung von Lärmaktionsplänen in beiden Phasen sowie von 60 dB(A) tags und 50 dB(A) nachts für die Überarbeitung in fünf Jahren vorgesehen.[560]

Fraglich ist aber, ob diese Praxis – Auslösewerte als Planungsvoraussetzung heranzuziehen – mit den Anforderungen der Umgebungslärmrichtlinie an die Lärmaktionsplanung konform ist. Dazu muss geklärt werden, welcher Ansatzpunkt für ein Regelungsbedürfnis im Vordergrund steht und wie sich diese unterschiedlichen Anknüpfungspunkte der Umgebungslärmrichtlinie zueinander verhalten.

1. Ansätze und Anforderungen der Umgebungslärmrichtlinie

a) Allgemeine Anforderungen der Umgebungslärmrichtlinie

Die Umgebungslärmrichtlinie verfolgt einen primär verfahrensrechtlichen und nicht so sehr materiell-rechtlichen Ansatz, um die Auswirkungen von Umgebungslärm zu mindern. Dazu verbindet sie einen Managementansatz mit einem räumlichen Planungsansatz und gibt keine bindenden Grenzwerte vor.[561] Diesem Konzept der Umgebungslärmrichtlinie gilt es in der Verwaltungspraxis bei der Planerstellung insgesamt gerecht zu werden.

Zunächst sind die Mitgliedstaaten aufgrund der Zielverwirklichungspflicht nach Art. 288 AEUV an die Ziele der Umgebungslärmrichtlinie gebunden. Die Richtlinie definiert in Art. 1 Abs. 1 lit. c) UL-RL als Ziel, mit Hilfe von Lärmaktionsplänen „den Umgebungslärm soweit erforderlich und insbesondere in Fällen, in denen das Ausmaß der Belastung gesundheitsschädliche Auswirkungen haben kann, zu verhindern und zu mindern und die Umweltqualität in den Fällen zu erhalten, in denen sie zufriedenstellend ist". Darin

560 *UBA*, Richtlinie über die Bewertung und Bekämpfung von Umgebungslärm – Auslösekriterien für die Lärmaktionsplanung, S. 1.

561 Dazu sogleich.

wird deutlich, dass nicht allein das Ausmaß einer gesundheitsschädlichen Belastung große Beachtung finden soll, sondern bereits die Vorsorge im Mittelpunkt steht. Weiter soll die Lärmbelastung dort auf einem niedrigen Stand gehalten werden, wo sie zufriedenstellend ist. Dies wird durch den Schutz ruhiger Gebiete gewährleistet.

b) Managementansatz

Zentrales Element der Umgebungslärmrichtlinie ist der Managementansatz zum Schutz vor Umgebungslärm. Nach diesem Managementansatz sollen Bereiche mit Lärmauswirkungen identifiziert werden, anschließend überlässt es die Richtlinie den zuständigen Behörden der Mitgliedstaaten über konkrete Maßnahmen zu entscheiden.[562] Sowohl im Art. 7 UL-RL zur Ausarbeitung strategischer Lärmkarten als auch in Art. 8 UL-RL der Regelung für Lärmaktionspläne setzt die Richtlinie zunächst an örtlichen Einordnungen, wie Ballungsräumen und Orte in der Nähe von Hauptverkehrsstraßen, Großflughäfen oder Haupteisenbahnstrecken an. Nach Art. 8 Abs. 1 UL-RL sollen Lärmaktionspläne gerade zur Regelung von Lärmproblemen und Lärmauswirkungen aufgestellt werden.[563] Deshalb sind Lärmaktionspläne nur für solche Gebiete zu erstellen, in denen Lärmprobleme bestehen oder negative Lärmauswirkungen zu erwarten sind, nicht aber auch für andere von der Pflicht zur Lärmkartierung erfassten Bereiche.[564] Damit sollte der räumliche Umfang der Lärmaktionsplanung stets hinter dem der Lärmkartierung zurück

562 Dazu *Blaschke*, Lärmminderungsplanung, S. 37 ff.

563 **Art. 8 Abs. 1 UL-RL** „Die Mitgliedstaaten sorgen dafür, dass bis zum 18. Juli 2008 von den zuständigen Behörden Aktionspläne ausgearbeitet werden, mit denen in ihrem Hoheitsgebiet Lärmprobleme und Lärmauswirkungen, erforderlichenfalls einschließlich der Lärmminderung, geregelt werden für Orte in der Nähe der Hauptverkehrsstraßen mit einem Verkehrsaufkommen von über sechs Millionen Fahrzeugen pro Jahr, der Hauptverkehrstrecken mit einem Verkehrsaufkommen von über 600.000 Zügen pro Jahr und der Großflughäfen; Ballungsräume mit mehr als 250.000 Einwohnern. Ziel dieser Pläne soll es auch sein, ruhige Gebiete gegen eine Zunahme des Lärms zu schützen".

564 *Hansmann*, in: Landmann/Rohmer, BImSchG, § 47d Rn. 8; *Scheidler*, DVBl. 2005, 1344, 1349.

bleiben.[565] Die Lärmkarten müssen den gesamt Ballungsraum und den gesamten Streckenverlauf einer Hauptverkehrsstraße erfassen, um festzustellen, wo negative Auswirkungen für Menschen durch Lärm bestehen. Die Lärmaktionsplanung braucht sich dann nur noch auf diese identifizierten Bereiche zu erstrecken. Die Umgebungslärmrichtlinie präzisiert nicht genau wann negative Auswirkungen gegeben sind, die die Lärmaktionsplanungspflicht auslösen. Für eine Konkretisierung von Lärmproblemen und Lärmauswirkungen als Auslösetatbestand für die Aktionsplanungspflicht, kommen vor allem sog. Auslöseschwellen in Betracht. Auslöseschwellen sind zumeist in dB(A) angegebene Werte, die regelungsbedürftige Lärmauswirkungen kennzeichnen.[566] Lärmprobleme sind aber nach dem Richtlinienansatz auch dann gegeben, wenn eine Zunahme von Lärm in bisher ruhigen Gebieten nur droht.[567] Im Falle ruhiger Gebiete werden überwiegend gerade keine Schwellen zu regelungsbedürftigen Lärmauswirkungen überschritten, da sie zumindest ruhiger sind als ihre Umgebung. Der Charakter der ruhigen Gebiete etwa als Erholungsraum soll gerade erhalten bleiben, indem das Gebiet gegen eine Zunahme von Lärm geschützt wird.[568]

Auch die Definition von „Umgebungslärm" nach Art. 3 lit. a) UL-RL, die auf „unerwünschte und gesundheitsschädliche Geräusche" abstellt, gibt Anhaltspunkte, in welchem Umfang durch den Ansatz der Umgebungslärmrichtlinie Schutz erfolgen soll und in welchem Rahmen die Mitgliedstaaten Lärm „managen" müssen. Art. 3 lit. a) UL-RL enthält keine Regelung zur Bestimmung der Qualität von unerwünschten Geräuschen, etwa eine Betroffenenzahl oder Abstufungen im Lärmpegel. Die Umgebungslärmrichtlinie setzt insgesamt aber an „Belästigungen" an[569] und geht damit über die aus dem deutschem Recht bekannten Anforderungen etwa des § 3 Abs.

565 Gesetzesentwurf zur Umsetzung der Umgebungslärmrichtlinie BT-Drs. 15/3782, 27.

566 Differenzierung so bei Blaschke, Lärmminderungsplanung, S. 264.

567 *Hansmann*, in: Landmann/Rohmer, BImSchG, § 47d Rn. 9.

568 Wann genau ruhige Gebiete gegeben sind ist nicht einheitlich festgelegt, zu den unterschiedlichen Ansätzen bereits 1. Teil II. 3. c).

569 So in den Zielen nach **Art. 1 Abs. 1 UL-RL** „Mit dieser Richtlinie soll ein gemeinsames Konzept festgelegt werden, um vorzugsweise schädliche Aus-

1 BImSchG hinaus, der auf „erhebliche Belästigungen" oder „erhebliche Nachteile" abstellt.[570] „Unerwünscht" setzt zwar eine gewisse Beachtlichkeit voraus, erreicht aber nicht den Grad von „erheblichen Belästigungen". Der Beachtlichkeit von „unerwünscht" liegt je nach angestrebter Nutzung des beeinträchtigten Gebietes ein gewisses Maß an Wohlbefinden der betroffenen Personen zugrunde. Gefühle des Missfallens, der Verärgerung und der Unzufriedenheit könnten zwar als Belästigungen, nicht aber als erhebliche Belästigungen definiert werden.[571] In Zusammenschau mit dem Maßstab des Art. 10 i. V. m. Anhang VI 1.5 und 1.6 UL-RL für relevante Informationen aus der Lärmkartierung lässt sich aber folgern, dass Lärmprobleme und Lärmauswirkungen über bloßes Missfallen oder Verärgerung hinaus gehen müssen. Für die Lärmkartierung sind Werte unterhalb von 55 L_{den} bzw. 50 L_{night}[572] nachts nicht als unerwünscht definiert und auch nicht entsprechend zu veröffentlichen.[573] Daraus lässt sich der Schluss ziehen, dass das Gesetz und die Richtlinie die Überschreitung von gesundheitsschützenden Grenzwerten voraussetzt. Lärmprobleme und Lärmauswirkungen können aber auch – wie die Richtlinie selber in Art. 8 Abs. 1 S. 2 UL-RL vorsieht – anhand „anderer Kriterien" bestimmt werden und nicht nur anhand von Auslöseschwellen. Neben Auslöseschwellen sind Kriterien denkbar, wie etwa die Größe der lärmbetroffen Wohnbevölkerung oder die Schutzwürdigkeit des betroffenen Gebietes.[574] Die Richtlinie überlässt es den Mitgliedsstaaten, zu definieren, welche Kriterien eine Lärmaktionsplanung auslösen, und macht bewusst keine genauen

wirkungen, einschließlich Belästigung, durch Umgebungslärm zu verhindern, ihnen vorzubeugen oder sie zu mindern".

570 *Hansmann*, in: Landmann/Rohmer, BImSchG, § 47b Rn. 5, 9; *Jarass*, BImSchG, § 3 Rn. 27; *Scheidler*, Immissionsschutz 2007, 31, 32 f.

571 *Repkewitz*, VBlBW 2006, 409, 411.

572 Erläuterung 3. Teil I. 1. c).

573 *Repkewitz*, VBlBW 2006, 409, 411.

574 So die Vorschläge bei *Cancik*, NVwZ 2008, 167, 169; *Heitsch*, in: Kotulla (Hrsg.), BImSchG, Kennz. 100.47a, § 47 a Rn. 41 ff.; *Hansmann*, in: Landmann/Rohmer, BImSchG, § 47 d Rn. 13.

Vorgaben.[575] Die Betroffenenzahlen sind in der Richtlinie selbst aber relevanten Kriterien, wie Art. 10 i. V. m. Anhang VI 1.5 und 1.6 UL-RL zeigen.

Dieser Ansatz der Umgebungslärmrichtlinie, sich an einem Regelungsbedürfnis zu orientieren, dessen Bestimmung aber offen zu lassen, wird auch durch frühere Richtlinienfassungen aus dem Verfahren zum Erlass der Richtlinie gestützt. Im Verfahren zum Erlass der Richtlinie wurde offensichtlich nicht von der Erforderlichkeit von Auslöseschwellen ausgegangen. Auf Vorschlag einiger Mitgliedstaaten erweiterte man die ursprüngliche Formulierung im Richtlinienvorschlag von „Durchführung von Maßnahmen seitens der Mitgliedstaaten zur Lärmminderung in Fällen hoher Lärmbelastung", die auf eine Überschreitung bestimmter Lärmpegel hinwies, auf „in den Fällen, in denen dies notwendig ist, und insbesondere bei hoher Lärmbelastung".[576] Damit waren hohe Lärmpegel zunächst als Kriterium vorgesehen, die Notwenigkeit von Lärmaktionsplänen sollte sich aber offensichtlich auch auf anderem Wege bestimmen lassen. Das Europäische Parlament schlug im Verfahren weiter vor, die Definition von Aktionsplänen dahingehend zu erweitern, dass diese auch Maßnahmen vorsähen, wenn die Überschreitung von Grenzwerten nur drohe.[577] Schließlich wurden Aktionspläne als „Pläne zur Regelung von lärmbezogenen Fragen und Lärmauswirkungen" beschrieben, die „erforderlichenfalls die Lärmminderung und den Schutz ruhiger Gebiete vor der Zunahme von Lärm" regeln.[578] Damit wurde der Schutzansatz der Lärmaktionspläne vom Schutz gegen hohe Lärmbelastungen über die Notwendigkeit zum Handeln nach anderen Kriterien als eine Grenzwertüberschreitung hin zu lärmbezogenen Fragen und der Vorbeugung gegen eine

575 *Schulze-Fielitz*, in: Koch (Hrsg.), GK-BImSchG, § 47d Rn. 5 ff.; Im Gesetzgebungsverfahren zur Umsetzung der Richtlinie war diese Fragen zwischen dem Bund und den Ländern umstritten, Stellungnahme des BRates zum Entwurf der BReg, BT-Drs. 15/3782 v. 27.9.2004, Anl. 2.

576 Vorschlag der RL 11882/00, 2000/0194 (COD), ENV 331, CODEC 719, 6.10.2000, Fn. 7, Art. 1 Ziele.

577 Änderung 18 zu Art. 3 lit. u UL-RL, Stellungnahme des Europäischen Parlaments, ABl. EG 2001 C 323 S. 305.

578 Vorschlag der RL 14828/00, 2000/0194 (COD), ENV 490, CODEC 1066, 21.12.2000, Art. 3 lit. u.

Zunahme von Lärm erweitert und findet sich so in der endgültigen Fassung in Art. 8 Abs. 1 UL-RL. Einem gemeinsamen Standpunkt im Verfahren zum Erlass der Umgebungslärmrichtlinie zufolge war sogar vorgesehen, dass die Mitgliedstaaten akustische Planungsmaßnahmen durchführen können. Dies umfasste vorbeugenden Lärmschutz durch Flächennutzungsplanung, Verkehrsplanung und Schallschutz an den Lärmquellen. Zudem sollten die Mitgliedstaaten Lärmschutzzonen ausweisen können.[579] Damit gingen die Parteien im Verfahren zum Erlass der Richtlinie davon aus, dass auch die Regelung von Lärmproblemen zum einen ohne Lärmminderung möglich sei und zum anderen im Rahmen der Vorsorge ansetzen könne.[580] Außerdem sollte in Lärmaktionsplänen auf Prioritäten eingegangen werden, die sich auch aus der Überschreitung von Grenzwerten ergeben können. Mit dieser Formulierung ging der Richtlinienverfasser davon aus, dass es gegebenenfalls auch unterhalb von in den Mitgliedstaaten festgelegten Kriterien einer Planung bedarf.[581] So finden sich ebenfalls in der endgültigen Richtlinienfassung Formulierungen, die darauf schließen lassen, dass die Möglichkeit von Lärmminderungsplänen ohne die Festlegung von Maßnahmen bestehe. In Art 3 lit. t) und Art. 8 Abs. 1 S. 1 UL-RL heißt es sehr weit gefasst: „Die Mitgliedstaaten sorgen dafür, dass … von den zuständigen Behörden Aktionspläne ausgearbeitet werden, mit denen in ihrem Hoheitsgebiet Lärmprobleme und Lärmauswirkungen, erforderlichenfalls einschließlich der Lärmminderung geregelt werden". Damit ist es den Mitgliedstaaten überlassen, ab wann und inwieweit sie Lärmauswirkungen begegnen wollen. Die Umgebungslärmrichtlinie lässt auch Lärmaktionspläne ohne Lärmminderung zu, und die Pflicht zur Planerstellung kann nicht ausschließlich an Lärmpegeln ansetzen. Diese würde zugleich eine Pflicht zur Reduzierung des

579 Entwurf der Begründung des Rates, 6660/01, 2000/0194 (COD), ENV 99, CODEC 189, 22.5.2001, S. 4.

580 A. A. *Hansmann*, in: Landmann/Rohmer, BImSchG, § 47 d Rn. 8, der die Lärmaktionsplanung final auf die Verbesserung der Belastungssituation ausgerichtet sieht, und damit ein Bedürfnis für Plänen beim Fehlen von Lärmproblemen und Lärmauswirkungen verneint.

581 Vorschlag der RL 14828/00, 2000/0194 (COD), ENV 490, CODEC 1066, 21.12.2000, Art. 3 lit. u.

Lärms bedingen, die die Richtlinie aber offensichtlich nicht zwingend voraussetzt. Außerdem würde man dem Vorsorgecharakter der Richtlinie, der insbesondere in dem Schutz ruhiger Gebiete zum Ausdruck kommt, nicht gerecht.

Des Weiteren sieht die Umgebungslärmrichtlinie die Beteiligung der Öffentlichkeit in Art. 8 Abs. 7 UL-RL[582] für die Lärmaktionsplanung vor. Diese Beteiligung soll zudem dazu dienen, den Bürgern eine „effektive Möglichkeit" zu geben, „an der Ausarbeitung und Überprüfung der Lärmaktionspläne mitzuwirken". Würde aber schon eine Pflicht zur Lärmaktionsplanerstellung bei fehlender Überschreitung von Auslöseschwellen entfallen, würde die Behörde eine Einschätzung der Belastungssituation vornehmen, wenn auch durch ministeriale Empfehlungen gelenkt, ohne dass die Öffentlichkeit die Möglichkeit zur Beteiligung gegeben wäre.

Neben dem Managementansatz geht die Umgebungslärmrichtlinie aber noch von weiteren konzeptionellen Grundlagen aus.

c) Räumlicher Planungsansatz

Der Managementansatz wird durch einen räumlichen Planungsansatz ergänzt. Den Freiraum für eine Ausgestaltung von zu regelnden Lärmproblemen, den der Managementansatz den Mitgliedstaaten lässt, gewährt der räumliche Planungsansatz in Bezug auf das zu beplanende Gebiet nicht. Nach Art. 7 Abs. 1 und Art. 8 Abs. 1 UL-RL sind Lärmprobleme und Lärmauswirkungen für Orte in der Nähe von Hauptverkehrsstrecken und in Ballungsräumen zu regeln. Die Pflicht zur Lärmaktionsplanung nach der Umgebungslärmrichtlinie orientiert sich damit zu allererst an einer räumlichen Eingrenzung. Die gleichzeitige Anknüpfung an Lärmauswirkungen tritt dahinter

582 **Art. 8 Abs. 7 UL-RL** „Die Mitgliedstaaten sorgen dafür, dass die Öffentlichkeit zu Vorschlägen für Aktionspläne gehört wird, dass sie rechtzeitig und effektiv die Möglichkeit erhält, an der Ausarbeitung und der Überprüfung der Aktionspläne mitzuwirken, dass die Ergebnisse dieser Mitwirkung berücksichtigt werden und dass die Öffentlichkeit über die getroffenen Entscheidungen unterrichtet wird. Es sind angemessene Fristen mit einer ausreichenden Zeitspanne für jede Phase der Mitwirkung der Öffentlichkeit vorzusehen."

zurück. Damit ergänzen sich die Freiheit des Managementansatzes in Bezug auf die zu regelnden Lärmprobleme und die striktere Bindung des räumlichen Planungsansatzes zu einem ausgewogenen Konzept. Die Unsicherheiten, die in Bezug auf die Wirkung von Lärm bestehen, werden durch Erfahrungen über typische Lärmauswirkungen in dicht besiedelten Gebieten und an Hauptverkehrsstraßen kompensiert.[583] Daher setzt die Richtlinie insgesamt nicht auf ein an Lärmpegeln gebundene Lärmminderung, sondern nimmt Ballungsräume und Hauptverkehrsstrecken als Hauptlärmquelle oder zugleich Haupteinwirkungsort in den Blick. Die Umgebungslärmrichtlinie geht damit auch davon aus, dass in Ballungsräumen und in Orten an Hauptverkehrsstrecken Lärmprobleme und Lärmauswirkungen bestehen, die zu regeln sind. Die räumliche Eingrenzung des Planungsumfangs steht in Beziehung zur Lärmproblematik.

Gestärkt wird dieser Befund durch einen weiteren raumbezogenen Ansatz an „ruhigen Gebieten" auf dem Land und in Ballungsräumen.[584] Ein gemeinsamer Standpunkt des Rates der EU definiert ruhige Gebiete als „abgegrenzte Gebiete, in denen bestimmte Lärmpegel nicht überschritten werden".[585] Nach Art. 8 Abs. 1 lit. b) UL-RL sind „ruhige Gebiete gegen eine Zunahme des Lärms zu schützen". In den Zielen der Umgebungslärmrichtlinie nach Art. 1 Abs. 1 lit. c) UL-RL ist außerdem vorgesehen, „die Umweltqualität in den Fällen zu erhalten, in denen sie zufrieden stellend ist". Überwiegend wird dies bei einer Lärmbelastung von weniger als 45 dB(A) oder 50 dB(A) angenommen.[586] Bei einem Ansetzen an Auslöseschwel-

583 Vgl. zu den Problemen in Verdichtungsräumen 1.Teil II. 3. a).

584 **Art. 2 Abs. 1 UL-RL** „Diese Richtlinie betrifft den Umgebungslärm, dem Menschen insbesondere in bebauten Gebieten, in öffentlichen Parks oder anderen ruhigen Gebieten eines Ballungsraumes, in ruhigen Gebieten auf dem Land, in der Umgebung von Schulgebäuden, Krankenhäusern und anderen lärmempfindlichen Gebäuden und Gebieten ausgesetzt sind".

585 Gemeinsamer Standpunkt des Rates bzgl. RL, 6660/01, 2000/0194 (COD), ENV 99, CODEC 189, 10.4.2001, Atz. 3 lit. l.

586 So etwa in *Hamburg*, Behörde für Stadtentwicklung und Umwelt, Strategischer Lärmaktionsplan Hamburg, online, S. 41; der Lärmaktionsplan für *Norderstedt*, Lärmminderungsplanung Norderstedt, online, (Teil des Ballungsraumes Hamburg) unterschiedet zwischen sehr ruhigen Gebieten mit

len als einzigem Kriterium für das Bestehen einer Planungspflicht, der Hauptlärmquellen (Hauptverkehrsstraße oder Ballungsraum) als weiteres Kriterium ausklammert, könnten ruhige Gebiete in weiten Teilen nicht erfasst werden. Nach den Skalierungsstufen für die Lärmkartierung in Anhang VI der UL-RL sollen erst Pegel ab 55 L_{den} und 50 L_{night}[587] ausgewiesen werden. Diese Skalierungsstufen geben die Bereiche wieder, ab denen nach der europarechtlichen Konzeption kartierungsbedürftiger Umgebungslärm gegeben ist. Um einen der Umgebungslärmrichtlinie entsprechenden und effektiven Schutz ruhiger Gebiete gegen die Zunahme von Umgebungslärm zu gewährleisten, müssten diese aber auch unterhalb der „Kartierungsschwellen" in Lärmaktionsplänen berücksichtigt werden.[588] Mit den bisher durch die Verwaltungspraxis vorgesehenen Auslöseschwellen wäre dies praktisch kaum zu leisten. Würde man demgegenüber die Auslöseschwellen aber so niedrig ansetzen, dass auch ruhige Gebiete mit Pegeln bis zu 35 db(A) umfasst würden, würde dies praktisch keine Einschränkung des Planungsgebietes mehr bedeuten.

Das Planungsgebiet muss nicht mit dem Kartierungsgebiet identisch sein, aber unabhängig von Auslöseschwellen Auswirkungen von Lärmquellen und Einwirkungen auf schutzwürdige und/oder ruhige Gebiete berücksichtigen und so Prioritäten setzen. Darüber hinaus ist festzuhalten, dass trotz Planerstellung auch für wenig belastete Gebiete nicht zwangsläufig Maßnahmen vorgesehen werden müssten. Dies entspricht auch dem Wortlaut der Umgebungslärmrichtlinie in Art. 8 Abs. 1 S. 1 UL-RL.

L_{den} unter 45 dB(A) und ruhigen Gebieten mit Lden unter 55 dB(A), S. 81; *LAI*, Hinweise zur Lärmaktionsplanung. Gemäß UMK-Umlaufbeschluss 33/2007 von der Umweltministerkonferenz zur Kenntnis genommen mit der Ergänzung zu ruhigen Gebieten entsprechend des Beschlusses zu TOP 10.4.2. der 117. LAI-Sitzung. Stand: 25.03.2009; *Bayerisches Landesamt für Umweltschutz* (LfU): Die Umsetzung der EU-Umgebungslärmrichtlinie.

587 Erläuterung 3. Teil I. 1. d).

588 Gemeinsamer Standpunkt des Rates bzgl. RL, 6660/01, 2000/0194 (COD), ENV 99, CODEC 189, 10.4.2001, Atz. 3 lit. l.

d) Grenzwerte und Auslöseschwellen in der Richtlinie

Trotz raumbezogener Planung und großer Freiheit der Mitgliedstaaten Lärmauswirkungen und Lärmprobleme zu bestimmen, werden diese überwiegend über Grenzwerte und Auslöseschwellen definiert. Das Bedürfnis nach greifbaren Werten ignoriert die Richtlinie nicht, legt selber aber keine Werte, weder Grenzwerte noch Auslöseschwellen fest. Dies entspricht dem primär raumbezogenen Planungsansatz der Richtlinie und der Aufgabenverteilung zwischen Gemeinschaft und Mitgliedstaaten nach dem Willen der Richtliniengeber. Aus der Begründung zum Richtlinienvorschlag der Europäischen Kommission geht hervor, dass die Bestimmung von Grenzwerten nicht in die Zuständigkeit der EU fallen soll. Eine Bestimmung von Grenzwerten auf Gemeinschaftsebene würde einer Weiterentwicklung und Ergänzung der Gemeinschaftsmaßnahmen durch die Mitgliedstaaten gerade behindern.[589] Der Zuständigkeitsbereich der EU im Bereich Lärmpegel soll nur die Festlegung gemeinsamer Indizes umfassen.[590] Unter gemeinsamen Indizes werden flächenhafte Isophonendarstellungen verstanden, die Schallereignisse vergleichbar machen und in Lärmpegeln für 24 Stunden (L_{den})[591] bzw. für die Nacht (L_{night}) angegeben werden.[592] Beim Vollzug der Umgebungslärmrichtlinie dienen diese Indizes dazu, den Umgebungslärm einheitlich zu bewerten[593], geben aber keine Grenzwerte oder Auslöseschwellen an.

Die Mitgliedstaaten sind demgegenüber unter anderem für den Erlass von Grenzwerten und die Verwendung zusätzlicher Indizes zuständig, da die Richtlinie hier nur Mindestanforderungen oder

589 Weiterentwicklung und Ergänzung der bestehenden Gemeinschaftsmaßnahmen ist gerade erklärtes Ziel der UL-RL, vgl. 5. Erwägungsgrund UL-RL.

590 Richtlinien-Vorschlag vom 26.07.2000, KOM(2000) 468 endg. 2000/0194 (COD), ABl. EG 2000 Nr. C 337 E S. 251.

591 L_{den} = Index für day, evening, night.

592 *Eisenbahnbundesamt*, Projekt Lärmkartierung im Eisenbahn-Bundesamt, Lärmkarten/Ergebnisse (Eisenbahn), online.

593 Erwägungsgründe 8 und 9, Art. 5, Anhang I – III UL-RL

allgemeine Ziele vorgibt.[594] Die Mitgliedstaaten sollen daher geltende oder geplante Grenzwerte für die Harmonisierung der Indizes angeben und solche für jeden innerstaatlichen Störfaktor festlegen.[595]

Der entscheidende Grund für dieses Vorgehen, in der Umgebungslärmrichtlinie keine Werte vorzugeben, sondern von den Mitgliedstaaten verwendete Werte melden zu lassen, könnte darin liegen, dass die Lärmwirkungsforschung noch keine genauen Erkenntnisse vorweisen kann. Der Erkenntnisgewinn sollte durch die Umgebungslärmrichtlinie und das Aufstellen und Verwirklichen der Lärmaktionspläne sowie durch den Vergleich unterschiedlicher Grenzwerte zwischen den Mitgliedstaaten vorangetrieben werden.[596] Dennoch gibt die Umgebungslärmrichtlinie Anforderungen vor, die sich direkt auf Grenzwerte und die Definition von Lärmpegeln und Lärmauswirkungen beziehen.

An unterschiedlichen Stellen nimmt die Umgebungslärmrichtlinie aber „Grenzwerte" in Bezug. In Art. 3 lit. s) UL-RL werden „Grenzwerte" als solche Werte definiert, „bei deren Überschreitung die zuständige Behörde Maßnahmen in Erwägung zieht oder einführt".

Es stellt sich die Frage, ob „Grenzwerte" in der Umgebungslärmrichtlinie einheitlich verstanden werden. Nach Art. 8 Abs. 1 UL-RL sollen die Mitgliedstaaten dafür sorgen, dass „von den zuständigen Behörden Lärmaktionspläne ausgearbeitet werden, mit denen in ihrem Hoheitsgebiet Lärmprobleme und Lärmauswirkungen geregelt werden". Diese Lärmaktionspläne sollen „auf die Prioritäten eingehen, die sich gegebenenfalls aus der Überschreitung relevanter Grenzwerte oder aufgrund anderer von den Mitgliedstaaten festgelegter Kriterien ergeben". Mit dem Begriff „Grenzwert" in Art. 8 Abs. 1 S. 2 UL-RL und angesichts des Zusammenhangs mit dem Regelungsbedürfnis in Art. 8 Abs. 1 S. 1 UL-RL könnten abweichend von der Definition in Art. 3 lit. s) UL-RL Auslöseschwellen gemeint sein und eine Planerstellung bedingen. Dies könnte auch

594 Richtlinien-Vorschlag vom 26.07.2000, KOM(2000) 468 endg. 2000/0194 (COD), ABl. EG 2000 Nr. C 337 E S. 251.

595 Richtlinien-Vorschlag vom 26.07.2000, KOM(2000) 468 endg. 2000/0194 (COD), ABl. EG 2000 Nr. C 337 E S. 251.

596 Erwägungsgrund 5 UL-RL.

mit der Definition von Lärmaktionsplänen nach Art. 3 lit. t) UL-RL Pläne „zur Regelung von Lärmproblemen und Lärmauswirkungen, erforderlichenfalls einschließlich der Lärmminderung“ korrelieren und wäre, wie in der Literatur angenommen, eine Voraussetzung für die Konkretisierung des Regelungsbedürfnisses.[597]

Der Begriff „Grenzwerte“ taucht neben der Definition in Art. 3 lit. s) und in Art. 8 Abs. 1 S. 2 UL-RL an unterschiedlichen Stellen der Umgebungslärmrichtlinie auf. So besteht nach Art. 5 Abs. 4 UL-RL eine Pflicht der Mitgliedstaaten, an die Kommission Informationen über relevante geltende oder geplante Grenzwerte zu übermitteln.[598] Weiter nimmt der Anhang V der UL-RL die nach Art. 5 Abs. 4 UL-RL gemeldeten Werte als Mindestangabe für die Lärmaktionspläne in Bezug. Auch nach der Begriffsbestimmung für die Ausarbeitung von Lärmkarten in Art. 3 lit. q) UL-RL sollen Informationen zur Überschreitung relevanter Grenzwerte schon in der Kartierung enthalten sein.[599] Außerdem verlangt Anhang IV UL-RL, dass eine strategische Lärmkarte die Überschreitung von Grenzwerten angibt und diese Information den Bürgern zugänglich macht. Auch der achte Erwägungsgrund der Umgebungslärmrichtlinie bestimmt,

597 So *Hansmann*, in: Führ/Wahl/Wilmowsky (Hrsg.), Umweltwissenschaften und Umweltrecht: FS Rehbinder, S. 346; *Schulze-Fielitz*, UTR 2008, 23 f., 25; *Repkewitz*, VBlBW 2006, 409, 414 ; *Stettner*, in: Ule/Laubinger (Hrsg.), BImSchG, § 47d Rn. C 1; *Jarass*, BImSchG, § 47d Rn. 3; vgl. auch Bundesregierung, Einzelbegründung zu § 47e BImSchG-E, BT-Drs. 15/3782, S. 27; mit anderer Begründung *Wysk*, in: Giesberts/Reinhardt (Hrsg.), Beck'scher-OK-BImSchG, § 47d Rn. 8; *Scheidler*, DVBl. 2005, 1344, 1349; Anderer Auffassung *Cancik*, NVwZ 2008, 167, 168 f.

598 **Art. 5 Abs. 4 UL-RL** „Die Mitgliedstaaten übermitteln der Kommission bis zum 18. Juli 2005 Informationen über alle relevanten, in ihrem Hoheitsgebiet geltenden oder geplanten, in L_{den} und L_{night} und gegeben falls L_{day} und $L_{evening}$ ausgedrückten Grenzwerten für Straßenverkehrslärm, Eisenbahnlärm, Fluglärm im Umfeld von Flughäfen und Lärm in Industriegebieten sowie Erläuterungen zur Umsetzung der Grenzwerte“.

599 **Art. 3 lit. q) UL-RL** „Ausarbeitung von Lärmkarten die Darstellung von Informationen über die aktuelle oder voraussichtliche Lärmsituation anhand eines Lärmindexes mit Beschreibung der Anzahl der betroffenen Personen in einem bestimmten Gebiet und Anzahl der Wohnungen, die in einem bestimmten Gebiet bestimmten Werten eines Lärmindexes ausgesetzt sind“.

dass die Mitgliedstaaten konkrete Zahlen für die Grenzwerte festzulegen haben.

Somit spricht die Richtlinie einheitlich von Grenzwerten im Sinne der Definition in Art. 3 lit. s) UL-RL als solchen Werten, „bei deren Überschreitung die Behörde konkrete Maßnahmen erlassen oder in Betracht ziehen soll", die also auf der Stufe nach Erlass des Lärmaktionsplans relevant werden. Es kann nicht davon ausgegangen werden, dass mit „Grenzwerten" in Art. 8 Abs. 1 S. 2 UL-RL abweichend vom übrigen Richtlinienkontext Auslöseschwellen gemeint sind, um Lärmprobleme und Lärmauswirkungen ausschließlich zu konkretisieren.

Vielmehr ist in Art. 8 Abs. 1 S. 1 UL-RL die vorgelagerte Stufe der Planerstellung geregelt. In der Lärmaktionsplanung sollen auch ruhige Gebiete nach den Anforderungen des Art. 1 Abs. 1 lit c) a. E. UL-RL erfasst werden. Werte werden danach auf der Stufe zur Maßnahmenfestlegung relevant, was auch in Art. 8 Abs. 1 S. 2 UL-RL deutlich wird. Danach sollen die Lärmaktionspläne „insbesondere auf die Prioritäten eingehen, die sich gegebenenfalls aus der Überschreitung relevanter Grenzwerte oder aufgrund anderer von den Mitgliedstaaten festgelegter Kriterien ergeben".

2. Umsetzung ins nationale Recht

Die Lärmaktionsplanerstellung ist in § 47d Abs. 1 BImSchG geregelt. Ähnlich dem Wortlaut von Art. 8 Abs. 1 UL-RL sieht auch die Umsetzung in § 47 d BImSchG vor, dass „die zuständigen Behörden bis zum 18. Juli 2008 Lärmaktionspläne aufstellen, mit denen Lärmprobleme und Lärmauswirkungen geregelt werden für Orte in der Nähe der Hauptverkehrsstraßen mit einem Verkehrsaufkommen von über sechs Millionen Kraftfahrzeugen pro Jahr, der Haupteisenbahnstrecken mit einem Verkehrsaufkommen von über 60.000 Zügen pro Jahr und der Großflughäfen, Ballungsräume mit mehr als 250.000 Einwohnern."

Nach dem Wortlaut der Norm sind Lärmaktionspläne allein beim Vorliegen von Ballungsräumen und Hauptverkehrswegen einer bestimmten Größe zu erstellen. Eine Überschreitung von Auslöseschwellen wird hier nicht vorausgesetzt.

Auch die Ermächtigung für Rechtsverordnungen in § 47f BImSchG sieht keine Ermächtigung zum Erlass einer Verordnung vor, die Auslöseschwellen regelt.

3. Praktische Implementierung der Richtlinienansätze

Das dargestellte Konzept der Umgebungslärmrichtlinie gilt es nun effektiv in Verwaltungspraxis umzusetzen.

Die meisten Bundesländer machen Vorgaben für die jeweils zuständigen Behörden, wann eine Pflicht zur Lärmaktionsplanung besteht. Diese Vorgaben sind in Bezug auf Kriterien und sich daraus ergebendem Planungsumfang sehr unterschiedlich.

Einige Bundesländer nehmen für eine Planungspflicht Betroffenenzahlen in Bezug, die eine bestimmte Grenze überschreiten müssen, so etwa Brandenburg.[600] Schleswig-Holstein[601] und das Saarland[602] bestimmen keine Auslöseschwellen, sondern stellen alle kartierten Gebiete in die Planung ein. Nordrhein-Westfalen und Bayern sehen eine Pflicht zur Erstellung von Lärmaktionsplänen bei einer Überschreitung von Pegeln von L_{den} 70 dB(A) oder L_{night} 60 dB(A) an schutzwürdigen Gebäuden und einem betroffenen Personenkreis vor.[603] Damit orientieren sich beide Länder an den Sanierungswerten der 16. BImSchV in § 1 Abs. 2 S. 2 orientiert. Der Runderlass des Umweltministeriums von Nordrhein-Westfalen sieht darüber hinaus vor, dass die Lärmaktionsplanung bei keiner oder nur geringer Betroffenheit mit der Bewertung der Lärmsitua-

600 *Brandenburg*, Ministerium für Umwelt, Gesundheit und Verbraucherschutz, Strategie der Lärmaktionsplanung im Land Brandenburg, 4.1.2., online.

601 *Schleswig-Holstein*, Ministerium für Landwirtschaft, Umwelt und ländliche Räume, Leitfaden für die Aufstellung von Lärmaktionsplänen, S. 7, online.

602 Saarland wird in *UBA*, Lärmbilanz 2010, S. 8 gleichlaufend mit SH angegeben.

603 *Nordrhein-Westfalen*, Ministeriums für Umwelt und Naturschutz, Landwirtschaft und Verbraucherschutz, Runderlass, V-5.8820.4.1, vom 07.02.2008, MBl. NW 2008, 105, Nr. 5; L_{den} = day, evening, night, Ganztagesindex, L_{night} = Nachtindex.

tion abschließen.[604] Dies würde in der schriftlichen Fassung bedeuten, dass der Lärmaktionsplan im dritten Schritt abgeschlossen werden kann und es keiner Lösungsmöglichkeiten und Maßnahmen mehr bedarf.

Sachsen und Brandenburg sehen eine Pflicht zur Lärmaktionsplanung nach einer Vorprüfung bei L_{den} 65 dB(A) und L_{night} 60 dB(A) vor.[605] Berlin und Hamburg dagegen empfehlen ein Stufenkonzept, dass zunächst Werte von L_{den} 70 dB(A) oder L_{night} 65 dB(A) erreichen will, um hohe Belästigungen abzumildern, langfristig aber gesundheitsverträglichere Geräuschpegel von L_{den} 60 dB(A) oder L_{night} 50 dB(A) anstrebt.[606] Ergänzt werden diese Lärmpegel in einigen Ländern durch Rahmenbedingungen wie beispielsweise Betroffenenzahlen. So sieht das Land Brandenburg in einem Strategiepapier vor: „Bei bestehenden Lärmkonflikten ist eine Lärmaktionsplanung auch bei Lärmbelastungen unterhalb von bestehenden Grenz- oder Richtwerten notwendig. Umgekehrt kann eine Lärmaktionsplanung verzichtbar sein, wenn keine Betroffenheit und keine Konflikte bestehen".[607] Auch Baden-Württemberg kombiniert Lärmpegel, L_{den} 65 dB(A) und L_{night} 55 dB(A) mit weiteren Kriterien, etwa wenn weniger belastete Gebiete im Zusammenhang mit stark Belasteten stehen oder weniger belastete bekannte Lärmschwerpunkte bilden.[608] Hier wird deutlich, dass in eher dünn besiedelten Gebieten

---

604 *Nordrhein-Westfalen*, Ministeriums für Umwelt und Naturschutz, Landwirtschaft und Verbraucherschutz, Runderlass, V-5.8820.4.1, vom 07.02.2008, MBl. NW 2008, 105, Nr. 5.

605 *Brandenburg*, Ministerium für Umwelt, Gesundheit und Verbraucherschutz, Die Strategie der Lärmaktionsplanung im Land Brandenburg, online, 4.2.2. a); in *UBA*, Lärmbilanz 2010, S. 8 wird Sachsen gleichlaufend mit Brandenburg angegeben.

606 Der Lärmaktionsplan der Stadt Hamburg übernimmt Werte des *UBA*, Lärm, Umgebungslärmrichtlinie, online; so *Hamburg*, Lärmaktionsplan, Behörde für Stadtentwicklung und Umwelt, online, S. 10; in *UBA*, Lärmbilanz 2010, S. 8 wird Berlin gleichlaufend mit Hamburg angegeben.

607 *Brandenburg*, Ministerium für Umwelt, Gesundheit und Verbraucherschutz, Die Strategie der Lärmaktionsplanung im Land Brandenburg, online, 4.2.2. a).

608 *Baden-Württemberg*, Landesamt für Umwelt Baden Württemberg, Lärmaktionsplanung, online, S. 13.

wie dem Saarland und Schleswig-Holstein die Kartierungspflichten weiter reichen als in dicht besiedelten wie Nordrhein-Westfalen.[609] Zudem unterscheiden sich die Vorgaben stark in den vorausgesetzten Pegeln.[610]

4. Ergebnis

Die Richtlinie versucht, ein hohes Gesundheits- und Umweltschutzniveau mit einem weichen Planungsinstrumentarium zu erreichen, das den örtlichen Behörden viel Freiraum lässt und sowohl an Ballungsräumen und Hauptverkehrsstraßen als auch an dem Schutz ruhiger Gebiete ansetzt. Aus diesen Ansatzpunkten ist zu schließen, dass die Planung Lärmauswirkungen und Probleme weitestgehend unabhängig von Auslöseschwellen regeln soll. Für dieses Ergebnis spricht auch, dass wissenschaftlich gesicherte Grenzwerte für alle Lärmquellen und insbesondere für deren Summation nicht bestehen und gerade durch die Richtlinie und den Planungsansatz auf den Weg gebracht werden sollen. Bis dahin muss an Haupteinwirkungsorten, an besonders betroffenen oder schutzwürdigen Gebieten und an Hauptlärmquellen angesetzt werden. Erst dieser Ansatz lässt einen effektiven und den Zielen der Richtlinie entsprechenden Schutz ruhiger Gebiete zu.

Außerdem spricht die Richtlinie einheitlich von Grenzwerten, an die bestimmte, im Ermessen der jeweiligen Behörde stehende Maßnahmen anknüpfen. Sie spricht darüber hinaus nicht von sonstigen Werten, die eine Planungspflicht auslösen, sondern knüpft die Planungspflicht an Lärmprobleme und Lärmauswirkungen, die in Ballungsräumen und an Hauptverkehrsstrecken angenommen werden, an. Mit der Formulierung in Art. 8 Abs. 1 S. 1 UL-RL, dass Aktionspläne erforderlichenfalls auch die Lärmminderung regeln sollen, wird die Möglichkeit eröffnet, Pläne ohne Lärmminderung – also ohne Maßnahmen – zu erlassen.[611] Es kann erst in der Planung

609 *UBA*, Lärmbilanz 2010, 78/2011, S. 6 f.

610 Vgl. auch Übersicht 1. Teil II. 1. b) Darstellung 3.

611 Bsp. in Niedersachsen für Abschnitte der A 37 und B 3, der keine Maßnahmen vorsieht: *Burgdorf*, Lärmaktionsplan der Stadt Burgdorf, online.

bestimmt werden, wie die Betroffenenzahlen zu bewerten sind und wo die Prioritäten für Maßnahmen liegen. Sowohl für Ballungsräume als auch für Orte in der Nähe von Hauptverkehrsstraßen ist ein maßnahmenloser Lärmaktionsplan möglich. Gerade zu maßnahmenlosen Plänen wäre auch eine Stellungnahme der Öffentlichkeit möglich und nötig. Bei einer unterlassenen Planung läuft die Öffentlichkeitsbeteiligung hingegen ins Leere. Folglich kann erst bei dem Schritt, konkrete Maßnahmen festzulegen, an Werten angesetzt werden, aber nicht beim vorgelagerten Schritt und der Frage nach einer Planungspflicht an sich.

Von diesem Verständnis geht auch die Bundesregierung aus. In einer Kleinen Anfrage der Abgeordneten Michael Kauch, Angelika Brunkhorst, Horst Meierhofer sowie weiterer Abgeordneter und der Fraktion der FDP antwortet die Bundesregierung, dass es einer Normierung von Auslöseschwellen nicht bedürfe, da Lärmaktionspläne für sämtliche Ballungsräume und Orte in der Nähe von Hauptverkehrsstraßen zu erstellen seien und Grenzwerte erst bei der Festlegung von Maßnahmen eine Rolle spielen würden.[612]

Damit geht die Richtlinie über den Ansatz der Lärmminderungsplanung nach alter Fassung im deutschen Recht hinaus. Hier sollten Lärmminderungspläne aufgestellt werden, wenn „in den Gebieten nicht nur vorübergehend schädliche Umwelteinwirkungen durch Geräusche hervorgerufen werden oder zu erwarten sind".[613] Schädliche Umwelteinwirkungen sollten durch Immissionswerte in Rechts- und Verwaltungsvorschriften bestimmt werden.[614]

Diese Anforderungen erfüllt die deutsche Planungspraxis bisher nur ungenügend. Insbesondere die Praxis der überwiegenden Zahl der Bundesländer Auslösewerte für die Planerstellung vorzugeben, geht mit den Anforderungen der Umgebungslärmrichtlinie nicht konform. Die Umsetzung der Umgebungslärmrichtlinie in nationales Recht ist insoweit aber nicht zu beanstanden, sodass eine am Wortlaut des § 47 d Abs. 1 BImSchG orientierte Anwendung einen richtlinienkonformen Vollzug gewährleisten würde.

612 BT-Drs. 16/4331, S. 4 und 5.

613 § 47a Abs. 2 S. 1 BImSchG a. F.

614 So etwa in TA-Lärm, A 2.3.2, BR-Drs. 155/98, S. 71 f. = BT-Drs. 11/4909, S. 23.

II. Praxisproblem: Der räumliche Umfang der Planungspflicht bei Ballungsräumen und die dafür zuständigen Stellen

Weitere in der Praxis auftretende Fragen sind die nach dem räumlichen Planungsumfang von Ballungsräumen und ob für die Erstellung des Lärmaktionsplans eine Stelle im Ballungsraum zuständig sein muss.

Gemäß § 47b Nr. 2 BImSchG ist ein Ballungsraum „ein Gebiet mit einer Einwohnerzahl von über 100.000 und einer Bevölkerungsdichte von mehr als 1.000 Einwohnern pro Quadratkilometer". Das BImSchG konkretisiert damit die Definition der Umgebungslärmrichtlinie aus Art. 3 lit. k) UL-RL, die „einen durch den Mitgliedstaat festgelegten Teil seines Gebiets mit einer Einwohnerzahl von über 100.000 und einer solchen Bevölkerungsdichte, dass der Mitgliedstaat den Teil als Gebiet mit städtischem Charakter betrachtet", fordert.

In der Praxis wurde die überwiegende Zahl der Ballungsräume danach bestimmt, ob die Kriterien des § 47b Nr. 2 BImSchG zu Einwohnerzahl und Bevölkerungsdichte innerhalb der Gemeindegrenze der im Kern eines Ballungsraumes liegenden „Großstadt" vorliegen. Dadurch wurde in vielen Fällen nicht betrachtet, ob diese Kriterien auch in den angrenzenden Gemeinden gegeben sind. Nur einige wenige Ballungsräume wurden weitestgehend unabhängig von Gemeindegrenzen bestimmt.[615] So könnte der Ballungsraum um eine beliebige Großstadt diese allein umfassen, etwa weil an der Gemeindegrenze die Bevölkerungsdichte unter 1000 Einwohner/km^2 fällt, aber genauso gut angrenzende Gemeinden mit einbeziehen, wenn diese ebenfalls dicht besiedelt sind. Fraglich ist nun, ob die in der Praxis verbreitete Begrenzung der Ballungsräume durch Gemeindegrenzen mit der Definition aus Umgebungslärmrichtlinie in Art. 3 lit. k) UL-RL und § 47 b Nr. 2 BImSchG konform ist.

An die Frage nach der räumlichen Ausdehnung eines Ballungsraumes auch über Gemeindegrenzen hinweg schließt sich die Frage nach der oder den planerstellende(n) Stelle(n) an. In der bisherigen Verwaltungspraxis stellt in den überwiegenden Fällen jede

615 Vgl. die Beispiele 1. Teil II. 3. a).

Gemeinde für ihr Gebiet einen eigenen Lärmaktionsplan auf, sodass in solchen Ballungsräumen, die mit mehr als einer Gemeinde ausgewiesen wurden, auch mehrere Lärmaktionspläne erstellt werden.[616]

Fraglich ist, ob die Umsetzung und der Vollzug im deutschen Recht in Bezug auf den räumlichen Umfang der Planung die Umgebungslärmrichtlinie effektiv und damit richtlinienkonform umsetzt und vollzieht.

1. Räumlicher Planungsansatz

a) Anforderungen der Umgebungslärmrichtlinie

Die Definition der Umgebungslärmrichtlinie in Art. 3 lit. k) UL-RL begrenzt räumlich nur insoweit, als dass sie einen Teil des Gebietes eines Mitgliedstaates fordert und dieser Teil städtischen Charakter besitzen muss. Diese Definition ist dahin ungenau, welchen Gebietszuschnitt oder Zusammensetzung der Ballungsraum haben soll.[617] Sie erlaubt zwar eine Anpassung an die örtlichen Verhältnisse, es wird aber nicht klar, ob es sich um das Gebiet einer einzelnen Gemeinde oder auch um das mehrerer handeln darf.[618] Außerdem ist unklar, ob sich die Anforderung der Bevölkerungsdichte auf den Durchschnitt des gesamten Gemeindegebietes bezieht oder auf kleinere Einheiten innerhalb des Gemeindegebietes gemessen und ob damit „feiner" bestimmt werden muss.[619] Die Definition setzte aber an tatsächlichen Gegebenheiten an und nimmt ihrem Wortlaut nach keine Rücksicht auf Gemeindegrenzen.

Diese Auslegung ist auch unter Erwägungen einer möglichst effektiven Wirkung der Vorzug zu geben. Es sollen Probleme von Verdichtungsräumen geregelt werden. Zu den Problemen von Ballungsräumen oder auch Verdichtungsräumen aufgrund ihrer hohen

616 Z. B. die Ballungsräume Hamburg und Stuttgart, vgl. dazu 1. Teil II. 3 a) ee) und aa).

617 *Schulze-Fielitz*, in: Koch (Hrsg.), GK-BImSchG, § 47b Rn. 23.

618 So *Hansmann*, in: Landmann/Rohmer, BImSchG, § 47b Rn. 11, der ansonsten eine weitere Begrenzung im Wortlaut der Regelung verlangt.

619 *Schulze-Fielitz*, in: Koch (Hrsg.), GK-BImSchG, § 47b Rn. 23.

Bevölkerungsdichte und intensiver Nutzung zählen die Überlastung der Umwelt durch konzentrierte Beanspruchung, ein hohes Verkehrsaufkommen und knappe Flächen zur Regeneration und Naherholung.[620] Zu diesen typischen Umweltproblemen in Verdichtungsräumen kommen die mit der Verdichtung einhergehenden Verwaltungsprobleme hinzu. Ballungs- oder Verdichtungsräume umfassen schon ihrer Definition nach mehr als eine Gemeinde, da sie an Bevölkerungsdichte und Einwohnerzahl und gerade nicht an Verwaltungsgrenzen ansetzen. Die beschriebenen Probleme bilden sich aufgrund der engen Verbundenheit und Dichte zwischen den Gemeinden und ihren Bewohnern. Dies führt auch dazu, dass über örtliche Zuständigkeitsgrenzen hinweg eine Problemlösung erforderlich wird. Anders herum gesagt werden Verdichtungsräume durch Verwaltungsgrenzen zerschnitten.[621] Deshalb bedarf es einer raumadäquaten Lösung für oft komplizierte Interessen- und Beziehungsgeflechte, die die einzelnen Teile der Ballungsräume notwendig verklammern.[622] Die Definition ist darauf angelegt, dass die Planung nicht an Gemeindegrenzen endet. Sie nimmt den Raum als Hauptlärmquellen und Haupteinwirkungsorte und damit anhand der Besonderheiten einer dichten Besiedelung in Bezug. Daher muss ein Ballungsraum abstrakt anhand der vorgegebenen Kriterien bestimmt werden.

b) Umsetzung im nationalen Recht

Die Definition der Umgebungslärmrichtlinie konkretisiert § 47 b Nr. 2 BImSchG dahin, dass eine Mindesteinwohnerdichte von 1.000 Einwohnern pro Quadratkilometer verlangt wird. Damit ist auch die Definition im BImSchG zunächst ungenau, welchen Gebietszuschnitt oder Zusammensetzung der Ballungsraum haben soll.[623] Aber auch die Definition des BImSchG setzt an tatsächlichen Gegebenheiten an und nimmt keine Rücksicht auf Gemeindegrenzen. Die-

620 *Schmidt-Aßmann*, Die Verwaltung, 1985, S. 273, 274 f.

621 *Schmidt-Aßmann*, Die Verwaltung, 1985, S. 273, 278.

622 *Schmidt-Aßmann*, Die Verwaltung, 1985, S. 273, 278.

623 *Schulze-Fielitz*, in: Koch (Hrsg.), GK-BImSchG, § 47b Rn. 23.

ser Ansatz entspricht auch den Einordnungen von Ballungsgebieten oder Verdichtungsräumen in anderen deutschen Gesetzen und der dort angestrebten Problembewältigung. Von der Ministerkonferenz für Raumordnung (MKRO) wurden 1968 für einen „Verdichtungsraum" die Indikatoren Mindesteinwohnerzahl von 150.000 Einwohnern, Bevölkerungsdichte von mindestens 1.000 Einwohner/km^2 und eine Einwohner-/Arbeitsplatzdichte jeder Gemeinde zugrunde gelegt.[624] Auch das SARO-Gutachten von 1961[625] und das ROG des Bundes setzten sich mit den Herausforderungen dicht besiedelter Gebiete auseinander. Nach § 8 Abs. 3 ROG können Raumordnungspläne in Verdichtungsräumen über die Landesgrenzen hinaus reichen. Mit zunehmender Verdichtung der Bevölkerung in den 1950er Jahren stiegen auch die mit dem engen Zusammenleben von Menschen einhergehenden Probleme. Das SARO-Gutachten empfahl deshalb die Einführung eines Bundesraumordnungsgesetzes, um die regionale Strukturpolitik in eine das gesamte Bundesgebiet umfassende Raumordnungspolitik zu integrieren. Nur diese Herangehensweise kann die oben genannten Probleme von Verdichtungsräumen lösen.[626]

Auch die Definitionen in § 47 b Nr. 2 BImSchG ist darauf angelegt, dass die Planung nicht an Gemeindegrenzen endet. Sie nimmt den Raum als Hauptlärmquelle und Haupteinwirkungsort und damit anhand der Besonderheiten einer dichten Besiedelung in Bezug. Daher muss ein Ballungsraum abstrakt anhand der vorgegebenen Kriterien bestimmt werden und hat typischerweise eine größere räumliche Abmessung als ein Gemeindegebiet. Danach können Gebiete, die nicht zur Gemeinde im Kern eines Ballungsraumes gehören, von der Lärmaktionsplanung nicht ausgenommen werden, wenn die Kriterien von § 47 b Nr. 2 BImSchG insgesamt erfüllt sind. Gleichzeitig bedeutet dies aber auch, dass der zu kartierende Ballungsraum kleiner als ein Gemeindegebiet sein kann. Ein Ballungsraum mit mehr als 100.000 Einwohnern kann sich nicht deshalb der Planungspflicht entziehen, weil auf das gesamte Gemeindege-

624 Abgedruckt Raumordnungsbericht 1968, BT-Drs. V/3958 S. 151 f.

625 *Sachverständigenausschuss für Raumordnung*, Raumordnung in der Bundesrepublik Deutschland, 1961.

626 3. Teil. II. 1. a).

biet gerechnet die erforderliche Bevölkerungsdichte von 1.000 Einwohner/km^2 nicht erreicht wird. Der zu beplanende Ballungsraum umfasst nur solche Gemeindebereiche nicht, die die erforderliche Dichte nicht aufweisen. Das übrige Gebiet muss beplant werden.

Es bleibt zu prüfen, wie sich die Anwendung der Vorgaben für die Definition von Ballungsräumen aus der Umgebungslärmrichtlinie und dem BImSchG auf die Verwaltungspraxis auswirkt.[627]

2. Planerstellung durch eine Behörde pro Ballungsraum

Im Zusammenhang mit der Frage nach dem Umfang des Plangebietes steht die Frage nach der zuständigen planerstellenden Behörde.

a) Anforderungen der Umgebungslärmrichtlinie

Die Mitgliedstaaten sollen nach Art. 4 Abs. 1 UL-RL die zuständige Behörde für die Aufstellung der Lärmaktionspläne auf geeigneter Ebene benennen.[628] In Anhang V Ziff. 1, 2. Spiegelstrich UL-RL wird als Mindestanforderung für Aktionspläne die Angabe der zuständigen Behörde verlangt. Der Wortlaut spricht dabei von „zuständige Behörde". Auch die Ziff. 1.2 des Anhangs VI UL-RL spricht von „zuständige Behörde", die als Angabe an die Kommission zu übermitteln ist. Darüber hinaus wird in der englischen Fassung der Umgebungslärmrichtlinie in Anhang V Ziff. 1.2 UL-RL von „the authority responsible" und in Anhang VI Ziff. 1, 2. Spiegelstrich UL-RL von „the responsible authority" gesprochen. Die französische Fassung spricht an beiden Stellen von „autorité compétente". In beiden Anhängen und in unterschiedlichen Sprachfassungen

627 Dazu siehe 3. Teil II. 3.

628 **Art. 4 Abs. 1 UL-RL** „Die Mitgliedstaaten bestimmen auf der geeigneten Ebene die für die Anwendung dieser Richtlinie zuständige Behörden und Stellen, insbesondere die zuständigen Behörden für die Ausarbeitung und gegebenenfalls die Genehmigung von Lärmkarten und Aktionsplänen für Ballungsräume, Hauptverkehrsstraßen, Haupteisenbahnstrecken und Großflughäfen, die Sammlung von Lärmkarten und Aktionsplänen".

wird nach dem Wortlaut pro Ballungsraum eine Behörde vorausgesetzt. Außerhalb der Anhänge spricht die Richtlinie etwa in Art. 8 Abs. 1 UL-RL zwar von „zuständigen Behörden", dies dürfte aber auf Ballungsräume insgesamt bezogen sein und keinen Schluss für einen einzelnen Ballungsraum zulassen. Mit der Formulierung in Art. 8 Abs. 1 UL-RL wird nur klargestellt, dass nicht unbedingt nur einer Behörde für die Planerstellung aller Ballungsräume zuständig sein muss. Für die Zuständigkeitsverteilung innerhalb eines Ballungsraumes sind aber die Anhänge V und VI UL-RL aussagekräftiger.

Schon im Verfahren zum Erlass der Umgebungslärmrichtlinie wurden die Bestimmungen der Ballungsräume als problematisch empfunden. Sowohl der Ausschuss der Regionen als auch der Wirtschafts- und Sozialausschuss sprachen sich in ihren Stellungnahmen für eine präzisere Definition des Begriffs „Ballungsraum" aus, um möglichen Mehrfachzuständigkeiten zu begegnen.[629] Ob es solch einer Bündelung von Zuständigkeiten auf eine Behörde bedarf, um einen effektiven Vollzug der Umgebungslärmrichtlinie sicherzustellen, ist im Hinblick auf Zuständigkeitsfragen zumindest fraglich. Ob die Erstellung der Lärmaktionspläne durch eine zuständige Stelle pro Ballungsraum eine höhere Effektivität verspricht, lässt sich nur anhand der tatsächlichen Gegebenheiten und der Auswirkung auf die Praxis bestimmen. Die Tatsache, dass in vielen Ballungsräumen jede Gemeinde einen eigenen Lärmaktionsplan erstellt, läuft nach Ansicht einiger Autoren diesen Anforderungen der Umgebungslärmrichtlinie zuwider.[630]

629 Stellungnahme des WSA, ABl. EG 2001 Nr. C 116 S. 48 (S. 50, Ziff. 3.2.3.); Stellungnahme des AdR, ABl. EG 2001 Nr. C 148 S. 7 (S. 8, Ziff. 2.6.).

630 Genauso *Repkewitz*, VBlBW 2006, 409, 414; ähnlich *Stettner*, in: Ule/Laubinger (Hrsg.), BImSchG, vor § 47 a, Rn. B 10.

b) Umsetzung im nationalen Recht

Niedersachsen geht als einziges Bundesland in der ZustVO-Umwelt-Arbeitsschutz vom 18.11.2004[631] davon aus, dass von den Gemeinden ein gemeinsamer Lärmaktionsplan zu erstellen ist, falls sich der Ballungsraum über mehrere Gemeindegebiete erstreckt.[632] Andere Zuständigkeitsverordnungen der Länder gehen auf diese Möglichkeit nicht ein.

3. Auswirkungen auf die Praxis

Fraglich ist nun, wie sich eine unterstellte strikte Anwendung der beiden Vorgaben der Umgebungslärmrichtlinie auf die Planungspraxis auswirken würde.

Zunächst bedeutet in der Praxis eine strikte Anwendung der Vorgaben der Umgebungslärmrichtlinie und eine entsprechende Anwendung des BImSchG in Bezug auf den Umfang der Ballungsräume anhand der Kriterien Einwohnerzahl und Bevölkerungsdichte für die Ballungsräume Stuttgart und Düsseldorf[633], dass diese überwiegend anders bestimmt werden müssten. Bisher hat die Verwaltung die Ballungsräume auf das Gebiet innerhalb der Gemeindegrenzen beschränkt. Für die Ballungsräume Stuttgart und Düsseldorf sowie für den Ballungsraum Hamburg bedeutet dies zudem einen größeren Verwaltungsaufwand, da ein größeres, über die Gemeindegrenzen hinausreichendes Gebiet, bei wörtlicher Anwendung der Vorgaben, durch eine Behörde zu beplanen wäre. Nur für die Ballungsräume Hannover und Halle ergäbe sich in Bezug auf den räumlichen Umfang des Ballungsraumes keine Abweichung. Für Hamburg wäre der Lärmaktionsplan aber auch abweichend zur Praxis durch eine Behörde zu erstellen.

631 Nds. GVBl. S. 464.

632 ZustVO-Umwelt-Arbeitsschutz Nds., 8.1.1.14 Fn. 5, Anlage 1.

633 1. Teil II. 3. a) und b).

a) Stuttgart

Der Ballungsraum Stuttgart müsste etwa um weitere 19 Gemeinden der Landkreise Esslingen, Böblingen, Ludwigsburg und des Rems-Muss-Kreises ergänzt werden (vgl. Darstellung 5).[634] Diese 19 Gemeinden grenzen an die Landeshauptstadt und weisen eine Bevölkerungsdichte von mehr als 1.000 Einwohnern pro Quadratkilometer auf.[635] Auch ohne diese Gemeinden hat die Stadt Stuttgart eine Bevölkerung von weit mehr als 250.000 Einwohnern und ist damit Ballungsraum der ersten Planungsphase.

Darstellung 5: Ballungsraum Stuttgart

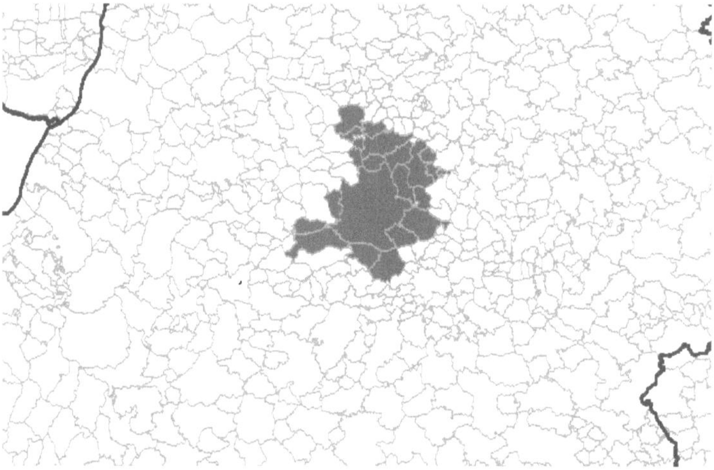

Ausschnitt von Baden-Württemberg: aus der Definition des § 47b Nr. 2 BImSchG gefolgerte Abmessung des Ballungsraumes Stuttgart
(Karte Quelle: Geoserver NRW, online.)

634 Ostfildern, Filderstadt, Leinfelden-Echterdingen, Sindelfingen, Böblingen, Gerling, Möglingen, Kornwestheim, Remseck a. N., Ludwigsburg, Asperg, Tamm, Freiberg a. N., Bietigheim-Bissingen, Fellbach, Kernen, Waiblingen, Korb und Schwaikheim.

635 Angaben des Statistischen Bundesamtes, Gemeindeverzeichnis, online.

b) Düsseldorf

Die Stadt Düsseldorf liegt im äußerst dicht besiedelten Rhein-Ruhr-Gebiet. An die Stadt grenzen im Westen die Gemeinden Neuss und Meerbusch, im Osten die Gemeinden Ratingen, Erkrath, Hilde und Mettmann, im Norden die Stadt Duisburg und im Süden Dormagen, Monheim und Langenfeld. Bis auf Mettmann, Dormagen und Meerbusch haben alle Gemeinden eine Bevölkerungsdichte von mehr als 1.000 Einwohnern pro km^2 (vgl. Darstellung 6, S. 164).[636] Eine zusammenhängende Fläche von Gemeinden mit mehr als 1.000 Einwohnern pro km^2 reicht in Nordrhein-Westfalen aber von Kamen im Osten bis Krefeld im Westen und von Bottrop im Norden bis Bonn im Süden. Insgesamt umfasst dieses Gebiet 20 der 24 in Nordrhein-Westfalen ausgewiesenen Ballungsräume mit rund 45 Gemeinden. Damit hätte dieses Gebiet auch als Ballungsraum Rhein/Ruhr ausgewiesen werden können. Außerhalb dieses Gebiets liegen nur noch die ausgewiesenen Ballungsräume Münster, Bielefeld, Mönchengladbach und Aachen.[637]

Dennoch stellen Gemeinden, die in Nordrhein-Westfalen als Ballungsraum ausgewiesen sind, eigene, völlig unabhängige Lärmaktionspläne für ihr Gemeindegebiet auf und stimmen sich allenfalls bei den die Gemeinden verbindenden Straßen ab. Die Gemeinden Ratingen, Erkrath, Langenfeld und Monheim grenzen zwar direkt an Düsseldorf und haben eine Bevölkerungsdichte von mehr als 1.000 Einwohnern pro km^2 sind aber nicht als Bestandteil des Ballungsraumes oder als selbständiger Ballungsraum ausgewiesen, sodass eine Erfassung dieser Gebiete durch einen Lärmaktionsplan nicht erfolgt.

---

636 Angaben des Statistischen Bundesamtes, Gemeindeverzeichnis, online.

637 Zu den für die Lärmaktionsplanung ausgewiesenen Ballungsräumen *UBA*, Daten zur Umwelt, Karte: Lage der Ballungsräume 2013, online.

Darstellung 6: Nordrhein-Westfalen

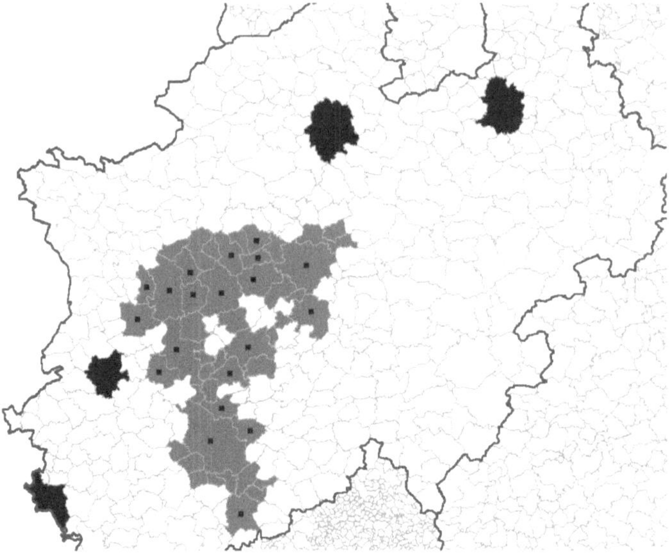

Nordrhein-Westfalen: aus der Definition des § 47b Nr. 2 BImSchG gefolgerte Abmessung des Ballungsraumes Rhein-Ruhr. Gemeinden mit mind. 1.000 Einwohner/km^2, die zusammenhängen (grau), sowie als Ballungsräume ausgewiesene Gemeinden (schwarz)
(Karte Quelle: Geoserver NRW, online.)

c) Halle, Hannover, Hamburg

Die Ballungsräume der Städte Halle, Hannover und Hamburg sind auch anhand der Kriterien nach § 47b Nr. 2 BImSchG ordnungsgemäß bestimmt.

Außerhalb von Halle hat keine Gemeinde eine Bevölkerungsdichte von mehr als 1.000 Einwohnern pro km^2.

Für den Ballungsraum Hannover erfüllt nur Laatzen die Voraussetzungen und wurde bereits einbezogen.[638]

Auch für die Lärmaktionsplanung von Hamburg wurden alle relevanten Gemeinden aus Schleswig-Holstein einbezogen (vgl.

638 *Hannover*, Fachbereich Planen und Stadtentwicklung, Lärmaktionsplan Landeshauptstadt Hannover, online, S. 4 ff.

Darstellung 7).[639] Die an die Hansestadt angrenzenden Gemeinden in Niedersachsen sind nur wenig besiedelt[640] und erfüllen nicht die Voraussetzungen von § 47b Nr. 2 BImSchG. Dennoch stellen die 14 Gemeinden in Schleswig-Holstein eigene Lärmaktionspläne auf, in denen sie konkrete Maßnahmen für ihr Gebiet vorsehen.[641] Diese Lärmaktionspläne müssten nach wörtlicher Auslegung der Umgebungslärmrichtlinie auch durch die Behörde der Stadt Hamburg erstellt werden.

Darstellung 7: Ballungsraum Hamburg

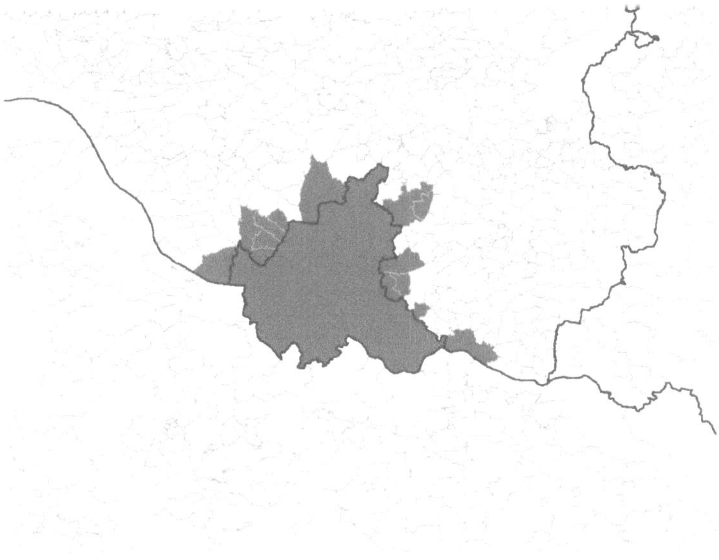

Hamburg einschließlich der Bundesländer Schleswig-Holstein im Norden und Niedersachsen im Süden: aus der Definition des § 47b Nr. 2 BImSchG gefolgerte Abmessung des Ballungsraumes Hamburg. Gemeinden mit mind. 1.000 Einwohner/km², die zusammenhängen (grau).
(Karte Quelle: Geoserver NRW, online.)

639 *Hamburg*, Behörde für Stadtentwicklung und Umwelt, Strategischer-Lärmaktionsplan, online, Abb. 1, S. 8.

640 Angaben des Statistischen Bundesamtes, Gemeindeverzeichnis, online.

641 Z.B. *Norderstedt*, Lärmminderungsplanung Norderstedt, online.

4. Ergebnis

Die Bestimmung der Ballungsräume unabhängig von Gemeindegrenzen entspricht einer effektiven Aufgabenwahrnehmung und einem effektiven Richtlinienvollzug. Denn nur so können die für einen Ballungsraum typischen Probleme einer hohen Verdichtung und den damit einhergehenden größeren Auswirkungen von Lärm begegnet werden. Auch die Umgebungslärmrichtlinie fordert solch ein Vorgehen, indem sie Ballungsräume als Gebiete mit städtischem Charakter und hoher Bevölkerungs- und Nutzungsdichte zum Ausgangspunkt der Planung macht und in ihrer Definition gerade keine Begrenzung durch Gemeinde- oder Verwaltungsgrenzen vorsieht. Für eine konforme Implementierung der Richtlinienvorgaben, aber auch für eine effektive Lärmaktionsplanung ist eine von Verwaltungsgrenzen unabhängige Bestimmung der Planungsgebiete unerlässlich. In konformer Richtlinienimplementierung müssten die Ballungsräume somit grundsätzlich unabhängig von Gemeindegrenzen bestimmt werden.

Insoweit wird die Umgebungslärmrichtlinie in § 47d Abs. 1 BImSchG wieder konform umgesetzt, nur die Ausgestaltung in der Praxis läuft den Anforderungen der Richtlinie zuwider. Aber auch hier bedürfte es für einen richtlinienkonformen Zustand nur einer am Wortlaut von § 47d Abs. 1 BImSchG orientierten Anwendung.

Die Planerstellung durch eine einzige Behörde pro Ballungsraum, entsprechend dem Wortlaut der Umgebungslärmrichtlinie, steht aber einer effektiven Aufgabenerfüllung sogar entgegen. Dies wird insbesondere anhand des Ballungsraumes Düsseldorf bzw. Rhein-Ruhr deutlich, aber auch am Beispiel der Ballungsräume Stuttgart und Hamburg. Für einen effektiven Richtlinienvollzug ist ein abgestimmtes Konzept zum Lärmschutz innerhalb eines Verdichtungsraumes angebracht. Die Lärmaktionsplanerstellung durch eine zentrale Behörde könnte aber weitere Zuständigkeitsfragen und Durchsetzungsprobleme nach sich ziehen. Die Kommunalbehörden haben weitreichende Kompetenzen für ihr Gemeindegebiet, die es aufeinander abzustimmen gälte. Viele Gemeinden wären mit umfassenden Kompetenzen bei nur einer Behörde kaum sinnvoll zu beplanen. Die praktische Wirksamkeit des Richtlinienvollzugs kann nicht einen Weg voraussetzen, der zusätzliche Implementierungshindernisse mit sich bringt.

Ein effektiver Vollzug der Richtlinie und damit konform zu den Anforderungen an eine praktische Wirksamkeit kann eher erfolgen, wenn die Zuständigkeiten der Gemeinden für ihr Gemeindegebiet bestehen bleiben und eine Pflicht zur Abstimmung zwischen ihnen, etwa über die festzulegenden Maßnahmen in den Lärmaktionsplänen, erfolgt. Auch nach alter Rechtslage zur Lärmminderungsplanung vor 2005 sollten die Gemeinden nur für die Aufstellung von Lärmminderungsplänen in ihrem örtlichen Bereich zuständig sein, insbesondere für den Bereich, in dem sie auch Bauleitpläne aufstellen können.[642]

Somit setzt das nationale Recht die nach den Grundsätzen des effet utile ausgelegten Anforderungen der Richtlinie korrekt um, und auch der Vollzug durch Planerstellung mehrere Behörden in einem Ballungsraum bzw. durch mehrere Pläne ist richtlinienkonform.

III. Praxisproblem: Verhältnis der Planungspflichten von Ballungsräumen zu der von Hauptverkehrsstraßen

Ein weiteres Praxisproblem ist das Verhältnis der Planungspflicht von Ballungsräumen zu der von Orten in der Nähe von Hauptverkehrsstraßen innerhalb eines Ballungsraumes. Jeder in Deutschland ausgewiesene Ballungsraum umfasst auch Bundes- und Landesstraßen, an denen „Orte in der Nähe" gemäß Art. 8 Abs. 1 Nr. 1 UL-RL zu beplanen sind. Die Frage nach dem Verhältnis beider Planungspflichten wird insbesondere dann relevant, wenn es sich um einen Ballungsraum handelt, der erst in der zweiten Planungsphase bis 2013 zu beplanen war, dieser aber Hauptverkehrsstraßen enthält, die schon in der ersten Phase bis 2008 zu beplanen waren. Zu den Bal-

642 BReg., BR-Drs. 155/89, S. 71 f = BT-Drs. 11/4909, S. 23.

lungsräumen der zweiten Phase gehören in Deutschland immerhin 27 der 71 Ballungsräume.[643]

Bisher wurden Hauptverkehrsstraßen innerhalb von Ballungsräumen der zweiten Planungsphase auch bei hohem Verkehrsaufkommen von den zuständigen Stellen oft nicht beplant, sondern dies auf den Termin der Planung des gesamten Ballungsraumes verschoben.[644] Fraglich ist aber, ob dies mit den Anforderungen der Umgebungslärmrichtlinie vereinbar ist. Dadurch, dass nun auch die zweite Planungsphase beendet ist und für die großen Ballungsräume und vielbefahrenen Hauptverkehrsstraßen bereits die Überarbeitung der Pläne beginnt, hat sich dieses Problem nicht erledigt, wie man meinen könnte, sondern stellt sich wieder neu.

1. Anforderungen der Umgebungslärmrichtlinie

Für Hauptverkehrsstrecken und Ballungsräume sind gemäß, Art. 7 Abs. 1 UL-RL zunächst jeweils eigene Lärmkarten zu erstellen, sodass die Kartierung unabhängig voneinander verläuft.[645] Nach Art. 7 Abs. 1 UL-RL sorgen die Mitgliedstaaten dafür, „dass spätestens bis zum 30. Juni 2007 strategische Lärmkarten für sämtliche Ballungsräume mit mehr als 250.000 Einwohnern sowie für sämtliche Hauptverkehrsstraßen mit einem Verkehrsaufkommen von über sechs Millionen Kraftfahrzeugen pro Jahr in ihrem Hoheitsgebiet

643 *UBA*, Daten zur Umwelt, Karte: Lage der Ballungsräume 2013, online und Karte: Lage der Ballungsräume 2008, online.

644 Erster Lärmaktionsplan der Stadt Osnabrück 2012 auf den Weg gebracht, *Osnabrück*, 1. Zwischenbericht Lärmaktionsplan Osnabrück, 2012, online, von Hauptverkehrsstraßen der ersten Planungsstufe im Stadtgebiet ist auszugehen, da die Stadt durch große Einfallstraßen an die BAB A33 und A30 angeschlossen ist; genauso für die Stadt Bottrop, diese wird von der BAB A31 in Nord-Süd-Richtung und die BAB A2 in Ost-West-Richtung durchzogen, eine Planung findet seit 2012 statt, *Bottrop*, Umgebungslärm, online; anders in Hessen z. B. Regierungspräsidium Kassel, hier wurden auch die Hauptverkehrsstraßen in Ballungsräumen vom Lärmaktionsplan des Regierungspräsidiums umfasst *Kassel*, Regierungspräsidium Kassel, Umgebungslärm, online.

645 *Feldmann*, ZUR 2005, 352, 355; *Repkewitz*, VBlBW. 2006, 309, 312.

von den zuständigen Behörden ausgearbeitet und gegebenenfalls genehmigt sind". Ähnlich der Kartierungspflicht ist auch die Pflicht zur Aufstellung von Lärmaktionsplänen nach Art. 8 UL-RL geregelt.

Damit sind die Pflichten normiert, für Ballungsräume und für Orte in der Nähe von Hauptverkehrsstrecken Lärmaktionspläne und Lärmkarten zu erstellen. Somit gelten grundsätzlich voneinander unabhängige Kartierungs- und Planungspflichten. Für den typischen Fall, dass zu einem Ballungsraum auch Orte in der Nähe von Hauptverkehrsstraßen gehören, könnten diese aber von den Lärmaktionsplänen der Ballungsräume umfasst werden. Für Ballungsräume sollen nach Anhang IV Ziff. 8 UL-RL zwar getrennte Lärmkarten für die unterschiedlichen Quellen (Straßenverkehrslärm, Eisenbahnlärm, Fluglärm, Industrie- und Gewerbelärm) erstellt werden, aber die Vorschrift steht einer Zusammenfassung in einem sich anschließenden Lärmaktionsplan nicht entgegen. Denn nach Art. 3 lit. r) UL-RL soll sogar eine Bewertung der Gesamtlärmbelastung vorgenommen werden.[646] Für die Möglichkeit, beide Planungspflichten in einem Lärmaktionsplan abzuarbeiten, spricht auch, dass nach Anhang VI Ziff. 2.2 UL-RL der Europäischen Kommission zu den Hauptverkehrsstrecken auch eine Beschreibung der Umgebung, der Ballungsräume, der Dörfer oder der ländlichen Gegenden übermittelt werden soll. Damit wird auch hier davon ausgegangen, dass eine zu beplanende Hauptverkehrsstrecke zum einen in einem Ballungsraum liegen und zum anderen eine gemeinsame Planung erfolgen kann. Diese Möglichkeit der gemeinsamen Planung kann aber nach dem eindeutigen Wortlaut von Art. 8 UL-RL nicht die Regel sein, da die Planung von Orten in der Nähe von Hauptverkehrsstraßen an eine andere räumliche Voraussetzung knüpft als die der Ballungsräume. Orte in der Nähe einer Hauptverkehrsstraße sind besonders durch die Straße als Lärmquelle betroffen. Ballungsräume stellen demgegenüber sowohl Hauptlärmquellen durch unterschiedliche und teils laute Nutzungen dar, als auch Haupteinwirkungsorte mit empfindlichen und schutzbedürftigen Gebieten. Außerdem sind für den jeweiligen räumlichen Ansatz[647] zwei unterschiedliche Planungszeitpunkten vorgesehen. Die zeitliche Staffellung in zwei Pla-

646 *Hansmann*, in: Landmann/Rohmer, BImSchG, § 47 a Rn. 10.

647 Vgl. zu den unterschiedlichen räumlichen Ansätzen Einführung V. 3. und 4.

nungsphasen, bis 2008 und bis 2013, ist für beide Planungspflichten zwingend einzuhalten.[648] Denn für kleinere Ballungsräume oder weniger frequentierte Hauptverkehrsstraßen wurde die Planungspflicht nur bis 2013 zurück gestellt, lässt aber andere Planungspflichten für das Gebiet unberührt stehen.

2. Umsetzung im nationalen Recht

Auch nach der deutschen Regelung in § 47 c Abs. 1 BImSchG sind für Hauptverkehrsstrecken und Ballungsräume eigene Lärmkarten zu erstellen.[649] Auch wortgleich in nationales Recht übernommen wurde die Anforderung, dass strategische Lärmkarten für Ballungsräume mit Hauptverkehrsstraßen von den zuständigen Behörden ausgearbeitet werden, so § 47c Abs.1 BImSchG. Ähnlich der Kartierungspflicht ist auch im nationalen Recht die Pflicht zur Aufstellung von Lärmaktionsplänen nach § 47d BImSchG geregelt. Danach sorgen die Mitgliedstaaten dafür, „dass bis zum 18. Juli 2008 von den zuständigen Behörden Aktionspläne ausgearbeitet werden, mit denen in ihrem Hoheitsgebiet Lärmprobleme und Lärmauswirkungen, erforderlichenfalls einschließlich der Lärmminderung, geregelt werden für a) Orte in der Nähe der Hauptverkehrsstraßen mit einem Verkehrsaufkommen von über sechs Millionen Fahrzeugen pro Jahr, b) Ballungsräume mit mehr als 250.000 Einwohnern".

Dies Möglichkeit einer gemeinsamen Planung kann auch nach dem Wortlaut von § 47d BImSchG, wie in der Richtlinie nicht die Regel sein, da auch hier die Norm an unterschiedliche räumliche Voraussetzung knüpft.

3. Ergebnis

Für den Fall, dass in einem Ballungsraum der zweiten Planungsphase eine Hauptverkehrsstraße der ersten Planungsphase verläuft, muss nach dem Wortlaut und Zweck der Richtlinie, ein hohes

648 Dazu *Schulze-Fielitz*, in: Koch (Hrsg.), GK-BImSchG, § 47d Rn. 20.

649 *Feldmann*, ZUR 2005, 352, 355; *Repkewitz*, VBlBW. 2006, 309, 312.

Gesundheits- und Umweltschutzniveau zu gewährleisten, ein eigenständiger Lärmaktionsplan für die Orte in der Nähe der Hauptverkehrsstraßen innerhalb des Ballungsraumes erstellt werden. Für eine praktische Wirksamkeit der Anforderung der Richtlinie, die Lärmaktionsplanung als Rechtszustand zu erreichen, ist eine Einhaltung beider Planungspflichten unerlässlich. Die Orte in der Nähe von Hauptverkehrsstraßen müssen dann im Rahmen der Lärmaktionsplanung des Ballungsraumes berücksichtigt werden, wenn sie in die gleiche oder in eine spätere Planungsphase fallen.

Insoweit steht wieder die nationale Vollzugspraxis einem konformen Richtlinienvollzug entgegen und nicht die Umsetzung in nationale Gesetze.

VI. Abschnittsergebnis

Ein effektiver Vollzug der Umgebungslärmrichtlinie ist durch eine am Wortlaut des § 47d BImSchG orientierten Vollzug zu gewährleisten. Somit wurde die Umgebungslärmrichtlinie konform in nationales Recht umgesetzt.

Die wortlautentsprechende Anwendung betrifft zunächst die verbindliche Verwirklichung der Pflichten zur Erstellung von Lärmaktionsplänen. Darin ist der Ansatz der Umgebungslärmrichtlinie an räumlichen Gegebenheiten, wie an Haupteinwirkungsorten für Lärm sowie an Hauptlärmquellen und schutzwürdigen Gebieten, zu beachten. Aus diesem Ansatz und dem Ziel, ein hohes Umwelt- und Gesundheitsschutzniveau zu gewährleisten, das auch gegen eine Verschlechterung in Fällen eines zufriedenstellenden Niveaus vorbeugen will, folgt, dass bei den drei hier beschriebenen Praxisfragen ein Nachsteuern im Verwaltungsvollzug erforderlich ist. Die Umsetzungsnormen des BImSchG verlangen nach ihrem Wortlaut schon die geforderte Planungspraxis.

Es ist nicht ausreichend, ein Regelungsbedürfnis für einen Lärmaktionsplan allein aus einer Überschreitung von Auslöseschwellen abzuleiten. Vielmehr ist ein Regelungsbedürfnis an einer Hauptlärmquelle, wie einer Hauptverkehrsstraße, einem Ballungsraum und dem Ballungsraum gleichzeitig als Haupteinwirkungsgebiet, typischerweise gegeben und wird von der Umgebungslärmrichtlinie angenommen. Auch § 47d Abs. 1 BImSchG sieht nach seinem Wortlaut eine Planungspflicht für Orte in der Nähe von Hauptverkehrsstraßen und Ballungsräume vor.

Weiter ist es für einen effektiven Richtlinienvollzug im Rahmen des beschriebenen Ansatzes nicht ausreichend, Ballungsräume durch Verwaltungsgrenzen zu beschränken. Auch hier muss der Ansatz an tatsächlichen Gegebenheiten des Verdichtungsgebietes als Haupteinwirkungsort und als Hauptlärmquelle ernst genommen werden. Verdichtungsgebiete bestimmen sich schon ihrer Definition und ihres Ansatzes nach unabhängig von Gemeindegrenzen. Solch eine Definition an tatsächlichen Gegebenheiten enthält auch § 47b Nr. 2 BImSchG.

Schließlich ist den zwischen Hauptverkehrsstraßen und Ballungsräumen differenzierten Planungspflichten gerecht zu werden. Auch diese Unterscheidung orientiert sich an dem differenzierten Ansetzen an Hauptlärmquellen und Haupteinwirkungsorten, wie ihn die Umgebungslärmrichtlinie aber auch § 47 d Abs. 1 BImSchG vorsehen.

4. Teil

Effektivität der Lärmaktionsplanung durch Aufnahme von Maßnahmen in den Lärmaktionsplan

Weiter stellt sich die Frage, ob in Lärmaktionsplänen Maßnahmen überhaupt vorgesehen werden müssen und welche Eingriffsqualität ihnen zukommen muss. Diese Frage bietet einen erneuten Anlass, den durch das deutsche Verwaltungsrecht gewährleisteten Grad der effektiven Durchsetzung der Umgebungslärmrichtlinie zu untersuchen.

I. Pflicht zur Aufnahme von Maßnahmen in den Lärmaktionsplan

Das gesetzgeberische Ziel, dem Umgebungslärm vorzubeugen, ihn zu verhindern oder zu mindern, kann nur erreicht werden, indem hoheitliche Befugnisse vorgegeben werden, die auch in Rechte Dritter eingreifen können. Fraglich ist aber, ob die zuständige Behörde bei der Aufstellung von Lärmaktionsplänen zur Aufnahme von Maßnahmen verpflichtet ist, oder ob sie sich etwa auf die Formulierung von Zielvorstellungen beschränken kann.

Eine Pflicht zur Aufnahme von Maßnahmen in die Lärmaktionspläne könnte aus Anforderungen der Umgebungslärmrichtlinie an einen Mindestinhalt für Lärmaktionspläne und danach angewandten Anforderungen der §§ 47a ff. BImSchG folgen. Dabei stellen sich die Fragen, ob die planerstellenden Behörden Ermessen hinsichtlich der Aufnahme von Maßnahmen in den Lärmaktionsplan haben und ob eine Pflicht, Maßnahmen im Lärmaktionsplan aufzunehmen, aus anderen Voraussetzungen folgt.

1. Auslegung des Ermessens in § 47d Abs. 2 BImSchG

§ 47d Abs. S. 3 BImSchG normiert ein „Ermessen“[650] in Bezug auf „die Festlegung von Maßnahmen in den Plänen“. Fraglich ist zunächst, wie der Begriff Ermessen hier zu verstehen ist, insbesondere ob Ermessen im Sinne des deutschen Verwaltungsverfahrensrechts eingeräumt werden soll. Zunächst ist festzuhalten, dass es sich bei der Lärmaktionsplanung um ein einer planerischen Entscheidung ähnliches Instrument handelt und nicht einer einzelfallbezogenen, auf eine konkrete Rechtsfolge gerichtete Entscheidung, in der Ermessen grundsätzlich anzutreffen ist.[651] Zudem hat der Gesetzgeber den Begriff des Ermessens aus Art. 8 Abs. 1 S. 2 UL-RL übernommen, weshalb der Begriff unionsrechtlich geprägt ist.[652] In der englischen Fassung heißt es: „The measurs within the plans are at the discretion of the competent authoreties“. “Discretion“ kann in diesem Kontext mit „Ermessen“ übersetzt werden. Zudem wird der Entscheidungsspielraum der Behörde durch Anhang V Nr. 2 UL-RL stark eingeschränkt. Daher handelt es sich vielmehr um einen planerischen Gestaltungsspielraum[653], der aber nichtsdestotrotz Entscheidungsfreiheit einräumt. Diese könnte sich sowohl auf das „Ob“ von Maßnahmen als auch darauf, „welche“ Maßnahmen im Lärmaktionsplan festgelegt werden, beziehen oder aber für das „Ob“ der Verwirklichung eingeräumt sein. Damit stellt sich auch die Frage, welchem Rechtsträger die Ermessensausübung zusteht, der

650 **§ 47d Abs. 1 S. 2 BImSchG**: „Die Festlegung von Maßnahmen in den Plänen ist in das Ermessen der zuständigen Behörden gestellt“

651 Vgl. zur Einordnung als Planungsinstrument 1. Teil I. 4.

652 *Berkemann*, S. 6.

653 So auch *Schulze-Fielitz*, in: Koch (Hrsg.) GK-BImSchG, § 47 Rn. 77 ff.; *Blaschke*, Lärmminderungsplanung, S. 278 ff.

planerstellenden oder maßnahmenvollziehenden Behörde. Aus der Beantwortung dieser Frage lässt sich auch die Frage eingrenzen, ob in einem Lärmaktionsplan Maßnahmen vorgesehen werden müssen. Gegebenenfalls ist anschließend die Frage zu klären, ob eine Pflicht aus anderen Anforderungen an das Festlegen von Maßnahmen herrührt und welche Voraussetzungen hier bestehen.

a) Anforderungen der Umgebungslärmrichtlinie

Im Anhang V UL-RL werden die Mindestinhalte der Lärmaktionspläne aufgeführt. Bis auf zwingend abzuarbeitende Angaben, wie die Beschreibung des Ballungsraumes, Nennung der zuständigen Behörde und des rechtlichen Hintergrundes etc., werden für Maßnahmen allenfalls Vorschläge gemacht. Beispielhaft werden unter anderem Verkehrsplanung, Raumordnung, und wirtschaftliche Anreize vorgeschlagen.

Weiter sieht die Richtlinie in Art. 8 Abs. 1 S. 2 UL-RL vor, dass „die in den Plänen genannten Maßnahmen in das Ermessen der zuständigen Behörde gestellt" seien. Hier ist fraglich, ob mit dieser Formulierung bezweckt wird, dass der Behörde hinsichtlich des „Ob" von Maßnahmen bzw. „welche" Maßnahmen ein Ermessen zusteht. Man kann das hier eingeräumte Ermessen aber auch auf die Verwirklichung der Maßnahmen durch die maßnahmenverwirklichende Fachbehörde beziehen.[654] Die Formulierung ist insoweit unglücklich, als dass sie „die in den Plänen genannten Maßnahmen" nennt, also scheinbar daran anknüpft, dass bereits Maßnahmen in einem Plan vorgesehen sind. Von festzulegenden Maßnahmen ist scheinbar keine Rede.[655] Je nachdem, ob das Ermessen in jedem Fall das „Ob" der Aufnahme von Maßnahmen betrifft oder nur das „welche", könnte auch eine Pflicht zur Aufnahme von Maßnahmen bestehen.

Aufschluss über den Willen des Richtlinienverfassers gibt die komplette Formulierung in Art. 8 Abs. 1 S. 2 UL-RL. Hier heißt es

654 *Scheidler*, DVBl. 2005, 1344, 1349, der aber gleichzeitig bei der Festlegung von Maßnahmen kein Ermessen einräumt.

655 *Hansmann*, in: Landmann/Rohmer, BImSchG, § 47 d Rn. 15

weiter, die Maßnahmen „sollten aber insbesondere auf die Prioritäten eingehen, die sich gegebenenfalls aus der Überschreitung relevanter Grenzwerte oder aufgrund anderer, von den Mitgliedstaaten festgelegter Kriterien ergeben und insbesondere für die wichtigsten Bereiche gelten, wie sie in den strategischen Lärmkarten ausgewiesen wurden." Eine Auswahl von Maßnahmen anhand von Prioritäten, die sich aus Grenzwertüberschreitungen und den wichtigsten Bereichen in den Lärmkarten ergeben, kann nur auf Ebene der Planerstellung erfolgen. Das durch die Umgebungslärmrichtlinie eingeräumte Ermessen kann die für die Maßnahmenverwirklichung zuständige Behörde gar nicht in Anspruch nehmen, da sie bereits im Plan enthaltene Maßnahmen nur noch verwirklichen, aber keine eigenen mehr festlegen kann. Durch die Vorgaben wird auch klar gestellt, dass es sowohl bzgl. des „Ob" als auch bzgl. des „welche" Maßnahmen ein Ermessensspielraum geben soll. Für dieses Ergebnis spricht auch, dass es sich bei der Lärmaktionsplanung um eine in die Zukunft gerichtete Planung handelt[656], bei deren Erarbeitung und Gestaltung eine planerische Abwägung vorzunehmen ist.[657]

b) Umsetzung im nationalen Recht

Der Mindestinhalt von Lärmaktionsplänen ist im BImSchG nur punktuell und insgesamt äußerst vage geregelt. § 47d Abs. 1 S. 3 BImSchG[658] betont zunächst das Ermessen der aufstellenden Behörde und gibt vage die Möglichkeiten einer Priorisierung von Maßnahmen für besonders lärmbetroffene Gebiete vor. Aus dem missverständlichen Wortlaut des Art. 8 UL-RL darf nicht der Schluss gezogen werden, § 47d Abs. 1 S. 3 BImSchG räume in europarechtswidriger Weise

656 Vgl. *Hoppe*, in: Isensee/Kirchhof (Hrsg.), HdbdStR, Bd. IV, § 77 Rn. 24 f.

657 *Schulze-Fielitz* in, Koch (Hrsg.) GK-BImSchG § 47d Rn. 83.

658 **§ 47 d Abs. 1 S. 3 BImSchG**: „Die Festlegung von Maßnahmen in den Plänen ist in das Ermessen der zuständigen Behörden gestellt, sollte aber auch unter Berücksichtigung der Belastung durch mehrere Lärmquellen insbesondere auf die Prioritäten eingehen, die sich gegebenenfalls aus der Überschreitung relevanter Grenzwerte oder aufgrund anderer Kriterien ergeben, und insbesondere für die wichtigsten Bereiche gelten, wie sie in den Lärmkarten ausgewiesen werden."

den planerstellenden Behörden Ermessen ein.[659] Denn § 47d Abs. 2 BImSchG verweist im Übrigen auf Anhang V UL-RL, wonach die Behörden verschiedene Maßnahmen „in Betracht ziehen" „können". Nach dem Wortlaut des § 47d Abs. 1 S. 3 BImSchG soll der planerstellenden Behörde bezüglich des „Ob" von Maßnahmen und „welche" Maßnahmen Ermessen eingeräumt werden.[660] Dies steht auch in Einklang mit dem Konzept der Lärmaktionsplanung, für die Lärmprobleme und Lärmentwicklung[661] vor Ort einzelfallbezogene Vorgaben zu erlassen.

Somit setzt § 47d BImSchG die Umgebungslärmrichtline korrekt um, indem er die Festlegung von Maßnahmen in den Plänen ins Ermessen der zuständigen Behörde stellt.[662] Es folgt daraus zunächst keine grundsätzliche Pflicht, Maßnahmen im Lärmaktionsplan vorzusehen. Dennoch könnte sich eine solche Pflicht aus der Ausrichtung und dem Schwerpunkt der Umgebungslärmrichtlinie, die negativen Auswirkungen von Umgebungslärm zu verringern und insbesondere beim Vorliegen eines Lärmschutzbedürfnisses ergeben.

2. Pflicht zur Aufnahme von Maßnahmen bei einem Lärmschutzbedürfnis

a) Anforderungen der Umgebungslärmrichtlinie

Weitere Anforderungen an Maßnahmen stellen Art. 8 Abs. 1 S. 2 UL-RL und Anhang V UL-RL. Danach sind die Maßnahmen in das Ermessen der zuständigen Behörde gestellt, sollen aber vorgesehen werden, wenn relevante Grenzwerte überschritten sind oder sich

659 So *Scheidler*, DVBl. 2005, 1344, 1349; Scheidler, UPR 2005, 334, 336; *Stettner* in: Ule/Laubinger (Hrsg.), BImSchG, § 47d Rn. C5.

660 So auch *Schulze-Fielitz*, in: Koch (Hrsg.) GK-BImSchG, § 47d Abs. 83 ff.; *Hansmann*, in: Landmann/Rohmer, BImSchG, § 47 d Rn. 15 und die Bundesregierung, BT-Drs. 16/4331 S. 4.

661 Zu in die Zukunft gerichteten Planungen *Hoppe*, in: Isensee/Kirchhof, HdbdStR, § 77 Rn. 24 f.

662 *Schulze-Fielitz* in, Koch (Hrsg.) GK-BImSchG § 47d Rn. 83 ff. und im Ergebnis auch *Repkewitz*, VBlBW 2006, 409, 415.

aus anderen Kriterien ein Lärmschutzbedürfnis ergibt. Anders noch als bei der Planerstellung knüpft die Umgebungslärmrichtlinie das Vorsehen von Maßnahmen an die Überschreitung von Lärmpegeln oder anderer Kriterien. Damit soll gleichzeitig eine Priorisierung erfolgen.

Weiter sind zu den Maßnahmen Informationen zu Kosten und langfristig geplante Maßnahmen und solche zum Schutz ruhiger Gebiete anzugeben. Die Umgebungslärmrichtlinie schlägt Maßnahmen vor und die detaillierten Mindestanforderungen im Anhang V Nr. 1, 8.–10. UL-RL sprechen für die herausgehobene Stellung des Maßnahmenkatalogs. Damit wird der Maßnahmenkatalog zum Kern der Lärmaktionsplanung erhoben und ergänzt zur Bewältigung von Lärmproblemen den primär verfahrensrechtlichen Ansatz der Umgebungslärmrichtlinie.[663] Dieser Ansatz korrespondiert auch mit den Anforderungen an die Priorisierung in Art. 8 Abs. 1 S. 2 UL-RL.

Die Festlegung von Maßnahmen kann danach nur insoweit erforderlich sein, wie diese zur Minderung oder Verhinderung von Umgebungslärm nötig sind, also Grenzwerte überschritten wurden oder sonstige Kriterien ein Handeln erfordern, also ein Lärmschutzbedürfnis angeben. Damit setzt die Umgebungslärmrichtlinie anders als bei der Entscheidung für das „Ob“ der Planerstellung beim „Ob“ der Maßnahmen auch an Grenzwerten an. Als sonstige Kriterien kommt insbesondere die Gefahr der Verlärmung ruhiger Gebiete oder eine hohe Zahl Betroffener in Betracht.[664] Unter den Anforderungen einer effektiven Richtlinienumsetzung ist diese Anwendung auch sachgerecht, da es nicht darum geht, schlicht Maßnahmen in Plänen festzulegen, sondern Umgebungslärm zu verringern, zu mindern oder ruhige Gebiete zu schützen.

---

663 *Schulze-Fielitz*, in: Koch (Hrsg.), GK-BImSchG, § 47d. Rn. 54; Allgemeine zu Vorgaben für das Verwaltungsverfahren aus europäischen Regelungen *Schmidt-Aßmann*, NVwZ 2007, 40, 42 f.

664 Ziel in Art. 1 Abs. 1 lit. c) UL-RL „die Umweltqualität in den Fällen zu erhalten, in denen sie zufriedenstellend ist“; Vorgaben zur Lärmaktionsplanung des Umweltministeriums Brandenburg, dass auf Betroffenenzahlen abstellt *Brandenburg*, Ministerium für Umwelt, Gesundheit und Verbraucherschutz, Strategie der Lärmaktionsplanung im Land Brandenburg, 4.1.2., online.

b) Umsetzung im nationalen Recht

Der § 47d Abs. 1 S. 2 BImSchG übernimmt den Wortlaut des Art. 8 Abs. 1 S. 2 UL-RL. Darüber hinaus sind auf Bundesebene weder Grenzwerte für die Lärmaktionsplanung festgelegt, noch andere Kriterien, die ein Vorsehen von Maßnahmen bestimmen.

§ 47f Abs. 1 Nr. 4 BImSchG enthält eine Verordnungsermächtigung „zu Kriterien für die Festlegung von Maßnahmen in Lärmaktionsplänen", die bisher ungenutzt ist.

Auch die Bundesländer machen keine Vorgaben, wann Maßnahmen vorzusehen sind. Lärmpegel oder andere Kriterien sind bisher für die Frage, ob ein Lärmaktionsplan erstellt werden muss, vorgesehen.[665] Das Vorsehen von Maßnahmen, auch der Verzicht knüpft aber immer an die Ergebnisse der Lärmkartierung und damit insbesondere an Lärmpegel.[666] Aufgrund fehlender Kriterien für die Frage, ob Maßnahmen vorgesehen werden müssen, lässt sich nicht beurteilen, ob die Praxis die Umgebungslärmrichtlinie konform vollzieht. Wie bereits im 1. Teil beschrieben, sehen die aufgestellten Lärmaktionspläne eine Vielzahl unterschiedlicher Maßnahmen vor[667] und nur ein kleiner Teil kommt zu dem Ergebnis, dass es keiner Maßnahmen bedarf[668].

3. Zwischenergebnis

Sowohl in Bezug auf das „Ob" als auch „welche" Maßnahmen in Lärmaktionsplänen vorgesehene werden, räumt die Umgebungslärmrichtlinie den planerstellenden Behörden einen Ermessensspielraum ein. Diesen setzt § 47d BImSchG seinem Wortlaut nach

665 Dazu 3. Teil I. 3.

666 Vgl. u. a. *Burgdorf*, Lärmaktionsplan der Stadt Burgdorf, online; *Halle*, Fachbereich Umwelt, Lärmaktionsplanung der Stadt Halle (Saale): Zwischenbericht, online; *Hannover* Landeshauptstadt, Lärmaktionsplan: Entwurf, online.

667 1. Teil II. 4.

668 Z. B. *Burgdorf*, Lärmaktionsplan der Stadt Burgdorf, online.

auch so um, auch wenn diese Auslegung in der Literatur nicht unumstritten ist.

Die Festlegung von Maßnahmen ist zudem nur insoweit erforderlich, wie diese zur Minderung oder Verhinderung von Umgebungslärm nötig sind, also Grenzwerte überschritten wurden oder sonstige Kriterien ein Handeln erfordern. Damit setzt die Umgebungslärmrichtlinie anders, als bei der Entscheidung für das „Ob" der Planerstellung, beim „Ob" der Maßnahmen auch an Grenzwerten an. Aber weder der Bundesgesetzgeber noch die Landesgesetzgeber machen Vorgaben, wann Maßnahmen vorzusehen sind. Deshalb lässt sich hier nicht sicher beurteilen, ob die Praxis die Umgebungslärmrichtlinie konform vollzieht.

II. Pflicht zur Aufnahme von Maßnahmen einer bestimmten Qualität

Über die Aufnahme von Maßnahmen für einen effizienten und effektiven Lärmschutz bei einem Regelungsbedürfnis hinaus könnten auch eine bestimmte Eingriffsqualität und Verbindlichkeit der Maßnahmen gefordert sein. Zu einer effektiven Zielerreichung und einem effektiven Mitteleinsatz innerhalb einer effizienten Verwaltungspraxis gehört auch der Verwaltungsvollzug, einschließlich der Möglichkeit, die planverwirklichenden Behörden zur Verwirklichung der Maßnahmen zu verpflichten.[669] Auch aus dem an Effektivität und Effizienz orientierten Ansatz der Umgebungslärmrichtlinie[670] ergibt sich ein wesentlicher Qualitätsmaßstab für die Verwirklichung der Maßnahmen durch die zuständigen Behörden und damit für die in den Maßnahmen angelegten Bindungswirkungen.

Die Grundlage für eine effektive Verwirklichung der Maßnahmen könnte in der Wahl der Maßnahmenkategorien – Plan-Anordnungen oder planungsrechtlichen Festlegungen – begründet liegen, wenn den unterschiedlichen Kategorien eine unterschiedliche Verbindlichkeit zukommt. Die Umsetzung der Umgebungslärmricht-

669 Vgl. zum Konzept Effektivität durch Verbindlichkeit 2. Teil. I.

670 Dazu 1. Teil I. 2. d).

linie im BImSchG unterscheidet zwischen Plan-Anordnungen, die nach § 47d Abs. 6 BImSchG i. V. m. § 47 Abs. 6 S. 1, 1. Alt. BImSchG „durch Anordnungen oder sonstige Entscheidungen durchzusetzen" sind, und planungsrechtlichen Festlegungen, die nach § 47d Abs. 6 BImSchG i. V. m. § 47 Abs. 6 S. 2 BImSchG „die zuständigen Planungsträger bei ihren Planungen zu berücksichtigen" haben. Die Umgebungslärmrichtlinie sieht in Anhang V weiter langfristige Strategien vor, diese wirken über den Planungszeitraum von fünf Jahren hinaus. Eine weitere Maßnahmenkategorie, die aber weder in der Umgebungslärmrichtlinie noch im BImSchG genannt wird, in der Praxis aber Anwendung findet, sind politische Absichtserklärungen.

Zunächst ist zu untersuchen, welche Anforderungen eine am Grundsatz des effet utile orientierte Umsetzung der Umgebungslärmrichtlinie an die Qualität der Maßnahmen stellt. Anschließend ist darzustellen, welcher Maßnahmenkategorie welche Verbindlichkeit für die maßnahmenverwirklichenden Behörden nach nationalem Recht zukommt. Diese Untersuchung erfolgt zum Teil anhand einer Auswertung der Vorgaben des BImSchG und der Umgebungslärmrichtlinie, aber auch durch eine Auswertung der Verwaltungspraxis im Hinblick auf in Lärmaktionsplänen festgelegten Maßnahmen und ihrer anschließenden Verwirklichung. Erst dann lässt sich feststellen, ob Maßnahmen einer oder mehrerer bestimmter Kategorien bei einem Regelungsbedürfnis in Lärmaktionsplänen festgelegt werden müssen, um eine richtlinienkonforme Verwirklichung sicher zu stellen.

Anhand einer Auswertung der Verwaltungspraxis lässt sich dann beurteilen, ob neben dem nationalen Recht auch der nationale Verwaltungsvollzug die Anforderungen der Umgebungslärmrichtlinie wahrt.

1. Anforderungen der Umgebungslärmrichtlinie

a) Verbindliche Maßnahmenverwirklichung bei einem Lärmschutzbedürfnis

Das Ziel der Umgebungslärmrichtlinie, ein hohes Gesundheits- und Umweltschutzniveau zu gewährleisten, verlangt beim Vorliegen unerwünschter und gesundheitsschädlicher Geräusche und insbesondere bei der Überschreitung von Grenzwerten oder dem Vorliegen anderer vergleichbarer Kriterien, dass Maßnahmen im Lärmaktionsplan festgelegt werden und eine gewisse Verbindlichkeit gewährleisten. Für einen effektiven Vollzug der Umgebungslärmrichtlinie stellt sich bei der Frage nach einer Pflicht zur Verwirklichung der Maßnahmen noch konkreter als bei der Planerstellung oder der Festlegung von Maßnahmen die Frage nach der Verbindlichkeit. Die bisher geprüften Schritte der Implementierung der Lärmaktionsplanung – Planerstellung und Festlegen von Maßnahmen – liefen leer, wenn die festgelegten Maßnahmen nicht verwirklicht werden müssen. Schon an dieser Stelle setzt ein effektiver Vollzug ein Mindestmaß an Verbindlichkeit voraus. Durch die Wahl der Maßnahmenkategorie wird die Verbindlichkeit der Maßnahmen für die nächste Stufe, die Verwirklichung, vorbestimmt.

Wann ein „Lärmschutzbedürfnis“ besteht ist offen, da die Richtlinie dies nicht genau definiert. Sie geht in Art. 8 Abs. 1 S. 2 UL-RL aber davon aus, dass Maßnahmen insbesondere dann festgelegt werden müssen, wenn relevante Grenzwerte überschritten sind oder andere von den Mitgliedstaaten festgelegte Kriterien erfüllt werden. Anders als das oben definierte Regelungsbedürfnis für die Lärmaktionsplanerstellung orientiert sich ein Lärmschutzbedürfnis insbesondere an Grenzwerten. Grenzwerte werden daher erst auf der Stufe des Richtlinienvollzugs, der Maßnahmenfestlegung, relevant.[671] Nach Art. 8 Abs. 1 S. 2 UL-RL sollen die Lärmaktionspläne „insbesondere auf die Prioritäten eingehen, die sich gegebenenfalls aus der Überschreitung relevanter Grenzwerte oder aufgrund anderer von den Mitgliedstaaten festgelegter Kriterien ergeben“.

Wie bereits bei der Festlegung der Effektivitätsanforderungen gesehen, kommen im Rahmen des Grenzwerte Anforderungen des nationalen Rechts zum Tragen, insbesondere die der Grundrechte, die einen Ausgleich zwischen lärmverursachenden Handlungen und Anforderungen auf Lärmschutz durch Grenzwerte schaffen.[672] Da die Umgebungslärmrichtlinie bewusst die Festlegung von Grenzwerten als Aufgabe der Mitgliedstaaten definiert, macht sie insoweit

671 3. Teil I. 1. d).

672 2. Teil V.

keine detaillierten Vorgaben und das mitgliedsstaatliche Recht wird nicht durch das Unionsrecht überlagert.[673] Der Umgebungslärmrichtlinie kann allenfalls ein allgemeiner Vorsorgegedanke entnommen werden, dieser könnte sich möglicherweise auf Anforderungen an Grenzwerte durchschlagen. Da die Festlegung von Grenzwerten aber eindeutig als Aufgabe der Mitgliedstaaten angesehen wird und in der Richtlinie nur gemeinsame Indizes vorgesehen werden[674], sind hier keine direkten Anforderungen abzuleiten.

Neben der Überschreitung von Grenzwerten sieht aber auch Art. 8 Abs. 1 S. 2 UL-RL die Möglichkeit weiterer Kriterien vor. Einige Bundesländer haben etwa vorgesehen, dass Maßnahmen zu ergreifen sind, wenn viele Menschen durch den Umgebungslärm betroffen werden.[675]

b) Abgestimmtes Gesamtkonzept zur effektiven Lärmminderung

Eine Verbindlichkeit der Maßnahmen für die maßnahmenverwirklichenden Behörden wäre zwar ein wesentlicher Baustein für eine effektive Durchsetzung der Lärmschutzziele nach der Umgebungslärmrichtlinie, aber nicht allein ausreichend. Die Umgebungslärmrichtlinie stellt weitere Anforderungen an die in Lärmaktionsplänen festzulegenden Maßnahmen. Insbesondere verlangt sie ein abgestimmtes Gesamtkonzept von Maßnahmen im Hinblick auf Inhalt und zeitlicher Wirkung. Im Rahmen des Managementansatzes[676] und dem Bedürfnis nach aufeinander abgestimmter Maßnahmen zur effektiven Verhinderung und Minderung des Umgebungslärms, kann Verbindlichkeit nicht das einzige Kriterium an festzulegende Maßnahmen sein. Die Umgebungslärmrichtlinie stellt für die Lärmaktionspläne vielmehr einen rationalen Katalog an Maßnahmen in den Mittelpunkt, der einerseits mit Blick in die Zukunft ausgerichtet

673 Vgl. 3. Teil I. 1 d).

674 Richtlinien-Vorschlag vom 26.07.2000, KOM(2000) 468 endg. 2000/0194(COD), ABl. EG 2000 Nr. C 337 E S. 251.

675 Vgl. Darstellung 3, 1. Teil II. 1. b).

676 Dazu bereits 3. Teil I. 1. b).

ist, aber einen effizienten Ressourceneinsatz berücksichtigen sollte.[677]

Die Umgebungslärmrichtlinie könnte insbesondere einen bestimmten Inhalt des Maßnahmenkatalogs oder eine bestimmte Art von Maßnahmen voraussetzen. Mit Art der Maßnahmen sind die noch in Bezug auf ihre Verbindlichkeit darzustellenden Maßnahmenkategorien gemeint. Hier kommt neben der Verbindlichkeit aber ein weiteres Kriterium für einen effektiven Richtlinienvollzug, die möglichen Regelungsinhalte als Vorgaben für Planungen, konkrete Entscheidungen und langfristige Vorgaben. Mit Inhalt des Maßnahmenkatalogs ist die Zusammenstellung unterschiedlicher Maßnahmen, wie verhaltensbezogene, quellenbezogene oder städtebauliche[678], gemeint. In Anhang V Nr. 2 UL-RL werden Beispiele für den möglichen Inhalt von Maßnahmen angeführt, wie Verkehrsplanung, Raumordnung, auf die Geräuschquelle ausgerichtete technische Maßnahmen, Wahl von Quellen mit geringerer Lärmentwicklung, Verringerung der Schallübertragung und verordnungsrechtliche oder wirtschaftliche Maßnahmen oder Anreize. Die Umgebungslärmrichtlinie schreibt aber nicht die Festlegung all dieser Maßnahmen in einem Lärmaktionsplan vor. Die Umgebungslärmrichtlinie formuliert vielmehr „Die zuständigen Behörden können …" in Anhang V Nr. 2 UL-RL. Die Maßnahmen sind vielmehr an Effizienz- und Effektivitätsansprüche gebunden und sollen einen optimalen Mitteleinsatz gewährleisten. Die in Lärmaktionsplänen enthaltenen Maßnahmen sind dazu gemäß Anhang V Nr. 3 UL-RL durch finanzielle Informationen zu unterfüttern und durch eine Kosten-Nutzen-Analyse zu ergänzen.[679] Auch der Schätzwert über eine Anzahl der von der Reduzierung betroffenen Personen ist Ausdruck dieser Effektivitätsanforderungen aber auch einer Effizienz des Mitteleinsatzes.[680]

Außerdem sollen Maßnahmen zum Schutz ruhiger Gebiete in den Lärmaktionsplänen vorgesehen werden. Dies ist zumindest soweit nötig, als es im Ballungsraum oder in der Nähe von Haupt-

677 Vgl. *Repkewitz*, VBlBW 2006, 409, 414.

678 Vgl. 1. Teil II. 4.

679 *Schulze-Fielitz*, in: Koch (Hrsg.), GK-BImSchG, § 47d. Rn. 55.

680 *Schulze-Fielitz*, in: Koch (Hrsg.), GK-BImSchG, § 47d. Rn. 56 f.

verkehrsstraßen Gebiete gibt, deren Umweltqualität als zufriedenstellend angesehen wird und die gegen eine Zunahme von Lärm geschützt werden müssen, weil etwa eine Verlärmung droht.[681]

Somit macht die Umgebungslärmrichtlinie keine Vorgabe zur Nutzung bestimmter Maßnahmen, vielmehr sind alle Maßnahmen möglich, die einen Beitrag zur Lärmminderung und zum Schutz ruhiger Gebiete leisten.[682] Damit steht zunächst die Zusammenstellung der Maßnahmen im Mittelpunkt, die sich an einer effizienten und effektiven Lärmminderung zu orientieren hat.[683]

Auch für die Art der Maßnahmen, also eine Auswahl zwischen den Maßnahmenkategorien Plan-Anordnungen, planungsrechtliche Festlegungen, politische Absichtserklärungen und langfristige Strategien, könnte die Umgebungslärmrichtlinie eine Mischung verlangen. Der Ansatz und die in Bezug genommenen Ermächtigungsgrundlagen der unterschiedlichen Maßnahmenkategorien unterscheiden sich grundlegend, ergänzen sich aber auch. Plan-Anordnungen nehmen Einzelfallentscheidungen in Bezug, die häufig auch gegenüber dem Bürger wirken werden. Planungsrechtliche Festlegungen machen demgegenüber Vorgaben für andere Planungsträger, die den Lärmaktionsplan zu berücksichtigen haben und gewähren ihnen freies Planungsermessen. Langfristige Strategien sollen ihrem Begriff und auch nach der Ausrichtung der Umgebungslärmrichtlinie auf einen längeren Zeitraum angelegt sein und unterschiedliche Maßnahmen zu einem grundlegenden Ansatz zum Lärmschutz verbinden.[684] In Anhang V 1. Gedankenstrich 10 UL-RL wird vorausgesetzt, dass Maßnahmen in längerfristige Überlegungen eingebettet werden. Langfristige Strategien stellen hohe Anforderungen an eine rationale Abwägung für die Zukunft.[685] Maßnahmen, die über eine Zeitspanne von fünf Jahren hinaus wirksam werden sollen, müssen nicht nur heute in das dem jeweiligen Lärm-

681 So Art. 1 Abs. 1 lit c) UL-RL.

682 *Schulze-Fielitz*, in: Koch (Hrsg.), GK-BImSchG, § 47d. Rn. 60.

683 Vgl. *Schulze-Fielitz*, in: Koch (Hrsg.), GK-BImSchG, § 47d. Rn. 56 f.

684 Dazu unten 4. Teil II. 2. d).

685 *Schulze-Fielitz*, in: Koch (Hrsg.), GK-BImSchG, § 47d. Rn. 54.

aktionsplan zugrunde liegende Konzept passen, sondern dies auch noch in vielen Jahren tun.

Der Maßnahmenkatalog muss sich an einer effizienten und effektiven Verwaltungspraxis sowie der Zielerreichung des Lärmaktionsplanes orientieren.[686] Für eine an Effektivitätskriterien orientierte Mischung aus den unterschiedlichen Maßnahmenkategorien kann auch in Anbetracht einer möglicherweise strikten Verbindlichkeit von Plan-Anordnungen nicht verlangt werden, in einem Lärmaktionsplan ausschließlich diese Maßnahmenkategorie vorzusehen. Vielmehr sollen im Rahmen des Managementansatzes aufeinander abgestimmte Maßnahmen zur Verhinderung und Minderung des Umgebungslärms gefunden werden. Gerade mit Blick auf die Zukunft und ein längerfristiges Konzept sind Plan-Anordnungen und planungsrechtliche Festlegungen durch längerfristige Strategien, als über die Planungsperiode von fünf Jahren hinaus wirkende Maßnahmen zu ergänzen.

2. Umsetzung im nationalen Recht

Fraglich ist nun, ob die Anforderungen der Umgebungslärmrichtlinie zum einen an verbindliche Maßnahmen bei einem Regelungsbedürfnis und zum anderen ein abgestimmtes Gesamtkonzept im deutschen Recht und im deutschen Verwaltungsvollzug richtlinienkonform umgesetzt werden.

a) Verbindliche Maßnahmenverwirklichung

Für die Frage nach der Verbindlichkeit der unterschiedlichen Maßnahmenkategorien kommt es zunächst auf ihre Ausgestaltung im Bundes-Immissionsschutzgesetz, in der Umgebungslärmrichtlinie aber auch in der Verwaltungspraxis an, sowie, welche Behörde konkret für die Verwirklichung zuständig ist.

686 *Schulze-Fielitz*, in: Koch (Hrsg.), GK-BImSchG, § 47d. Rn. 56 f.

aa) Plan-Anordnungen

(1) Definition

„Plan-Anordnungen" sind solche Maßnahmen, die als Einzelfallentscheidungen durch die Inbezugnahme von Ermächtigungsgrundlagen des BImSchG oder anderer Gesetze als Entscheidungen oder Anordnungen durchzusetzen sind. Plan-Anordnungen sind als Kategorie ausdrücklich in § 47 d Abs. 6 i. V. m. § 47 Abs. 6 BImSchG[687] normiert. Sie erfassen insbesondere Anordnungen von Fahrverboten, Tempobeschränkungen und Umwidmungen von Straßen nach dem öffentlichen Straßenrecht. Die jeweils für die Verwirklichung der Maßnahme zuständige Behörde kann nur im konkreten Einzelfall bestimmt werden.[688] Es kommen aber sowohl Behörden der Gemeinde in Betracht, deren Behörde den Lärmaktionsplan erstellt, als auch Behörden anderer Gemeinden im Ballungsraum sowie des Landes und Bundes.

(2) Verbindlichkeit

Fraglich ist, ob Maßnahmen, die in der Kategorie von Plan-Anordnungen im Lärmaktionsplan festgelegt wurden, zwingend von den nachfolgenden, konkret für die Maßnahme zuständigen Behörden zu verwirklichen sind. Aus der Formulierung des § 47 Abs. 6 S. 1 BImSchG „sind durchzusetzen" könnte eine Implementierungspflicht für die zuständigen Fachbehörden gefolgert werden.

Zunächst ist auf der nachgelagerten Ebene zwischen solchen Ermächtigungsgrundlagen zu unterscheiden, die eine gebundene Entscheidung nach sich ziehen oder Ermessen einräumen. Denn soweit es sich bei den Normen aus dem BImSchG oder anderer Gesetze um Entscheidungen, die der maßnahmenverwirklichenden

---

687 **§ 47 Abs. 6 S. 1 BImSchG** „Die Maßnahmen, die Pläne nach den Absätzen 1 bis 4 festlegen, sind durch Anordnungen oder sonstige Entscheidungen der zuständigen Träger öffentlicher Verwaltung nach diesem Gesetz oder nach anderen Rechtsvorschriften durchzusetzen."

688 Vgl. dazu die Rechtsregimes der Maßnahmenverwirklichung 5. Teil I.

Behörde kein Ermessen einräumen, handelt und ihre Tatbestandsvoraussetzungen vorliegen, könnte aus der Formulierung des in § 47 d Abs. 6 i. V. m. § 47 Abs. 6 BImSchG eine Rechtspflicht zur Maßnahmendurchführung folgen.[689]

Durch eine Implementierungspflicht würden aber nicht nur die im Einzelfall gegenüber der planerstellenden Behörde weisungsgebundenen Behörden, etwa andere Behörden der planerstellenden Gemeinde[690], zur Verwirklichung der Maßnahmen mit all der ihnen zur Verfügung stehenden Mitteln verpflichtet, sondern auch Behörden des Bundes, der Länder und anderer juristischer Personen des öffentlichen Rechts außerhalb von Weisungsmöglichkeiten.[691]

Die wörtliche Auslegung von § 47 d Abs. 6 i. V. m. § 47 Abs. 6 BImSchG spricht für eine Implementierungspflicht der Plan-Anordnungen für alle maßnahmenverwirklichenden Behörden. Damit würde mit einer Festlegung von Maßnahmen in der Kategorie einer „Plan-Anordnung" die Grundlage für einen effektiven Vollzug des Lärmaktionsplanes gelegt, wenn sich eine verbindliche Verwirklichung anschließt.

Sollte die in Bezug genommene Ermächtigungsgrundlage der zuständigen Behörde Ermessen einräumen, könnte dieses bei Bestehen einer Implementierungspflicht auf Null, zugunsten der im Lärmaktionsplan vorgesehenen Maßnahmen, zu reduzieren sein.

Fraglich ist aber, ob die Pflicht zur Implementierung der in Lärmaktionsplänen vorgesehenen Plan-Anordnungen durch alle planverwirklichenden Behörden, egal ob für Landes-, Bundes- oder kommunale Behörden, verfassungskonform ist. Es könnte zu Konflikten zwischen den Kompetenzen der Gemeinden oder Regierungspräsidien zur Lärmaktionsplanerstellung und den Kompetenzen der maßnahmenverwirklichenden Behörden kommen.

Eine genaue Einordnung dieses Kompetenzkonflikts kann aber erst vorgenommen werden, wenn die möglichen Ermächtigungs-

689 Vgl. für die Luftreinhalteplanung, *Fonk*, Europäische Luftqualitätsziele und nationale Erfüllungsverantwortung, S. 113.

690 Eine Weisungsmöglichkeit hängt davon ab, auf welcher Ebene der Plan erstellt und etwa ob er als Satzung des Gemeinderates verabschiedet wird.

691 *Herrmann*, in: Koch (Hrsg.), GK-BImSchG, § 47 Rn. 100; vgl. *Jarass*, BImSchG, § 47 Rn. 53. m. w. N.

grundlagen und die damit verbundene Kompetenzverteilung analysiert wurde. Die möglichen Ermächtigungsgrundlagen zur Verwirklichung der Maßnahmen werden im fünften Teil der Arbeit zur Frage nach dem Grad der gewährleisteten Effektivität bei der Maßnahmenverwirklichung untersucht, um mögliche Kompetenzkonflikte darzustellen und im Anschluss deren Auswirkung auf eine effektive Verwirklichung der Maßnahmen zu prüfen.[692]

bb) Planungsrechtliche Festlegungen

(1) Definition

§ 47 Abs. 6 S. 2 BImSchG sieht weiter planungsrechtliche Festlegungen als Maßnahmenkategorie vor. Planungsrechtliche Festlegungen sind in der Lärmaktionsplanung solche Maßnahmen, die Vorgaben für andere Planungen machen.[693] Als Planungen kommen insbesondere Planfeststellungsverfahren und die Bauleitplanung in Betracht. Damit kann der Schluss von Baulücken, der Bau von Umgehungsstraßen oder Schallschutzwänden und -wällen durch einen Bebauungsplan oder Planfeststellung vorgesehen werden.[694] Auch schon der § 47 Abs. 3 BImSchG a. F. sah vor, dass die zuständigen Planungsträger darüber zu entscheiden haben, inwieweit sie die Festlegungen der Lärmaktionsplanung in ihrer Planung berücksichtigen.[695]

(2) „Berücksichtigen"

Planungsrechtliche Anforderungen haben die nachfolgenden Planungsträger bei ihren Planungen zu „berücksichtigen".[696] Was genau

692 5. Teil.

693 *Schulze-Fielitz*, in: Koch (Hrsg.) GK-BImSchG, § 47d Rn. 123 ff.

694 Vgl. 5. Teil II. 2. und zu den Auswirkungen der Kompetenzkonflikte auf eine effektive Maßnahmenverwirklichung 6. Teil II. 2.

695 *Schulze-Fielitz*, in: Koch (Hrsg.) GK-BImSchG, § 47 a Rn. 209.

696 **§ 47 Abs. 6 BImSchG** "Die Maßnahmen, die Pläne nach den Absätzen 1 bis 4 festlegen, sind durch Anordnungen oder sonstige Entscheidungen der

unter „berücksichtigen" zu verstehen ist, geht weder aus den Vorschriften des BImSchG noch aus denen der Umgebungslärmrichtlinie hervor. Zum einen könnte „berücksichtigen" eine Berücksichtigungsregel nach sich ziehen, sodass die festgelegten Maßnahmen als bloßer Belang in die Planung einzustellen sind, zum anderen könnte den Maßnahmen auch stärkeres Gewicht in Form einer strikt zu beachtenden und unüberwindbaren Beachtungsregel zukommen.[697]

Berücksichtigungsregeln enthalten bloße Zielvorgaben, die in der öffentlichen Planung bei Konflikten mit anderen Zielen ganz oder teilweise zurücktreten können.[698] Innerhalb dieser Regelungen ist zwischen einfachen Berücksichtigungsgeboten und den Optimierungsgeboten zu unterscheiden. Berücksichtigungsgebote erfordern nur eine simple Berücksichtigung in der Abwägung, dem gegenüber verlangen Optimierungsgebote eine qualifizierte Berücksichtigung einzelner Zielsetzungen und Interessen. Damit liegen Optimierungsgebote im Hinblick auf ihre Intensität zwischen Beachtungs- und Berücksichtigungsregeln.[699] Das BVerwG sieht etwa den immissionsschutzrechtlichen Planungsgrundsatz nach § 50 BImSchG[700] als Optimierungsgebot an. Danach sollen schädliche Umwelteinwirkungen soweit wie möglich vermieden werden, ohne dass konkrete Handlungsempfehlungen für den Einzelfall vorgeben sind. Das

---

zuständigen Träger öffentlicher Verwaltung nach diesem Gesetz oder nach anderen Rechtsvorschriften durchzusetzen. Sind in den Plänen planungsrechtliche Festlegungen vorgesehen, haben die zuständigen Planungsträger dies bei ihren Planungen zu berücksichtigen".

697 Vgl. im Rahmen der Luftreinhalteplanung, *Sparwasser*, NVwZ 2006, 369, 373; *Steenbuck*, NVwZ 2005, 770, 771; differenzierter *Jarass*, VerwArch 2006, 429, 443.

698 *Stüer*, Hdb. d. Bau- und Fachplanungsrecht, Rn. 1314.

699 Grundlegend dazu *Hoppe*, DVBl. 1992, 853 f.; *Bartlsperger*, DVBl. 1996, 1; *Alexy*, Rechtstheorie 1979 (Beiheft 1), 59, 76.

700 **§ 50 BImSchG** „Bei raumbedeutsamen Planungen und Maßnahmen sind die für eine bestimmte Nutzung vorgesehenen Flächen einander so zuzuordnen, dass schädliche Umwelteinwirkungen (…) auf die ausschließlich oder überwiegend dem Wohnen dienenden Gebiete sowie auf sonstige schutzbedürftige Gebiete, insbesondere öffentlich genutzte Gebiete, wichtige Verkehrswege, Freizeitgebiete und unter dem Gesichtspunkt des Naturschutzes besonders wertvolle oder besonders empfindliche Gebiete und öffentlich genutzte Gebäude, so weit wie möglich vermieden werden".

Optimierungsgebot in § 50 BImSchG strebt zudem eine möglichst weite Berücksichtigung des Umweltschutzes in der Planung an.[701] Allgemein handelt es sich bei Optimierungsgeboten überwiegend um Schonungsgebote, die auf Vermeidung, Verminderung oder Kompensation von schädlichen Umweltbeeinträchtigungen ausgelegt sind. Deshalb werden auch die Schonungs- und Kompensationsanforderungen der §§ 14–16 BNatSchG als Optimierungsgebot angesehen.[702] Eine ähnliche Fokussierung auf die Vermeidung, Verminderung oder Kompensation hat auch die Lärmsanierung nach § 41 Abs. 1 BImSchG.[703]

Beachtungsregelungen sind demgegenüber etwa der Festsetzungskatalog nach § 9 BauGB oder die Bindungen, die sich aus § 1 Abs. 3 BauGB ableiten lassen.[704] Sie stellen unüberwindbare Barrieren in der Planung dar.[705] Weitere Barrieren dieser Art ergeben sich etwa aus dem Fachrecht, wie wasserrechtliche Bauverbote in Wasserschutzgebieten sowie aus dem Naturschutz und bestimmen sich nach dessen Regelungen.[706]

---

701 BVerwG, Urt. v. 22.3.1985 – 4 C 15.83 –E 71, 167, 172 = Hoppe/Stüer RzB, Rn. 87 – B 16.

702 BVerwG, Beschl. v. 12.6.1990 – 7 B 72.90 – DVBl. 1990, 1158 = Hoppe/Stüer, RzB Rn. 380.

703 **§ 41 Abs. 1 BImSchG** „Bei dem Bau oder der wesentlichen Änderung öffentlicher Straßen sowie von Eisenbahnen, Magnetschwebebahnen und Straßenbahnen ist unbeschadet des § 50 sicherzustellen, dass durch diese keine schädlichen Umwelteinwirkungen durch Verkehrsgeräusche hervorgerufen werden können, die nach dem Stand der Technik vermeidbar sind.“; BVerwG, Beschl. v. 13.7.1989 – 4 NB 20.89 – Hoppe/Stüer, RzB Rn. 86.

704 **§ 1 Abs. 3 BauGB** „Die Gemeinden haben die Bauleitpläne aufzustellen, sobald und soweit es für die städtebauliche Entwicklung und Ordnung erforderlich ist. Auf die Aufstellung von Bauleitplänen und städtebaulichen Satzungen besteht kein Anspruch; ein Anspruch kann auch nicht durch Vertrag begründet werden; BVerwG, Beschl. v. 11.5.1999 – 4 BN 15.99 – DVBl. 1999, 123 = UPR 1999, 352.

705 BVerwG, Beschl. v. 11.5.1999 – 4 BN 15.99 – DVBl. 1999, 123 = UPR 1999, 352.

706 Bauverbot in Überschwemmungsgebieten nach § 78 WHG; insbesondere zum Naturschutzrecht *Rieger*, UPR 2012, 1 ff.

Somit stellt sich die Frage, ob planungsrechtliche Festlegungen in Lärmaktionsplänen als überwindbare Berücksichtigungsregeln oder strikt zu beachtende Beachtungsregeln zu behandeln sind.[707]

Die Normen der Umgebungslärmrichtlinie sind auf Vermeidung, Verminderung und Verhinderung gerichtet und ähneln damit den gesetzlich verankerten Berücksichtigungsregeln in Form der Optimierungsgebote. Somit könnten planungsrechtliche Festlegungen Berücksichtigungsregeln sein, auch wenn für die hier angenommene spezielle Ausformung in einem Optimierungsgebot die meist vorhandene Komponente der Kompensation in ihrem Ansatz fehlt. Die Lärmaktionsplanung ist mit ihrem auf einen möglichst umfangreichen Umwelt- und Gesundheitsschutz gerichteten Managementansatz mit den oben genannten Merkmalen des Optimierungsgebotes in § 50 BImSchG vergleichbar. § 50 BImSchG verlangt, vergleichbar zur Lärmaktionsplanung, eine möglichst weite Berücksichtigung des Umweltschutzes in der Planung ohne dass Vorgaben konkreter Handlungsempfehlungen für den Einzelfall bestehen. Genauso wie in der Lärmaktionsplanung sind der planenden Stelle vom Gesetzgeber mit der Planung bestimmte Wertentscheidung mit auf den Weg gegeben worden. Auch bei der Aufstellung eines Lärmaktionsplanes entscheiden die planerstellenden Behörden über das anzustrebende Lärmschutzniveau im jeweiligen Teil ihres zu beplanenden Gebietes und über das Konzept, mit denen sie dies erreichen wollen, und damit auch, wem sie die Lasten der Lärmminderung aufbürden. Durch eine solche Wertentscheidung hebt sich das Optimierungsgebot von einfachen Berücksichtigungsregeln ab.[708] Durch das Optimierungsgebot wandeln sich grundsätzlich gleichrangige Belange in relativ vorrangige. Dieser Vorrang ist von den Umständen des Einzelfalls abhängig und bedarf einer Bewertung durch die nachfolgend planende Behörde.[709] Auch in der Lärmaktionsplanung findet eine Bewertung im Einzelfall statt, die mit den oben genannten Optimierungsgeboten vergleichbar ist. Das Ergebnis bedarf in den sich anschließenden Planungen einer relativ vorrangigen Beachtung und

707 Vgl. zur Unterscheidung näher *Stüer*, Hdb. d. Bau- und Fachplanungsrecht, Rn. 1312.

708 *Hoppe*, DVBl. 1992, 853.

709 *Hoppe*, DVBl. 1992, 853.

nicht allein eines gleichrangigen Abwägens.[710] Abwägungsbelange, die ein besonderes Gewicht verleihen, können auch Grundrechte sein.[711] Bei Überschreitung der maßgeblichen Lärmpegel kommen als Grundrechte insbesondere Art. 2 Abs. 2 S. 1 GG und Art. 14 GG in Betracht.[712]

Für die Einordnung als Optimierungsgebot spricht auch, dass – selbst wenn verbindliche Grenzwerte oder ein methodisches Vorgehen den zuständigen Behörden nicht vorgegeben sind – die Richtlinie ein hohes Gesundheits- und Umweltschutzniveau verlangt. Diese Zielvorgaben genießen sowohl im deutschen als auch im europäischen Recht hohen Stellenwert, den es vorrangig zu beachten gilt.[713] Der Umweltschutz und das Wohlergehen der Völker der EU werden in Art. 3 Abs. 1 und Abs. 3 EUV zum Ziel der EU erhoben.

Gleichzeitig erreichen planungsrechtliche Festlegungen nicht den Rang von strikten Beachtungsregeln. Durch planungsrechtliche Festlegungen sollen andere Planungsträger gerade nicht strikt gebunden werden.[714] Planungsrechtliche Festlegungen unterscheiden sich auch schon im Wortlaut der Regelung von Plan-Anordnungen dadurch, dass in § 47 d Abs. 6 i.V.m. § 47 Abs. 6 S. 2 BImSchG keine strikte Verbindlichkeit formuliert wurde. Somit können planungsrechtliche Festlegungen eines Lärmaktionsplanes in einer nachfolgenden Planung überwunden werden, wenn andere Interes-

710 So auch *Dürr*, UPR 1992, 241, 247 zur a.F. und für planerische Festlegungen allgemein, Rspr. VGH Kassel, Urt. v. 17.6.2008 – 11 C 2089/07.T = ZUR 2009, 42 ff.; BVerwG, Urt. v. 23.11.2005 – 9 A 28/04, E 124, 334, 346 (Abwägungsmaterial); OVG Münster, Urt. v. 16.5.2007 – 20 D 128/05.

711 BVerwG, Beschl. v. 2.8.2007 – 4 BN 29.07; Urt. v. 24.9.1998 – 4 CN 2.98, E 107, 215, 219 ff. = DVBl. 1999, 100.

712 **Art. 2 Abs. 2 S. 1 GG** „Jeder hat das Recht auf Leben und körperliche Unversehrtheit. Die Freiheit der Person ist unverletzlich"; **Art. 14 Abs. 3 GG** „Eine Enteignung ist nur zum Wohle der Allgemeinheit zulässig. Sie darf nur durch Gesetz oder auf Grund eines Gesetzes erfolgen, das Art und Ausmaß der Entschädigung regelt. Die Entschädigung ist unter gerechter Abwägung der Interessen der Allgemeinheit und der Beteiligten zu bestimmen."; vgl. 2. Teil II.

713 *Stüer*, Hdb. d. Bau- und Fachplanungsrecht, Rn. 3195.

714 *Engel*, in: Gesellschaft für Umweltrecht (Hrsg.), S. 94, 133.

sen vorrangig sind oder die Ziele auf einem anderen Weg genauso gut erreicht werden können.[715]

Berücksichtigen bedeutet, dass planungsrechtliche Festlegungen im Sinne eines Optimierungsgebotes in nachfolgende Planungen einzustellen, entsprechend zu gewichten und nur unter hohen Voraussetzungen und überragender anderer Belange weggewogen werden können. Vorgaben aus Lärmaktionsplänen kommen damit für Planungsentscheidungen keine absolute Bindungswirkung zu. Es bedarf aber besonders gewichtiger Gründe, um den Lärmaktionsplan zu überwinden, da eine Gewichtsverlagerung durch die Planerstellung und die darin erfolgte Bewertung der Lärmauswirkungen stattfindet.[716]

(3) Abweichende Bewertung für die Bauleitplanung

Möglicherweise müssen planungsrechtlichen Festlegungen ein höheres Gewicht zukommen, wenn sie einer sich anschließenden Bauleitplanung verwirklicht werden sollen. § 1 Abs. 6 Nr. 1 und Nr. 7 lit. c) und g) BauGB sehen ausdrücklich vor, dass Anforderungen an gesunde Wohn- und Arbeitsverhältnisse sowie Belange des Umweltschutzes, z. B. umweltbezogene Auswirkungen auf den Menschen und Darstellungen in anderen Plänen, in der Bauleitplanung zu berücksichtigen sind.[717] Die Bauleitplanung besitzt unter ande-

---

715 Zur Luftqualitätsplanung, deren Erkenntnisse in diesem Punkt auf die Lärmaktionsplanung übertragbar sind *Sparwasser*, NVwZ 2006, 369, 374 f.

716 So auch *Schulze-Fielitz*, UPR 1992, 14, 43 f.; *Trute*, in: Koch/Lechelt (Hrsg.), 20 Jahre BImSchG, S. 155, S. 166 ff.; und für die vergleichbare Luftreinhalteplanung, Gesetzesbegründung BT-Drs. 14/8450 S. 14.

717 **§ 1 Abs. 6 Nr. 1 BauGB** „Bei der Aufstellung der Bauleitpläne sind insbesondere zu berücksichtigen: die allgemeinen Anforderungen an gesunde Wohn- und Arbeitsverhältnisse und die Sicherheit der Wohn- und Arbeitsbevölkerung“, **§ 1 Abs. 6 Nr. 7 lit. c) BauGB** „die Belange des Umweltschutzes, einschließlich des Naturschutzes und der Landschaftspflege, insbesondere umweltbezogene Auswirkungen auf den Menschen und seine Gesundheit sowie die Bevölkerung insgesamt“ und **§ 1 Abs. 6 Nr. 7 lit. g) BauGB** „die Darstellungen von Landschaftsplänen sowie von sonstigen Plänen, insbesondere des Wasser-, Abfall- und Immissionsschutzrechts“.

rem die Aufgabe, schädliche Umwelteinwirkungen mit dem Mittel der Planung vorzubeugen.[718] § 1 Abs. 6 Nr. 7 lit. g) BauGB kann im Rahmen der Bauleitplanung zusammen mit § 47 Abs. 6 BImSchG gelesen werden, da beide Normen eine vergleichbare Zielrichtung haben.[719]

Im Rahmen der Bauleitplanung kommt den Anforderungen aus § 1 BauGB und damit der „Berücksichtigung" aber ein höheres Gewicht zu als einem Optimierungsgebot.[720] Dies gilt aufgrund der Ausrichtung der Umgebungslärmrichtlinie, Lärm zum Schutz von Umwelt und menschlicher Gesundheit zu mindern, über § 47 Abs. 6 BImSchG auch für die planungsrechtlichen Festlegungen der Lärmaktionspläne.[721] Damit muss den planungsrechtlichen Festlegungen bei der Verwirklichung durch die Bauleitplanung ein stärkeres Gewicht als bei anderen Planungen zukommen und über das eines Optimierungsgebotes hinaus gehen.

(4) Erfasste Pläne

Fraglich ist, ob planungsrechtliche Festlegungen nur bei „echten" Planungen, wie Bauleitplänen oder Linienbestimmungen nach § 16 FStrG,[722] oder auch in Planfeststellungsverfahren zu berücksichtigen sind.

718 *Battis*, in: Battis/Krautzberger/Löhr (Hrsg.), BauGB-Kommentar, § 1 Rn. 44 ff.

719 **§ 47 Abs. 6 BImSchG** "Die Maßnahmen, die Pläne nach den Absätzen 1 bis 4 festlegen, sind durch Anordnungen oder sonstige Entscheidungen der zuständigen Träger öffentlicher Verwaltung nach diesem Gesetz oder nach anderen Rechtsvorschriften durchzusetzen. Sind in den Plänen planungsrechtliche Festlegungen vorgesehen, haben die zuständigen Planungsträger dies bei ihren Planungen zu berücksichtigen".

720 *Battis*, in: Battis/Krautzberger/Löhr (Hrsg.), BauGB-Kommentar, § 1 Rn. 44 ff.

721 Dazu *Schulze-Fielitz*, in: Koch (Hrsg.) GK-BImSchG § 47d Rn. 129 f.

722 **§ 16 FStrG** „Das Bundesministerium für Verkehr, Bau und Stadtentwicklung bestimmt im Benehmen mit den Landesplanungsbehörden der beteiligten Länder die Planung und Linienführung der Bundesfernstraßen. Dies gilt nicht für den Neubau von Ortsumgehungen"; für die Luftreinhaltepla-

In Planfeststellungsverfahren nimmt die planende Behörde zwar eine „nachvollziehende Abwägung“ vor, bei der ausfüllungsbedürftige gesetzliche Vorgaben unter wertender Betrachtung auf den Einzelfall angewendet werden, dem Planfeststellungsverfahren steht aber gegenüber „echten“ Planungen gerade kein freier Gestaltungsspielraum für Alternativen und Abweichungen zum Antrag zu.[723] Das unterscheidet sie von den „echten“ Plänen. Die Planfeststellungsentscheidung ist einerseits zwar eine Zulassungsentscheidung, hat andererseits aber einen über ein Ermessen hinausgehenden Spielraum.[724] Der Wortlaut des § 47 Abs. 6 S. 1 BImSchG sieht zudem keine Einschränkungen hinsichtlich der erfassten Pläne vor. Die Norm nennt lediglich Planungen, die von Maßnahmen, die durch Anordnungen oder sonstige Entscheidungen nach § 47 Abs. 6 S. 1 BImSchG durchgesetzt werden, abzugrenzen sind.[725] Eine weitere Einschränkung findet nicht statt. Die Planfeststellung ist eher mit Plänen als mit gebundenen Entscheidungen oder solchen mit Ermessen, die ebenfalls von § 47 Abs. 6 S. 1 Alt. 1 BImSchG erfasst werden, vergleichbar. Im Planfeststellungsverfahren sind eine Vielzahl von Gesichtspunkten zu beachten und abzuwägen, es wird keinem engen Netz von Tatbestandsvoraussetzungen gefolgt. Außerdem haben Planfeststellungen durch ihre Konzentrationswirkung, Gestaltungswirkung sowie Sicherungs- und Duldungswirkung weitreichendere Rechtswirkung als sonstige Zulassungsentscheidungen und sind Planungen sehr ähnlich.[726]

---

nung vgl. *Jarass*, BImSchG, § 47 Rn. 56 f. m.W.n. und *Sparwasser*, NVwZ 2006, 369, 374.

723 BVerwG, Urt. V. 19.7.2000 – 4 C 4/00, E 115, 17, 24; BVerwG, Urt. V. 18.8.2005 – 4 C 13/04, NVwZ 2006, 87, 90.

724 Vgl. Konzentrationswirkung, § 75 Abs. 1 S. 1 VwVfG, Gestaltungswirkung, § 75 Abs. 2 S. 2 VwVfG und die Sicherungs- und Duldungswirkung, § 75 Abs. 2 S. 1 VwVfG.

725 *Hansmann*, in: Koch (Hrsg.), GK-BImSchG, § 47 Rn. 75, 100; *Sparwasser*, NVwZ 2006, 369, 374 f.

726 Konzentrationswirkung, § 75 Abs. 1 S. 1 VwVfG, Gestaltungswirkung, § 75 Abs. 2 S. 2 VwVfG und die Sicherungs- und Duldungswirkung, § 75 Abs. 2 S. 1 VwVfG; vgl. für die Festlegung von Flugrouten Argumentation bei BVerfG, Urt. v. 26.11.2003 – 9 C 6.02, E 119, 245, 255; BVerfG, Urt. v.

Es ist davon auszugehen, dass sie planungsrechtlichen Festlegungen sowohl Vorgaben für „echte" Pläne als auch für Planfeststellungen machen.[727] Diese Vorgaben der Lärmaktionspläne sind in den Planungs- und der Planfeststellungsverfahren zu berücksichtigen.

cc) Politische Absichtserklärungen

(1) Definition

Als weitere Maßnahmenkategorie sind politische Absichtserklärungen zu nennen. Diese werden zwar weder in der Richtlinie noch in der deutschen Umsetzung im BImSchG erwähnt, sie finden sich jedoch in vielen bereits erstellten Lärmaktionsplänen. In den Lärmaktionsplänen werden immer wieder weichere Formulierungen verwand, hinter denen sich keine verbindlichen Maßnahmen zur Verwirklichung vermuten lassen, sondern eine Absichtserklärung, auf eine bestimmte Weise handeln zu wollen, um weitere Ziele zu erreichen. Mangels Regelung dieser Kategorie im Gesetz oder der Umgebungslärmrichtlinie kann sich die Untersuchung dieser Maßnahmenkategorie nur an der Praxis orientieren. Als Beispiel dienen Maßnahmen der Stadt Halle (Saale)[728]. Der Lärmaktionsplan Halle (Saale) fordert ein betriebliches Mobilitätsmanagement. Dieses Mobilitätsmanagement umfasst die Förderung von Jobtickets, mit denen Betriebe die Bereitstellung von Parkplätzen ersetzen können, oder eine Vermietung von Parkplätzen an Arbeitnehmer. Dies soll durch eine zum bisherigen Stand verbesserte Informationspolitik der Gemeinde und eine Vorreiterrolle ihrerseits erreicht werden.

Diese Formulierungen erfassen überwiegend Anforderungen, die die planaufstellende Gemeinde an ihre eigene Organisation stellt

24.6.2004 – 4 C 11.03, 121, 152, 157 ff.; BVerfG, Beschl. v. 4.5.2005 – 4 C 6.04, E 123, 322, 330 ff.

727 A. A. *LAI*, UPR 1991, 334, 335, dieser ordnet die Planfeststellungsverfahren als Zulassungsentscheidung Ermessensentscheidungen und nicht Planungen zu.

728 *Halle*, Fachbereich Umwelt, Lärmaktionsplanung der Stadt Halle (Saale): Zwischenbericht, online.

und die nicht als Planung oder Einzelfallentscheidung nach außen verwirklicht werden können. Nach Ausgestaltung in der Praxis stellen sich politische Absichtserklärungen als Handlungsempfehlungen an die Organisation der planerstellenden Körperschaft, ein bestimmtes Ziel zu verfolgen, dar.

(2) (Faktische) Verbindlichkeit

Fraglich ist, inwieweit politische Absichtserklärungen verbindlich oder jedenfalls faktisch relevant sind und wie sie sich in der Praxis auswirken.

Die Ausführungen zu den politischen Absichtserklärungen in der Praxis sind nur vage an Zeit und Ziel gebunden und da etwa das betriebliche Mobilitätsmanagement der gemeindeeigenen Verwaltung Hall (Saale)[729] nur als Schritt zu einer Nutzung dieser Maßnahme privater Unternehmen dienen soll, ist hier von einer bloßen Absichtserklärung ohne konkrete Bindung auszugehen. Dafür, dass es sich hierbei um eine bloße Absichtserklärung handelt, spricht auch, dass private Unternehmen nicht zur Teilnahme am Mobilitätsmanagement verpflichtet werden können und deshalb dahingehend Anreize gesetzt werden müssen.

Aus der Intention, Bestimmungen in einen Aktionsplan aufzunehmen, die gerade nicht als Maßnahme einer im BImSchG oder in der Umgebungslärmrichtlinie normierten Kategorie ausgestaltet werden, kann nur gefolgert werden, dass eine Bindungswirkung nicht gewollt ist. Auch wenn andere Träger öffentlicher Belange im Rahmen einer möglichen Kooperation oder Abstimmung einbezogen werden, halten sich die in der Praxis vorgesehenen Maßnahmen dieser Kategorie immer im Rahmen von Absichtserklärungen, sodass hier auch keine Kooperationspflicht gewollt sein kann.

Politische Absichtserklärungen können damit allenfalls faktische Bindungswirkung erlangen. Faktische Bindungswirkung entsteht durch den Druck der Öffentlichkeit, insbesondere durch deren

729 *Halle*, Fachbereich Umwelt, Lärmaktionsplanung der Stadt Halle (Saale): Zwischenbericht, online.

Beteiligung und Information der Bürger bei der Lärmaktionsplanung.[730]

Bei der Aufstellung von Lärmaktionsplänen soll die Öffentlichkeit nach Art. 8 Abs. 7 UL-RL und § 47d Abs. 3 BImSchG aktiv mitwirken und zu Vorschlägen angehört werden. Diese Anhörung soll im Sinne einer konstruktiven Einbeziehung der Bevölkerung erfolgen. Neben einer bloßen Information zu Schallpegeln arbeitet die Öffentlichkeit an den Entwürfen der Lärmaktionspläne und damit auch an den Maßnahmen aktiv mit.[731] Die Ergebnisse dieser Mitarbeit sind durch die planerstellende Behörde bei der Lärmaktionsplanung zu berücksichtigen.[732]

Die Funktion einer solchen umfassenden Öffentlichkeitsbeteiligung soll es unter anderem sein, Kontrolle und Transparenz des Verfahrens herzustellen sowie für eine Effektivitätssteigerung in der Verwaltung zu sorgen.[733] Die Information über zukünftige Pla-

730 Vgl. *Fisahn*, Demokratie und Öffentlichkeitsbeteiligung, S. 211 ff.

731 **Art. 8 Abs. 7 UL-RL** „Die Mitgliedstaaten sorgen dafür, dass die Öffentlichkeit zu Vorschlägen für Aktionspläne gehört wird, dass sie rechtzeitig und effektiv die Möglichkeit erhält, an der Ausarbeitung und der Überprüfung der Aktionspläne mitzuwirken, dass die Ergebnisse dieser Mitwirkung berücksichtigt werden und dass die Öffentlichkeit über die getroffenen Entscheidungen unterrichtet wird. Es sind angemessene Fristen mit einer ausreichenden Zeitspanne für jede Phase der Mitwirkung der Öffentlichkeit vorzusehen. Ergibt sich die Verpflichtung, ein Verfahren zur Mitwirkung der Öffentlichkeit durchzuführen, gleichzeitig aus dieser Richtlinie und aus anderen Rechtsvorschriften der Gemeinschaft, so können die Mitgliedstaaten zur Vermeidung von Überschneidungen gemeinsame Verfahren vorsehen."; **§ 47 d Abs. 3 BImSchG** „Die Öffentlichkeit wird zu Vorschlägen für Lärmaktionspläne gehört. Sie erhält rechtzeitig und effektiv die Möglichkeit, an der Ausarbeitung und der Überprüfung der Lärmaktionspläne mitzuwirken. Die Ergebnisse der Mitwirkung sind zu berücksichtigen. Die Öffentlichkeit ist über die getroffenen Entscheidungen zu unterrichten. Es sind angemessene Fristen mit einer ausreichenden Zeitspanne für jede Phase der Beteiligung vorzusehen".

732 Vgl. *Blaschke*, Lärmminderungsplanung, S. 350 f.

733 Einen ähnlichen Ansatz verfolgte zunächst auch das deutsche Recht mit einer Beteiligung der Öffentlichkeit. Erst mit der Beschleunigungsgesetzgebung in den 1990ern wurde Öffentlichkeitsbeteiligung und effektives Verfahren als gegensätzlich empfunden, vgl. *Fisahn*, Demokratie und Öffentlichkeitsbeteiligung, S. 212.

nungen und der aktive Einbezug der Öffentlichkeit in die Planung machen die Entscheidungen der Verwaltung für den Bürger transparent und einer öffentlichen Kontrolle zugänglich.[734] Selbst wenn die Informationen der Behörde an die Öffentlichkeit oder die Möglichkeit ihrer Beteiligung nicht wahrgenommen werden, übt schon die Veröffentlichung und Öffnung des Verwaltungsverfahrens für Ideen und Anregungen der Bürger einen gewissen Druck auf die Verwaltung aus, da die Öffentlichkeit Kenntnis von den vorgesehenen Maßnahmen und ihrer Verwirklichung nehmen könnte.[735]

Diese Funktion der Öffentlichkeitsbeteiligung greift das Unionsrecht im Allgemeinen, aber auch die Umgebungslärmrichtlinie im Speziellen auf. Die Durchsetzung des Unionsrechts wird durch umfassende Einbindung der Öffentlichkeit nicht erst seit der Aarhus-Konvention maßgeblich bestimmt.[736] In der EU wird ein Konzept der „partizipativen Demokratie"[737] verfolgt. Das Unionsrecht ist nach dem Grundsatz der dezentralen Vollzugskontrolle und dem Konzept der informierten Öffentlichkeit organisiert.[738] Danach soll eine effektive Durchsetzung des Umweltrechts durch rechtliche Besserstellung am Umweltschutz interessierter Personen und Personengruppen erfolgen, etwa durch die Einräumung von Ansprüchen auf Information und Beteiligung.[739] Das Unionsrecht ist über

734 *Hellmann*, Die Öffentlichkeitsbeteiligung, S. 148; *Deppen*, Beteiligungsrechte des Bürgers, S. 98 ff.; *Wolfrum*, DÖV 1981, 606, 614.

735 Zum Druck durch die Möglichkeit öffentlicher Wahrnehmung *Fisahn*, Demokratie und Öffentlichkeitsbeteiligung, S. 211.

736 Aarhus-VO EG Nr. 1367/2006; Richtlinie über die Beteiligung der Öffentlichkeit bei der Ausarbeitung bestimmter umweltbezogener Pläne und Programme, 2003/35/EG; Richtlinien über den Zugang der Öffentlichkeit zu Umweltinformationen 2003/4/EG; SUP-Richtlinie 2001/42/EG

737 Vgl. Präambel und 21. Erwägungsgrund der Aarhus-Konvention; siehe auch, *Walter*, EuR 2005, 302, 306; *v. Danwitz*, NVwZ 2004, 272, 273; *Fisahn*, ZUR 2004, 136 ff.

738 *Schröder*, NVwZ 2006, 389, 393.

739 *Wegener*, in: Lübbe-Wolff (Hrsg.), Der Vollzug des europäischen Umweltrechts, S. 145, 152, 157; *Calliess*, NuR 2006, 601, 606, 609; *Schröder*, NVwZ 2006, 389, 390 f., 393; vgl. 6. Umweltaktionsprogramm, Beschluss des Europäischen Parlaments und des Rates v. 22.7.2002, ABl. L 242, v. 10.9.2002, S. 1 ff.

das Umweltrecht hinaus auf eine dezentrale Vollzugskontrolle angewiesen, da es beim Vollzug durch innerstaatliche Organe nur eine geringe Beachtungskontrolle ausüben kann.[740] Kontrolle ist etwa durch den EuGH im Wege von Vertragsverletzungsverfahren möglich, etwa wenn Richtlinienvorgaben nicht umgesetzt werden.[741] Der Unionsbürger soll als weitere Kontrollinstanz die Kontrolle zur Einhaltung des Unionsrechts durch die Mitgliedstaaten und die Europäische Kommission ergänzen.[742]

Der Bürger als Kontrollinstanz kommt gerade bei verfahrensbezogenen und weichen Regelungen wie der Umgebungslärmrichtlinie zum Tragen. Über die Kategorie der politischen Absichtserklärungen hinaus spielt die faktische Verbindlichkeit einer öffentlichen Kontrolle auch bei anderen Kategorien eine Rolle, wird dort aber durch weitere verwaltungsrechtliche Instrumente ergänzt.

Somit kommt politischen Absichtserklärungen keine strikte Verbindlichkeit oder Berücksichtigungspflicht zu, ihnen kommt aber eine faktische Verbindlichkeit zu, indem sich die Behörde an ihren Vorsätzen messen lassen muss.

(3) Effektivität durch faktische Verbindlichkeit

Fraglich ist aber, ob durch die bloß faktische Verbindlichkeit der politischen Absichtserklärungen eine Effektivierung der Implementierung von Lärmaktionsplänen erreicht wird. Dies hängt im Einzelfall von der Kompromissfähigkeit der sich gegenüberstehenden Parteien, ihrer Interessen, sich für die Sache einzusetzen und

740 *Masing*, Mobilisierung des Bürgers für die Durchsetzung des Rechts, S. 19 ff.; vgl. zu verschiedenen Ausprägungen dieses Konzepts, *Wegener*, in: Lübbe-Wolff (Hrsg.), Der Vollzug des europäischen Umweltrechts, S. 145, 157; *Steinberg*, AöR 120 (1995), 549, 562 ff.; *Calliess*, NuR 2006, 601, 606 f.;

741 Art. 258 AEUV.

742 Die Aarhus-Konvention greift diesen Gedanken auf, vgl., u. a. *v. Danwitz*, NVwZ 2004, 272, 273; *Gellermann*, in: Ipsen/Stüer (Hrsg.), Europa im Wandel: FS f. Rengeling, S. 233, 239, 241; Nach deutschem Verständnis wird der Umweltschutz durch die Behörde realisiert und nur eingeschränkt, bei individueller Betroffenheit durch Gerichte überprüft vgl. *Calliess*, NuR 2006, 601, 609.

politischen Konstellationen ab.[743] Die Wirkung faktischer Verbindlichkeit durch öffentliche Kontrolle ist im Einzelnen und im Einzelfall fraglich und kann nur rechtliche Verbindlichkeitsinstrumente unterstützen, allein aber keine ausreichende Vollzugskontrolle gewährleisten.[744] Klagerechte kommen zur Durchsetzung von politischen Absichtserklärungen nicht in Betracht, da gerade nur eine Absicht formuliert wird und schon der Wille der Verwaltung fehlt, Dritten Rechte einzuräumen. Auch für die Maßnahmenkategorien Plan-Anordnungen und planungsrechtliche Festlegungen sind Klagerechte Einzelner umstritten.[745] Dennoch können die faktisch verbindlichen politischen Absichtserklärungen im Zusammenwirken mit möglicherweise einklagbaren Maßnahmen bekräftigt werden. Ohne solch ein Zusammenspiel mit Klagerechten kann durch faktische Bindungswirkung aber keine ausreichende Vollzugskontrolle gewährleisten werden.

dd) Langfristige Strategien

(1) Definition

Als vierte Maßnahmenkategorie sind „langfristige Strategien" zu nennen. Diese werden im Anhang V UL-RL mit diesem Wortlaut erwähnt und müssen u.a. als Mindestinhalt in Lärmaktionsplänen aufgeführt sein. Eine Definition dieser Kategorie nimmt die Umgebungslärmrichtlinie nicht vor, und in der Umsetzung im BImSchG taucht diese Kategorie gar nicht auf. In der Praxis sehen einige Lärmaktionspläne aber langfristige Strategien vor.

Für eine Abgrenzung zu anderen Maßnahmenkategorien kommt es maßgeblich auf die zeitliche Komponente an. Dazu muss zunächst der Begriff „langfristig" ausgelegt werden. Die Formulierung „langfristig" lässt darauf schließen, dass diese Strategien über den Zeithorizont anderer Maßnahmen hinaus wirken sollen.

743 Dazu *Fisahn*, Demokratie und Öffentlichkeitsbeteiligung, S. 212.

744 Ähnlich *Fishan*, Demokratie und Öffentlichkeitsbeteiligung, S. 211.

745 Ausführlich dazu *Cancik*, ZUR 2007, 169, 171 ff.; *Cancik*, WiVerw 2012, 210, 223; *Kröner*, UPR 2013, 89 ff.; *Holm*, NuR 2003, 144, 147.

Es wird aber weder in der Umgebungslärmrichtlinie noch in der deutschen Umsetzung eine Aussage darüber getroffen, in welchem Zeitraum Maßnahmen allgemein ihre Wirkung entfalten sollen. Als Anhaltspunkt für Langfristigkeit kann aber die Geltungsdauer der Aktionspläne selbst dienen. Gemäß Art. 8 Abs. 5 UL-RL sollen die Lärmaktionspläne bei bedeutsamen tatsächlichen Entwicklungen mit Auswirkung auf die Lärmsituation sofort überarbeitet werden, ansonsten spätestens nach fünf Jahren.[746] Daraus lässt sich schließen, dass Maßnahmen grundsätzlich innerhalb dieser fünf Jahre ihre Wirkung entfalten sollen. Langfristige Strategien sind deshalb dadurch von anderen Maßnahmenkategorien zu unterscheiden, dass sie über diesen Zeitraum hinaus angelegt sind.

Weiter ist fraglich, was unter „Strategie", insbesondere in Abgrenzung zu Plan-Anordnungen und planungsrechtlichen Festlegungen, zu verstehen ist. Strategie wird als „umfassende Planung zur Verwirklichung von Grundvorstellungen" oder „eines Ziels mittels aufeinander einwirkender dynamischer Systeme" definiert.[747] Damit sollen langfristige Strategien ihrem Wortlaut nach nicht nur für einen längeren Zeitraum angelegt sein, sonder auch einen eher grundlegenden Ansatz zum Lärmschutz installieren. Dieser grundlegende Ansatz könnte auch unterschiedliche Maßnahmen kombinieren, um ein dynamischen Systems zur Zielerreichung zu installieren.

(2) (Faktische) Verbindlichkeit nach Anwendung in der Praxis

Als Beispiele für festgelegte, langfristige Strategien in der Praxis und ihrer praktischen Ausrichtung im Hinblick auf Verbindlichkeit dienen die der Lärmaktionspläne der Stadt Hamburg und der Gemeinde Loxstedt.

---

746 **Art. 8 Abs. 5 UL-RL** „Die Aktionspläne werden im Fall einer bedeutsamen Entwicklung, die sich auf die bestehende Lärmsituation auswirkt, und mindestens alle fünf Jahre nach dem Zeitpunkt ihrer Genehmigung überprüft und erforderlichenfalls überarbeitet".

747 *Wahrig*, Deutsches Wörterbuch, Strategie.

Der Lärmaktionsplan der Stadt Hamburg nennt als langfristige Strategien, dass „Synergien mit benachbarten Zielfeldern“ genutzt und „Konzepte auf verschiedenen räumlichen Ebenen“ zusammengeführt werden.[748] Unter benachbarten Zielfeldern versteht die Stadt Hamburg insbesondere die Luftreinhalteplanung, die Verkehrsplanung und die Stadtentwicklung.[749] Synergien sollen im Bereich der Datenvorhaltung, Datenaufbereitung, der frühzeitigen Abstimmung der Planungen untereinander sowie den effizienten Gebrauch von Personal und sonstigen Ressourcen entstehen.[750]

Der Lärmaktionsplan der Gemeinde Loxstedt für Hauptverkehrsstrecken sieht als langfristige Strategie vor, dass auf die Baulastträger der Bundesstraßen eingewirkt werden soll, die möglichen Maßnahmen zur Reduktion des Lärms umzusetzen. Weiter sieht er vor, im Rahmen der Bauleitplanung eine verkehrsarme Siedlungsstruktur zu unterstützen.[751] Auch an diesem Beispiel wird deutlich, dass die langfristigen Strategien mit Blick auf eine nächste Planerstellungsperiode, also mit Wirkung über einen Zeitraum von über fünf Jahren hinaus, vorgesehen werden.

Der Lärmaktionsplan der Gemeinde Loxstedt, aber auch andere Gemeinden, machen deutlich, dass auch Maßnahmen, die ansonsten als Plan-Anordnungen und planungsrechtliche Festlegungen ausgestaltet werden, nur langfristig, oft erst in der nächsten Planungsperiode, wirken oder hier verwirklicht werden sollen. Gerade bei der zunächst strategischen Lärmaktionsplanung von Hamburg und Düsseldorf läuft es darauf hinaus, dass viele der vorgesehenen Maßnahmen erst nach fünf Jahren verwirklicht werden.[752]

---

748 *Hamburg*, Behörde für Stadtentwicklung und Umwelt, Strategischer Lärmaktionsplan Hamburg, online, S. 53.

749 *Hamburg*, Behörde für Stadtentwicklung und Umwelt, Strategischer Lärmaktionsplan Hamburg, online, S. 53.

750 *Hamburg*, Behörde für Stadtentwicklung und Umwelt, Strategischer Lärmaktionsplan Hamburg, online, S. 53.

751 Die Gemeinde Loxstedt liegt im Landkreis Cuxhaven, zwischen Bremerhaven und der Freie Hansestadt Bremen das Gemeindegebiet wird von der BAB A 27 in Nord-Südrichtung und der B 437 durchkreuzt, *Loxstedt*, Lärmaktionsplan der Gemeinde Loxstedt, online, S. 2, 9.

752 vgl. bisher ohne konkrete Maßnahmen, *Hamburg*, Behörde für Stadtentwicklung und Umwelt, Strategischer Lärmaktionsplan Hamburg, online

Damit löst die Festlegung der langfristigen Strategien in der Praxis nicht die Erwartung aus dem Wortlaut an einen grundlegenden und aus einer dynamischen Abstimmung unterschiedlicher Maßnahmen verbundenen Ansatzes ein. Vielmehr bewegen sich langfristige Strategien in der Praxis eher im Rahmen von Absichtserklärungen mit Blick auf die Zukunft. Sie haben keinen Ver- oder Gebotscharakter oder konkrete Handlungsvorgaben, wie dies auch für politische Absichtserklärungen der Fall ist. Bisher sind keine Anhaltspunkte ersichtlich, die eine strikte Bindungswirkung für die Kategorie „langfristige Strategien" vorsehen, sondern er wird immer gefragt, ob die Maßnahme in der nächste Planungsperiode möglich oder sinnvoll ist.

Im Ergebnis bestehen für langfristige Strategien eher Bindungen in Form faktischer Verbindlichkeit, da ihre Verwirklichung nur durch öffentlichen Druck sichergestellt werden kann. Dabei ist festzuhalten, dass faktische Bindungswirkung alleine keine ausreichende Vollzugskontrolle gewährleisten kann und daher ohne Klagerechte von Bürgern oder Verbänden auch nicht zu einem effektiven Verwaltungsvollzug beiträgt.[753]

b) Definition eines Lärmschutzbedürfnisses

Speziell für die Lärmaktionsplanung festgelegte Grenzwerte sieht das deutsche Recht nicht vor, genauso wenig, wie sonstige einheitliche Kriterien, um zu bestimmen, ab wann es der Festlegung von Maßnahmen in einem Lärmaktionsplan bedarf. Bisher wird bei der Festlegung von Maßnahmen in einigen Bundesländern nur auf Empfehlungen für Grenzwerte zurückgegriffen.[754] Zudem hat die Bundesregierung im Rahmen der Datenberichterstattung 2005

und *Düsseldorf*, Lärmaktionsplan für die Landeshauptstadt Düsseldorf, online, der zunächst den Masterplan zur Reduzierung des Straßenverkehrslärms in Bezug nimmt, *Düsseldorf*, Umweltamt, Masterplan-Lärm: „Reduzierung des Straßenverkehrslärms", online.

753 Dazu 4. Teil II. 2. a) cc).

754 Etwa Verordnungsantrag des Landes Baden-Württemberg, BR-Drs. 280/06.

bestehende Grenzwerte der 16. BImSchV und der VLärmSchR97[755] an die Kommission gemeldet, um ihrer Pflicht aus Art. 5 Abs. 4 UL-RL gerecht zu werden.[756] Die Grenzwerte der 16. BImSchV gelten aber nur für Neubauten oder wesentliche Änderungen von Verkehrswegen und die der VLärmSchR97 gelten nur für Straßen in der Baulast des Bundes. Somit werden durch die Grenzwerte nur für einen kleinen Teil der von der Lärmaktionsplanung erfassten Straßen Vorgaben gemacht.

Zunächst sieht die 16. BImSchV in § 1 Abs. 2 S. 2 Auslöseschwellen für eine Lärmsanierung vor. Diese liegen bei 60 dB(A) nachts und 70 dB(A) tags. Da die 16. BImSchV insgesamt nur bei einer wesentlichen Änderung oder einem Neubau von Straßenanwendbar ist und in diesem Rahmen die Auslöseschwellen die Wesentlichkeit markieren, sollen sie nicht einzuhaltende Pegel darstellen. Diese folgen vielmehr aus § 2 Abs. 1 16. BImSchV und orientieren sich an in Bebauungsplänen festgesetzten Anlagen und Gebieten (Vgl. Darstellung 8). Die Gebiete entsprechen daher den Vorgaben der §§ 2 ff. BauNVO.

Darstellung 8: Immissionsgrenzwerte der 16. BImSchV

Gebiet/Anlage	Tag in dB(A)	Nacht in dB(A)
Krankenhäuser, Schulen, Kur- und Altenheime	57	47
reine und allgemeine Wohngebiete, Kleinsiedlungsgebiete	59	49
Kerngebiete, Dorfgebiete und Mischgebiete	64	54
Gewerbegebiete	69	59

Die Werte der 16. BImSchV sind aber nur beim Neubau oder einer wesentlichen Änderung einer Straße anwendbar. An dieser eingeschränkten Anwendbarkeit möchte auch die Bundesregierung mit

755 Richtlinie für den Verkehrslärmschutz an Bundesfernstraßen in der Baulast des Bundes, Mai 1997.

756 Gemeldete Grenzwerte aus der Datenberichterstattung der Bundesregierung, online.; vgl. BT-Drs. 16/4331, S. 5.

ihrer Meldung nichts ändern. In ihrer Meldung weist sie deshalb auf diese eingeschränkte Anwendbarkeit hin.

Die Werte aus der VLärmSchR97 gelten nur für Bundesfernstraßen in der Baulast des Bundes und damit nicht für die Gemeindestraßen in Ballungsräumen aber auch nicht für vielbefahrene Landesstraßen. Die VLärmSchR97 sieht folgende Grenzwerte vor:

Darstellung 9: Immissionsgrenzwerte der VLärmSchR97

Gebiet/Anlage	Tag in dB(A)	Nacht in dB(A)
Krankenhäuser, Schulen, Kur- und Altenheime, reine und allgemeine Wohngebiete sowie Kleinsiedlungsgebiete	70	60
Kerngebiete, Dorfgebiete und Mischgebiete	72	62
Gewerbegebiete	75	65

Fraglich ist zum einen, ob Grenzwerte mit diesen beschränkten Anwendungsbereichen ausreichend sind und ob die Grenzwerte den Schutzanforderungen der Grundrechte genügen. Denn inhaltliche Anforderungen stellt die Umgebungslärmrichtlinie gerade nicht, sodass der nationale Maßstab der Grundrechte greift.[757] Aus dem Recht auf körperliche Unversehrtheit nach Art. 2 Abs. 2 S. 1 GG und der Eigentumsfreiheit nach Art. 14 GG lassen sich Grenzwerte ableiten, bei deren Überschreitung von einer Beeinträchtigung der Grundrechte ausgegangen wird. Das BVerfG hat für Verkehrslärm festgelegt, dass ein Dauerschallpegel, der 60 dB(A) außen nicht überschreitet, nicht die Schwelle der Gesundheitsgefährdung erreicht.[758] Eine enteignungsrechtliche Zumutbarkeitsschwelle liegt nach dem BGH im Allgemeinen bei Werten von 70 bis 75 dB(A) tagsüber und 60 bis 65 dB(A) nachts.[759]

757 Vgl. 2. Teil II.

758 BVerwG, Urt. v. 23.4.1997 – 11 A 17/96, NVwZ 1998, 846, 847; BVerwG, Urt. v. 18.3.1998 – 11 A 55/96, E 106, 241, 247 ff.

759 BGH, Urt. v. 6.2.1986 – III ZR 96/84, Z 97, 114, 123 = NVwZ 1986, 789 = NJW 1986, 1980; BGH, Urt. v. 17.4.1986 – III ZR 202/84, Z 97, 361 = NJW 1986, 2421 = NVwZ 1986, 867; OVG Münster, Urt. v. 13.3.2008 – 7 D 34/07.

Außer für Gewerbegebiete liegen die Werte der 16. BImSchV unterhalb der Anforderungen, die die Rechtsprechung aus den Grundrechten ableitet.[760] Die Werte der VLärmSchG97 liegen in dem Rahmen, den die Rechtsprechung als Grundrechtsrelevant ansieht.[761]

Da die Umgebungslärmrichtlinie aber gerade Lärm an bestehenden Straßen und unabhängig von ihrer Baulast mindern oder verhindern will, genügt der eigeschränkte Anwendungsbereich nicht, um ein Lärmschutzbedürfnis für alle Straßen im Bereich der Lärmaktionspläne festzustellen. Wie oben gesehen, sieht die Umgebungslärmrichtlinie in der Bestimmung eines Lärmschutzbedürfnisses einen zentralen Baustein der Lärmaktionsplanung, um zu bestimmen, „ob" es Maßnahmen bedarf und an „welcher" Lärmquelle sie ansetzen müssen. Fraglich ist, ob die Immissionsgrenzwerte der 16. BImSchV oder der VLärmSchR97 analog auf bestehende Straßen bzw. auf Straßen in der Baulast der Länder oder der Gemeinden anwendbar sind.

Einer analogen Anwendung der Immissionsgrenzwerte der VLärmSchR97 auf Straßen, die in der Baulast der Gemeinden oder der Länder stehen, bedarf es nicht, da sich entsprechende Werte schon aus den Grundrechten ableiten lassen und daher für Lärmbelastungen aller Straßen gelten.

Damit besteht aber auch keine Regelungslücke mehr, die eine Analogie nach allgemeinem Verständnis voraussetzt.[762] Somit würden die aus den Grundrechten abgeleiteten Grenzwerte den Maßstab für ein Lärmschutzbedürfnis bilden. Fraglich ist aber, ob der Schutzumfang im Rahmen der Lärmaktionsplanung ausreichend ist. Denn schon die als Auslöseschwellen konzipierten Werte des

NE, NWVBl. 2008, 467; BVerwG, Urt. 16.3.2006, 4 A 1075.04, E 125, 116, 244, 249 (Flughafen-Schönefeld); BVerwG, Urt. v. 9.11.2006, 4 A 2001.6, E 127, 95 (Flughafen-Halle); BGH, Urt. v. 25.3.1993 – III ZR 60/91, Z 122, 76, 81 m. W. n.; BGH, Urt. v. 16.3.1995 – III ZR 166/93, Z 129, 124, 126 ff.; *Boujong*, UPR 1987, 207, 209.

760 Vgl. 2. Teil V. 1. b) aa) und c).

761 Vgl. 2. Teil V. 1. b) aa) und c).

762 *Engisch*, Einführung in das juristische Denken, VII, S. 175 ff.; *Larenz/Canaris*, Methodenlehre, 5.2, S. 192 ff.

UBA[763] und der einzelnen Bundesländer[764] sehen für eine Pflicht zur Lärmaktionsplanung geringere Grenzwerte vor. Von den Bundesländern werden Werte zwischen 60 und 65 dB(A) nachts und 65 bis 70 dB(A) tagsüber vorgesehen. Das *UBA* sieht als langfristige Orientierung Werten von 50 dB(A) nachts und 60 dB(A) tagsüber vor, an dem sich auch einige Bundesländer ausrichten.[765] Es erscheint im Rahmen des in der Umgebungslärmrichtlinie vorgesehenen Vorsorgeansatzes, den auch die Bundesländer anerkannt haben unbillig, eine Pflicht zur Lärmaktionsplanung zunächst an geringeren Werten anzusetzen, als später bei der Maßnahmenfestlegung. Dies würde zudem keine Besserung durch Lärmaktionsplanung bedeuten, da nur Maßnahmen dann ergriffen werden müssten, wenn auch im Wege der Lärmsanierung eingeschritten werden müsste. Somit ist eine analoge Anwendung der Werte aus der 16. BImSchV geboten und durch die Orientierung an unterschiedlichen Schutzbedürfnissen der jeweiligen Baugebiete auch sachgerecht.

c) Abgestimmtes Gesamtkonzept

Vorgaben zum Inhalt der Maßnahmen macht das BImSchG nicht. Damit hält es sich auch an die Vorgaben der Umgebungslärmrichtlinie, wenn es die zu ergreifenden Maßnahmen in das Ermessen der planerstellenden Behörden stellt. Nur diese können für ihr Gebiet bestimmen, welche Maßnahmen sich eignen und vorgesehen werden sollen. Mit dieser „fehlenden" Regelung und der Einräumung von Ermessen trägt das BImSchG auf den zweiten Blick sogar dazu

763 *UBA*, Richtlinie über die Bewertung und Bekämpfung von Umgebungslärm – Auslösekriterien für die Lärmaktionsplanung, S. 1.

764 Z. B. *Nordrhein-Westfalen*, Ministerium für Umwelt und Naturschutz, Landwirtschaft und Verbraucherschutz, Runderlass, V-5.8820.4.1, vom 07.02.2008, MBl. NW 2008, 105, Nr. 5; *Brandenburg*, Ministerium für Umwelt, Gesundheit und Verbraucherschutz, Die Strategie der Lärmaktionsplanung im Land Brandenburg, online, 4.2.2. a);

765 Der Lärmaktionsplan der Stadt Hamburg übernimmt Werte des *UBA*, Lärm, Umgebungslärmrichtlinie, online; so *Hamburg*, Lärmaktionsplan, Behörde für Stadtentwicklung und Umwelt, online, S. 10; in *UBA*, Lärmbilanz 2010, S. 8 wird Berlin gleichlaufend mit Hamburg angegeben.

bei, den Behörden vor Ort einen möglichst weiten Spielraum für abgestimmte Maßnahmen zu belassen. Schon aus der Darstellung der bisher in Lärmaktionsplänen vorgesehenen Maßnahmen im 1. Teil[766] zeigt sich, dass die Behörden eine Vielzahl unterschiedlicher Maßnahmen vorsehen. An Vielfalt mangelt es nicht. Ob diese Maßnahmen aber auch ein abgestimmtes Konzept ergeben, lässt sich nur im Einzelfall bei der praktischen Implementierung beurteilen.

3. Praxis

In der Praxis werden in Lärmaktionsplänen Maßnahmen mit sehr unterschiedlicher Verbindlichkeit und Konkretisierung vorgesehen.

Im Falle der Lärmaktionsplanung von Hamburg wird die Aufnahme von Maßnahmen, über konzeptionelle Ansätze hinaus, insgesamt auf einen späteren Zeitpunkt verschoben. Bisher wurde ein sogenannter Strategischer Lärmaktionsplan erstellt, der konzeptionelle Maßnahmen als Grundlage für konkrete verkehrsberuhigende Maßnahmen vorsieht[767]. Konkrete Maßnahmen wurden 2010 in einer Bürgerbeteiligung zusammen mit den Bürgern in den einzelnen Bezirken der Stadt erarbeitet[768]. Im Jahre 2012 wurden die konkreten Ansätze aus dieser Beteiligung im Entwurf eines weiteren Lärmaktionsplanes (Entwurf des Lärmaktionsplanes Hamburg 2012/2013) mit den beteiligten Fachbehörden, Vertretern der Bezirksverwaltungen und den Trägern öffentlicher Belange abgestimmt und sollen dem Senat und der Bürgerschaft zum Beschluss zum einen über die notwendigen Haushaltsmittel, zum anderen für umzusetzenden Maßnahmen vorgelegt werden.[769]

---

766 1. Teil II. 4.

767 *Hamburg*, Behörde für Stadtentwicklung und Umwelt, Strategischer-Lärmaktionsplan, online, S. 20 ff.

768 Z. B. *Hamburg*, Behörde für Stadtentwicklung und Umwelt, Strategischer-Lärmaktionsplan, Lärmaktionsplanung in Hamburg Vorschläge für Hamburg-Nord, Gutachterliche Bewertung der Ergebnisse der Lärmforums im Bezirk Hamburg-Nord, online.

769 *Hamburg*, Behörde für Stadtentwicklung und Umwelt, online.

Neben einigen Maßnahmen, die schon im 12-Punkte-Programm des strategischen Lärmaktionsplanes 2009 enthalten waren, wie ein gesamtstätisches Verkehrskonzept, werden im Entwurf des Lärmaktionsplanes Hamburg 2012/2013 unter anderem öffentliche Kampagnen, z. B. Informationen zu „Freie Wege für Fuß und Rad"[770], sowie Maßnahmen zum Neubau von Straßen zur Verkehrsentlastung vorgesehen. So soll die B 4/B 75 Wilhelmsburger Reichsstraße zwischen den Anschlussstellen der A 253 Wilhelmsburg-Süd und der A 252 Georgswerder einschließlich Schallschutzmaßnahmen für eine Bahnstrecke gebündelt und neu gebaut werden.[771] Desweiteren sind der Ausbau und die gleichzeitige teilweise Überdeckelung der A 7 zwischen der Anschlussstelle Othmarschen bis zur Landesgrenze nach Schleswig-Holstein als konkrete Maßnahmen geplant.[772]

Die Erstellung des Lärmaktionsplanes 2012/2013 in Hamburg stellt zugleich die nach 5 Jahren nötige Überarbeitung des Lärmaktionsplanes gemäß § 47 d Abs. 5 BImSchG dar. Diese Überarbeitung wird zum Juli 2013 nötig.[773]

Der Lärmaktionsplan der Stadt Hannover sieht in einem 4-Punkte-Programm[774] unter anderem vor, dass die gefahrenen Geschwindigkeiten auf Straßen, die einen Hauptbelastungsschwerpunkt[775] darstellen, untersucht werden. Die gemessenen Geschwindigkeiten sollen zusammen mit den Lärmpegeln ausgewertet werden, um gegebenenfalls durch den Wiederholten Einsatz von

770 *Hamburg*, Behörde für Stadtentwicklung und Umwelt, Entwurf Lärmaktionsplan 2012/2013, S. 14, online.

771 *Hamburg*, Behörde für Stadtentwicklung und Umwelt, Entwurf Lärmaktionsplan 2012/2013, S. 17, online.

772 *Hamburg*, Behörde für Stadtentwicklung und Umwelt, Entwurf Lärmaktionsplan 2012/2013, S. 18, online.

773 Hamburg gehört den Ballungsräumen der ersten Planungsphase, bis 2008, der Lärmaktionsplan ist nach 5 Jahren zu überarbeiten, **§ 47d Abs. 5 BImSchG** „Die Lärmaktionspläne werden bei bedeutsamen Entwicklungen für die Lärmsituation, ansonsten jedoch alle fünf Jahre nach dem Zeitpunkt ihrer Aufstellung überprüft und erforderlichenfalls überarbeitet."

774 *Hannover*, Fachbereich Planen und Stadtentwicklung, Lärmaktionsplan Landeshauptstadt Hannover, online, S. 27 ff.

775 *Hannover*, Fachbereich Planen und Stadtentwicklung, Lärmaktionsplan Landeshauptstadt Hannover, online, S. 10 Abb. 2.3 und Tabelle 2.3.

Geschwindigkeitsmessungen zunächst auf die Einhaltung der zulässigen Höchstgeschwindigkeit hinzuwirken. Erst im Anschluss daran könnten Geschwindigkeitsbeschränkungen angeordnet werden.[776] Weiter sieht der Lärmaktionsplan vor, lärmarme Fahrbahnbeläge bei anstehenden Fahrbahnsanierungen einzusetzen[777] sowie bei anstehendem Umbau von Straßenräumen auf eine lärmmindernde Straßenraumgestaltung, z.B. durch Abstand zwischen Fahrbahn und Fassade, Homogenität des Verkehrsflusses, zu achten[778]. Und schließlich sieht der Lärmaktionsplan vor, auf die Baulastträger von Bundes- und Landesstraßen und den Betreibern des ÖPNV einzuwirken und für die Lärmproblematik zu sensibilisieren.[779] Der Aufgabenträger der Stadtbahnen in der Stadt Hannover ist gemäß § 4 NNVG[780] die Region Hannover, sodass eine direkte Einflussnahme der Stadt Hannover ausscheidet.

Der Lärmaktionsplan der Stadt Hannover sieht damit keine Maßnahmen vor, die sich ausschließlich an der Belastungsintensität orientieren, sondern will dann Lärmschutz vornehmen, wenn aus baulichen Gründen der Fahrbahnbelag oder der Straßenraum saniert wird. Diese Maßnahmen lassen sich aufgrund ihrer geringen Konkretisierung nicht als Maßnahmen der Kategorie Plan-Anordnungen einordnen, sondern stellen bisher eher politische Absichtserklärungen dar.

Der Lärmaktionsplan für die Stadt Düsseldorf nimmt die Maßnahmen des „Masterplans-Lärmschutz" in Bezug, sieht selber aber keine vor. Der „Masterplan-Lärmschutz" sieht konkrete Maßnah-

---

776 *Hannover*, Fachbereich Planen und Stadtentwicklung, Lärmaktionsplan Landeshauptstadt Hannover, online, S. 27.

777 *Hannover*, Fachbereich Planen und Stadtentwicklung, Lärmaktionsplan Landeshauptstadt Hannover, online, S. 28.

778 *Hannover*, Fachbereich Planen und Stadtentwicklung, Lärmaktionsplan Landeshauptstadt Hannover, online, S. 29.

779 *Hannover*, Fachbereich Planen und Stadtentwicklung, Lärmaktionsplan Landeshauptstadt Hannover, online, S. 30.

780 Niedersächsisches Nahverkehrsgesetz vom 28. Juni 1995 (Nds.GVBl. 1995, S. 180), zuletzt geändert durch Art. 5 des Gesetzes v. 28.10.2009 (Nds.GVBl. Nr.22/2009 S. 366).

men, auch der Kategorien Plan-Anordnungen vor[781]. Er wurde aber nicht im Verfahren der Lärmaktionsplanung erstellt, sondern bestand schon und wurde dann vom Lärmaktionsplan in Bezug genommen.

Der Lärmaktionsplan für Straßen in Niedersachsen der Gemeinde Loxstedt sieht nur mögliche und bereits geplante Maßnahmen vor, aber keine konkret umzusetzenden neuen Maßnahmen.[782] Als langfristige Strategie wird unter anderem die Sanierung der Eisenbahnstrecke angegeben[783].

Der Lärmaktionsplan der Stadt Halle prüft zunächst abstrakt wo welche Maßnahmen konkret umgesetzt werden können. Er macht dann aber auch konkrete Vorgaben für die Schaffung neue Radverkehrsanlagen[784], sieht das Aufbringen lärmarmer Fahrbahnoberflächen[785] und Geschwindigkeitsreduktionen in Wohngebieten[786], in der Kategorie Plan-Anordnungen vor. Des Weiteren wurde die Planung von Umgehungsstraßen als planungsrechtliche Festlegungen aufgenommen.[787]

Der Lärmaktionsplan für Straßen in Hessen, im Landkreis Gießen, sieht konkrete Maßnahmen der Kategorie planungsrechtliche Festlegungen in Form von Planfeststellung für den Ausbau von Bundesautobahnen mit zusätzlichen Fahrstreifen, neuen Fahrbahnoberflächen und Lärmschutzwällen und –wänden vor.[788] Außerdem sieht

781 *Düsseldorf*, Masterplan-Lärm: „Reduzierung des Straßenverkehrslärms“, online.

782 *Loxstedt*, Lärmaktionsplan der Gemeinde Loxstedt, online, S. 7 f.

783 *Loxstedt*, Lärmaktionsplan der Gemeinde Loxstedt, online, S. 9 f.

784 *Halle*, Fachbereich Umwelt, Lärmaktionsplanung der Stadt Halle (Saale): Zwischenbericht, online, S. S. 59.

785 *Halle*, Fachbereich Umwelt, Lärmaktionsplanung der Stadt Halle (Saale): Zwischenbericht, online, S. S. 69.

786 *Halle*, Fachbereich Umwelt, Lärmaktionsplanung der Stadt Halle (Saale): Zwischenbericht, online, S. S. 70.

787 *Halle*, Fachbereich Umwelt, Lärmaktionsplanung der Stadt Halle (Saale): Zwischenbericht, online, S. S. 62 ff.

788 *Hessisches Ministerium* für Umwelt, Energie, Landwirtschaft und Verbraucherschutz, Lärmaktionsplanung für Hauptverkehrsstraßen in Hessen, LK Gießen, S. 88, 92 ff.

der Lärmaktionsplan Geschwindigkeitsbeschränkungen an den Bundesautobahnen als Plan-Anordnungen vor.[789]

Der Lärmaktionsplan der Stadt Stuttgart sieht neben einer Beschreibung allgemein möglicher Maßnahmen auch konkrete Vorgaben, etwa in der Kategorie planungsrechtliche Festlegungen vor. So ist zum Ausbau des ÖPNV konkret die Verlängerung der Linien S1, S60 und S40 vorgesehen[790]. Im Rahmen einer langfristigen Strategie, da kein genauer Zeitraum genannt wird, sondern die Erprobung in einem Bezirk vorgeschlagen wird, sollen Geschwindigkeitsmonitore angeschafft werden. Diese sollen zum einen die gefahrene Geschwindigkeit anzeigen, aber gegebenenfalls auch eine dazu kombinierte Lärmentwicklung angeben.[791] Darüber hinaus werden als Plan-Anordnungen Geschwindigkeitsbegrenzungen an mehrspurigen Straßen außerorts vorgesehen.[792] Im Lärmaktionsplan für 2013 sollen weitere Maßnahmen, die bisher als Prüfauftrag bestanden, als konkrete Maßnahmen entwickelt werden.

In allen Lärmaktionsplänen werden für die Probleme vor Ort eine Fülle unterschiedlicher Maßnahmen vorgesehen, die grundsätzlich geeignet sind, zusammen für effektiven Lärmschutz zu sorgen.[793] Auffällig ist aber, dass viele Lärmaktionspläne ausschließlich oder zumindest überwiegend prüfen, welche Maßnahmen möglich sind und konkrete Vorgaben auf die Überarbeitung des Lärmaktionsplanes nach 5 Jahren verschieben. Dieses Phänomen und die sehr unterschiedlichen Festlegungen von Maßnahmen im Hinblick auf zeitliche Verwirklichung und Verbindlichkeit dürften auf fehlende einheitliche Vorgaben für die Erstellung von Lärmaktionsplänen insbesondere im Hinblick auf die Festlegung von Maßnahmen sowie dem Fehlen einheitlicher Grenzwerte und Vorgaben für eine zeitliche Wirkung der vorgesehenen Maßnahmen zurückzuführen sein.

789 *Hessisches Ministerium* für Umwelt, Energie, Landwirtschaft und Verbraucherschutz, Lärmaktionsplanung für Hauptverkehrsstraßen in Hessen, LK Gießen, S. 99

790 *Stuttgart*, Landeshauptstadt Stuttgart, Lärmaktionsplan 2009, S. 83

791 *Stuttgart*, Landeshauptstadt Stuttgart, Lärmaktionsplan 2009, S. 78.

792 *Stuttgart*, Landeshauptstadt Stuttgart, Lärmaktionsplan 2009, S. 91.

793 Vgl. Auswertung der Lärmaktionspläne 1. Teil II. 4.

III. Abschnittsergebnis

In Zusammenschau mit der Ausrichtung der Umgebungslärmrichtlinie an Umwelt- und Gesundheitsschutz kann dann kein Ermessen bzgl. des „Ob“ von Maßnahmen mehr bestehen, wenn ein Lärmschutzbedürfnis besteht. Wenn dieses nicht vorliegt, bedarf es aber nicht zwingend festgelegter Maßnahmen. Daher setzt die Regelung in § 47d Abs. 1 S. 3 BImSchG, das durch die Richtlinie eingeräumte Ermessen ihrem Wortlaut nach korrekt um und muss richtlinienkonform auch in dieser Ausrichtung angewandt werden. Darüber hinaus stehen Anforderungen bzgl. Inhalt und eines kohärenten Gesamtkonzepts an in Lärmaktionsplänen vorzusehende Maßnahmen im Vordergrund. Die praktische Umsetzung in erstellten Lärmaktionsplänen ist sehr unterschiedlich und zum großen Teil unbefriedigend, da oft nur mögliche Maßnahmen geprüft und deren konkrete Verwirklichung auf die nächste Planungsperiode verschoben wird.

Darüber hinaus bedarf es für einen effektiven Vollzug der Umgebungslärmrichtlinie auch einer gewissen Verbindlichkeit der Maßnahmen für die zur Verwirklichung berufenen Stellen. Solch eine Verbindlichkeit versprechen langfristige Strategien sowie politische Absichtserklärungen nach ihrer Ausrichtung in der Praxis nicht. In ihrer Ausgestaltung durch die Praxis kommt ihnen allenfalls faktische Verbindlichkeit zu, die in Anbetracht fraglicher Klagerecht von Bürgern oder Verbänden auf Verwirklichung der Maßnahmen aber nicht zu einer effektiven Implementierung der Umgebungslärmrichtlinie beitragen. Planungsrechtliche Festlegungen ziehen ein Berücksichtigungsgebot für andere Planungsträger nach sich. Nur im Rahmen der Bauleitplanung kommt planungsrechtlichen Festlegungen ein höheres Gewicht zu, wenn sie Anforderungen an gesunde Wohn- und Arbeitsverhältnisse sowie Belange des Umweltschutzes formulieren. Welche Verbindlichkeit Plan-Anordnungen zukommt, ist angesichts verfassungsrechtlicher Bedenken ungewiss. Dies gilt, obwohl im Wortlaut des § 47 Abs. 6 S. 1 BImSchG eine strikte Beachtungspflicht angelegte ist. Eine Klärung, wie weit die möglichen Verbindlichkeiten von planungsrechtlichen Festlegungen und Plan-Anordnungen reichen, lässt sich erst nach der Untersuchung der jeweiligen Rechtsregimes zur Maßnahmenverwirklichung im folgenden Teil sagen.

Da bisher nicht sicher festgestellt werden kann, dass eine Maßnahmenkategorie für die zuständigen maßnahmenverwirklichenden Behörden verbindlich ist, kann auch nicht bescheinigt werden, dass die Anforderungen des Europarechts durch die Aufnahme der im Gesetz vorgesehenen oder durch die Praxis eingeführten Maßnahmenkategorien in Lärmaktionspläne gewahrt sind.

Schon hier zeichnet sich die Notwendigkeit ab, dass der Gesetzgeber bindende Grenzwerte festlegt, um festzulegen, ab wann Maßnahmen notwendig werden.[794]

794 Zu diesen Erfordernissen eingehend unten 6. Teil VI. 5.

5. Teil

Effektivität der Lärmaktionsplanung durch Verwirklichung der Maßnahmen

Im Anschluss an die Feststellung, dass eine Pflicht der zuständigen Behörden zur Aufstellung von Lärmaktionsplänen[795] sowie zum Festlegen von Maßnahmen einer bestimmten Qualität bei einem Lärmschutzbedürfnis und einer bestimmten Ausrichtung[796] besteht, stellt sich nunmehr die Frage, ob die Effektivitätsanforderungen des europäischen Rechts auch bei der Verwirklichung der Maßnahmen gewahrt sind. Im Mittelpunkt dieses Teils steht damit die Frage, ob die in den Lärmaktionsplänen vorgesehenen Maßnahmen auch ihre Wirkung gegenüber dem Bürger entfalten können, etwa durch Aufstellen oder Anordnen konkreter Verhaltenspflichten gegenüber dem Bürger oder durch die Planung baulicher Anlagen.

Dazu werden zunächst wieder die Anforderungen der Umgebungslärmrichtlinie an eine effektive Verwirklichung dargestellt. Hier stellt sich insbesondere die Frage, ob der in Bezug genommene § 47 Abs. 6 BImSchG für die Lärmaktionsplanung eine Verpflichtung an die planvollziehenden Fachbehörden und gleichzeitig eine Befugnis zum Eingriff in Rechte Dritter enthält. Anschließend werden die geltenden Ermächtigungsgrundlagen zur Verwirklichung von Maßnahmen innerhalb der Rechtsregimes, die im nationalen Recht Anwendung finden, dargestellt.

795 Vgl. dazu 3. Teil.

796 Vgl. dazu 4. Teil.

Es ist umstritten, wie die Regelung des § 47 Abs. 6 BImSchG für die Lärmaktionsplanung zu interpretieren ist.

Zum einen wird vertreten, dass § 47 Abs. 6 BImSchG neben die Tatbestandsvoraussetzungen der jeweiligen Ermächtigungsgrundlage des Fachgesetzes tritt und Einfluss auf die Ermessensausübung nimmt.[797] Diese Ansicht hat sich im Zusammenhang mit der Luftreinhalteplanung entwickelt. Welche Auswirkung solch eine ermessenslenkende Wirkung aber auf den Verwaltungsvollzug hat, kann nur anhand der jeweiligen Ermächtigungsgrundlage und im konkreten Einzelfall bestimmt werden.[798]

Zum anderen wird in § 47 Abs. 6 BImSchG sowohl eine Verpflichtung der Fachbehörden zur Verwirklichung der in den Lärmaktionsplänen vorgesehenen Maßnahmen als auch eine Befugnisnorm zum Eingriff in Rechte Dritter gesehen.[799]

In der Gesetzesbegründung zu § 47 BImSchG finden sich keine Hinweise auf seine Auslegung und Reichweite.[800] Daher muss sich dieser Frage systematisch über die Anforderungen der Umgebungslärmrichtlinie und den Möglichkeiten im nationalen Recht genähert werden.

I. Anforderungen der Umgebungslärmrichtlinie

Die Umgebungslärmrichtlinie fordert ein hohes Umwelt- und Gesundheitsschutzniveau. Diese Zielvorgaben sollen durch Lärmkartierung und Lärmaktionsplanung erreicht werden, indem der Umgebungslärm verhindert und gemindert sowie eine zufriedenstellende Umweltqualität gesichert wird.[801] Gleichzeitig ist die Lärmaktionsplanung als Instrument und von der Umgebungslärm-

797 *Rehbinder*, Rechtsgutachten zur 22. BImSchV, Rn. 66.; *Stettner*, in: Ule/Laubinger (Hrsg.), BImSchG, § 47 Rn. E 2; *Trute*, in: Koch/Lechelt (Hrsg.), 20 Jahre BImSchG, S. 155, 168 f.; vgl. *Jarass*, BImSchG, § 47 Rn. 55 m. W. n.

798 Zu den Ermächtigungsgrundlagen vgl. nachfolgend 5. Teil II.

799 *Berkemann*, S. 11; *Cancik*, WiVerw 2012, 210, 215 ff.

800 BT-Drs. 15/3782; BT-Drs. 15/4024; BT-Drs. 15/4412.

801 Dazu bereits 1. Teil I. 2. d).

richtlinie vorausgesetzter Rechtszustand im deutschen Recht zu implementieren.

Dazu müssen die in den Lärmaktionsplänen vorgesehenen Maßnahmen auch zwingend verwirklicht werden, da die Planung ansonsten leer liefe und die Anforderungen an ein hohes Umweltschutzniveau nicht erreicht werden können. Dies stünde einer praktischen Wirksamkeit der Umgebungslärmrichtlinie entgegen.[802] Art. 8 UL-RL sieht gerade vor, dass durch die Planerstellung Maßnahmen zum Schutz vor Lärm oder zur Erhaltung eines guten Zustandes aufgrund der Lärmkartierung und nach Beteiligung der Öffentlichkeit festgelegt werden. Aufgrund einer systematisierten Auswahlentscheidung und Zuschneidung der Maßnahmen auf die jeweiligen Lärmprobleme und Grenzwertüberschreitungen, geht die Festlegung über einen bloßen Vorschlag hinaus und muss in der nachfolgenden Entscheidung durch die Fachbehörde zumindest insoweit „berücksichtigt" werden, dass die Lärmaktionsplanung ihre volle Wirksamkeit entfalten kann.[803]

II. Rechtsregimes der Maßnahmenverwirklichung im nationalen Recht

Zunächst ist zu untersuchen, unter welchen Tatbestandsvoraussetzungen die Maßnahmen im geltenden Recht verwirklicht werden können und welche Behörde für die konkrete Maßnahme zuständig ist. Hier ist noch einmal festzuhalten, dass Lärmaktionspläne keine eigenen originären Ermächtigungsgrundlagen schaffen oder erfinden, sondern bestehende Ermächtigungsgrundlagen aus dem BImSchG oder anderen Gesetzen in Bezug nehmen.[804] Damit bleiben die für die Verwirklichung der jeweiligen Ermächtigungsgrundlage

802 Zu den allgemeinen Anforderungen des effet utile 2. Teil III.

803 Im Ergebnis auch *Rehbinder*, Rechtsgutachten zur 22. BImSchV, Rn. 63; *Berkemann*, S. 11.

804 **§ 47 Abs. 6 BImSchG** „Die Maßnahmen, die Pläne nach den Absätzen 1 bis 4 festlegen, sind durch Anordnungen oder sonstige Entscheidungen der zuständigen Träger öffentlicher Verwaltung nach diesem Gesetz oder nach anderen Rechtsvorschriften durchzusetzen."

zuständigen Fachbehörden auch dann zuständig, wenn die Maßnahme in einem Lärmaktionsplan vorgesehen wurde. Insbesondere können sich bestimmte von den Gemeinden festgelegte Maßnahmen auch an Behörden der Länder, des Bundes oder anderer Gemeinden richten.[805] Daher werden die Ermächtigungsgrundlagen entsprechend der für eine Lärmminderung einschlägigen Rechtsregimes dargestellt.

Erst im Anschluss an diese Bestandsaufnahmen von in Betracht kommenden Ermächtigungsgrundlagen kann untersucht werden, ob, in wieweit und für welche Adressaten sich in der Folge Handlungspflichten ergeben können und ob die Ermächtigungsgrundlagen eine effektive Verwirklichung der Maßnahmen im Sinne einer Verwirklichungspflicht gewährleisten.

In Anlehnung an die Einteilung der Maßnahmen im Hinblick auf ihre Verwirklichung durch Anordnungen und Entscheidungen sowie Planungen lassen sich auch die Ermächtigungsgrundlagen, die für die Implementierung der Maßnahmen aus den Rechtsregimes in Bezug genommen werden, aufteilen. Als Rechtsregimes, innerhalb derer Maßnahmen durch Anordnungen oder Entscheidungen verwirklicht werden, kommen das öffentliche Straßenrecht in Betracht, das sich in das Straßenrecht und das Straßenverkehrsrecht gliedert sowie die kommunale Wirtschaftstätigkeit. Rechtsregimes, innerhalb derer Maßnahmen als Planungen verwirklicht werden, sind die Planung von Verkehrswegen, die Bauleitplanung und kommunale Verkehrskonzepte. Mit der Verortung der Maßnahmen in Rechtsregimes werden eine Darstellung der einzelnen Ermächtigungsgrundlagen sowie eine kompetenzrechtliche Zuweisung an die unterschiedlichen Behörden auf der jeweiligen Zuständigkeitsebene – Bundes-, Landes-, Kreis- und Gemeindeebene – möglich.

Für diese Untersuchung spielen nur die Maßnahmenkategorien Plan-Anordnungen und planungsrechtliche Festlegungen eine Rolle, da sie in der Ausgestaltung durch § 47 Abs. 6 BImSchG die größte Verbindlichkeit versprechen.[806] Langfristige Strategien und politi-

805 Zur Problematik der Lärmaktionsplanung über Gemeindegrenzen hinweg bereits 3. Teil II.

806 Vgl. zur Qualität der Maßnahmenkategorien Plan-Anordnungen und planungsrechtliche Festlegungen 4. Teil II. 2. a) aa) und bb).

sche Absichtserklärungen bleiben schon aufgrund der fehlenden rechtlichen Verbindlichkeit der Maßnahmenkategorie oder ihres Gebrauchs in der Praxis außer Betracht.[807] Damit geht nicht die Wertung einher, dass diese Kategorien für eine effektive Verwirklichung der Richtlinie keinen Beitrag leisten können. Diese liegt aber, wie oben gesehen[808], in anderen Bereichen und nicht in dem hier untersuchten Aspekt einer verbindlichen Maßnahmenverwirklichung.

1. Anordnungen und Entscheidungen

a) Straßenrecht

Innerhalb der Maßnahmen, die als Anordnungen oder Entscheidungen i. S. d. § 47 Abs. 6 S. 1 BImSchG durchgesetzt werden, spielen Ermächtigungsgrundlagen des Straßenrechts zur Ordnung der Straßenverkehrswege eine große Rolle. Neben dem Straßenrecht sind im Rahmen der Regelungen öffentlicher Straßen das Straßenverkehrsrecht und die Planung von Straßen weitere relevante Rechtsregimes. Erst zusammen bilden die Regimes ein umfassendes System zur Ordnung von Straßen und Verkehr und bauen dazu aufeinander auf.

Das Straßen- oder auch Wegerecht umfasst Regelungen zur Entstehung, Nutzung und Unterhaltung öffentlicher Straßen.[809] Das Straßenrecht gibt damit den allgemeinen Nutzungsrahmen vor, indem es eine Straße dem öffentlichen Verkehr widmet.[810] Aus der Widmung ergibt sich der besondere Rechtsstatus einer öffentlichen Straße, und sie bestimmt den Umfang der möglichen Nutzungen.

Des Weiteren regelt das Straßenrecht mit der Straßenbaulast eine allgemeine Pflicht eines Hoheitsträgers Straßen und Wege zu bauen aber auch zu unterhalten.

807 Vgl. zur Qualität der Maßnahmenkategorien politische Absichtserklärungen und langfristige Strategien 4. Teil II 1. a) cc) und dd).

808 4. Teil. II. 2. a) cc) und dd).

809 *V. Danwitz*, in: Schmidt-Aßmann/Schoch (Hrsg.), Bes. VerwR, 7. Kap, Rn. 2.

810 *V. Danwitz*, in: Schmidt-Aßmann/Schoch (Hrsg.), Bes. VerwR, 7. Kap, Rn. 5 f.

Sowohl die Widmung als auch die Unterhaltung von Straßen ist für den Lärmschutz von großer Bedeutung. Durch die Widmung wird bestimmt, inwieweit die Straße dem öffentlichen Verkehr zur Verfügung steht. Durch die Unterhaltung wird insbesondere der Zustand der Straße bestimmt.

Neben dem jeweiligen Rechtsregime an sich ist für die Verwirklichung der Maßnahmen relevant, welche Behörde im Einzelfall zuständig ist Die Zuständigkeit regelt im Straßenrecht die Straßenbaulast. Besonderheiten ergeben sich für Ortsumgehungen und Ortsdurchfahrten, da hier die Zuständigkeit einer anderen Behörde als der zuständigen für die Freistrecke zufallen kann. Da aber gerade Ortsdurchfahren und Ortsumgehungen einen wesentlichen Beitrag zum Lärmschutz leisten können, bedarf es für einen effektiven Lärmschutz eines abgestimmten Vorgehens zwischen allen zuständigen Behörden.

aa) Straßenbaulast

Nach der Definition der Straßengesetze der Länder und des Bundes umfasst die Straßenbaulast alle mit dem Bau und der Unterhaltung der Straße zusammenhängenden Aufgaben.[811] Danach wird die Straßenbaulast als öffentliche Aufgabe der Daseinsvorsorge verstanden und steht allein im Interesse der Allgemeinheit.[812] Der Inhalt der Straßenbaulast und damit die Aufgaben, die mit Bau und Unterhaltung zusammenhängen, sind weit auszulegen und umfassen auch Einrichtungen zum Schutz der Anlieger, wie etwa Schallschutzwände und -wälle.[813] Auch von der Straßenbaulast umfasst ist die Unterhaltung der Straße.[814] Darunter wird die Instandhaltung durch Erneuerung und Wiederherstellung der Straße verstanden,

---

811 Z. B. § 13 Abs. 1 HWG; § 9 Abs. 1 StrG LSA; § 9 Abs. 1 BW StrG; § 9 Abs. 1 StrWG NRW; § 9 NStrG; § 3 I 1 FStrG; NStrG; *Rinke*, in: Kodal/Krämer, Straßenrecht, Kap. 12 Rn. 3 ff.; *v. Danwitz*, in: Schmidt-Aßmann/Schoch (Hrsg.), Bes. VerwR, 7. Kap, Rn. 52.

812 *Sauthoff*, NVwZ 1998, 239, 254.

813 *Sauthoff*, Öffentliches Straßenrecht, Rn. 967.

814 *Sauthoff*, Öffentliches Straßenrecht, Rn. 967.

dies kann auch die Erneuerung der Fahrbahnoberfläche, etwa durch Flüsterasphalt, bedeuten.[815] Zur Straßenbaulast gehören aber nicht nur bauliche Verbesserungen, sondern auch Maßnahmen nicht baulicher Art, wie die Unterhaltung von Stellplätzen und die Erhebung von Parkgebühren,[816] sowie Maßnahmen zum Schutz der Belange von Umwelt und besonders schutzbedürftiger Bevölkerungsteile[817], daneben aber auch rein finanzielle Verpflichtungen[818]. Der Umfang der Straßenbaulast wird durch die organisatorische und finanzielle Leistungsfähigkeit des jeweiligen Trägers begrenzt.[819] Örtlich umfasst die Straßenbaulast neben der Straße als Baukörper auch Gehwege und Parkplätze.[820] Sie zielt umfassend darauf ab, den Verkehrsweg in einem den Bedürfnissen des Verkehrs genügenden Zustand zu erhalten.[821]

(1) Zuständigkeit generell

Die Zuständigkeiten für die Straßenbaulast sind zwischen dem Bund, den Ländern und den Kommunen aufgeteilt und richten sich nach der Klassifizierung der jeweiligen Straße.[822] Straßen werden nach ihrer Verkehrsbedeutung in Bundesfernstraßen, Landesstraßen, Kreisstraßen und Gemeindestraßen unterteilt.[823]

815 BVerwG, Urt. v. 6.12.1967 – IV C 93.65, E 28, 263 = VKBl. 1968, 273; weiteres Begriffsverständnis *Witting*, in: Müller/Schulz (Hrsg.), Kommentar FStrG, § 3 Rn. 19 f.

816 *V. Bomhard*, Immissionsschutz durch gemeindliches Verwaltungshandeln, S. 11.

817 *V. Danwitz*, in: Schmidt-Aßmann/Schoch (Hrsg.), Bes. VerwR, 7. Kap, Rn. 52.

818 *Sauthoff*, Öffentliches Straßenrecht, Rn. 967 f.

819 Z. B. § 13 Abs. 3 HWG; § 9 Abs. 2 StrG LSA; § 9 Abs. 2 BW StrG; § 9 Abs. 2 StrWG NRW; § 9 Abs. 1 S. 2 NStrG.

820 Vgl. § 5 Abs. 3 FStrG.

821 *Rinke*, in: Kodal/Krämer (Hrsg.), Straßenrecht, Kap. 12 Rn. 10.

822 § 5 FStrG; § 12 HWG; § 42 StrG LSA; §§ 43, 44 BW StrG; §§ 43, 44 StrWG NRW; §§ 43 und 49 NStrG.

823 Z. B. § 3 NStrG; § 3 HStrG; § 3 StrG LSA; § 3 LStrG BW; § 3 StrWG NRW.

Dabei treffen Rechte aus Art. 90 Abs. 1 GG, der die ehemaligen Reichsautobahnen und Reichsstraßen dem Bund zuweist und der Selbstverwaltungsgarantie der Gemeinden aus Art. 28 Abs. 2 GG aufeinander. Eine dritte Kategorie bilden Straßen, die in ihrer Verkehrsbedeutung nicht dem Bund zugewiesen sind und auch nicht unter die kommunale Selbstverwaltung fallen. Für diese sind die Länder oder den Landkreisen den Landesgesetzen nach zuständig.[824]

Zu den Bundesfernstraßen gehören nach § 1 FStrG die Bundesautobahnen und Bundesstraßen. Für Bundesfernstraßen ist nach § 5 FStrG der Bund Träger der Straßenbaulast, soweit diese nicht anderen obliegt. Gemäß Art. 90 Abs. 2 GG hat der Bund aber grundsätzlich weder rechtlich noch tatsächlich die Möglichkeit, die Straßenbaulast durch eigene Behörden wahrzunehmen.[825] Faktisch tragen die Länder die Baulast für Bundesfernstraßen, die sie in landesunmittelbarer Verwaltung wahrnehmen und insoweit als Vertreter des Bundes auftreten.[826]

Die Gemeinden sind in ihrem örtlichen Bereich für Ortsstraßen, Außerortsstraßen und sonstige öffentliche Verkehrswege zuständig, die nicht Straßen des überörtlichen Verkehrs sind[827] und daher meist der örtlichen Erschließung dienen. Diese Straßenbaulast wird als Aufgabe der örtlichen Gemeinschaft angesehen und ist vom kommunalen Selbstverwaltungsrecht umfasst. Dabei handelt es sich um Pflichtaufgaben des eigenen Wirkungskreises, da den Gemeinden die Straßenbaulast durch Gesetz auferlegt ist.[828] Die Straßen des örtlichen Verkehrs umfassen aber nicht nur Straßen innerhalb, sondern auch zwischen benachbarten Ortschaften.[829]

824 *Krämer*, in: Kodal/Krämer (Hrsg.), Straßenrecht, Kap. 2 Rn. 16.

825 BGH, Urt. v. 20.12.1954, III ZR 102/53, Z, 16, 95, 98 = NJW 1955, 298.

826 BGH, Beschl. v. 27.10.1988, III ZR 23/88 = NVwZ 1990, 297.

827 § 42 Abs. 1 S. 3 StrG LSA; § 44 BW StrG; § 47 StrWG NRW; § 3 Abs. 1 i. V. m. § 48 NStrG.

828 *Krämer*, in: Kodal/Krämer (Hrsg.), Straßenrecht, Kap. 2 Rn. 21; vgl. etwa § 47 NStrG.

829 *Herber*, in: Kodal/Krämer (Hrsg.), Straßenrecht, Kap. 8 Rn. 10.

Daneben sind für Landesstraßen, die weder in die Zuständigkeit des Bundes oder der Gemeinden fallen, das Land, für Kreisstraßen die Landkreise oder die kreisfreien Städte zuständig.[830]

Die Stadtstaaten Hamburg[831], Berlin[832] und Bremen[833] kennen neben den bundesrechtlich geregelten Bundesfernstraßen oft nur eine einheitliche Klasse von öffentlichen Straßen. Selbst wenn sie in Klassen unterscheiden, kennen sie nur eine einheitliche Straßenbaulast, nämlich die der Stadt.[834]

Besonderheiten in der Zuständigkeit ergeben sich für Landes- oder Bundestraßen, die als Ortsdurchfahrt durch oder Ortsumgehung um die Gemeinde eines Ballungsraumen verlaufen.

(2) Zuständigkeit für Ortsdurchfahrten

Ortsdurchfahrten sind Teile von Bundes-, Landes- und Kreisstraßen, die innerhalb geschlossener Ortschaften verlaufen und in zusammenhängender Weise bebaut sind oder zur Erschließung und Vernetzung dienen, also höhengleiche Kreuzungen haben.[835] Der Ausbau von Ortsdurchfahrten kann andere Straßen entlasten und damit an diesen Straßen den Lärm reduzieren, aber auch zu einem höheren Verkehrsaufkommen und damit steigenden Lärmpegeln auf der Ortsdurchfahrt führen.[836]

Die Straßen sind grundsätzlich der Straßenbaulast der Körperschaften höherer Ordnung zugewiesen, an deren freie Strecke sie anschließen, also dem Bund oder dem Land.[837] Dennoch können Ortsdurchfahrten durch ihre Anbindung und Erschließungsfunk-

830 § 42 Abs. 1 StrG LSA; § 43 Abs. 1 und 2 BW StrG; § 43 Abs. 1 StrWG NRW; § 3 Abs. 1 i. V. m. § 43 Abs. 1 NStrG.

831 §§ 2 Abs. 1, 12 Abs. 1 HWG.

832 §§ 1, 7 Abs. 1 BerlStrG.

833 §§ 1, 11 Abs. 1 BremLStrG.

834 *Rinke*, in: Kodal/Krämer (Hrsg.), Straßenrecht, Kap. 13 Rn. 3.

835 *Rinke*, in: Kodal/Krämer (Hrsg.), Straßenrecht, Kap. 13 Rn. 10.

836 Vgl. zur Bündelung von Verkehr, *UBA*, Handbuch Silent City, S. 19, online.

837 *Sauthoff*, Öffentliches Straßenrecht, Rn. 915.

tion als Ortsstraßen der Gemeinden und damit als Angelegenheit der örtlichen Gemeinschaft angesehen werden.[838] Ortsdurchfahrten bilden als Abschnitte der Straßen des überörtlichen Verkehrs keine eigene Straßenklasse, sondern nehmen zunächst an der Klassifizierung der Straße teil, deren Abschnitt sie bilden.[839] Ab einer bestimmten Größe und Leistungsfähigkeit der Gemeinde durch die sie führt, sind die Gemeinden Träger der Straßenbaulast für Ortsdurchfahrten einer höher klassifizierten Straße.[840] Die Leistungsfähigkeit der Gemeinde und der Grad der Entwicklung eines kommunalen Lebens bestimmen, ab wann es geboten erscheint, der Gemeinde die Verantwortung für ihre Ortsdurchfahrten zu übertragen.[841]

Für Gemeinden, die die normierten Einwohnerzahlen nicht erreichen, ist die Straßenbaulast zwischen ihnen und dem Baulastträger für die freien Strecken geteilt. Der Baulastträger der freien Strecken ist für die Fahrbahnen zuständig, und die Gemeinde übernimmt die Gehwege und Parkplätze.[842] Die Ortsdurchfahrten von Bundesstraßen können danach auch der Straßenbaulast der Gemeinden unterliegen. Es wird uneinheitlich beurteilt, ob die Gemeinden ihre Aufgaben dann nach dem FStrG erfüllen und damit die Aufgabe im übertragenen Wirkungskreis wahrnehmen und einer Weisung des Bundes unterliegen[843] oder, da das FStrG nur eine Rechtsaufsicht statuiert, die Aufgabe im eigenen Wirkungskreis wahrgenommen

838 § 8 BW StrG; *Krämer*, in: Kodal/Krämer (Hrsg.), Straßenrecht, Kap. 2 Rn. 22.

839 *Sauthoff*, Öffentliches Straßenrecht, Rn. 915.

840 Ziff. 11 ff. Richtlinie für die rechtliche Behandlung von Ortsdurchfahrten im Zuge von Bundesstraßen (ODR); § 42 Abs. 2 und 4 StrG LSA; § 43 Abs. 3 BW StrG; § 44 Abs. 1 StrWG NRW; § 43 Abs. 1, Abs. 6 NStrG; BVerwG, NVwZ 1984, 39; *Witting*, in: Müller/Schulz (Hrsg.), Kommentar FStrG, § 5 Rn. 31.

841 *Rinke*, in: Kodal/Krämer (Hrsg.), Straßenrecht, Kap. 13 Rn. 19.

842 *Rinke*, in: Kodal/Krämer (Hrsg.), Straßenrecht, Kap. 13 Rn. 24.; § 42 Abs. 5 StrG LSA; in BW kann die Unterhaltung der Gehwege von den Gemeinden auf Dritte übertragen werden § 47 BW StrG; § 44 Abs. 4 StrWG NRW; § 43 Abs. 5 NStrG.

843 *Blumberg*, Die Ortsdurchfahrten nach dem Bundesfernstraßengesetz, S. 94 ff; *Wolst*, Bundesauftragsverwaltung als Verwaltungsform, S. 56 f.

werden[844]. Entscheidend ist, dass nach Art. 90 Abs. 1 GG die Reichsstraßen zwar dem Bund zugewiesen wurden, diese Verteilung des Eigentums aber nichts an der bestehenden Aufgabenwahrnehmung der Gemeinden ändern sollte.[845] Somit ist davon auszugehen, dass die Gemeinden die Unterhaltung der Ortsdurchfahrten im eigenen Wirkungskreis und nur unter Rechtsaufsicht ausführen.[846]

(3) Zuständigkeit für Ortsumgehungen

Ortsumgehungen sind Teile der Straße des überörtlichen Verkehrs und keine Gemeindestraßen. Im Rahmen der Lärmaktionsplanung dienen sie insbesondere zur Entlastung von Ortsdurchfahrten. Der Bau dient der Sicherheit und Leichtigkeit des Umgebungsverkehrs, aber auch des innerörtlichen Verkehrs, da die Anwohner nicht mehr dem Durchgangsverkehr ausgesetzt sind. Eine Ortsumgehung dient auch den Bedürfnissen des weiträumigen Verkehrs, der Bau ist daher Aufgabe des jeweiligen Straßenbaulastträgers der übrigen Strecke, z. B. des Bundes nach § 3 FStrG oder des Landes nach den jeweiligen Landesstraßen- und Wegegesetzen.[847] Auch § 16 Abs. 1 S. 3 FStrG definiert als Ortsumgehung einen Teil der Bundesstraße, die der Beseitigung oder Verbesserung einer Ortsdurchfahrt dient, und im Regelfall eine Umgehung oder erschließungsfreie Straße auch innerhalb einer Ortschaft ist. Die Ortsumgehung kann auch innerhalb geschlossener Ortschaften liegen, muss aber unmittelbar an die freie Strecke der Bundes-, Landes- oder Kreisstraße anknüpfen und ist gerade nicht Teil einer Gemeindestraße.[848] Anders als Ortsdurch-

844 *Knemeyer*, in: Bartlsperger/Blümel/Schroeter (Hrsg.), Ein Vierteljahrhundert Straßenrechtsgesetzgebung, S. 557.

845 *Krämer*, in: Kodal/Krämer (Hrsg.), Straßenrecht, Kap. 2 Rn.23.41 ff.; *Knemeyer*, in: Bartelsperger/Blümel/Schroeter (Hrsg.), Ein Vierteljahrhundert Straßenrechtsgesetzgebung, S. 566 f.

846 *Knemeyer*, in: Bartelsperger/Blümel/Schroeter (Hrsg.), Ein Vierteljahrhundert Straßenrechtsgesetzgebung, S. 557.

847 Z. B. Niedersachsen nach § 43 Abs. 1 und Abs. 6 NStrG; *Rinke*, in: Kodal/Krämer, Straßenrecht, Kap. 13 Rn. 8.

848 *Sauthoff*, Öffentliches Straßenrecht, Rn. 915 ff.

fahrten haben Ortsumgehungen keine höhengleichen Kreuzungen und damit keine Erschließungsfunktion.[849]

bb) Veränderung des Nutzungsumfanges durch Widmung

Die Widmung wird in der Regel als Allgemeinverfügung nach § 35 S. 2, 2. und 3. Var. VwVfG erlassen, kann aber auch durch Gesetz, öffentlich-rechtlichen Vertrag oder Planfeststellung erfolgen.[850] Durch die Regelung von Nutzungsmöglichkeiten öffentlicher Straßen durch Widmung können insbesondere quellen- und verhaltensbezogene Maßnahmen verwirklicht werden, indem bestimmte Nutzungen oder Verkehrsarten ausgeschlossen werden.

Im Rahmen des Straßenrechts und zur Lärmreduzierung kann die Nutzung der Straße auf bestimmte Nutzungsarten, -zwecke oder Benutzer beschränkt werden. Der Nutzungsumfang ist durch Teilentziehung oder Endwidmung zu begrenzen. Hierbei bleiben der öffentlich-rechtliche Status der Straße und die Zuordnung der Straßenbaulast unverändert, nur der eröffnete Gemeingebrauch wird auf bestimmte Benutzungsarten, -zwecke oder Benutzer begrenzt. Voraussetzung für eine teilweise oder vollständige Entziehung der Nutzung ist aber, dass die Straße ihre Verkehrsbedeutung verloren hat und überwiegende Gründe für eine Beschränkung des Gemeingebrauchs vorliegen.[851] Dabei sind nach § 8 Abs. 4 NStrG das rechtlich geschützte Anliegerinteresse und das allgemeine Verkehrsinteresse zu berücksichtigen. Eine Endwidmung allein aus Lärmschutzerwägungen ist nicht möglich.

849 *Sauthoff*, Öffentliche Straßen, Rn. 931.

850 *V. Danwitz*, in: Schmidt-Aßmann/Schoch (Hrsg.), Bes. VerwR, 7. Kap, Rn. 41.

851 *V. Danwitz*, in: Schmidt-Aßmann/Schoch (Hrsg.), Bes. VerwR, 7. Kap, Rn. 48.

b) Straßenverkehrsrecht

Die Verwirklichung verhaltensbezogener und quellenbezogener Maßnahmen zum Lärmschutz durch Anordnungen im Sinne des § 47 Abs. 6 S. 1 BImSchG ist des Weiteren durch Straßenverkehrsrecht möglich. Das Straßenverkehrsrecht ist mit dem Straßenrecht verknüpft und schließt an dessen Widmung an. Die Abgrenzung zwischen straßenrechtlichen und straßenverkehrsrechtlichen Maßnahmen zur Beschränkung der Nutzung richtet sich nach dem Zweck des Straßenverkehrsrechts: Verkehrsarten innerhalb eines Gemeingebrauchs zuzulassen und die „Ausübung des Gemeingebrauchs" zu regeln.[852] Innerhalb der Widmung des Straßenrechts kommt das Straßenverkehrsrecht zur Anwendung, um die Gemeinverträglichkeit der Nutzung sicherzustellen und wenn nötig die Nutzungsmöglichkeiten einzuschränken.[853] Nutzungseinschränkungen aufgrund des Straßenverkehrsrechts sind aber nur innerhalb der Vorgaben des Straßenrechts zulässig und dann nur insoweit, wie sie aus Gründen der Sicherheit und Ordnung des Verkehrs notwendig sind.[854] Im konkreten Einzelfall können aber sowohl straßenrechtliche als auch straßenverkehrsrechtliche Maßnahmen zulässig sein oder sich ergänzen.[855] Wenn allerdings eine Maßnahme soweit in die wegerechtliche Widmung der Straße eingreift, dass sie diese faktisch aufhebt, z. B. wenn der Baulastträger die Verkehrsbedeutung der Straße grundlegend hinsichtlich ihrer technischen Beschaffenheit oder Eignung für eine bestimmte Benutzung ändert, fällt dies als Teilentziehung der Widmung in den Regelungsbereich des Straßenrechts.[856] Das Straßenverkehrsrecht darf also keine dauerhafte Endwidmung oder Widmungsbeschränkung bewirken, dies ist ausschließlich dem

852 *Sauthoff*, Öffentliche Straßen, Rn. 36.

853 *V. Danwitz*, in: Schmidt-Aßmann/Schoch (Hrsg.), Bes. VerwR, 7. Kap, Rn. 5 f.

854 BVerwG, Urt. v. 25.4.1980, 7C 19/78, DVBl. 1980, 1045 ff.; *Papier*, in: Achterberg/Püttner/Württemberg (Hrsg.), BesVerwR I, § 10 Rn. 17; *Steiner*, JuS 1984, 1, 5.

855 BVerwG, Urt. v. 25.4.1980, 7C 19/78, DVBl. 1980, 1045 ff.

856 BVerwG Urt. v. 26.6.1981, E 62, 376 = NJW 1982, 840.

Straßenrecht vorbehalten.[857] Ist gleichzeitig die Sicherheit und Ordnung des Verkehrs beeinträchtigt, können stattdessen oder daneben straßenverkehrsrechtliche Maßnahmen erlassen werden.[858]

Gegenüber dem straßenrechtlichen Ansatz einer Endwidmung der Straße dürften in der Praxis verkehrsrechtliche Möglichkeiten zur Verkehrsberuhigung auf Grundlage eines entsprechenden planerischen Gesamtkonzepts bevorzugt werden, da diese wesentlich flexibler genutzt werden können, weniger einschneidend sind und auch für den Lärmschutz entsprechende Voraussetzungen, wie die §§ 45 f. StVO, bieten.[859]

Das Straßenverkehrsrecht regelt die Nutzung der öffentlichen Straßen in drei Stufen. Die StVO hält als erste Stufe in § 45 StVO zunächst allgemeine Gebot- und Verbote und als zweite Stufe Einzelfallregelungen bereit. Von beiden kann auf dritter Stufe durch Verwaltungsentscheidung etwa nach § 46 StVO eine Ausnahme gemacht werden.

aa) Tatbestandsvoraussetzungen von § 45 StVO – allgemein

Nach § 45 StVO können die Straßenverkehrsbehörden die Benutzung öffentlicher Straßen beschränken oder verbieten und den Verkehr umleiten. Dabei beziehen sich die Absätze des § 45 StVO auf besonders schutzwürdige Gebiete oder eine besondere Schutzwürdigkeit der Bevölkerung und eine Gefährdung. § 45 StVO ergänzt so die Ge- und Verbote der §§ 1 – 34 StVO, die sich mit den abstrakt-typischen Gefahren des Straßenverkehrs beschäftigen.[860] Der Paragraph ist eine klassisch ordnungsrechtliche Norm[861], die zwar mittlerweile durch ökologische und städteplanerische Ziele ergänzt

857 *Peine*, DÖV 1978, 835, 838; *Papier*, Recht der öffentlichen Sachen, S. 107; *Steiner*, DVBl. 1992, 1561, 1564 f.

858 VGH Mannheim Urt. v. 25.6.1981, 5S 1353/80, NJW 1982, 402.

859 *Manssen*, DVBl. 1997, 633, 636 f.; *Manssen*, DÖV 2001, 151, 154 f.

860 *Sauthoff*, Öffentliche Straßen, Rn. 580.

861 BVerfG Beschl. v. 10.12.1975, 1 BvR 118/71, E 40, 380; 67, 320; BVerwG Urt. v. 13.12.1979, 7C 46/78, E 59, 221, 227; *Herrmann/Hofmann*, in: Koch (Hrsg.), Umweltrecht § 14 Rn. 70.

worden ist, ihren grundlegenden Charakter aber dennoch nicht eingebüßt hat.[862]

Die Regelungen des § 45 StVO sind inhaltlich und ihrer Dauer nach auf konkrete Verkehrssituationen beschränkt. Durch straßenverkehrsrechtliche Regelungen können nur die Benutzung bestimmter Straßen oder Straßenabschnitte beschränkt oder verboten werden und nur solange, wie die Verkehrssituation dies erfordert. Die Tatbestände müssen für jede Straße oder jeden Straßenabschnitt gesondert vorliegen, und in jedem Fall ist einzeln abzuwägen. Sollten die Voraussetzungen jeweils gegeben sein, kann sich die Beschränkung oder das Verbot schließlich auch auf ganze Ortsteile oder größere Gebiete erstrecken.[863]

§ 45 Abs. 1 StVO stellt eine Generalklausel für alle Gefahren des Straßenverkehrs dar, die eine Anordnung rechtfertigen. Die speziellen Ermächtigungsgrundlagen nach Abs. 1 S. 2 und Abs. 1a bis c sowie Abs. 8 verdrängen bzw. erweitern die Generalklausel um weitere Tatbestandsvoraussetzungen. Im Rahmen des Schutzes gegen Verkehrslärm sind die Absätze 1, 1a, 1b und 1c relevant. Diese finden neben Lärm gleichzeitig auf Abgase Anwendung.

Anordnungen nach § 45 StVO sind aber nur zulässig, wenn die Sicherheit und Ordnung des Verkehrs oder eines der speziell genannten Rechtsgüter gefährdet ist. Die Sicherheit und Ordnung ist hier auf verkehrliche Gefahren beschränkt und kann nicht mit den Begriffen des allgemeinen Ordnungsrechts gleichgesetzt werden. Es genügt, dass in überschaubarer Zukunft eine hinreichende Wahrscheinlichkeit für Schadensfälle besteht. Die Grenze unzulässiger Bekämpfung abstrakter Gefahren ist aber dann erreicht, wenn losgelöst von konkreten Gefahren allgemein bestimmte Strecken oder der gesamte Straßenverkehr gesteuert werden sollen.[864] Auch die Grenze zwischen Belästigung und Gefahr ist fließend, gerade im Bereich von Verkehrslärm und Abgasen können Belästigungen auf Dauer zur Gefahr werden.[865] Das Gesetz lässt zudem bei

862 *Sauthoff*, Öffentliche Straßen, Rn. 585; Kritisch zu diesem Konzept: *Kloepfer*, Umweltrecht, § 14 Rn. 271; *Koch/Mengel*, NuR 2000, 1, 2 ff.

863 BVerwG, Urt. v. 15.4.1999, 3C 25/98, E 109, 29 = NVwZ 1984, 441.

864 BVerwG Beschl. v. 12.9.1995, 11B 23/95, NJW 1996, 333 = NZV 1996, 86.

865 *Kudtscheid*, in: Landmann/Rohmer, BImSchG, § 3 Rn. 13.

den Eingriffstatbeständen für „besonders geschützte Orte" nach § 45 Abs. 1a StVO Belästigungen genügen. Die Belästigung oder Gefahr muss von straßenverkehrsbezogenen Gründen herrühren, darf aber nicht missbräuchlich sein.[866]

Weiter bedarf es einer Zukunftsprognose der Verkehrsentwicklungen, da die Maßnahmen über einen längeren Zeitraum hinweg wirken.[867] Diesem entsprechend stellt § 45 Abs. 9 StVO erhöhte Anforderungen an die Notwendigkeit der Maßnahmen. Danach hat die Straßenverkehrsbehörde dauernd zu überprüfen, ob die gesteigerte Erforderlichkeit für die Maßnahme noch gegeben ist.[868] Insbesondere an Beschränkungen des fließenden Verkehrs durch Tempo-30-Zonen werden hohe Anforderungen gestellt, wenn diese nicht in Wohngebieten gemäß Abs. 1c oder in Innenstadtbereichen gemäß Abs. 1d vorgesehen werden.[869]

Wenn die Voraussetzungen des § 45 StVO vorliegen, kommt der Behörde ein Ermessensspielraum zu. Sie hat die Interessen der Betroffenen (Anwohner oder Bürger) mit denen der Allgemeinheit abzuwägen.[870] Damit kommt der Behörde bei punktuellen Einzelmaßnahmen klassisches Ermessen zu. In anderen Fällen könnte auf beiden Seiten aber eine Vielzahl öffentlicher und privater Interessen stehen, etwa wenn Zielwege des Verkehrs umfassend gesteuert werden.[871] Dies ist insbesondere dann der Fall, wenn das Ausweichen auf andere Straßen beachtet werden muss[872] oder gebietsbezogene Anordnungen getroffen werden.[873] In diesen Fällen finden

---

866 BVerwG, Beschl. v. 3.4.1996 – 11 C 3/96.

867 *Sauthoff*, Öffentliche Straßen, Rn. 589.

868 OVG Bremen Beschl. v. 10.11.1998 – 1 BA 20/97, NZV 2000, 140.

869 *Sauthoff*, Öffentliche Straßen, Rn. 592.

870 BVerwG Urt. v. 27.1.1993 – 11 C 35/92, E 92, 32 = NJW 1993, 1729 = NZV 1993, 284.

871 Vgl. zum Unterschied zwischen Ermessen und planerischer Abwägung BVerwG, 14.2.1975 – IV C 21.74, E 48, 56, 59; 56, 110, 116; *Hoppe*, DVBl. 1974, 641, 644.

872 *Petersen*, NdsVBl. 1997, 169, 171; *Hügel*, Dritte als Betroffene verkehrsberuhigender Maßnahmen, S. 56 ff.

873 *Frank*, Verkehrsberuhigung und Verkehrsrecht, S. 92; *v. Bomhard*, Immissionsschutz durch gemeindliches Verwaltungshandeln, S. 169 ff.

eine Gefahrenabwehrplanung und eine planerische Abwägung statt, in die alle Belange vollständig eingestellt und in der sie umfassend abgewogen werden müssen.[874] Betroffene Belange sind insbesondere die Grundrechte. Durch Verkehrsbeschränkungen kann in die persönliche Handlungsfreiheit aus Art. 2 Abs. 1 GG, die Berufsfreiheit aus Art. 12 GG, in den nach Art. 14 Abs. 1 GG geschützten eingerichteten und ausgeübten Gewerbebetrieb[875] und in weitere Grundrecht eingegriffen werden.[876] Auf der anderen Seite stehen Grundrechte, wie der Schutz der Gesundheit aus Art. 2 Abs. 2 GG und des Eigentums aus Art. 14 Abs. 1 GG, in die durch die Beeinträchtigungen aufgrund von Lärm eingegriffen wird.

Ob ein Einschreiten gegen Lärm notwendig wird, lässt sich nur im Einzelfall bestimmen.[877] Die Erheblichkeitsschwellen liegen für Lärm aber deutlich über der fachplanungsrechtlichen Schwelle der 16. BImSchV.[878] Die Bestimmung der Erheblichkeit darf aber nicht schematisch erfolgen[879], sondern ist von Faktoren, wie der Art des Lärms[880], der Gebietsart[881] und der tatsächliche Situation, z. B. die ruhige Lage des Grundstücks, abhängig[882]. Aber auch Immissionen, die nicht diese Erheblichkeitsschwelle erreichen, sind in die Abwä-

874 *Hügel*, Dritte als Betroffene verkehrsberuhigender Maßnahmen, S. 57; *Steiner*, NJW 1993, 3161, 3162.; ausführlich zur planerischen Abwägung und geregelten Ermessensentscheidung in § 45 StVO, *Sauthoff*, Öffentliche Straßen, Rn. 596.

875 So BVerwG Beschl. v. 26.6.1979 – 7B 172/7, NJW 1980, 354.

876 Z. B. politische Werbung (Art. 5 Abs. 1 GG), Straßenaufrufe für religiöse (Art. 4 Abs. 1 GG) und kulturelle Zwecke (Art. 5 Abs. 2 GG).

877 Für Gesundheitsbeeinträchtigungen, BVerfG, ZLW 1982, 281, 285 ff.; zur Sozialbindungsschwelle, *Hügel*, Dritte als Betroffene verkehrsberuhigender Maßnahmen, S. 125 ff.

878 BGH Urt. v. 25.3.1993 – III ZR 60/92, Z 122, 76 = NJW 1993, 1700.

879 BGH Urt. v. 6.2.1986 – III ZR 96/84,Z 97, 114, 123 = NVwZ 1986, 789 = NJW 1986, 1980.

880 BGH Urt. v. 10.11.1977 – III ZR 166/75, DVBl. 1978, 110, 111.

881 BGH Urt. v. 6.2.1986 – III ZR 96/84,Z 97, 114, 123 = NVwZ 1986, 789 = NJW 1986, 1980; BVerwG Urt. v. 14.12.1979 – IV C 10.77, E 59, 253, 262 ff = NJW 1980, 2368.

882 BGH Urt. v. 6.2.1986 – III ZR 96/84,Z 97, 114, 123 = NVwZ 1986, 789 = NJW 1986, 1980 und BVerwG Urt. v. 14.4.1978 – IV C 68.76, NJW 1979, 561.

gung einzustellen, und schützenswerte Belange sind zu berücksichtigen, wenn die gemessenen Lärmpegel über das ortübliche Maß hinausgehen.[883]

Dem Ermessen sind durch den jeweiligen Zweck der Maßnahme Grenzen gesetzt.[884] Bei belastenden Lärmauswirkungen ist vor der Verkehrsbeschränkung zu prüfen, ob diese nicht etwa auf eine unzulässige Straßennutzung zurück geht und diese unterbunden werden muss.[885] Weiter muss berücksichtigt werden, dass sich der Verkehr durch Beschränkungen ggf. verlagert. Diese Verlagerung darf nicht in ebenso empfindliche oder belastete Gebiete erfolgen und dort Belästigungen hervorrufen.[886] Schließlich sind die Maßnahmen einer Verhältnismäßigkeitsprüfung zu unterziehen.

bb) Zuständigkeit

Die administrative Durchführung des Straßenverkehrsrechts obliegt den nach § 44 Abs. 1 S. 1 StVO, i. V. m. § 68 Abs. 1 S. 1 StVZO durch Landesrecht bestimmten unteren Verwaltungsbehörden. Sie ist meist bei den Kreisen oder kreisfreien Städten angesiedelt.[887] Die Straßenverkehrsbehörden bestimmen neben der Einrichtung von Zonen und Verkehrsbeschränkungen auch über das Anbringen und Entfernen von Verkehrszeichen nach § 45 Abs. 3 S. 1 StVO. Die Zuständigkeit richtet sich ansonsten nach der jeweiligen Baulast der Straße.[888]

883 *Sauthoff*, Öffentliche Straßen, Rn. 606.

884 Etwa § 45 StVO dem Zweck der Gefahrenabwehr, OVG Lüneburg Urt. v. 10.6.1976 – III A 70/75, StädteT 1977, 327; OVG Bremen, NZV 1991, 125 f.; OVG Bremen Beschl. v. 10.11.1998 – 1 BA 20/97, NZV 2000, 140.

885 BVerwG Urt. v. 15.2.2000 – 3 C 14/99, NJW 2000, 2121 f.

886 VGH München Urt. v. 25.10.1993 – 11 B 93.1209, NZV 1994, 206 f.

887 So auch in Niedersachsen, § 2 ZustVO-Verkehr, 3.8.2009, Nds. GVBl. S. 316, 329.

888 Dazu 5. Teil I. 1. a) aa).

cc) § 45 Abs. 1 S. 2 Nr. 3 StVO – Schutz der Wohnbevölkerung

Gemäß § 45 Abs. 1 S. 2 Nr. 3 StVO kann die Straßenverkehrsbehörde Verkehrsbeschränkungen erlassen, um die Wohnbevölkerung gegen Abgase und Lärm zu schützen, soweit dies zur Einhaltung der Sicherheit und Ordnung geboten ist.[889] Beschränkungen sind auch schon unterhalb der Schwelle zur Grundrechtsrelevanz gegen solche Beeinträchtigung möglich, die das durch die 16. BImSchV festgelegte zumutbare Maß in dem jeweiligen Gebiet überschreiten.[890] Dabei ist auf die Art des Gebiets, die Vorbelastung und sonstige Besonderheiten des Einzelfalls abzustellen.[891] § 45 Abs. 1 S. 1 StVO setzt eine Gefahrenlage voraus, Anordnungen zur reinen Vorsorge sind unzulässig.[892] Zwar orientiert sich die Zumutbarkeit grundsätzlich nicht an den Pegeln der 16. BImSchV, wenn diese Grenzwerte aber unterschritten sind, dient dies als Indiz dafür, dass die Zumutbarkeitsschwelle noch nicht erreicht ist.[893] Im Rahmen einer atypischen Verkehrsentwicklung[894] oder einer Summation unterschiedlicher Quellen[895] wird eine Orientierung an den Werten der 16. BImSchV den konkreten Gegebenheiten nicht gerecht. Es bedarf vielmehr einer Einzelfallbetrachtung und einer planerischen Abwä-

889 BVerwG Urt. v. 15.4.1999 – 3 C 25/98, E 109, 29 = NVwZ 1999, 1234; OVG Münster Urt. v. 21.8.1980 – 12 A 1859/78, NJW 1981, 701; Strick, Lärmschutz an Straßen, Rn. 140 ff.

890 BVerwG Urt. v. 13.12.1979 – 7 C 46/78, E 59, 221, 227 f. = NJW 1980, 1640; BVerwG Urt. v. 22.12.1993 – 11 C 45/92, NZV 1994, 244.

891 BVerwG Urt. v. 4.6.1986 – 7 C 76/84, E 74, 234 = NVwZ 1986, 918.

892 *Sparwasser/Engel/Voßkuhle*, Umweltrecht, § 10 Rn. 415; *Herrmann/Hofmann*, in: Koch (Hrsg.), Umweltrecht, § 14 Rn. 71; zu den Voraussetzungen einer städtebaulich motivierten Vorsorgepolitik BVerwG, Urt. v. 14.12.1994, 11 C 25/93, E 97, 214, 217 = NJW 1995 165 ff.

893 BVerwG Urt. v. 22.12.1993 – 11 C 45/92, DVBl. 1994, 758, 759; VGH München Urt. v. 26.11.1998 – 11 B 95.2934, NZV 1999, 269, 270 f.; OVG Münster Urt. v. 6.12.2006 – 8 A 4840/05, NWVBl. 2007, 272; OVG Bautzen, Beschl. v. 8.6.2009 – 3 B 23/08.

894 OVG Münster Urt. v. 29.10.2008 – 8 A 3743/06, DVBl. 2009, 458 – Verkehrsaufkommen überwiegend aus Motorädern.

895 *Koch*, in: Dolde (Hrsg.), Umweltrecht im Wandel, S. 873, 909.

gung. Der behördliche Ermessensspielraum[896] kann sich bei einer grundrechtlichen Betroffenheit soweit reduzieren, dass eine Pflicht zum Einschreiten besteht.[897]

Die im Rahmen von § 45 Abs. 1 S. 2 Nr. 3 StVO am häufigsten gewählte Maßnahme ist die Beschränkung der Höchstgeschwindigkeit. Innerorts wird meist eine Höchstgeschwindigkeit von 30 km/h vorgesehen. Dies ist jedoch dort nicht möglich, wo es der Verkehrsbedeutung der Straßen zuwiderläuft und die Leichtigkeit des Verkehrs nicht mehr gewährleistet ist. Als alternative Anordnungen kommen der Ausschluss einzelner Verkehrsarten, Nachtfahrverbote[898] und Einbahnstraßen[899] in Betracht.

dd) § 45 Abs. 1a StVO – Gebiets- und Anlagenschutz

Nach § 45 Abs. 1a StVO sind die gleichen Beschränkungen bestimmter Straßen oder Verkehrsverbote wie in Absatz 1 in den aufgeführten Gebieten des Abs. 1a möglich. Im Rahmen dieser Norm könnten einige als ruhige Gebiete in Lärmaktionsplänen ausgewiesene Flächen vor Verkehrslärm geschützt werden, soweit die Voraussetzungen der Kategorien der besonderen Einrichtungen und Gebiete erfüllt sind.[900] Als ruhige Gebiete und mit einer besonderen Schutzmöglichkeit nach Abs. 1a kämen Gebiete in Betracht, die gemäß § 45 Abs. 1a Nr. 4 StVO überwiegend der Erholung dienen oder nach Abs. 1a Nr. 3 Erholungsorte von besonderer Bedeutung sind. Anordnungen nach § 45 Abs. 1a Nr. 4 StVO kommen primär in Ballungsräumen in Betracht. Dies sind Orte und Ortsteile, die überwiegend der Erholung dienen, aber auch andere Zecke haben. Erholungsorte von besonderer Bedeutung sind etwa Landschaftsschutzgebiete und

---

896 BVerwG Urt. v. 4.6.1986 – 7 C 76/84, E 74, 234 = NVwZ 1986, 918.

897 OVG Bautzen, Beschl. v. 8.6.2009 – 3 B 23/09.

898 BVerwG Urt. v. 4.6.1986 – 7 C 76/84, E 74, 234 = NVwZ 1986, 918.

899 VG München, Urt. v. 1.4.2009 – 23 K 07.1874.

900 Vgl. für die einzelnen Gebietskategorien, OVG Schleswig, NordÖR 2000, 459 – Kurklinik; VGH München Urt. v. 13.8.2001 – 11 B 98.1058, NZV 2002, 147; 1993, 207; VGH Mannheim Beschl. 30.7.1996 – 5 S 1970/96, NuR 1997, 290 – Sperrung eines Feldweges für Feuersalamander.

Nationalparks.[901] Diese Kategorie kommt damit für ruhige Gebiete auf dem Land in Betracht. Anordnungen in besonderen Gebieten sind aber subsidiär und kommen erst in Betracht, wenn andere Mittel nicht zur Verfügung stehen und Belästigungen nicht anders vermieden werden können.[902]

ee) § 45 Abs. 1b S. 1 Nr. 3, 1. Alt. StVO – Kennzeichnung von Fußgängerzonen

Eine Möglichkeit, durch flächenhafte Verkehrsberuhigungen eine Lärmminderung zu erreichen, ist die Errichtung von Fußgängerzonen. Dabei wirken die Bauleitplanung, das Straßenrecht und das Straßenverkehrsrecht zusammen. Fußgängerzonen können zunächst in einem Bebauungsplan als Verkehrsflächen mit besonderer Zweckbestimmung gemäß § 9 Abs. 1 Nr. 11 BauGB festgesetzt werden. Auch wenn das Baurecht vornehmlich einer städtebaulichen Ordnung dient, ist es dennoch eine effektive Möglichkeit der Verkehrsberuhigung.[903] Ergänzt wird die baurechtliche Festsetzungen durch eine straßenrechtliche Teilentziehung des KFZ-Verkehrs[904] und der straßenverkehrsrechtlichen Anordnungen einer Fußgängerzone. Die baurechtliche Möglichkeit der Einrichtung von Fußgängerzonen ist dabei ein Unterfall der straßenrechtlichen Anordnung. Das Straßenrecht regelt, inwieweit das Baurecht die Rechtsverhältnisse öffentlicher Verkehrswege festlegen kann.[905] Für eine Einrichtung von Fußgängerzonen ist nach § 45 Abs. 1b S. 2 StVO zudem das Einvernehmen der Gemeinde erforderlich, dies kann in der Bauleitplanung erfolgen. Eine Festlegung von Fußgängerzonen ist für Straßen mit Durchgangsverkehr nicht möglich. Die Straßen müssen überwiegend dem Aufenthalt dienen, Fußgängerzonen werden daher nur innerhalb von Ortschaften eingerichtet.

901 BayVGH, Urt. v. 13. 8. 2001 – 11 B 98.1058, NZV 2002, 147.

902 *König*, in: Hentschel/König/Dauer (Hrsg.), Straßenverkehrsrecht, § 45 StVO Rn. 33.

903 *Dürr*, UPR 1992, 241, 248.

904 BVerwG, Urt. v. 8.9.1993 – 11 C 38/92, E 94, 136 ff. = NZV 1994, 125 ff.

905 *Dürr*, UPR 1992, 241, 248.

ff) § 45 Abs. 1b S. 1 Nr. 3, 2. Alt. StVO – Kennzeichnung verkehrsberuhigter Bereiche

Neben Fußgängerzonen können als flächenhafte Verkehrsbeschränkungen auch verkehrsberuhigte Bereiche eingerichtet werden. Verkehrsberuhigte Bereiche unterscheiden sich insoweit von Fußgängerzonen, als dass bei Fußgängerzonen wegerechtlich der Kraftfahrzeugverkehr vollständig oder teilweise ausgeschlossen ist und sie einem Gehweg ähneln. Verkehrsberuhigte Bereiche lassen dagegen alle Verkehrsarten zu, der Fahrzeugverkehr genießt aber keinen Vorrang vor den übrigen Verkehrs- und Aufenthaltsfunktionen.[906] In diesen Bereichen wird das Prinzip der räumlichen Trennung von Fußgängerverkehr und Kraftfahrzeugverkehr aufgehoben. Die Fahrzeuge müssen Schrittgeschwindigkeit fahren, und die Fußgänger dürfen die gesamt Straße nutzen.[907] Die Einrichtung eines verkehrsberuhigten Bereichs bedarf im Gegensatz zur Fußgängerzone keiner Teilentziehung, da der Fahrzeugverkehr nicht ausgeschlossen, sondern nur begrenzt wird.[908] Der Anwendungsbereich von § 45 Abs. 1b Nr. 3 StVO ist aber auf den Schutz der Wohnbevölkerung beschränkt, dies setzt ein auf gewisse Dauer angelegtes Wohnen voraus.[909] Nicht geschützt wird eine wenn auch empfindliche gewerbliche Nutzung oder solche Nutzungen, die ohne Wohnen auskommt, wie z. B. Schulen und Kultureinrichtungen.[910]

Der Anordnung verkehrsberuhigter Bereiche soll eine gemeindliche Verkehrsplanung vorausgehen, und sie soll nur angeordnet werden, soweit die verkehrlichen Verhältnisse dies erfordern.[911] Als Rechtsgrundlage für eine mögliche vorausgehende gemeindliche Planung kommt auch hier die Bauleitplanung mit einer Festsetzung

---

906 *Geißler*, DAR 1999, 345, 347 f.

907 *Dürr*, UPR 1992, 241, 249.

908 *Sauthoff*, Öffentliche Straßen, Rn. 738.

909 Vgl. auch OVG Münster Urt. v. 21.8.1980 – 12A 1859/78, VkBl. 1981, 220; *König*, in: Hentschel/König/Dauer (Hrsg.), Straßenverkehrsrecht, § 45 StVO Rn. 29.

910 *Sauthoff*, Öffentliche Straßen, Rn. 691.

911 So VwV-StVO zu § 45 Abs. 1 bis 1e Rn. 35 und 36; *Steiner*, NVwZ 1984, 201; VGH Mannheim, Urt. v. 29.1.2009 – 5 S 149/08.

nach § 9 Abs. 1 Nr. 11 BauGB in Betracht.[912] Auch für die Anordnung verkehrsberuhigter Bereiche durch die Straßenverkehrsbehörde ist das Einvernehmen der Gemeinde erforderlich. Dieses Einvernehmen beruht auf einer ortsplanerischen Entscheidung, die auch, aber nicht notwendig, in einem Bebauungsplan festgesetzt werden kann.[913]

Die Straßenverkehrsbehörde hat bei ihrer Entscheidung über die Kennzeichnung eines verkehrsberuhigten Bereichs das gemeindliche Verkehrskonzept zu berücksichtigen.[914] In ihre Entscheidung fließen, neben dem Verkehrskonzept der Gemeinde, die Auswirkungen auf andere Straßen mit ein.[915] Ähnlich wie für Fußgängerzonen ist eine Regelung verkehrsberuhigter Bereiche für Straßen mit Durchgangs- und Zielverkehr ausgeschlossen, die Straße muss vielmehr den Eindruck vermitteln, überwiegend dem Aufenthalt zu dienen, und eine untergeordnete verkehrliche Bedeutung haben.[916] Damit kommen verkehrsberuhigte Bereiche praktisch nur für Gemeindestraßen in Betracht.[917]

gg) § 45 Abs. 1b S. 1 Nr. 5, 1. Alt. StVO – Schutz der Bevölkerung

Ergänzend zu flächenhaften Verkehrsberuhigungen bezweckt § 45 Abs. 1b S. 1 Nr. 5 StVO den Schutz vor Abgasen und Lärm in Fußgängerzonen und verkehrsberuhigten Bereichen,[918] ermächtigt aber nicht zur Einrichtung dieser Bereiche. Die Einrichtung der Zonen

912 VGH Mannheim Urt. v. 22.3.2006 – 3 S 1119/04, BauR 2006, 1271; *Steiner*, NVwZ 1984, 201, 202.

913 *Sauthoff*, Öffentliche Straßen, Rn. 739.

914 So VGH Mannheim Urt. v. 21.10.1993 – 5 S 646/93, ESVGH 44, 93 = DVBl. 1994, 348.

915 VGH Mannheim Urt. v. 14.9.1988 – 5 S 33/88, VBlBW 1989, 225.

916 VGH Mannheim Urt. v. 22.3.2006 – 3 S 1119/04, BauR 2006, 1271; VGH Mannheim, Urt. v. 29.1.2009 – 5 S 149/08; *Steiner*, NVwZ 1984, 201, 204 ff.

917 *Dürr*, UPR 1992, 241, 249.

918 BVerwG Urt. V. 15.4.1999 – 3 C 25/98, E 109, 29 = NVwZ 1999, 1234 = NZV 2000, 342; vgl. *Ronellenfitsch/Delbanco*, in: Rengeling (Hrsg.), Hdb. europ. Dt. UmwR, § 50 Rn. 40.

und Bereiche erfolgt etwa nach § 45 Abs. 1b S. 2 Nr. 3 StVO[919] durch Teileinziehung nach Straßenrecht oder durch Festsetzungen in einem Bebauungsplan. Innerhalb der Einrichtung von Fußgängerzonen und verkehrsberuhigten Bereichen kann die Straßenverkehrsbehörde die notwendigen Anordnungen zum Schutz der Bevölkerung vor Lärm und Abgasen treffen. Damit ist § 45 Abs. 1b S. 1 Nr. 5 StVO weiter als § 45 Abs. 1 S. 2 Nr. 3 StVO angelegt und es sind bei eingerichteten Bereichen auch Maßnahmen für solche Bevölkerungsteile möglich, die nicht in der Straße wohnen.[920]

hh) § 45 Abs. 1b S. 1 Nr. 5, 2. Alt. StVO – städtebauliche Entwicklung

Auch zur Unterstützung einer geordneten städtebaulichen Entwicklung können die Straßenverkehrsbehörden Anordnungen treffen nach § 45 Abs. 1b S. 1 Nr. 5, 2. Alt. StVO. Gegenstand sind Anordnungen mit städtebaulichen Komponenten, etwa die in § 45 StVO genannten Zonen[921], Einbahnstraßen nach § 45 Abs. 1 S. 2 Nr. 3 StVO oder einen „Gebietsschutz" nach § 45 Abs. 1a StVO. Im Rahmen ihrer Planungshoheit kann die Gemeinde von der Straßenverkehrsbehörde verlangen, dass sie von dieser Ermächtigung ermessensfehlerfreien Gebrauch macht.[922]

Das vorausgehende Konzept zur städtebaulichen Entwicklung der Gemeinde muss eine hinreichend konkrete Verkehrsplanung sein, die aus Gründen der geordneten städtebaulichen Entwicklung erforderlich und zweckmäßig ist. Weiter muss die Planung durch die zuständigen Organe der Gemeinde beschlossen sein, den Grundsätzen planerischer Abwägung genügen und deren Grundlagen darlegen.[923] Als maßgebliche Konzepte kommen der Flächen-

919 VGH Mannheim, Urt. v. 29.1.2009 – 5 S 149/08.

920 *Bouska*, StVO, § 45 Rn. 9.

921 BVerwG Urt. v. 20.4.1994 – 11 C 17/93, E 95, 333, 340; VGH Mannheim Urt. v. 23.6.1995 – 5 S 646/93, NZV 1996, 253 = VRS 91, 227.

922 Art. 28 Abs. 2 GG.

923 BVerwG Urt. v. 20.4.1994 – 11 C 17/93, E 95, 333, 340 = NZV 1994, 493 = NVwZ 1995, 165.

nutzungsplan und der Bebauungsplan infrage.[924] Insbesondere die Festsetzungen des Bebauungsplans sind für die Straßenverkehrsbehörde bindend. Weiter können auch informelle Verkehrspläne ein solches Konzept liefern.[925] Somit kann auch ein Lärmaktionsplan Grundlage sein, soweit die Pläne die straßenverkehrsrechtlichen Anforderungen, als Voraussetzung für § 45 Abs. 1b S. 1 Nr. 5, 2. Alt. StVO, im konkreten Fall erfüllen.[926] Dazu müssen die Lärmaktionspläne städtebauliche Komponenten enthalten, also die in § 45 StVO genannten Zonen vorsehen.[927] Der Lärmaktionsplan muss in einem Konzept hinreichend bestimmt die verkehrsmäßige Planung für bestimmte Bereiche, die im Rahmen einer städtebaulichen Entwicklung erforderlich oder zweckmäßig sind, enthalten.[928] Die in § 45 StVO genannten Zonen dürften typische Maßnahmen für die Verringerung einer verkehrlichen Lärmbelastung sein und werden typischerweise vorgesehen. Der reine Lärmschutz genügt hier aber nicht mehr, es bedarf zusätzlich einer umfassenden Verkehrsplanung. Solche Verkehrskonzepte werden im Zuge der Lärmaktionsplanung für viele Ballungsräume vorgesehen. Außerdem steht es der Gemeinde frei, den Lärmaktionsplan im Rat etwa als Satzung zu verabschieden[929], sodass ihn ein Organ zur freien Willensbildung beschließt. Somit können Lärmaktionspläne bei entsprechender Ausgestaltung grundsätzlich der städtebaulichen Entwicklung dienen, und der Plan kann Grundlage für § 45 Abs. 1b S. 1 Nr. 5, 2. Alt. sein.

---

924 OVG Bremen Urt. v. 26.9.1994 – 1 BA 56/93, 1 BA 22/94, UPR 1995, 271.

925 *Sauthoff*, Öffentliche Straßen, Rn. 746.

926 *Sauthoff*, Öffentliche Straßen, Rn. 745; VGH Mannheim will dies auch schon auf Ebene der gemeindlichen Planung geprüft wissen, NZV 1996, 253; dazu 5. Teil I. 2. c).

927 Soweit Tempo-30-Zonen einer geordneten städtebaulichen Entwicklung dienen BVerwG Urt. v. 20.4.1994 – 11 C 17/93, E 95, 333, 340; VGH Mannheim Urt. v. 23.6.1995 – 5 S 646/93, NZV 1996, 253 = VRS 91, 227.

928 BVerwG Urt. v. 20.4.1994 – 11 C 17/93, E 95, 333, 340 = NZV 1994, 493 = NVwZ 1995, 165.

929 Die Rechtsform von LAPs ist umstritten dazu etwa *Schulze-Fielitz*, in: Koch (Hrsg.), GK-BImSchG, § 47d Rn. 89; ein Erlass als Satzung aber nicht ausgeschlossen.

ii) § 45 Abs. 1c StVO – Tempo-30-Zonen

Für Bereiche mit hoher Fußgänger- und Fahrradverkehrsdichte können die Straßenverkehrsbehörden innerhalb geschlossener Ortschaften Tempo-30-Zonen anordnen. Diese Zonen dürfen sich nicht auf Straßen des überörtlichen Verkehrs oder Vorfahrtsstraßen für den Durchgangsverkehr erstrecken. Tempo-30-Zonen kommen daher nur dort in Betracht, wo der Durchgangsverkehr von geringerer Bedeutung ist, also grundsätzlich nicht für Hauptverkehrsstraßen der Gemeinde.[930] In zentralen städtischen Bereichen mit hoher Fußgängerdichte und überwiegender Aufenthaltsfunktion können aber auch Geschwindigkeiten unter Tempo 30 angeordnet werden.[931]

Die Verkehrsberuhigung durch Tempo-30-Zonen soll auf Grundlage einer Verkehrsplanung der Gemeinde erfolgen, da hier gleichzeitig das örtliche Vorfahrtsstraßennetz festgelegt werden muss. Dabei ist ein leistungsfähiges Netz sicherzustellen, das den örtlichen Anforderungen des ÖPNV und des Wirtschaftsverkehrs genügt.[932] Soweit die Maßnahmen nicht auf einem gemeindlichen Verkehrskonzept beruhen, bedürfen sie zumindest des Einvernehmens der Gemeinde bei Planungen durch die Straßenverkehrsbehörde auf Kreisebene. Die Maßnahmen dienen nicht nur der Sicherheit des Verkehrs und der Verkehrsberuhigung, sondern auch zur Verwirklichung städteplanerischer Maßnahmen.[933] Der Straßenverkehrsbehörde kommt auch hier ein Ermessenspielraum zu.[934] Liegt eine Planung zur geordneten städtebaulichen Entwicklung der Gemeinde vor, hat sie einen Anspruch gegen die Straßenverkehrsbehörde auf ermessensfehlerfreie Bescheidung, die sich in Ausnahmefällen auf Null reduzieren kann.[935] Einer zusätzlichen wegerechtlichen Entscheidung bedarf es nicht – und die ist auch nicht möglich. Wegerechtliche Entscheidungen können aufgrund einer Teilentzie-

---

930 VwV-StPO zu § 45 Rn. 35 f.

931 *Sauthoff*, Öffentliche Straßen, Rn. 747.

932 *Sauthoff*, Öffentliche Straßen, Rn. 749.

933 *Sauthoff*, Öffentliche Straßen, Rn. 747.

934 *Sauthoff*, Öffentliche Straßen, Rn. 754.

935 *Sauthoff*, Öffentliche Straßen, Rn. 756.

hung nur einzelne Verkehrsarten ausschließen,[936] dies soll hier aber gerade nicht erfolgen.

Gleichzeitig muss aber beachtet werden, dass durch ein mögliches Ausweichen des Verkehrs nicht neue Belastungen in anderen sensiblen Gebieten entstehen.

c) Recht der kommunalen Wirtschaftstätigkeit

Schließlich sind lärmmindernde Anordnungen im Rahmen kommunaler Wirtschaftstätigkeit möglich. Dies betrifft etwa die Einrichtung von und den Einfluss auf kommunale Unternehmen.

Die Gemeinden können sich auch beim Lärmschutz grundsätzlich aller Instrumente und Aufgaben bedienen, die ihnen durch die Gemeindeordnungen zugewiesen sind oder die sie aufgrund der kommunalen Selbstverwaltung wahrnehmen können. Außerhalb von Bauleitplanung[937] und Maßnahmen des öffentlichen Straßenrechts betrifft dies insbesondere die gemeindliche Wirtschaftstätigkeit.

Zu den Grundlagen der kommunalen Selbstverwaltung gehört auch die finanzielle Selbstverantwortung, als dass die Gemeinden für die Aufgaben der örtlichen Gemeinschaft finanzielle Verantwortung tragen.[938] Damit umfasst die kommunale Selbstverwaltung gemäß Art. 28 Abs. 2 GG sowie der Kommunalgesetze der Länder unter anderem die Einrichtung kommunaler Unternehmen sowohl in öffentlich-rechtlicher als auch privatrechtlicher Handlungsform, soweit es sich dabei um „Angelegenheiten der örtlichen Gemeinschaft“[939] handelt. Danach muss die wirtschaftliche Betätigung der Gemeinde den Einwohnern zugutekommen und ihrem

936 So in fast allen Varianten des § 45 StVO, dazu *Randelzhofer*, DAR 1987, 237, 243.

937 Dazu untern 5. Teil I. 2. b).

938 *Ipsen*, in: Ipsen/Schmidt-Jortzig (Hrsg.), Recht – Staat – Gemeinwohl: FS f. Rauschning, S. 645, 661.

939 BVerfG Beschl. v. 23.11.1988 – 2 BvR 1619/83, BvR 1628/83, E 79, 127, 146 – Rastede-Beschluss.

Wohl dienen.[940] Kommunale Wirtschaftsbetätigung, die über diese Motivation und örtliche Verwurzelung hinaus geht, fällt nicht mehr unter den Schutzbereich des Art. 28 Abs. 2 GG und der Kommunalgesetze.[941] Im Rahmen der Lärmminderung wird die Wirtschaftstätigkeit in kommunaler Eigenregie relevant, wenn öffentliche Einrichtungen zum Lärmschutz herangezogen werden.[942] Für die Ausrichtung der gemeindlichen Unternehmen ist intern der Gemeinderat zuständig.[943]

aa) Öffentlicher Personennahverkehr

Für eine Minderung des Verkehrslärms bei kommunaler Wirtschaftstätigkeit kann zunächst am Öffentlichen Personennahverkehr (ÖPNV) angesetzt werden. Im Rahmen des ÖPNV sind lärmmindernde Maßnahmen, insbesondere die Anschaffung leiserer Busse und Straßenbahnen sowie eine Schonung besonders lärmsensibler Orte durch Verlegung von Haltestellen möglich.[944]

Mit der Einrichtung des ÖPNV nehmen die Kommunen Gewährleistungsverantwortung[945] wahr und betreiben Daseinsvorsorge[946], somit fällt dieser unter die von Art. 28 Abs. 2 GG geschützten Wirtschaftstätigkeit.

Der ÖPNV teilt sich in den straßengebundenen öffentlichen Nahverkehr und den öffentlichen Schienenpersonennahverkehr. Eine

940 *Ipsen*, in: Ipsen/Schmidt-Jortzig (Hrsg.), Recht – Staat – Gemeinwohl: FS f. Rauschning S. 645, 663.

941 *Ipsen*, in: Ipsen/Schmidt-Jortzig (Hrsg.), Recht – Staat – Gemeinwohl: FS f. Rauschning S. 645, 665.

942 *Breuer*, Umweltschutz im Widerstreit differierender Konzepte, Rn. 111 f.

943 § 18 Ab. 1 und § 28 Abs. 1 lit. l) GO NW.

944 Vgl. dazu das Busbeschleunigungsprogramm in *Gießen*, Regierungspräsidium, Lärmaktionsplan Hessen: Teilplan Straßenverkehr Regierungsbezirk Gießen, online, S. 122 f. weitere Maßnahmen S. 123 ff.

945 Grundlegend *Hermes*, Staatliche Infrastrukturverantwortung, insbes. S. 334 ff.

946 So *Sachsen-Anhalt*, Ministerium für Bau und Verkehr, Bei Anruf Bus – Flexible Lösungen im Öffentlichen Personennahverkehr, 2009, S. 1: „Kernbereich der Daseinsvorsorge".

allgemeingefasste Begriffsbestimmung enthalten § 2 S. 1 RegG[947] und § 8 Abs. 1 S. 1 PBefG[948]. Nach beiden Gesetzen ist der ÖPNV die allgemein zugängliche Beförderung von Personen mit Straßenbahnen, Omnibussen sowie Kraftfahrzeugen im Linienverkehr, die vordergründig eine Verkehrsnachfrage im Stadt-, Vorort- und Regionalverkehr bedienen. Nach § 8 Abs. 2 PBefG zählt zum ÖPNV auch der ersetzende, ergänzende und verdichtende Verkehr mit Mietwagen und Taxen. Damit ist der ÖPNV nicht dem Linienverkehr gleichgesetzt. Für eine Reduzierung des Individualverkehrs und den damit verbundenen Lärmmauswirkungen geht es aber gerade um den liniengebundenen ÖPNV. Nur dieser wird durch die Gemeinden oder von ihnen beherrschten Unternehmen betrieben, sodass sie im Rahmen ihrer Wirtschaftstätigkeit Einfluss nehmen können. Zum Individualverkehr kann der ÖPNV regelmäßig durch die fehlende allgemeine Zugänglichkeit abgegrenzt werden. Schwieriger ist die Abgrenzung zum Fernverkehr. Der ÖPNV muss zunächst zur Befriedigung örtlicher Verkehrsbedürfnisse innerhalb von 50 km oder einer Stunde Fahrtzeit dienen.[949] Die Aufgaben des ÖPNV sind überwiegend den Kommunen zugeordnet, mit der zulässigen einen Stunde Fahrtzeit könnten aber ganze Flächenstaaten abgedeckt werden.[950] Die Übergänge zwischen Nah- und Fernverkehr sind somit fließend.[951]

---

947 Vgl. Eisenbahnneuordnungsgesetz BT-Drs. 12/6269, S. 136; zur Definition auch *Jarass*, in: Pitschas/Ule (Hrsg.), Wege gelebter Verfassung in Recht und Politik: FS f. Scholz, S. 785, 790; vgl. ferner zu allgemeinen Begriffsbestimmungen der ÖPNV-Gesetze der Länder, z. B. § 2 Abs. 1 ÖPNVG BW, § 1 Abs. 2 NNVG, § 1 Abs. 2 ÖPNVG NRW.

948 Vgl. dazu *Bauer*, PBefG, § 8 Rn. 4; *Fromm*, TranspR 1994, 425, 426.

949 § 8 Abs. 1 S. 2 PBefG, § 2 S. 2 RegG; Kritisch *Barth*, Nahverkehr in kommunaler Verantwortung, S. 32; Fromm, TranspR 1994, 425, 428.

950 So *Knauff*, Der Gewährleistungsstaat, S. 298.

951 *Linke*, Die Gewährleistung des Daseinsvorsorgeauftrages im öffentlichen Personennahverkehr, S. 46.

bb) Parkeinrichtungen

Darüber hinaus können auch Parkeinrichtungen von gemeindlichen Unternehmen betrieben werden. Die entgeltliche Bereitstellung von Parkplätzen in den Innenstädten leistet einen Beitrag zur Entlastung der Straßen vom ruhenden, aber auch fließenden Individualverkehr[952], damit werden Parkeinrichtungen zum einen von der Daseinsvorsorge umfasst[953], zum anderen tragen ausreichende Parkplätze zum Lärmschutz bei. Der Parkplatzsuchverkehr kann durch ausreichend und gut ausgewiesene Parkplätze reduziert werden, wodurch der Verkehr abnimmt. Außerdem bieten kostenpflichtige Parkplätze Anreize, auf öffentliche Verkehrsmittel umzusteigen. Dieser Anreiz wird verstärkt, wenn Parkplätze außerhalb der Innenstädte mit dem ÖPNV sinnvoll verknüpft werden, sodass eine Fahrt mit dem PKW in die Innenstadt weniger attraktiv wird. Nach § 52 StVO hat der Gesetzgeber eine Grundlage für die Erhebung von Gebühren für die Benutzung tatsächlich-öffentlicher Verkehrsflächen und damit auch für Parkgebühren geschaffen. Auch die nicht der Straße zurechenbaren Parkeinrichtungen werden aufgrund ihrer tatsächlichen Öffentlichkeit durch das Straßenverkehrsrecht geregelt.

2. Planungen

Neben Maßnahmen, die als Anordnungen oder sonstige Entscheidungen i. S. d. § 47 Abs. 6 S. 1 BImSchG erlassen werden, werden Maßnahmen maßgeblich in Planungen i. S. v. § 47 Abs. 6 S. 2 BImSchG verwirklicht. Durch Planung werden insbesondere quellenbezogene und städtebauliche Maßnahmen umgesetzt.

Zu nennen ist zunächst die Planung von Straßen, welche meist als Planfeststellung oder auch in einem Bebauungsplan erfolgt. Daneben wird die Bauleitplanung auch für die Stadtentwicklung relevant, und schließlich werden kommunale Konzepte zur Verkehrsorganisation relevant.

---

952 Vgl. etwa *VDV*, Mobilität in Deutschland, 1991.

953 Im Ergebnis auch *Wohlfahrth*, DÖV 1993, 902, 904.

a) Planung von Verkehrswegen

Neben das Straßen- und Straßenverkehrsrecht treten im Bereich der öffentlichen Straßen die zeitlich vorrangehenden Regelungen zur Planung und zum Bau als Ansatz für den Verkehrslärmschutz. Durch die Planung und den Bau etwa von Ortsumgehungen können die Innenstädte vom Durchgangsverkehr entlastet werden.

Die Planung und der Bau überörtlicher Straßen, wie Bundes-, Landes- und Kreisstraßen, erfolgen im Wesentlichen in vier Schritten: die Ausbau- und Bedarfsplanung, das Raumordnungsverfahren – ggf. mit Umweltverträglichkeitsprüfung – die Bestimmung der Linienführung und abschließend die straßenrechtliche Planfeststellung oder Genehmigung durch einen Bebauungsplan.[954]

Die Ausbau- und Bedarfsplanung als politische Grundentscheidung über den Bau neuer überörtlicher Straßen erfolgt auf Bundes- oder Landesebene und wird entweder als förmliches Gesetz oder als interne Verwaltungsentscheidung erlassen. Auch das Raumordnungsverfahren wird von den Ländern für ihre Teilräume durchgeführt, um die Straßenplanung mit raumordnerischen Erfordernissen und anderen Planungen und Maßnahmen abzustimmen.[955] Die Bestimmung der Linienführung führt für Bundesstraßen nach § 16 Abs. 1 FStrG das Bundesverkehrsministerium und für Landesstraßen[956] die zuständige Landesplanungsbehörde durch. Der Kern der Straßenplanung ist aber die Planfeststellung. Sie ist für Bundesstraßen in § 17 Abs. 1 S. 1 FStrG und für die überörtlich bedeutsamen Landesstraßen in den Straßengesetzen der Länder verpflichtend

954 *V Danwitz*, in: Badura/Huber/Breuer/v. Danwitz, Bes. VerwR, 7. Kap, Rn. 21 ff.

955 *V. Danwitz*, in: Badura/Huber/Breuer/v. Danwitz, Bes. VerwR, 7. Kap, Rn. 24.

956 Z. B. § 37 Abs. 3 StrWG NRW für Landesstraßen; § 37 NStrG.

vorgesehen[957]. Auch für Kreisstraßen sind überwiegend Planfeststellungen vorgeschrieben oder können auf Antrag erfolgen[958].

Gemeindestraßen werden demgegenüber im Flächennutzungsplan als Verkehrsflächen ausgewiesen und durch Bebauungspläne geplant. Es kann aber auch zulässig sein, dass eine Gemeinde per Bebauungsplan eine Umgehungsstraße zur Entlastung der Ortsdurchfahrt in Abstimmung mit dem Landkreis plant.[959] Neben den Straßen, die der Baulast der Gemeinde unterliegen, können auch Landes- oder Kreisstraßen durch die Gemeinden festgesetzt werden. § 17b Abs. 2 FStrG und § 38 Abs. 3 S. 1 NStrG lassen eine Erfassung durch einen Bebauungsplan ausdrücklich zu. Nach § 17 b Abs. 2 FStrG und nach Landesrecht[960] kann ein Bebauungsplan eine Planfeststellung zwar ersetzen, muss aber durch eine planerische Festlegung ergänzt werden, soweit der Bebauungsplan nicht alle Anordnungen trifft, etwa keinen Ausgleich für Beeinträchtigungen durch Lärm bereit hält.[961] Die Gemeinde kann auch die städtebaulichen Voraussetzungen für Anlagen im Aufgabenbereich anderer Behörden schaffen, wie für Anordnungen der Straßenverkehrsbehörde nach § 45 Abs. 1b S. 1 Nr. 3 StVO. Die Festsetzung in einem Bebauungsplan stellt aber keine Verpflichtung für den Träger der Straßenbaulast dar, sondern ist nur eine Angebotsplanung.[962] Die Gemeinde darf dem Straßenbaulastträger eine von diesem nicht gewünschte Planung nicht durch einen Bebauungsplan aufdrängen.[963]

Auf der anderen Seite können Gemeindestraßen auch durch eine Planfeststellung zugelassen werden. Eine Pflicht zur Durchführung einer Planfeststellung besteht nur, wenn die Pflicht zur Durchfüh-

957 Z. B. § 37 Abs. 1 S. 1 StrG LSA; § 37 Abs. 1 S. 1 BW StrG; § 38 Abs. 1 StrWG NRW soweit eine UVP durchgeführt werden muss; § 38 Abs. S. 1 NStrG; für die Stadt Hamburg ist eine Planfeststellung Pflicht soweit eine UVP durchgeführt werden muss etwa § 15 Abs. 1 HWG.

958 § 37 Abs. S. 2 StrG LSA; § 37 Abs. 1 S. 2 BW StrG.

959 VGH Mannheim, Urt. v. 25.4.2007 – 5 S 2243/05 – NuR 2007, 685.

960 Z. B. § 15 Abs. 2 HWG; § 37 Abs. 4 StrG LSA; § 37 Abs. 3 BW StrG; § 38 Abs. 4 StrWG NRW; § 38 Abs. 3 NStrG.

961 *Stüer*, Hdb. d. Bau- und Fachplanungsrechts, Rn. 747.

962 *Dürr*, UPR 1992, 241, 243.

963 BVerwG, Urt. v. 28.1.1999 – 4 CN 5.98 – BVerwGE 108, 248 = 1999, 1288.

rung einer UVP besteht.[964] Eine UVP-Pflicht besteht etwa in Niedersachsen, wenn Landes-, Kreis- und Gemeindestraßen vier oder mehr Spuren haben und mindestens fünf Kilometer lang sind oder wenn eine ein- oder zweispurige Straße verlegt oder ausgebaut wird und der geänderte Abschnitt durchgehend mindestens zehn Kilometer aufweist. Auch sonstige Landes-, Kreis- und Gemeindestraßen können auf Antrag oder bei einer Vorprüfung im Einzelfall durch Planfeststellung genehmigt werden.[965]

Sowohl die Planfeststellung als auch die autonome Bauleitplanung der Gemeinde müssen sich durch Abwägung der widerstreitenden Interessen legitimieren. Hier kommen Gründe des Gesundheits- und Eigentumsschutzes, der kommunalen Selbstverwaltung und das Rechtsstaatsgebot zum Tragen.[966] In die jeweilige Abwägung sind alle Belange einzustellen, die mehr als nur geringfügig und wahrscheinlich betroffen, schutzwürdig und erkennbar sind.[967] Auch Betroffenheit im Bereich der Hörbarkeitsschwellen[968] sind einzustellen, selbst wenn noch keine Grenzwerte überschritten werden und keine grundrechtlich relevanten Gesundheitsbeeinträchtigungen zu erwarten sind.[969] Somit ist Lärm ein Abwägungsfaktor unabhängig von Grenzwerten, wie andere Belange kann auch er überwunden und zurückgestellt werden.[970] Wenn Grenzwerte erreicht sind, können sich daraus aber erhöhte Abwägungserfordernisse ergeben. Damit entwickeln sich die Richtwerte der 16. BImSchV und ande-

964 § 37 Abs. 1 S. 2 BW StrG; § 38 Abs. 1 S. 2 NStrG; in Fällen unwesentlicher Bedeutung, § 37 Abs. 3 StrG LSA, und § 38 Abs. 3 StrWG NRW.

965 § 47 Nr. 1 NStrG und § 38 Abs. 1 StrWG NRW bei Vorprüfung im Einzelfall Anlage 1, 4 und 5 NUVPG, GVBl. Nr. 6 2010 S. 122; auf Antrag des Trägers § 37 Abs. 1 StrG LSA, § 37 Abs. 1BW StrG, § 33 Abs. 1 HStrG.

966 BVerwG, Urt. v. 12.12.1969 – IV C 105.66 – BVerwGE 34, 301 = DVBl. 1970, 414.

967 BVerwG, Beschl. v. 9.11.1979 4 N 1.78 – BVerwGE 59, 87 = DVBl. 1980, 233.

968 BVerwG, Beschl. v. 19.2.1992 – 4 NB 11.91 – NJW 1992, 2844=DVBl. 1992, 1099; OVG NRW, Urt. v. 28.6.2007 – 7 D 89/06.NE; OVG NRW, Urt. v. 10.7.2007 – 7 D 43/06.NE.

969 Abwägungsgebot der Flughafenplanung, BVerwG, Urt. v. 29.1.1991 – 4 C 51.89 – BVerwGE 87, 332 = DVBl. 1991, 1143.

970 BVerwG, Urt. v. 12.12.1969 – IV C 105.66 – BVerwGE 34, 301 = DVBl. 1970, 414.

rer Regelwerke zu Abwägungsdirektiven.[971] Werden Grenzen zur Gesundheitsgefährdung überschritten, müssen die Planfeststellung oder der Bebauungsplan zwingend einen Ausgleich schaffen, indem die Beeinträchtigungen durch planerische Maßnahmen verringert werden oder ein entschädigungsrechtlicher Ausgleich gewährt wird.[972]

b) Bauleitplanung

Lärmaktionspläne setzen für ihre Implementierung neben der Planung von Straßen auf sonstige städtebauliche Maßnahmen durch das vorhandene planerische Instrumentarium und damit unter anderem auf die Bauleitplanung der Gemeinden.

Die Gemeinden haben nach § 1 Abs. 3 BauGB die Bauleitpläne aufzustellen, soweit diese für die städtebauliche Ordnung erforderlich sind.[973] Die Erforderlichkeit ist etwa dann gegeben, wenn bestehende Konflikte zwischen Wohnbebauung und Verkehrswegen bewältigt werden müssen. Sie stellt eine Pflichtaufgabe der Gemeinde dar.[974] Obwohl das größte Gewicht auf dem Straßenrecht oder Straßenverkehrsrecht liegt, ist die gemeindliche Bauleitplanung ein unverzichtbares Element in der Verkehrsplanung[975] und damit zum Schutz gegen Straßenverkehrslärm. Es wäre sogar eine Straßenplanung im Wege der Bauleitplanung zulässig, die gegebenenfalls nur durch einen Fachplan ergänzt wird.[976]

Die einschlägigen Regelwerke für den Verkehrslärmschutz finden sich aber meist nicht direkt im Baurecht, sondern wirken auf dieses von außen ein. Dem Bauplanungsrecht kann selber keine Vorgabe für ein bestimmtes Schutzniveau für den Verkehrslärm

971 BVerwG, Urt. v. 11.1.2001 – 4 A 12.99 – DVBl. 2001, 669 = DÖV 2001, 692.

972 *Stüer*, Hdb. d. Bau- und Fachplanungsrechts, Rn. 713.

973 *Weyreuther*, DVBl. 1981, 369.

974 *Dürr*, UPR 1992, 241.

975 BVerwG, Urt. v. 3.6.1971 – 4 C 4.70 – E 38, 152, 155 = DVBl. 1972, 119, 120; *Dürr*, UPR 1992, 241, 143.

976 BVerwG, Urt. v. 3.6.1971– 4 C 4.70 – E 38, 152, 155 = DVBl. 1972, 119, 120; BVerwG, Urt. v. 5.6.1994 – 4 NB 21.92 – UPR 1992, 248.

entnommen werden.[977] Vielmehr bestimmen die Gemeinden durch die Bauleitplanung die Nutzung der Fläche und deren Bebauung, dabei spielt der Verkehrslärm als planerisches Abwägungsgebot eine Rolle. Nach § 1 Abs. 6 BauGB ist dem Verkehrslärmschutz als Teil des Immissionsschutzes Rechnung zu tragen.[978] Daneben kommen den allgemeinen Vorgaben des § 1 Abs. 5 S. 1 BauGB für eine ordentliche städtebauliche Entwicklung und Sicherung einer menschenwürdigen Umwelt und den Planungsleitlinien nach § 1 Abs. 5 S. 2 BauGB als allgemeine Anforderungen an gesunde Wohn- und Arbeitsverhältnisse entscheidende Bedeutung zu.[979] Aus diesen Leitlinien ergeben sich aber nur allgemeine Grundsätze für die planerische Abwägung und keine konkreten Grenzwerte oder ein präzises Schutzniveau.[980] Diese folgen aus anderen einschlägigen immissionsschutzrechtlichen Regelwerken. Der überwiegende Teil dieser Regelwerke, wie die 16. BImSchV, orientiert sich für das Schutzniveau an den Gebietskategorien der BauNVO und statuiert einen abgestuften, gebietsentsprechenden Lärmschutz.[981]

Praktisch bestehen für die Gemeinden aber eine Vielzahl von Möglichkeiten, in der Bauleitplanung Lärmauswirkungen zu bewältigen. Zunächst können oder müssen sie durch die Gliederung der Baugebiete Nutzungen einander so zuordnen, dass sie sich nicht gegenseitig beeinträchtigen.[982] Weiter können die Gemeinden eine Bauweise oder Baukörperaufstellung wählen, die immissionsabschirmend wirkt. So können sie weniger empfindliche Bebauungen, wie etwa Garagen, als Schutz gegen Verkehrseinrichtungen planen sowie Lärmschutzwände, -wälle und Schutzpflanzungen vorsehen.

---

977 *Uechtritz*, DVBl. 1999, 198 f.

978 *Koch*, Immissionsschutz durch Baurecht, S. 15; *Stüer*, Hdb. d. Bau- und Fachplanungsrechts, Rn. 332 m. W. n.; *Gelzer/Bracher/Reidt*, Bauplanungsrecht, Rn. 789 ff.

979 *Koch*, Immissionsschutz durch Baurecht, S. 15; *Uechtritz*, DVBl. 1999, 198.

980 *Schink*, in: Spannowsky/Mitschang (Hrsg.), Lärmschutz in der Bauleitplanung, S. 109, 111.

981 *Koch*, Immissionsschutz durch Baurecht, S. 18; *Koch*, in: Erbguth/Oebbecke/Rengeling/Schulte (Hrsg.), Planung: FS f. Hoppe, S. 551 ff.; *Uechtritz*, DVBl. 1999, 199.

982 Vgl. § 50 BImSchG.

Weiter sind Schutzabstände zu emittierenden Nutzungen zu wahren, und die Gemeinden können Immissionsschutzflächen festsetzen.

aa) Bauliche Schutzmaßnahmen im Flächennutzungsplan

Die Bauleitplanung unterscheidet zwischen Bebauungsplänen und Flächennutzungsplänen. Die Grobplanung der Gemeindegebiete erfolgt über Flächennutzungspläne, dies sind vorbereitende Bauleitpläne für das gesamte Stadt-/Gemeindegebiet. Sie klären etwa grundsätzliche Standortfragen, indem sie Grundzüge der Planung darstellen.[983] Dazu gehören neben der Festsetzung von Wohn- und Gewerbegebieten auch Sonderbauflächen, Grünflächen und Verkehrsflächen. Innerhalb dieser Vorgaben eröffnet der Flächennutzungsplan dem detailschärferen Bebauungsplan Konkretisierungsmöglichkeiten.[984] So erfasst der Flächennutzungsplan nur Hauptverkehrswege, im Bebauungsplan hingegen können alle Verkehrsflächen unabhängig von ihrer Verkehrsbedeutung dargestellt werden. Eine Detailplanung findet im Rahmen des § 9 BauGB statt.[985]

Im Rahmen der Flächennutzungsplanung ist grundsätzlich nur die Darstellungen von Flächen möglich und nicht die Darstellung bestimmter Nutzungsbeschränkungen. Als einzige Beschränkungsmöglichkeit für Lärm kommt die Festsetzung „keine lärmemitierenden Anlagen" in Betracht. Außerdem können Lärmschutzwälle vorgesehen werden.[986] Neben immissionsträchtigen Nutzungen, wie Flächen für Verkehrswege, können in einem Flächennutzungsplan auch immissionsempfindliche Nutzungen vorgesehen werden, dies sind in erster Linie Wohnbebauungen oder Erholungsgebiete. Die wohl wichtigste Darstellungsmöglichkeit im Rahmen des Lärmschutzes sind Flächen zum Schutz gegen schädliche Umwelteinwirkungen nach § 5 Abs. 2 Nr. 6 BauGB, wie Schutzflächen, die einen ausreichenden räumlichen Abstand zwischen dem Verkehrsweg

983 *Stüer*, Der Bebauungsplan, Rn. 61.

984 *Stüer*, Der Bebauungsplan, Rn. 61.

985 *Stüer*, Der Bebauungsplan, Rn. 61.

986 Vgl. *Porger*, in: Spannowsky/Mitschang (Hrsg.), Lärmschutz in der Bauleitplanung, S. 127, 131.

und dem schutzbedürftigen Wohngebiet schaffen. Diese Vorgaben kann der Bebauungsplan dann nach § 9 Abs. 1 Nr. 24 BauGB konkretisieren.

Die genannten Festsetzungsmöglichkeiten für den Flächennutzungsplan sind nicht abschließend, da auch § 5 Abs. 2 BauGB einen nicht abschließenden Katalog von möglichen Festsetzungen enthält, sodass darüber hinaus gehende Festsetzungen möglich sind. Diese beschränken sich jedoch auf bodenrechtliche Darstellungen[987] und solche, die nach § 9 BauGB in einem Bebauungsplan umgesetzt werden können[988].

bb) Bauliche Schutzmaßnahmen im Bebauungsplan

Die detailschärfere Bauleitplanung erfolgt über Bebauungspläne, diese konkretisieren die Vorgaben der Flächennutzungspläne. Im Rahmen der Lärmminderung werden insbesondere der Ausschluss von Nutzungen sowie Gebietspegel, die die maximal zulässige Lärmbelastung in einem Gebiet festlegen, relevant. Die Gemeinden sind bei der Aufstellung der Bebauungspläne an die Festsetzungsmöglichkeiten des § 9 Abs. 1 BauGB gebunden. Jedoch sind seit der BauGB-Novelle 1976 umfassende umweltschutzbezogene Festsetzungsmöglichkeiten geregelt, sodass umfängliche umweltschutzrelevante Regelungen mit städtebaulicher Relevanz getroffen werden können.[989]

Die Gemeinden können im Bebauungsplan verkehrsleitende Maßnahmen in Form der innerörtlichen Straßenplanung und eine integrative Grünplanung vornehmen.[990] Dazu können sie flächenbezogene Verkehrsberuhigungsmaßnahmen sowie solche mit beson-

987 BVerfGE 3, 407, 425.

988 *Mitschang*, in: Battis/Krautzberger/Löhr (Hrsg.), BauGB-Kommentar, § 5 Rn. 11; *Gaentzsch*, in: Schlichter/Berkemann (Hrsg.), Berliner Kommentar BauGB, § 5 Rn. 18.

989 So schon 1986 *Stich*, UPR 1986, 205, 206, für die Rechtslage nach der BauGB-Novelle von 1976.

990 V. *Bomhard*, Immissionsschutz durch gemeindliches Verwaltungshandeln, S. 9 f.; vgl. zur Straßenplanung 5. Teil I. 2. a).

derer Zweckbestimmung nach § 9 Nr. 11 BauGB und Grünflächen nach § 9 Nr. 15 BauGB festsetzen.[991] Dazu zählen Maßnahmen wie Fußgängerzonen oder Parkplätze.[992] Das Baurecht kann damit die Voraussetzungen für Fußgängerbereiche und verkehrsberuhigte Bereiche schaffen. Bei verkehrsberuhigten Bereichen bedarf es meist noch einer straßenrechtlichen Anordnung, die bei Fußgängerbereichen durch die Festsetzung ersetzt werden kann.[993] Im Rahmen der Umgebungslärmrichtlinie interessieren darüber hinaus bereits bestehende Straßen und die von ihnen ausgehenden Lärmbelästigungen. In diesen Fällen kommen Lärmschutzmaßnahen durch Trassenführung und Verkehrsbeschränkungen im Rahmen der Planung, die hier auch nur aus Gründen der Verkehrssicherheit erlassen werden dürfen, nicht in Betracht.[994] Weitergehende Schutzmaßnahmen können im Rahmen der Bauleitplanung durch bauliche Maßnahmen erfolgen.[995]

(1) § 9 Abs. 1 Nr. 2 BauGB i. V. m. § 22 BauNVO Bauweise

Die Bauweise gehört nicht zu den Mindestfestsetzungen eines qualifizierten Bebauungsplanes i. S. d. § 30 Abs. 1 BauGB. Sie stellt aber ein wesentliches Element der städtebaulichen Planung auch für Zwecke des Immissionsschutzes dar. So kann eine geschlossene Bauweise vorgesehen werden, die andere Bebauungen gegen Lärmquellen abschirmt. Eine zweigeschossige Bauweise mit einer Höhe von 6 m parallel zur Lärmquelle mindert den Schall für den dahinter liegenden Bereich um etwa 27,5 dB(A). Eine vergleichbare offene Bebauung kann nur die unmittelbar hinter ihr liegende Bebauung um etwa

991 *Himmelmann*, DÖV 1993, 497, 502.

992 V *Bomhard*, Immissionsschutz durch gemeindliches Verwaltungshandeln, S. 170 f.

993 *Dürr*, UPR 1992, 241, 244.

994 StVO für die Praxis, Anm. 1 zum Rundschreiben des Bayr. Staatsministeriums des Inneren v. 15.3.1982, Nr. IC4-2054-454/4 betr. die Lärmschutz-Richtlinien-StV (A/3-1). A. A. *Jarass*, in: Czajka/Hansmann/Rebentisch (Hrsg.), Immissionsschutzrecht in der Bewährung, FS f. Feldhaus, S. 246.

995 Nr. 2 Lärmschutz-Richtlinien-StV. auch Nr. 1.0 der RLS-90.

20 dB(A) abschirmen und lässt die dazwischen liegenden Bereiche ungeschützt.[996] Somit ist es sinnvoll, Baulücken zu schließen und dies bereits im Bebauungsplan vorzusehen. Darüber hinaus kann eine nicht so empfindliche Nutzung, wie Garagen, einen Schirm zwischen Verkehrsweg und Wohnbebauung bilden.

(2) § 9 Abs. 1 Nr. 24 BauGB Nutzungsanordnung

Neben immissionsschutzspezifischen Darstellungs- und Festsetzungsmöglichkeiten spielt die Nutzungsanordnung für die umweltverträgliche Entwicklung im Rahmen der Festsetzungen nach § 9 Abs. 1 Nr. 24 BauGB eine entscheidende Rolle.[997] In § 9 Abs. 1 Nr. 24 BauGB sind drei Festsetzungsalternativen vorgesehen. Aus Immissionsschutzgründen können Schutzflächen von Bebauung freigehalten werden, sog. Abstandsflächen, sowie Flächen für besondere Anlagen und Vorkehrungen zum Schutz gegen schädliche Umwelteinwirkungen i. S. d. § 3 BImSchG vorgesehen werden. Dies sind meist Lärmschutzwälle oder -wände. Abstandsflächen können auch für bauliche und technische Vorkehrungen zum Schutz oder zur Vermeidung und Verminderung von schädlichen Umwelteinwirkungen vorgesehen werden.[998] Im BauGB wird nicht auf die Ursache der Immissionen abgestellt, sodass grundsätzlich auch Verkehrslärm umfasst ist. Unter die Anlagen nach § 9 Abs. 1 Nr. 24 BauGB fallen aber nur solche Vorkehrungen, die an der emittierenden Bebauung selbst oder an den von den Immissionen betroffenen Bebauung vorgenommen werden.[999]

Abstandsflächen i. S. d. § 9 Abs. 1 Nr. 24 Alt. 1 BauGB allein sind für den Lärmschutz aufgrund der großen erforderlichen Distanzen für eine messbare Lärmminderung nur sehr bedingt einsetzbar.[1000]

---

996 *Nordrhein-Westfalen*, Ministerium für Arbeit, Gesundheit und Soziales (MAGS), Schallausbreitung in bebauten Gebieten, S. 43 und 46.

997 BVerwG, Urt. v. 14.4.1989 – 4 C 52.87 – DVBl. 1989. 1050 = DÖV 1989. 772.

998 *Stüer*, Der Bebauungsplan, Rn. 92.

999 *Himmelmann*, DÖV 1993, 497, 504.

1000 Vgl. DIN 18005-1:2002-07, Ziff. 4.1 und Bild 1; *Bohny*, Lärmschutz in der Praxis, S. 326 ff.; *Stälzer*, Städtebaulicher Schallschutz, S. 35.

Diese Flächen können zudem zu einer Zersiedelung der Landschaft führen und sind in städtebaulicher Hinsicht und aus Aspekten des Natur- und Landschaftschutzes nicht unproblematisch. Eine Festsetzung ist nur dann sinnvoll, wenn städtebaulich und ökologisch sinnvolle Nutzungsmöglichkeiten bestehen. Effektiv ist es, auf der Fläche zusätzlich für Schallschutz, wie Wände und Wälle oder Bepflanzung, zu sorgen.[1001] Neben der Möglichkeit, Flächen ohne weitere Lärmschutzeinrichtungen und solche mit zusätzlichen Wänden und Wällen vorzusehen, besteht eine dritte Variante. Danach können konkrete Maßnahmen verbindlich und ohne Rücksicht auf weiteren Flächenbedarf festgesetzt werden. Es muss die Art der Maßnahme angegeben werden und die für die Schallschutzwirkung maßgeblichen Kriterien (Höhe, Länge, Form und Lage), um eine planerische Abwägung der Immissionswirksamkeit vorzunehmen und die Maßnahme durchsetzen zu können.[1002] Dies kann auch durch die Festsetzung von einzuhaltenden Mindestpegeln oder eines Mindest-Schirmwertes, der den Grad des Lärmschutzes für die dahinter liegende Bebauung angibt, erfolgen.[1003] In dicht besiedelten Innenstadtbereichen kommen sie aber aufgrund des Platzmangels nicht in Betracht.

Neben einer Abschirmung der Quelle sind u. a. auch Festsetzungen für die Verwendung schalldämpfender Baustoffe und Konstruktionen, des Verbots von Wandöffnungen an bestimmten Seiten, der Lage von Lüftungs- und Abluftanlagen und Grundrissanordnungen der Aufenthaltsräume zur lärmabgewandten Seite möglich.[1004] Bei Grundrissanordnungen und sonstigen Festsetzungen, die die Art der Wohnbebauung betreffen, ist aber zu beachten, dass die Umgebungslärmrichtlinie Außenwerte bestimmt und eine Anpassung der sensiblen Nutzung an den Lärm, wie z. B. durch Schallschutzfenster, nicht vorsieht.

1001 *Porger*, in: Spannowsky/Mitschang (Hrsg.), Lärmschutz in der Bauleitplanung, S. 127, 146.

1002 *Porger*, in: Spannowsky/Mitschang (Hrsg.), Lärmschutz in der Bauleitplanung, S. 127, 147.

1003 Vgl. DIN 18005-1:2002-07, Ziff. 5.3 und Bild 5; OVG NRW, BauR 2002, 589 f.

1004 *Porger*, Immissionsschutz in Bebauungsplänen, S. 278 ff.

(3) § 9 Abs. 1 Nr. 25 a) BauGB Straßenbegleitgrün

Eine weitere Maßnahme, die mittels Bauleitplanung verwirklicht werden kann, ist die Begrünung der Verkehrswege. Straßenrandbegrünung ist ein wesentliches Element beim Lärmschutz, da sie eine optische Trennung zwischen Gehwegen und Plätzen zur Straße herbeiführt und so einen leiseren Eindruck der Straße erweckt. Die Lärmminderung durch Straßengrün ist überwiegend subjektiv, eine Verringerung des Lärmpegels lässt sich durch Messungen meist nicht nachweisen. Die Möglichkeit, den Straßenkörper mit sog. Straßenbegleitgrün zu versehen, liegt zunächst beim Träger der Straßenbaulast.[1005] Nach § 9 Abs. 1 Nr. 25 a) BauGB kann die Anpflanzung von Bäumen und Büschen an der Straße auch im Bebauungsplan festgesetzt werden. Nach § 9 Abs. 1 Nr. 25 a) BauGB können Pflanzen auch im Rahmen von Neubepflanzungen oder Aufstockungen vorgesehen werden. Die Art der Bepflanzung muss dabei hinreichend genau bestimmt sein.[1006]

c) Kommunale Verkehrskonzepte

Quellenbezogene und städtebauliche Maßnahmen können außerdem in kommunalen Verkehrskonzepten, auch integrierter Verkehrsplanungen genannt, vorgesehen werden. Diese werden von den Gemeinde entweder auf den Ermächtigungen der Bauleitplanung und des öffentlichen Straßenrechts erlassen, können aber auch als informelle Umweltpläne ohne gesetzlich festgelegtes Verfahren ergehen. Oft sind die schriftlich fixierten Kompetenzen der Bauleitplanung und das Straßenrecht trotz städtebaulichen Bezuges nicht ausreichend und bedürfen einer Ergänzung.[1007]

Die integrierte Verkehrsplanung ist Teilbereich einer integrierten Verkehrspolitik, mit der den zukünftigen, wachsenden Verkehrspro-

---

1005 Straßenbaulast in Niedersachsen, § 32 NStrG.

1006 Dazu OVG Münster, Urt. v. 28.7.1999 – 7a D 42/98.NE, BRS 62, Nr. 36; OVG Lüneburg, Urt. v. 30.3.2000 – 1 K 5637/98, BRS 63, Nr. 17.

1007 BVerwG, Urt. v. 20.4.1994 – 11 C 17.93 – BayVBl. 1995, 156, 157.

blemen begegnet werden soll.[1008] Eine integrierte Verkehrsplanung stellt ein Modell der Verkehrs- und Stadtplanung dar, bei dem die Ursachen und Wirkungen des innerstädtischen Verkehrsgeschehens einer Gesamtbetrachtung unterzogen werden.[1009] Integrierte Verkehrsplanungen sind damit zum einen räumlich und sachlich auf eine kommunale Gebietskörperschaft begrenzt, zum anderen aber inhaltlich sehr weit gefasst, da sie den Verkehr umfassend planen sollen.[1010] Das Verkehrsgeschehen wird auf den bestehenden Verkehrswegen zu einer stadtgebietsübergreifenden Aufgabe gemacht und so über den punktuellen ordnungsrechtlichen Ansatz der Straßenverkehrsordnung hinausgegangen. In einem hier interessierenden umweltpolitischen Ansatz soll gegen Luft- und Lärmimmissionen des Straßenverkehrs einheitlich vorgegangen werden.[1011]

Inhaltlich sollte ein Verkehrskonzept sowohl ein Verkehrssystemmanagement als auch ein Mobilitätsmanagement umfassen. Darin wird der Platzanspruch der verschiedenen Verkehrsarten dargestellt, denn es kann sowohl zu Konflikten zwischen den Verkehrsarten, aber auch zwischen ruhendem und fließendem Verkehr kommen.[1012] Daneben können Umweltverschmutzungen, etwa durch Feinstaub oder Lärm, dargestellt werden.[1013] Zu einem gemeindlichen Verkehrskonzept können auch ein Parkraummanagement und eine Verknüpfung mit dem ÖPNV und dessen Routenplanung gehören.

Die Umsetzung der kommunalen Verkehrskonzepte in Form von Verkehrsbeschränkungen nach § 45 StVO fällt den Straßenverkehrsbehörden auf Landkreisebene zu. Nach § 45 Abs. 1b S. 2 StVO ordnen die Straßenverkehrsbehörden Maßnahmen im Ein-

---

1008 Insgesamt zu integrierter Verkehrsplanung *Wissenschaftlicher Beirat BMVBS*, Zeitschrift für Verkehrswissenschaft, 2009, 1 ff.

1009 *Alscher*, Rechtliche Möglichkeiten einer integrierten kommunalen Verkehrsplanung, S. 61.

1010 Kommunale Verkehrsplanung als Querschnittsaufgabe *Alscher*, Rechtliche Möglichkeiten einer integrierten kommunalen Verkehrsplanung, S. 61 ff.

1011 So ein Vorschlag des *SRU*, Sondergutachten Umwelt und Straßenverkehr, Rn. 528.

1012 *Sauthoff*, KommP spezial, 2011, 42.

1013 *Sauthoff*, Öffentliche Straßen, 2010, Rn. 5.

vernehmen mit der Gemeinde an. Nach der Rechtsprechung des BVerwG besteht „zum Schutz der Gemeinden nur ein Vetorecht mit Abwehr- und Sperrwirkung gegenüber von ihr nicht erwünschten Anordnungen der Straßenverkehrsbehörden". Initiativrechte auf straßenverkehrsrechtliche Anordnungen oder ein Anspruch auf ermessensfehlerfreie Entscheidung der Straßenverkehrsbehörde bestehen somit nicht.[1014] Grund für diese eingeschränkte Berücksichtigung gemeindlicher Planung ist, dass das Straßenverkehrsrecht zum Gefahrenabwehrrecht zählt und mithin im übertragenen Wirkungskreis wahrgenommen wird.[1015] Eine Ausnahme davon bildet lediglich § 45 Abs. 1b S. 1 Nr. 5 StVO, nach dem Anordnungen zur Unterstützung einer geordneten städtebaulichen Entwicklung ergriffen werden können. Dieser Paragraph dient damit der zum Selbstverwaltungsrecht der Gemeinde gehörenden Planungsfreiheit. Grundlage kann hier auch ein Bebauungsplan sein. Daraus folgt für die Gemeinden ein Anspruch auf ermessensfehlerfreie Entscheidung.[1016] Eine Reduzierung des Ermessens der Straßenverkehrsbehörde auf Null und damit ein Anspruch auf Anordnung besteht aber nur dann, wenn die Gemeinde umfassend allgemeine Probleme der Verkehrssicherheit berücksichtigt und geregelt, hat.[1017]

Kommunale Verkehrskonzepte, die im Rahmen des öffentlichen Straßenrechts oder der Bauleitplanung erlassen werden, hat die Straßenverkehrsbehörde bei Bestehen der Voraussetzungen an die Regelung städtebaulicher Bedürfnisse oder allgemeiner Probleme der Verkehrssicherheit ermessensfehlerfrei in ihre Entscheidung einzustellen. Dies gilt aber nicht für informelle Verkehrskonzepte. Für diese ist kein Verfahren geregelt und sie entfalten auch keine Rechtswirkung nach außen.

1014 BVerwG, Urt. v. 20.4.1994 – E 95, 333, 337.

1015 *Steiner*, NZV 1995, 209, 210.

1016 BVerwG, Urt. v. 20.4.1994 – E 95, 333, 339; BVerwG, Urt. v. 14.12.1994, NuR 1995, 532, 533.

1017 *Steiner*, DVBl. 1994, 351, 353.

III. Praxis

1. Stand der Maßnahmenverwirklichung

Über die Umsetzung in nationalem Recht hinaus muss auch die Verwirklichung der Lärmaktionspläne in der Praxis den Anforderungen der Umgebungslärmrichtlinie entsprechen. Dazu wird der Stand der Lärmaktionsplanung von Stuttgart, Hamburg und Hannover ausgewertet.

Mit Stand Dezember 2012 hat die Stadt Stuttgart insgesamt 32 der über 600 im Lärmaktionsplan vorgesehenen Maßnahmen verwirklicht. Weitere 22 befinden sich zur Zeit in der Verwirklichung oder sind schon teilweise verwirklicht[1018], darunter die Verlängerung der Straßenbahnlinie S1 nach Kirchheim/Teck, ein Durchfahrtsverbot für LKW über 3,5 t im Stuttgarter Stadtgebiet und in Zuffenhausen, ausgenommen Lieferverkehr, die Sanierung des Fahrbahnbelages auf der A832 bei Vaihingen, Geschwindigkeitsbeschränkungen auf der B 14 und A 831 sowie die Ergänzung und Erhöhung der Lärmschutzwand an der B 10/27 in Zuffenhausen.[1019] Damit ist bisher nur ein Bruchteil der im Lärmaktionsplan vorgesehenen Maßnahmen auch tatsächlich verwirklicht.

Ähnlich sieht es in Hamburg aus. Der bereits oben angesprochene neue Entwurf eines Lärmaktionsplanes für Hamburg 2012/2013 enthält viele Maßnahmen, die auch schon im Strategischen Lärmaktionsplan der Stadt aus dem Jahre 2009 vorgesehen waren. So sah der Lärmaktionsplan Hamburg 2009 unter anderem in einem 12-Punkte-Konzept als erste Maßnahme die Erarbeitung eines gesamtstädtischen Geschwindigkeitskonzeptes und gesamtstädtischen Verkehrsmodells, ein Konzept zur Verstetigung des Verkehrsflusses sowie ein LKW-Führungskonzept vor.[1020] In

1018 *Stuttgart*, Diagramm, Lärmaktionsplan Stuttgart: Stand der Umsetzung (Dezember 2012), online; *Stuttgart*, Tabelle, Lärmaktionsplan Stuttgart – Maßnahmenkonzept – Stand der Umsetzung, online.

1019 *Stuttgart*, Karte, Umsetzung Maßnahmen (Auswahl) – Lärmaktionsplan Stuttgart, online.

1020 *Hamburg*, Behörde für Stadtentwicklung und Umwelt, Strategischer Lärmaktionsplan 2009, S. 46 ff., online.

dem Entwurf für 2012/2013 ist die Entwicklung eines integrierten Verkehrsentwicklungsplans für einen Zeitraum bis 2030 vorgesehen. Damit soll ein Verkehrskonzept für alle Verkehrsmittel entwickelt werden, das sowohl die aktuelle Entwicklung als auch innovative Mobilitätsformen und lärmrelevante Ansatzpunkte in den Blick nimmt.[1021] Somit sieht der Entwurf aus 2012/2013 weiterhin ein Verkehrsmittel umfassendes und gesamtstädtisches Verkehrskonzept vor. Sowohl im Lärmaktionsplan 2009 als auch im Entwurf 2012/2013 ist die Förderung eines betrieblichen Mobilitäsmanagements[1022] und ein LKW-Führungskonzept[1023] vorgesehen. Desweiteren sah der Strategische Lärmaktionsplan 2009 ein Lärmschutzprogramm für bestehende Straßen in der Baulast des Landes vor. Der Entwurf von 2012/2013 sieht nun ein ähnlich ausgerichtetes „Programm der lautesten Straßen vor“[1024], das viele der schon im Lärmaktionsplan 2009 genannten Aspekte eines Verkehrskonzeptes verwirklichen soll. An den lautesten Straßen sollen u. a. lärmarme Fahrbahnbeläge verbaut und die zulässige Höchstgeschwindigkeit gesenkt werden.[1025] Außerdem sehen der Entwurf 2012/2013 sowie der strategische Lärmaktionsplan von 2009 die Ausweitung von Park&Ride-Anlagen vor.[1026]

Daraus, dass der Entwurf eines Lärmaktionsplanes für die Stadt Hamburg viele der bereits im Strategischen Lärmaktionsplan von 2009 vorgesehenen konzeptionellen Maßnahmen wieder anführt,

1021 *Hamburg*, Behörde für Stadtentwicklung und Umwelt, Entwurf Lärmaktionsplan 2012/2013, S. 11, online.

1022 *Hamburg*, Behörde für Stadtentwicklung und Umwelt, Entwurf Lärmaktionsplan 2012/2013, S. 12, online; *Hamburg*, Behörde für Stadtentwicklung und Umwelt, Strategischer Lärmaktionsplan 2009, S. 47, online.

1023 *Hamburg*, Behörde für Stadtentwicklung und Umwelt, Entwurf Lärmaktionsplan 2012/2013, S. 19, online; *Hamburg*, Behörde für Stadtentwicklung und Umwelt, Strategischer Lärmaktionsplan 2009, S. 48, online.

1024 *Hamburg*, Behörde für Stadtentwicklung und Umwelt, Entwurf Lärmaktionsplan 2012/2013, S. 26 ff., online; *Hamburg*, Behörde für Stadtentwicklung und Umwelt, Strategischer Lärmaktionsplan 2009, S. 48, online.

1025 *Hamburg*, Behörde für Stadtentwicklung und Umwelt, Entwurf Lärmaktionsplan 2012/2013, S. 26 ff., online.

1026 *Hamburg*, Behörde für Stadtentwicklung und Umwelt, Entwurf Lärmaktionsplan 2012/2013, S. 15, online; *Hamburg*, Behörde für Stadtentwicklung und Umwelt, Strategischer Lärmaktionsplan 2009, S. 47, online.

lässt sich der Schluss ziehen, dass diese Maßnahmen nicht oder nicht in ausreichendem Maße verwirklicht sind.

Der Lärmaktionsplan der Stadt Hannover sieht ein 4-Punkte-Programm vor, das aus Geschwindigkeitsmessung an besonders belasteten Straßen, dem Einbau lärmarmer Fahrbahnbeläge und der lärmmindernden Straßenraumgestaltung sowie den Anforderungen an sonstige Baulastträger besteht.[1027]

Aufgrund des Lärmaktionsplanes wurden zunächst bis Januar 2013 Geschwindigkeitsmessungen an den Hauptbelastungsstrecken[1028] durchgeführt. Bei den Messungen ergab sich, dass insbesondere nachts die Geschwindigkeitsbegrenzungen deutlich überschritten werden.[1029] Mittels Verkehrskontrollen wird nun versucht, die Einhaltung der Geschwindigkeitsbegrenzungen sicherzustellen und dadurch auch eine Reduzierung der Lärmpegel zu erreichen.[1030] Des Weiteren hat die Stadt Hannover mit dem Einbau lärmarmer Fahrbahnbeläge bei anstehenden Fahrbahnsanierungen und der lärmmindernden Straßenraumgestaltung bei anstehenden Umbaumaßnahmen gute Erfahrungen gemacht.[1031] Ein Umbau oder eine Sanierung rein aus Lärmschutzerwägungen findet bisher aus Kostengründen aber nicht statt und waren vom Lärmaktionsplan auch nicht vorgesehen.[1032] Auf den Bund und die Länder als Baulastträger von Hauptverkehrsstraßen konnte die Stadt Hannover nur bedingt Einfluss nehmen. Das Land Niedersachsen prüft aber an Abschnitten des West- und des Süd-Schnellweges Lärmsanierungsmaßnah-

---

1027 *Hannover*, Fachbereich Planen und Stadtentwicklung, Lärmaktionsplan Landeshauptstadt Hannover, online, S. 27 ff.

1028 *Hannover*, Fachbereich Planen und Stadtentwicklung, Lärmaktionsplan Landeshauptstadt Hannover, online, S. 10 Abb. 2.3 und Tabelle 2.3.

1029 *Leidinger*, Landeshauptstadt Hannover, Fachbereich Planen und Stadtentwicklung, telefonische Auskünfte v. 21.2.2013.

1030 *Leidinger*, Landeshauptstadt Hannover, Fachbereich Planen und Stadtentwicklung, telefonische Auskünfte v. 21.2.2013.

1031 *Leidinger*, Landeshauptstadt Hannover, Fachbereich Planen und Stadtentwicklung, telefonische Auskünfte v. 21.2.2013.

1032 *Hannover*, Fachbereich Planen und Stadtentwicklung, Lärmaktionsplan Landeshauptstadt Hannover, online, S. 29.

men.[1033] Diese umfassen nicht die Schnellwege[1034], sodass eine Lärmminderung mit Sicherheit wünschenswert ist, aber in Anbetracht von stärker belasteten Straßen noch keine Priorität hat. Auch auf den ÖPNV kann die Stadt Hannover über ihren Lärmaktionsplan nur bedingt Einfluss nehmen, da die Region Hannover Träger des ÖPNV gemäß § 4 NNVG[1035] ist. Welche Maßnahmen die Region Hannover für den Lärmschutz durch und am ÖPNV vorsieht, legte sie zuletzt im Nahverkehrsplan 2008 dar und bestimmt ihre Maßnahmen unabhängig von einer Lärmaktionsplanung.[1036]

Somit sah die Stadt Hannover in ihrem Lärmaktionsplan überwiegend Maßnahmen vor, auf die sie selber Einfluss hat und die in der jeweils anstehenden Sanierung von Fahrbahnen und Straßenräumen kostenschonend verwirklicht werden konnten. Die festgelegten Maßnahmen wurden fast vollständig verwirklicht.

2. Beteiligung der Fachbehörden

Viele Bundesländer haben für die Erstellung von Lärmaktionsplänen schon Einvernehmenserfordernisse vorgesehen, entweder mit den für die Maßnahmenverwirklichung zuständigen Behörden[1037], den Landes- oder Staatsregierungen,[1038] oder den Gemeinden[1039]. Auch der Länderausschuss für Immissionsschutz (LAI) empfiehlt für eine effektive Planung und Verwirklichung der Maßnahmen eine frühe

1033 *Leidinger*, Landeshauptstadt Hannover, Fachbereich Planen und Stadtentwicklung, telefonische Auskünfte v. 21.2.2013.

1034 *Hannover*, Fachbereich Planen und Stadtentwicklung, Lärmaktionsplan Landeshauptstadt Hannover, online, S. 10 Abb. 2.3 und Tabelle 2.3.

1035 Niedersächsisches Nahverkehrsgesetz vom 28. Juni 1995 (Nds.GVBl. 1995, S. 180), zuletzt geändert durch Art. 5 des Gesetzes v. 28.10.2009 (Nds.GVBl. Nr.22/2009 S. 366).

1036 *Region Hannover*, Nahverkehrsplan 2008, S. 100, 227

1037 Runderlass NRW, V-5-8820.4.1, v. 7.2.2008, MBl, NW 2008 S. 105, Nr. 2 und 9 a. E.; § 6 Abs. 1 Nr. 1 der Thüringer Verordnung zur Regelung von Zuständigkeiten und zur Übertragung von Ermächtigungen auf dem Gebiet des Immissionsschutzes.

1038 § 13 Nr. 2 ImSchZV Bbg; Art. 8a Abs. 2 S. 3 BayImSchG.

1039 Art. 8a Abs. 2 S. 1 und 4 BayImSchG.

Einbindung und Abstimmung mit den durch die Planung betroffenen Trägern öffentlicher Belange.[1040] Weiter sieht ein Runderlass des Landes Nordrhein-Westfalen[1041] vor, dass Behörden und andere Träger öffentlicher Belange, deren Aufgabenbereiche berührt sind, von den planerstellenden Gemeinden unterrichtet und zur Äußerung aufgefordert werden. Dies erfolgt durch Stellungnahmen zum Entwurf des Lärmaktionsplanes. In ihrer Stellungnahme sollen die Träger öffentlicher Belange auch angeben, welche Maßnahmen sie planen oder bereits ergriffen haben und wie die Verwirklichung zeitlich erfolgen soll.[1042] Zeitlich wird die Beteiligung von Behörden parallel zur Öffentlichkeitsbeteiligung vorgesehen. Danach sollen planungsrechtliche Festlegungen im Benehmen mit dem Planungsträger und Plan-Anordnungen im Einvernehmen mit der zuständigen maßnahmenverwirklichenden Behörde formuliert werden.[1043]

Wie der Stand der Maßnahmenverwirklichung zeigt, tragen diese Koordinierungsbemühung bisher nur wenige Früchte. Welche Gründe einer bisher geringen Verwirklichung von konkret auf Lärmschwerpunkte bezogener Maßnahmen zugrunde liegen, wird im nächsten Abschnitt nachgegangen.

IV. Abschnittsergebnis

Die Vorgaben des nationalen Rechts sind für eine richtlinienkonforme Umsetzung bisher unzureichend. Die dargestellten Ermächtigungsgrundlagen zur Verwirklichung von Maßnahmen, die als Anordnungen oder Entscheidungen ausgestaltet sind, nehmen

1040 *LAI*, Umsetzung der Richtlinie 2002/49/EG über die Bewertung und Bekämpfung von Umgebungslärm in Deutschland, S. 15, 20.

1041 Ministeriums für Umwelt und Naturschutz, Landwirtschaft und Verbraucherschutz NRW, Runderlass, V-5.8820.4.1, vom 07.02.2008, MBl. NW 2008, 105, Nr. 9.

1042 Ministeriums für Umwelt und Naturschutz, Landwirtschaft und Verbraucherschutz NRW, Runderlass, V-5.8820.4.1, vom 07.02.2008, MBl. NW 2008, 105, Nr. 9.

1043 Ministeriums für Umwelt und Naturschutz, Landwirtschaft und Verbraucherschutz NRW, Runderlass, V-5.8820.4.1, vom 07.02.2008, MBl. NW 2008, 105, Nr. 9.

außer bei der kommunalen Wirtschaftstätigkeit in keinem Fall ausschließlich Lärmprobleme in den Blick. Sowohl die Ermächtigungsgrundlagen des Rechtsregimes Straßenrecht sowie des Straßenverkehrsrechts, sollen primär der Unterhaltung und der Nutzung der Straßen durch den öffentlichen Verkehr dienen.

Nur im Rahmen der kommunalen Wirtschaftstätigkeit bei Einwirkung auf die kommunalen Eigenbetriebe, wie den ÖPNV oder Parkeinrichtungen, können auch rein Umweltschutzerwägungen berücksichtigt werden, soweit sie der örtlichen Gemeinschaft zugutekommen. Maßnahmen eines Lärmaktionsplanes, die auf die kommunale Wirtschaftstätigkeit Einfluss nehmen, richten sich zudem typischer Weise an die Einrichtungen der planerstellenden Gemeinde, womit diese sich selbst bindet und zumindest keine Kompetenzkonflikte mit Hoheitsträgern außerhalb der Kommune bestehen, was aber nicht vor Konflikten zwischen den einzelnen Behörden und Organen der Kommune schützt.

Innerhalb anderer Rechtsregimes sind die Zuständigkeiten für die genannten lärmmindernden Anordnungen zwischen Behörden des Bundes, der Länder und unterschiedlicher Gemeinden aufgeteilt, woraus im Einzelfall Kompetenzkonflikte folgen. Etwa die Straßenbaulaust richtet sich, je nach Bedeutung der Straße, an eine Behörde auf Bundes-, Landes- oder Gemeinde- und Kreisebene. Dies führt insbesondere für Bundesstraßen und Landesstraßen bei vorgesehener Änderung des Nutzungsumfanges durch den Lärmaktionsplan einer Gemeinde zu Kompetenzkonflikten. Innerhalb eines Ballungsraumes oder bei Orten in der Nähe von Hauptverkehrsstraßen sind von den Gemeinden auch Bundes- und Landesstraßen mit zu beplanen. Gerade für Orte in den Hauptverkehrsstraßen stellt sich für die planenden Gemeinden das Problem, dass ihnen neben einer Änderung der Widmung auch nicht die Kompetenz für die Maßnahmen nach § 45 StVO zukommen, sondern den Landkreisen zugeordnet sind oder sich nach der Straßenbaulast richten und damit dem Bund für Bundesstraßen und dem jeweiligen Land für die Landesstraße zukommen.

Aber auch solche Gemeinden (kreisfreie und große selbständige Städte), die auf ihrer Ebene die Aufgaben der Straßenverkehrsbehörde wahrnehmen, haben potentiell mit Kompetenzkonflikten zwischen der Lärmaktionsplanerstellenden Behörde und der Straßenverkehrsbehörde zu kämpfen. Denn auch wenn eine kommunale Gebietskörperschaft sowohl für die Erstellung des Lärmaktionsplanes, als auch für Verkehrsbeschränkungen zuständige ist, kommen die Vorgaben durch den Plan und seine Verwirklichung nicht aus einer Hand. Zudem räumt der § 45 StVO der Straßenverkehrsbehörde Ermessen ein, dass diese grundsätzlich selbst ausüben muss. Der eingeräumte Ermessensspielraum könnte für den Lärmaktionsplan aber auch eine Einflussmöglichkeit auf das Handeln der zuständigen Behörde darstellen.[1044]

Auch innerhalb von Planungen sind die Ermächtigungsgrundlagen zwischen unterschiedlichen Hoheitsträgern aufgeteilt.

Für die Planung und den Bau von Bundesstraßen ist grundsätzlich der Bund und für Landesstraßen grundsätzlich das jeweilige Land zuständig. Die planerstellenden Gemeinden können Gemeindestraßen und die Teile von Landes- und Kreisstraßen, die in ihrem Gemeindegebiet verlaufen, in Eigenregie durch Bebauungsplan planen. Nicht vorgesehen ist dies aber für Bundesstraßen. Somit ist auch eine eigenständige Planung einer Umgehung einer Landesstraße möglich. Für den Bau und die Planung von Umgehungen einer Bundesstraße bleibt aber der Bund zuständig.

Darüber hinaus können die Gemeinden alle Maßnahmen, die in ihrem Gebiet mittels Bauleitplanung verwirklicht werden, selbst vornehmen. Hier entstehen aber dann wieder Kompetenzkonflikte, wenn die Erstellung der Lärmaktionspläne organisatorisch durch eine andere Behörde als die Baubehörde übernommen wird. Konflikte ergeben sich auch dann, wenn der Lärmaktionsplan bauplanerische Maßnahmen auf dem Gebiet einer anderen Gemeinde vorsieht, was bei der Planerstellung für alle Gemeinden eines Ballungsraumes durch eine Behörde möglich ist.[1045] Die Pflicht, einen Bebauungsplan zu erstellen, besteht für die jeweilige Gemeinde nach § 1 Abs. 3 BauGB nur, wenn es für die städtebauliche Entwicklung und Ordnung erforderlich ist. Im Rahmen des planerischen Beurtei-

---

1044 Dazu näher 6. Teil I. 3.

1045 Vgl. die Zuständigkeitsregelung in Niedersachsen § 1 Abs. 1 Nds.ZustVO-Umwelt-Arbeitsschutz mit Anlage 1 Nr. 8.1.1.14.

lungsspielraumes kann der Lärmaktionsplan aber auf das Handeln der zuständigen Behörde Einfluss nehmen.[1046]

Anders als bei den Ermächtigungsgrundlagen, die als Anordnungen oder Entscheidungen verwirklicht werden, können der Bau von Umgehungsstraßen oder die Planung baulicher Schutzmaßnahmen im Bebauungsplan auch rein aus Lärmschutzerwägungen vorgesehen werden. Dennoch sind die planungsrechtlichen Voraussetzungen, insbesondere bzgl. anderer Nutzungen, einzuhalten.

Des Weiteren verursachen der Bau von Umgehungsstraßen und Lärmschutzwänden hohe Kosten, die grundsätzlich vom Träger der maßnahmenverwirklichenden Behörde zu tragen sind.[1047]

Die Auswertung der bisherigen Verwirklichungspraxis hat gezeigt, dass in Ballungsräumen überwiegend nur ein Bruchteil der im Lärmaktionsplan vorgesehenen Maßnahmen auch tatsächlich verwirklicht wurde. Nur Gemeinden, die im Lärmaktionsplan überwiegend Maßnahmen vorsahen, konnten sie fast vollständig verwirklicht.

Ob sich die gefundenen Schwierigkeiten der Art gravierend auswirken, dass sie einem effektiven Richtlinienvollzug entgegen stehen, kann erst beurteilt werden, wenn die Konsequenzen der einzelnen Schwierigkeiten dargestellt und in Bezug zueinander gesetzt sind.[1048]

1046 Vgl. im Folgenden 6. Teil I. 2. c) aa).

1047 Vgl. im Folgenden 6. Teil I. 5.

1048 Vgl. im Folgenden 6. Teil II.

6. Teil

Verbindlichkeitshindernisse und Lösungsansätze

In einem weiteren Abschnitt wird gezeigt, welche Verbindlichkeitshindernisse aus der geltenden Rechtslage folgen, sie werden zueinander in Verbindung gesetzt und geprüft ob die Verbindlichkeitshindernisse insgesamt den Richtlinienvorgaben entgegen stehen. Im Anschluss daran wird untersucht, ob dem mit einer richtlinienkonformen Anwendung der nationalen Vorschriften begegnet werden kann oder es zusätzlicher gesetzgeberischer Regelungen bedarf.

I. Verbindlichkeitshindernisse

Einem effektiven Lärmschutz steht zunächst entgegen, dass Ermächtigungsgrundlagen aus sehr unterschiedlich ausgerichteten und nicht primär für den Lärmschutz zugeschnittenen Rechtsregimes entnommen werden müssen. Den Möglichkeiten von Lärmaktionsplänen umfassend auf die Verwirklichung von Maßnahmen Einfluss zunehmen, stehen zudem die bestehende Zuständigkeitsverteilung für die in Betracht kommenden Ermächtigungsgrundlagen entgegen. Aufgrund der für das deutsche Recht ungewöhnlichen, gesetzlich vorgegebenen Vorgehensweise, überwiegend durch Gemeinden einen Plan ausarbeiten zu lassen, der auch für das Handeln andere Fachbehörden Vorgaben macht, bestehen gegen eine umfassende Implementierungspflicht große Bedenken in verfassungsrechtlicher

Hinsicht. Des Weiteren ist relevant, ob den Festlegungen der Lärmaktionspläne Außenwirkung gegenüber dem Bürger zukommen dürfen oder nach deutschem Recht eine eigene Entscheidung der Fachbehörde über die Verwirklichung der Maßnahmen nötig ist. Schließlich stellt sich die Frage, welchen finanziellen Aufwand die umzusetzenden Maßnahmen mit sich bringen.

1. Fehlen eines kohärenten Lärmschutzsystems

Die Ermächtigungsgrundlagen, durch die die in Lärmaktionsplänen vorgesehenen Maßnahmen in Form von Anordnungen und Entscheidungen verwirklicht werden, sind sehr ausdifferenziert und speziell auf Einzelprobleme zugeschnitten, die nicht primär dem Schutz vor Lärm dienen. Zwar nahmen die Regelungen des öffentlichen Straßenrechts und auch die Bauleitplanung Umwelt- und Gesundheitsschutzaspekte in Bezug, haben aber auch einen vom Umweltschutz abweichenden Schwerpunkt. Der § 45 StVO etwa ist eine Ordnungsnorm und damit weder geeignet, Umweltschutz effektiv zu verwirklichen, noch den Straßenverkehr flächenhaft zu begrenzen. Auch die Widmung nach dem Straßenrecht ist nicht primär dazu gedacht, Lärmschutz zu betreiben, sie orientiert sich an der Bedeutung und den Bedürfnissen der Straße und gibt dementsprechend den Verkehr frei. Die grundlegende Ausrichtung der straßenverkehrsrechtlichen Ermächtigungsgrundlagen lässt sich auch nicht durch ihre Inbezugnahme durch die Lärmaktionsplanung und § 47d BImSchG verändern.[1049] Auch wenn die Umgebungslärmrichtlinie für die Lärmaktionspläne eine raumbezogene Betrachtungsweise[1050] voraussetzt, sagt dies noch nichts darüber aus, ob dies auch für die einzelne Maßnahme gelten muss. Zudem erscheint die Verbindung zwischen § 47d BImSchG und § 45 StVO allein über den jeweiligen Lärmaktionsplan zu locker. Außerdem würde diese weitere Auslegung dem einzelfallbezogenen Ansatz des § 45 StVO, der

1049 Anders *Berkemann*, S. 20, der die Ermächtigungsgrundlage auch für weiträumige Verkehrsbeschränkungen nicht allein in § 45 StVO, sondern in § 45 StVO i. V. m. § 47 d Abs. 6 BImSchG sieht.

1050 Dazu bereits 3. Teil II. 1.

gerade auf konkrete Verkehrsbedürfnisse abstellt und so schonend eingreift, zuwider laufen.[1051]

Die Bauleitplanung soll die städtebauliche Entwicklung steuern und nicht Immissionsschutz betreiben, auch wenn dem Schutz der menschlichen Gesundheit und der Umwelt vor Emissionen hier ein höheres Gewicht als in den straßen- und straßenverkehrsrechtlichen Regelungen zukommt.

Somit fehlt insgesamt ein flächendeckender Ansatz zum Schutz vor verkehrsbezogenen Umweltbelastungen. Dieser Umstand hat bisher dazu geführt, dass die Rechtsgrundlagen des § 45 StVO zum einen durch den Gesetzgeber erweitert und zum anderen durch die Gemeinden exzessiv ausgeschöpft werden.[1052] Dies führt zu einer „Gefahrenabwehrplanung im straßenverkehrsrechtlichen Gewand".[1053]

Weiter wird versucht, mit kommunalen Verkehrskonzepten, aber auch mit den Instrumenten der Luftreinhalte- und Aktionsplanung sowie der Lärmaktionsplanung, diesen fehlenden umfassenden Ansatz zu ersetzen. Kommunale Verkehrskonzepte müssen aber entweder auf vorhandene Ermächtigungsgrundlagen zurückgreifen, die, wie gesehen, nicht ausreichend sind oder bleiben als informelle Planungen ohne Bindung.

Auch über die Lärmaktionsplanung konnte kein kohärentes System installiert werden, um den Lärmproblemen des Straßenverkehrs umfassend zu begegnen, es fehlt weiterhin an spezifisch umweltschützenden Begrenzungsmöglichkeiten des Straßenverkehrs. Zwar wurde mit der Lärmaktionsplanung ein Managementinstrument geschaffen, welches genau diese Lücke ausfüllen soll, ihm wurden aber keine passenden Vollzugsinstrumente zur Seite gestellt. Anders als im Luftreinhalterecht sind in Lärmaktionsplänen verbindliche, gebietsbezogene, straßenverkehrsrechtliche Anordnungen nach § 47 i. V. m. § 40 BImSchG nicht möglich.[1054]

1051 Vgl. 5. Teil II. 1. b).

1052 Dazu *Dannecker*, Rechtliche Neukonzeption der kommunalen Straßenverkehrsplanung, S. 20; *Steiner*, DVBl. 1992, 1561, 1562; Vereinzelte verkehrsplanerische Bezüge im Raumordnungs- und Baurecht, *Erbguth/Beaucamp*, DÖV 2000, 769 ff.

1053 So *Steiner*, NJW 1993, 3161, 3165.

1054 Zu gebietsbezogenen Anordnungen *Koch/Hofmann/Reese*, Lokal handeln, S. 69 f.; *SRU*, Sondergutachten, Rn. 479 f. und Rn. 528 f.

2. Wirkung für andere Träger öffentlicher Belange

Desweiteren sind die Zuständigkeiten zum Lärmschutz an Straßen zwischen Behörden des Bundes, der Länder und der Gemeinden aufgeteilt. Die Kompetenz zur Lärmaktionsplanerstellung ist nach § 47e BImSchG aber fast ausschließlich den Gemeinden zugewiesen. Nur die Länder Bayern und Hessen haben von der Möglichkeit, abweichende Regelungen zu treffen, für Hauptverkehrsstraßen Gebrauch gemacht und die Lärmaktionsplanerstellung den Regierungspräsidien zugewiesen.[1055]

Wie bei der Darstellung der einzelnen Ermächtigungsgrundlagen gesehen, bewegen sich die Gemeinden, aber auch die Regierungspräsidien, als planerstellende Körperschaft in einem ganzen Geflecht unterschiedlicher Akteure und Aufgabenstellungen. Auch wenn alle an einem Ballungsraum beteiligten Gemeinden bei der Erstellung des Lärmaktionsplanes zusammen wirken, sodass gegenüber anderen Gemeinden keine Vorgaben gemacht werden brauchen[1056], sind die Gemeinden in ihrem Gebiet dennoch nicht für die Verwirklichung aller Maßnahmen zuständig. Die Lärmaktionspläne nehmen fast zwangsläufig Bundes- und Landesstraßen in Bezug. Die Straßenbaulast liegt dann in der Hand des Landes oder wird von diesem für den Bund wahrgenommen.[1057] Auch für die Regierungspräsidien stellt sich bei der Erstellung von Lärmaktionsplänen für Hauptverkehrsstraßen dieses Problem.

Ausgangspunkt diese kompetenzrechtlichen Problems ist, dass die Lärmaktionspläne gemäß § 47d Abs. 6 i. V. m. § 47 Abs. 6 BImSchG bestehende Ermächtigungsgrundlagen in Bezug nehmen, ohne die damit einhergehenden Kompetenzen aber den planerstellenden Behörden zuzuweisen.[1058]

1055 Zu den Zuständigkeiten schon 1. Teil II. 1. a).

1056 Zur Frage nach der Lärmaktionsplanerstellung in Ballungsräumen und dem räumlichen Umfang, 3. Teil II.

1057 Dazu 5. Teil I. 1. a) aa) (1).

1058 *Hermann*, in: Koch (Hrsg.), GK-BImSchG, § 47 Rn. 100.

a) Verfassungsrechtliche Kompetenzverteilung zwischen Bund und Ländern

Fraglich ist, ob eine im Wortlaut des § 47 Abs. 6 BImSchG angelegte Implementierungspflicht für Plan-Anordnungen[1059], „Maßnahmen, die Pläne … festlegen, sind durch Anordnungen oder sonstige Entscheidungen … durchzusetzen", in Anbetracht einer umfassenden Kompetenzberührung mit anderen Hoheitsträgern verfassungskonform ist.

Eine Pflicht zur Verwirklichung der Maßnahmen für die jeweils zuständige Behörde würde mit der Kompetenzverteilung zwischen Bund und Ländern nach Art. 30 und 83 GG unvereinbar sein.[1060] Dies wäre insbesondere dann der Fall, wenn die Gemeinden oder Regierungspräsidien als Teil der Länderverwaltung Vorgaben für andere Hoheitsträger machen und diese binden könnten. Dies wäre etwa bei Vorgaben für Bundesautobahnen der Fall. Eine solche generelle Bindung, insbesondere des Bundes, widerspricht der Kompetenzverteilung zwischen Bund und Ländern und dem rechtsstaatlichen Prinzip einer klaren Kompetenzverteilung.[1061] Die Kompetenzverteilung zwischen Bund und Länder ist dahin zu beachten, dass nicht in die jeweils andere Kompetenz eingegriffen werden darf. Eine Implementierungspflicht für Plan-Anordnungen darf die anderen Trägern öffentlicher Belange zugewiesenen und im konkreten Fall berührten Kompetenzen nicht überlagern.

b) Grundsatz der Kompetenzbeachtung

Verwaltungsrechtlich manifestiert sich das verfassungsrechtliche Gebot der Kompetenzbeachtung, das alle Verwaltungsebenen

---

1059 Dazu schon 4. Teil II. 2. a) aa).

1060 **Art. 30 GG** „Die Ausübung der staatlichen Befugnisse und die Erfüllung der staatlichen Aufgaben ist Sache der Länder, soweit dieses Grundgesetz keine andere Regelung trifft oder zulässt"; **Art. 83 GG** „Die Länder führen die Bundesgesetze als eigene Angelegenheit aus, soweit dieses Grundgesetz nichts anderes bestimmt oder zulässt".

1061 Zur alten Rechtslage *Schulze-Fielitz/Berger*, DVBl. 1992, 389, 390.

erfasst, im Grundsatz der Kompetenzbeachtung. Eine Ausformung hat der Grundsatz in einem im Polizei- und Ordnungsrecht entwickelten Prinzip gefunden, dass kein Hoheitsträger Anordnungen gegenüber einem anderen Hoheitsträger erlassen darf, ohne eine übergeordnete Kompetenz zu besitzen[1062], ansonsten würde er in die Kompetenz des zuständigen Hoheitsträgers eingreifen.[1063] Die eine Behörde darf also nicht mit Anordnungen oder Zwang in die hoheitlichen Kompetenzen einer anderen Behörde eingreifen, wenn diese ausschließlich der anderen Körperschaft zustehen[1064], zumindest nicht ohne diese Behörde an dem Entscheidungsprozess zu beteiligen[1065]. Dieser Grundsatz wurde zunächst für Einzelanordnungen der Gefahrenabwehr entwickelt, fraglich ist, ob er auch für Vorgaben aus Lärmaktionsplänen gilt. Bei der Lärmaktionsplanung könnte es sich um normsetzende Anordnungen im Rahmen einer planungsrechtlichen Entscheidung handeln. Da der Grundsatz der Kompetenzbeachtung den parlamentarischen Gesetzgeber nicht beschränkt, stellt sich die Frage, ob die planungsrechtliche Entscheidung der Lärmaktionsplanung normsetzend ist und damit Parlamentsentscheidungen näher steht oder doch eher einer Einzelanordnung entspricht. Zwischen Planung und Einzelfallentscheidung bestehen funktionelle Unterschiede[1066], dennoch stehen sich Planungen und Einzelfallentscheidungen näher als Planungen und parlamentarische Normsetzung. Auch die planerische Abwägung bei der Aufstellung von Lärmaktionsplänen soll schließlich für konkrete Belastungspunkte lärmmindernde Maßnahmen vorsehen und wirkt gerade nicht normsetzend, sondern auch als Gefahrenabwehr. Planungen sind nicht in dem Maße mit Rechtsnormen vergleichbar, dass eine Einschränkung des Grundsatzes der Kompetenzbeach-

1062 Dazu VGH Kassel Beschl. v. 7.3.1996 – 14 TG 3967/95, NVwZ 1997, 304 ff.

1063 *Drews/Wacke/Vogel/Martens*, Gefahrenabwehr, Allgemeines Polizeirecht, § 19, S. 294; zu Ordnungsverfügungen gegen andere Hoheitsträger *Wallerath/Strätker*, JuS 1999, S. 127, 130.

1064 BVerwG Urt. v. 16.1.1968 – I A 1.67, E 29, 52, 59; BVerwG, Urt. v. 26.5.1999 – 2 L 231/96, NordÖR 1999, 452.

1065 BVerwG Urt. v. 29.4.1993 – 7 A 2.92, E 92, 258 zu § 9 BNatSchG a. F.

1066 *Schneider*, in: Herfermehl/Nipperdey (Hrsg.), FS f. Möhring, S. 521, 523; *Schneider*, Gesetzgebung, Rn. 276 ff.

tung über parlamentarische Entscheidungen hinaus gerechtfertigt ist.[1067] Deshalb scheint es hier angemessen, den Grundsatz von den Einzelanordnungen auch auf generell administrative Regelungen in Planungen auszuweiten. Zumal durch die Lärmaktionsplanung Einzelfallentscheidungen vorbestimmt werden und, wie oben bereits dargelegt[1068], je nach Einzelfall umfassend in Kompetenzen anderer Hoheitsträger eingegriffen wird.

Den planerstellenden Behörden könnte aber eine übergeordnete Kompetenz zukommen, die planverwirklichenden Behörden zur Maßnahmenverwirklichung zu verpflichten. Dies ist in der Rechtsprechung für Immissionsschutzbehörden anerkannt, sodass diese für Anlagen, die andere Hoheitsträger in hoheitlicher Funktion betreiben, Vorgaben machen und einschreiten können.[1069] Von einigen Autoren wird angenommen, dass der Gesetzgeber durch § 47 Abs. 6 BImSchG eine solche übergeordnete Kompetenz und damit eine Implementierungspflicht in das bestehende Kompetenzgeflecht des deutschen Verwaltungsrechts einfügen wollte.[1070] Aus der Gesetzesbegründung ergibt sich dies nicht. Gleichzeitig sieht das BImSchG im sechten oder siebenten Teil auch nicht vor, dass die Kompetenzen, die den Fachbehörden aus der jeweiligen Ermächtigungsgrundlage zugewiesen sind, nun den planerstellenden Behörden obliegen sollen.[1071] Auch die parallel geregelte Luftreinhalteplanung sieht dies nicht vor, auf ihre Regelung im § 47 Abs. 6 BImschG verweist der § 47d Abs. 6 BImSchG zur Lärmaktionsplanung. Nur die Kompetenz, einen Lärmaktionsplan zu erstellen, wird durch § 47d Abs. 1 BImSchG ausschließlich den genannten Behörde zugewiesen.[1072] Damit verweist der Lärmaktionsplan auf bestehende

1067 *Brohm*, DÖV 1983, 525, 530, gegenüber der bei Brohm diskutierten „unmittelbaren Geltung des Sachbereichs" aus dem Bebauungsplan, geht die Lärmaktionsplanung darüber hinaus und enthält konkrete Durchführungs- und Verwirklichungsgebote.

1068 Vgl. 5. Teil II.

1069 VGH Mannheim, Beschl. v. 3.4.2001 – 10 S 2483/00, ZUR 2001, 408 ff.; so auch *Scheidler*, GewArch, Beilage Nr. 03/2010, 181, 229.

1070 *Berkemann*, S. 11; *Cancik*, WiVerw 2012, 210, 215 ff.

1071 Dies bestreitet Berkemann auch nicht, *Berkemann*, S. 12.

1072 *Hermann*, in: Koch (Hrsg.), GK-BImSchG, § 47 Rn. 100.

Ermächtigungsgrundlagen im Wege der Rechtsgrund- und nicht des Rechtsfolgenverweises.[1073] Somit läge für die Lärmaktionsplanung gerade nicht der Fall vor, dass den planerstellenden Behörden für ein vorhergehendes Verfahren über die Planerstellung hinaus ausschließlich Kompetenzen zugewiesen und die Behörden in der anschließenden Maßnahmenverwirklichung daran gebunden werden.[1074] Mit der Zuweisung der Kompetenz zur Planerstellung aber nicht zur Maßnahmenverwirklichung versucht der Gesetzgeber die Lärmaktionsplanung unter Wahrung des bestehenden Kompetenzgefüges des deutschen Lärmschutz- und Straßenverkehrsrechts einzufügen. Gleichzeitig werden die Kompetenzen und das Fachwissen derjenigen Behörden genutzt, die sich bisher mit den jeweiligen Fachmaterien beschäftigen und auskennen.[1075]

Aufgrund der Einbindung in die Systematik der Luftreinhalteplanung, für die der Gesetzgeber in § 47 Abs. 4 S. 2 BImSchG ein Einvernehmenserfordernis der Straßenverkehrsbehörden vorsieht, kann gefolgert werden, dass mit § 47 Abs. 6 BImSchG gerade keine weiteren Kompetenzen zugewiesen werden sollen. Mit dem Einvernehmenserfordernis hat der Gestezgeber gerade die bestehenden Kompetenzabgrenzungs- und Koordinierungsprobleme anerkannt[1076] und eine Kompetenzen wahrende Regelung gefunden. Insbesondere kann allein aus der in § 47d Abs. 6 BImSchG ausschließlichen Bezugnahme auf § 47a Abs. 6 BImSchG, ohne auch auf § 47 Abs. 4 S. 2 BImSchG zu verweisen, nicht ohne weiteres gefolgert werden, dass der Gesetzgeber eine Bindung der Fachbehörden und damit einen zulässigen Eingriff in ihre Kompetenzen voraussetzt. Im Gesetzgebungsverfahren wurde in einem Entwurf in § 47i BImSchG-E[1077] auch für die Luftreinhalteplanung ein Einvernehmenserfordernis vorgesehen, aber im Vermittlungsausschuss wieder gestrichen[1078]. Anscheinend ging der Gesetzgeber zunächst

1073 A. A. *Engel*, in: Gesellschaft für Umweltrecht (Hrsg.), S. 94 ff.

1074 A. A. *Cancik*, Nds.VBl. 2013, 329 ff.

1075 *Berkemann*, S. 12.

1076 So auch *Berkemann*, S. 15.

1077 BT-Drs. 15/3782.

1078 BT-Drs. 15/4412 und BT-Drs. 15/5734.

von dem Erfordernis einer solchen Regelung aus. *Berkemann* folgend, soll auch in dieser Arbeit nicht über die Motive des Gesetzgebers spekuliert werden und ob ihm die Konsequenzen damals bewusst waren.[1079]

Eine Verbindlichkeit der in den jeweiligen Lärmaktionsplänen vorgesehenen Maßnahmen lässt sich in Anbetracht ihrer Wirkung für andere Träger öffentlicher Belange und den fehlenden übergeordneten Konzepten für die unterschiedlich zugewiesenen Aufgaben nach dem Gesagten nicht annehmen.

c) Umfang einer möglichen Bindung

Es ist aber auch zu beachten, dass alle Träger öffentlicher Gewalt an kompetenzgerecht erlassene Regelungen anderer Träger gebunden sind.[1080] Dies gilt auch für Regelungen der Gemeinden, die in Ausübung ihrer Kompetenzen handeln.[1081] Somit gilt der Grundsatz der Kompetenzbeachtung in beide Richtungen, sowohl für die Kompetenzen der Anordnungen zur Maßnahmenverwirklichung als auch für die Kompetenz der Planerstellung. Desweiteren binden auch die Anforderungen der Umgebungslärmrichtlinie die planvollziehenden Fachbehörden unmittelbar.[1082]

aa) Gestaltungswirkung kompetenzgerecht erlassener Lärmaktionspläne

Fraglich ist, wie weit eine Bindung an kompetenzgerecht aufgestellte Lärmaktionspläne reicht und ein Lärmaktionsplan das Handeln der im Einzelfall zuständigen Behörde bestimmen kann. Die Reichweite und die Art einer Bindung sowie ihre Begründung richten sich all-

1079 *Berkemann*, S. 18.

1080 BVerwG, Urt. v. 23.6.1967 – VII C 54.66, E 27, 225, 226.

1081 BVerwG, Urt. v. 28.7.1989 – 7 C 65.88, E 82, 266, 268 f = DVBl. 1990, 46; BVerwG, Urt. v. 23.6.1967 – VII C 54.66, E 27, 225, 226.

1082 Vgl. allgemein 2. Teil III.

gemein danach, ob sie aus einem feststellenden oder gestaltenden Teil einer Entscheidung folgt.[1083]

Nach ganz herrschender Ansicht sind Behörden in sich anschließenden Verfahren an die Teile der vorhergehenden Entscheidungen gebunden, denen Gestaltungswirkung zukommt.[1084] Gestaltungswirkung haben solche Teile einer Entscheidung, die ein konkretes Rechtsverhältnis oder Recht begründen bzw. aufheben und dadurch die Rechtslage ändern.[1085] Die Bindung an gestaltende Entscheidungen folgt aus der Kompetenzzuordnung. Denn wenn das Recht zum Erlass der Entscheidung ausschließlich einer Behörde zugewiesen ist, müssen andere Behörden innerhalb der Kompetenzordnung auch an diese gebunden sein. Teilweise wird diese Rechtswirkung allein auf das Vorhandensein einer das Recht vollziehenden Entscheidung zurückgeführt und sei allem ordnungsgemäßen staatlichen Handeln immanent.[1086] Andere leiten die Rechtswirkung aus der Bindung aller Staatsorgane an das materielle Recht gemäß Art. 20 Abs. 3 GG her.[1087]

Gestaltende Elemente im Rahmen der Lärmaktionsplanung könnten die festgelegten Maßnahmen selbst sein. Bei der Lärmaktionsplanung besteht jedoch die Besonderheit, dass zwar die Kompetenz, einen Plan zu erstellen, ausschließlich einer Behörde zugewiesen ist, der Plan an sich aber nicht gestaltend ist. Aus ihm folgen keine Ermächtigungsgrundlagen zur Verwirklichung der Maßnahmen. Die in Bezug genommenen Ermächtigungsgrundlagen aus dem BImSchG oder anderer Gesetze für die konkrete Maßnahmenverwirklichung sind möglicherweise gestaltend, diese sind aber gegebenenfalls anderen Behörden als den planerstellen-

1083 *Nicklisch*, Die Bindung der Gerichte an gestaltende Gerichtsentscheidungen und Verwaltungsakte, S. 14; BVerwG Urt. v. 27.9.1955 – V C 13.55, E 2, 208, 210.

1084 vgl. *Nicklisch*, Die Bindung der Gerichte an gestaltende Gerichtsentscheidungen und Verwaltungsakte, S. 14; BVerwG BVerwG Urt. v. 27.9.1955 – V C 13.55, E 2, 208, 210.

1085 *Niklisch*, Die Bindung der Gerichte an gestaltende Gerichtsentscheidungen und Verwaltungsakte, S. 31, 40; Forsthoff, Verwaltungsrecht, S. 209 f.; *Maurer*, Allg. VerwR, § 9 Rn. 45.

1086 *Kormann*, JÖR, Bd. 7, 1, 14 f.

1087 *Bötticher*, in: Caemmerer/Friesenhahn/Lange (Hrsg.), Festschrift 100 Jahre Deutscher Juristentag, S. 514 ff.

den zugewiesen.[1088] Somit liegt hier gerade nicht der Fall vor, dass in einem vorhergehenden Verfahren der planerstellenden Behörde ausschließliche Kompetenzen zugewiesen sind und die maßnahmenverwirklichende Behörde über eine gestaltende Entscheidung daran gebunden wird. Daher lässt sich aus den festgelegten Maßnahmen in Lärmaktionsplänen keine Verbindlichkeit ableiten. Weitere gestaltende Teile der Lärmaktionspläne sind nicht ersichtlich.

Feststellende Teile der Entscheidung stellen demgegenüber eine bereits aus dem Gesetz folgende Rechtslage verbindlich fest, ziehen aber keine Rechtsänderung nach sich.[1089] Sie kommen ohne eine Kompetenzzuweisung aus. Feststellende Elemente einer Entscheidung entfalten nur ausnahmsweise eine Rechtswirkung, in den meisten Fällen sind die tatsächlichen und rechtlichen Feststellungen durch die andere Behörde nochmals zu prüfen.[1090] Eine Bindungswirkung durch den feststellenden Teil und auch der in diesem Zusammenhang teilweise verwandte Begriff ‚Feststellungswirkung' werden in der Literatur unterschiedlich und oft sogar gegenläufig beurteilt.[1091] In dem hier interessierenden Sinne meint Feststellungswirkung die Beurteilung der Tatsachen und Erwägungen, die den durch die Entscheidung umgesetzten Regelungen zugrunde liegen.[1092] In einem Lärmaktionsplan können als feststellende Teile solche Inhalte bezeichnet werden, die den Umgebungslärm beschreiben und etwa Überschreitungen von Grenzwerten oder die Belastungsintensität durch Umgebungslärm festhalten.[1093] Auch die Festlegung von ruhigen Gebieten gehört zu den feststellenden Teilen, da entweder eine niedrige Lärmbelastung des Gebietes oder seine besondere Schutzwürdigkeit etwa als Erholungsgebiet festgestellt wird. Beim zentralen Abschnitt, der Festlegung von Maßnahmen, ist im konkreten Fall zu beurteilen, ob das Vorliegen der Tatbestands-

1088 In diesem Sinne *Hansmann*, in: Landmann/Rohmer, BImSchG, § 47d Rn. 28; *Schulze-Fielitz*, in: Koch (Hrsg.), GK-BImSchG, § 47d Rn. 100 ff.

1089 *Seibert*, Die Bindungswirkung von Verwaltungsakten, S. 90.

1090 Im Ergebnis, *Forsthoff*, Verwaltungsrecht, S. 107.

1091 Vgl. *Knöpfle*, BayVBl. 1982, 225 ff.; *Müller-Uri*, VR 1982, 246 ff.; *Kollmann*, DÖV 1990, 189 ff.; *Forsthoff*, Verwaltungsrecht, S. 107.

1092 *Forsthoff*, Verwaltungsrecht, S. 107.

1093 Vgl. für die Luftreinhalteplanung *Rehbinder*, NuR 2005, 493, 496.

voraussetzungen der jeweiligen Maßnahme festgestellt wird oder ob die Verwirklichung der Maßnahme angeordnet wird, die jeweiligen Tatbestandsvoraussetzungen aber weiter zu prüfen bleiben. Für den feststellenden Teil der Entscheidungen folgt keine Bindung im Sinne einer Verwirklichungspflicht, da eine Prüfung der gesetzlichen Voraussetzungen weiterhin den maßnahmenverwirklichenden Behörden zusteht. Der feststellende Teil des Lärmaktionsplanes könnte andere Behörden daher nur dann binden, wenn dies ausnahmsweise gesetzlich vorgesehen wäre.[1094] Eine Bindung der Feststellungswirkung ist aber weder in den Regelungen zur Lärmaktionsplanungen in den §§ 47 und 47a ff. BImSchG noch in der Umgebungslärmrichtlinie genannt. Auch wenn der Gesetzgeber im BImSchG eine Pflicht zur Implementierung der vorgesehenen Maßnahmen nach Ansicht einiger Stimmen in der Literatur regeln wollte,[1095] lässt sich diese Pflicht nur schwer begründen. Die nötigen Kompetenzen wurdem vom Gesetzgeber nicht den planerstellenden Behörden zugewiesen, anders als durch § 40 BImSchG für die Luftrheinhalteplanung.

Eine Bindung könnte aber in den Fällen bestehen, in denen die Ermächtigungsgrundlagen für die Maßnahmenverwirklichung die Feststellung einer Beeinträchtigung durch Umgebungslärm voraussetzen und von der maßnahmenverwirklichenden Behörde nicht mehr anders beurteilt werden kann.[1096] Außerdem ergibt sich eine Feststellungswirkung für das im Lärmaktionsplan festgelegte Lärmschutzniveau. Das Lärmschutzniveau muss zumindest dann für die Maßnahmenverwirklichung übernommen werden, wenn es dem Gesundheitsschutz dient und der grundrechtliche Schutzbereich betroffen ist.[1097] Somit hängt der Umfang der Feststellungswirkung unter anderem vom Prüfungsumfang der planerstellenden Behörde

---

1094 *Seibert*, Die Bindungswirkung von Verwaltungsakten, S. 90; vgl. zur Feststellungen in Disziplinarentscheidungen BVerwG Urt. v. 27.06.1984 – 6 C 78/82, DVBl. 1984, 1226, 1227.

1095 Vgl. § 47 d Abs. 6 i. V. m. § 47 Abs. 6 BImSchG; *Engel*, in: Gesellschaft für Umweltrecht (Hrsg.), S. 94 ff.; *Cancik*, Nds.VBl. 2013, 329 ff.

1096 Ähnlich für Luftreinhaltepläne *Jarass*, NVwZ 2003, 257, 262, 264; *LAI*, NVwZ 1991, 1161, 1162.

1097 Vgl. Argumentation unter 2. Teil VI. 1. und bei *Heitsch*, in: Kotulla (Hrsg.), BImSchG, § 47 d Rn. 50; *Sparwasser*, NVwZ 2006, 369, 375.

innerhalb des Planerstellungsverfahrens, der Zumutbarkeit der Lärmauswirkungen sowie der Überschreitung relevanter Grenzwerte ab und lässt sich nicht pauschal beantworten. Damit besteht der evidente Unterschied zwischen gestaltendem und feststellendem Teil in der ohne die Feststellung oder Gestaltung bestehenden Rechtslage. Wenn der feststellende Teil nicht ergangen wäre, könnte oder müsste sogar die zuständige Behörde diese als Tatbestandsvoraussetzungen prüfen und würde gegebenenfalls zu dem Ergebnis kommen, die Maßnahme sei zu erlassen. Beim gestaltenden Teil wäre dies demgegenüber nicht der Fall, da hier Rechte und Pflichten erst definiert werden.

bb) Verbindlichkeit aufgrund der kommunalen Selbstverwaltungsgarantie

Eine Pflicht die Maßnahmen aus den Lärmaktionsplänen der Gemeinden zu implementieren, könnte aber aus dem kommunale Selbstverwaltungsrecht aus Art. 28 Abs. 2 GG folgen. Die Gemeinden haben einen Anspruch auf ermessensfehlerfreie Entscheidung in staatlichen Angelegenheiten, die ihre Selbstverwaltungsrechte betreffen[1098] und nicht durch landesrechtliche Regelungen eingeschränkt wird[1099]. Wie gesehen, wird die Lärmaktionsplanerstellung für Ballungsräume vom Selbstverwaltungsrecht der Gemeinden umfasst.[1100]

Die kompetenzgerecht erlassenen Lärmaktionspläne, die zudem ein zu erreichendes Lärmschutzniveau und eine bestehende Belas-

1098 BVerwG, Urt. v. 16.12.1988 – 4 C 40/86, E 81, 95, 106 – Militärflugplätze; BVerwG, Urt. v. 16.12.1988 – 4 C 48/86, E 81, 111, 115 ff. – Bundesbahn; BVerwG, Urt. 12.12.1991 – 4 C 31/89, NVwZ 1992, 878; BVerwG, Urt. v. 14.12.1994 – 11 C 25/93, DVBl. 1995, 744; BVerwG, Urt. v. 21.3.1996 – 4 C 19/94, E 100, 388, 392 ff.- Autobahnplanung; BVerfG, Beschl. v. 7.10.1980 – 2 BvR 584, 598, 599, 604/76, E 56, 298, 317 f; vgl. *Gern*, Deutsches Kommunalrecht, Rn. 170; *Dreier*, in: Dreier (Hrsg.), GG-Kommentar, Bd. II, Art. 28 Rn. 141.

1099 Zur Möglichkeit der Landesgesetzgeber die Rechte aus der kommunalen Selbstverwaltungsgarantie auszugestalten und einzuschränken *Hellermann*, in: Epping/Hillgruber (Hrsg.), Beck'scher OK-GG, Art. 28 Rn. 43 ff.

1100 Dazu 2. Teil. VI.

tungssituation feststellen, sind daher von den maßnahmenvollziehenden Behörden zu beachten. Die festgestellten Belange dürfen nicht bei der Entscheidung über den Maßnahmenvollzug außer Acht gelassen werden. Der Umfang dieser Pflicht zur Beachtung oder zur Berücksichtigung hängt von den Voraussetzungen der jeweiligen Ermächtigungsgrundlage ab und auch, ob der zuständigen Fachbehörde Ermessen zusteht.

Zu beachten ist aber, dass gerade straßenverkehrsrechtliche Festlegungen nicht die Gemeinde in eigenen Angelegenheiten betreffen, sondern die Befugnisse der örtlichen Straßenverkehrsbehörde als staatliche Aufgabe gegenüber den Gemeinden wahrgenommen werden.[1101] Daher sind die Gemeinden grundsätzlich auch nicht in ihrer Rechtsstellung im Sinne von § 42 Abs. 2 VwGO betroffen[1102], wenn die übergeordnete Straßenverkehrsbehörde eine vorgesehene Geschwindigkeitsbegrenzung nicht einrichtet oder die übergeordnete Behörde eine von der Gemeinde eingerichtete Zone wieder aufhebt. Fraglich ist aber, wie dies mit der der Selbstverwaltungsgarantie des Art. 28 Abs. 2 GG zuzuordnenden Planerstellung im Einklang zu bringen ist, zumal § 45 Abs. 1c S. 1 Nr. 5 StVO gerade Anordnungen im Rahmen einer geordneten städtebaulichen Entwicklung vorsieht und auf gemeindlichen Verkehrskonzepten fußt.[1103] Denn auch insoweit folgt ein Anspruch auf ermessensfehlerfreie Entscheidung über die Einrichtung und Beibehaltung der Tempobeschränkung.[1104]

Aber auch die kommunale Selbstverwaltungsgarantie kann durch Gesetze eingeschränkt werden, soweit nicht ihr Kernbereich betroffen ist.[1105] Eine Einschränkung hat im Rahmen der Lärmakti-

1101 BVerwG Urt. V. 20.4.1994 – 11 C 17.93, E 95, 333 Rn. 13; BVerwG Urt. v. 29.6.1983 – 7 C 102.83, DVBl. 1984, 88.

1102 BVerwG Urt. v. 19.3.1976 – 7 C 71.72; BVerwG Urt. v. 29.6.1983 – 7 C 102.83, DVBl. 1984, 88.

1103 5. Teil II. 1. b) ii).

1104 BVerwG Urt. V. 20.4.1994 – 11 C 17.93, E 95, 333 Rn. 13; VGH München Urt. v. 21.2.2011 – 11 B 09.3032.

1105 *Hellermann*, in: Epping/Hillgruber (Hrsg.), Beck'scher OK.-GG, Art. 28 Rn. 43 ff.

onsplanung durch landesrechtliche Regelungen aber nicht stattgefunden.

Fraglich ist, ob der Anspruch der Gemeinden gegen die Fachbehörden bei der Maßnahmenverwirklichung die Planung mit einzubeziehen und ermessenfehlerfrei zu entscheiden, im Wege einer richtlinienkonformen Rechtfortbildung auf einen Anspruch auf Planvollzug erweitert werden sollte.

Bei dem in der Rechtsprechung anerkannten Anspruch auf Planvollzug und nicht nur ermessensfehlerfreie Entscheidung, wie für die Bauleitplanung und die damit verknüpfte Planung kommunaler Straßen[1106], handelt es sich anders als bei der Lärmaktionsplanung um Materien, die nicht nur in ihrer Planung, sondern auch in ihrer anschließenden Ausführung grundsätzlich den Gemeinden zugewiesen sind. Da selbst bei einer von der Gemeinde abweichenden unteren Baubehörde der Gemeinde ihre Planungshoheit nicht abgesprochen wird, sieht das Gesetz etwa mit § 36 BauGB vielmehr Mechanismen vor, die Planungshoheit sicher zu stellen. Die Verwirklichung der Lärmaktionsplanung ist aber nicht generell auch den Gemeinden zugewiesen, sondern hängt von der Maßnahme und dem dazu benötigten Rechtsregime im Einzelfall ab.[1107]

Ein Anspruch auf Umsetzung der gemeindlichen Planungen besteht desweiteren bei der Planfeststellung in Bezug auf Kompensationsmaßnahmen zum Schutz individueller Rechte[1108], wobei dort die Umsetzung nicht allein auf der gemeindlichen Planung, sondern aufgrund des Anspruchs eines konkret Beeinträchtigten beruht. Die Konstellation, dass Maßnahmen zum Schutz eines einzelnen Betroffenen durch Lärmaktionsplan verwirklicht werden sollen, ist aber in der Systematik der Lärmaktionsplanung nicht vorgesehen und auch nicht darauf ausgelegt. Die Lärmaktionsplanung ist vielmehr dazu bestimmt, dem Schutz der Allgemeinheit zu dienen.

1106 BVerwG, NVwZ 1992, 878; 1995, 910; 2000, 1048.

1107 Dazu eingehend unten 5. Teil II.

1108 OVG Lüneburg, NVwZ 1989, 274; VG Freiburg, UPR 2001, 400.

cc) Bindung an die Richtlinienvorgaben

Die Anforderungen und Vorgaben der Umgebungslärmrichtlinie binden auch unmittelbar die planvollziehenden Fachbehörden nach Art. 288 Abs. 3 AEUV.[1109] Dennoch kann die Bindung an die Richtlinie nicht über den Zustand hinaus gehen, der im nationalen Recht rechtmäßig hergestellt werden kann. Die Bindung an Richtlinienvorgaben darf damit nicht zu einer Auslegung des nationalen Rechts contra legem führen.[1110] Durch den dadurch statuierten Vorrang des Unionsrechts, also den Vorgaben der Umgebungslärmrichtlinie, kann nur eine mögliche Auslegung der nationalen Normen zur Anwendung kommen, die durch den nationalen Auslegungs- und Rechtsfortbildungskanon erreicht werden kann. Wie gezeigt wurde, steht ein Anspruch auf Planvollzug der Gemeinden im Widerspruch zur Kompetenzordnung des nationalen Rechts. Weiter könnte solch einer Auslegung entgegen stehen, wenn damit gleichzeitig Eingriffsbefugnisse in Rechte Dritter vorausgesetzt sind.[1111] Eine dementsprechende Auslegung oder Rechtsfortbildung ist daher gehindert.

d) Differenzierte Kompetenzzuordnung

Wie dargestellt, fallen die Kompetenzen zur Aufstellung von Lärmaktionsplänen und für ihren Vollzug auseinander. Schon darin könnte eine der Umgebungslärmrichtlinie widersprechende Ineffizienz des deutschen Systems liegen.[1112] Die Umgebungslärmrichtlinie macht aber keine Vorgaben, wem der Vollzug der Umgebungslärmrichtlinie überantwortet werden muss. Vielmehr überlässt es das Unionsrecht generell den Mitgliedstaaten, neue Regelungen möglichst schonend in bestehende Normen und Verfahren einzufügen.[1113] Im

1109 *Nass*, in: Frank/Langrehr (Hrsg.), Die Gemeinde: FS f. Faber, S. 57, 65 ff.

1110 So auch BGH, Urt. v. 19.10.2004, IX ZR 337/03.

1111 Zur eigenen Ermessensausübung der Fachbehörde und der Außenwirkung des Lärmaktionsplanes 6. Teil I. 3. und 4. Zu Möglichkeiten und Grenzen richtlinienkonformer Auslegung 6. Teil VI. 1.

1112 *Berkemann*, S. 23 f.

1113 Vgl. unten 6. Teil I. 4.

Rahmen des örtlichen Lärmschutzes und eines zu implementierenden Gesamtkonzeptes erscheint es, an Effizientskriterien ausgerichtet, die Planerstellung grundsätzlich den Gemeinden zu überantworten. Desweiteren nutzt der Vollzug der Maßnahmen durch die jeweilige Fachbehörde deren Erfahrungen im entsprechenden Rechtsgebiet. Ein Auseinanderfallen von Kompetenzen im selben oder zusammenhängenden Regelungsbereich ist weder im deutschen Verwaltungsrecht noch im Umweltrecht ungewöhnlich und spricht nicht per se gegen einen effektiven Verwaltungsvollzug.[1114]

3. Ermessen

Neben einem fehlenden kohärenten System zur Regelung der Auswirkungen des Straßenverkehrs, fehlenden spezifisch lärmschützenden Instrumenten und kompetenzrechtlichen Hindernissen stehen der Effektivität der Lärmaktionspläne noch weitere Hindernisse entgegen.

Viele Ermächtigungsgrundlagen der oben beschriebenen Maßnahmen gewähren Ermessen oder einen planerischen Abwägungsspielraum. Insbesondere der § 45 StVO räumt den Straßenverkehrsbehörden in allen Varianten Ermessen ein. Dieses eingeräumte Ermessen birgt zum einen ein Einfallstor für die Erwägungen und Feststellungen des Lärmaktionsplanes zum anderen steht es einer Bindung der zuständigen Fachnehörde durch den Lärmaktionsplan entgegen. Fraglich ist, in wieweit diese Berücksichtigungspflicht in das durch die Ermächtigungsgrundlagen eingeräumte Ermessen eingreift.

1114 Vgl. allein zu umfassenden und detaillierten Zuständigkeitszuordnungen ZustVO Umw NRW; ZustVO-Umwelt-Arbeitsschutz Nds.

a) Grundlagen

Allgemein beschreibt Ermessen die rechtsfolgenbezogene Letztentscheidungsbefugnis der Verwaltung.[1115] Aus der Sicht des Entscheiders kann Ermessen als vom Gesetzgeber übertragener Freiraum betrachtet werden. Demgegenüber stellt es sich aus Sicht des Grundrechtsträgers als zurückgenommene Kontrolle verwaltungsrechtlicher Entscheidungen, etwa durch die Gerichte, dar.[1116] Das Recht, die Letztentscheidung zu treffen, ist dem für den Erlass der Maßnahme zuständigen Verwaltungsträger zugewiesen. Dieser hat grundsätzlich über das „Ob" und das „Wie" der Entscheidung selbst zu befinden.[1117]

Ob ein durch die jeweilige Ermächtigungsgrundlage eingeräumtes Ermessen bei angeordneten Maßnahmen durch einen Lärmaktionsplan noch ausgeübt werden kann, hängt davon ab, ob die Anordnung des Plans das Ermessen der maßnahmenvollziehenden Behörde bindet. Eine Ermessensbindung hängt zunächst davon ab, ob die planerstellende Behörde das Ermessen der nachfolgenden Behörden binden will und kann, weiterhin davon, ob sie das Ermessen der konkreten Maßnahme bereits ausgeübt hat oder nicht.[1118] Das Ermessen muss, wenn es nicht auf der Ebene der Maßnahmenverwirklichung ausgeübt wird, auf der Ebene der Planerstellung ausgeübt worden sein, da es nicht einfach entfallen darf.[1119] Falls das Ermessen bereits auf der Planebene ausgeübt wurde und eine Bindung durch die planerstellende Behörde gewollt und möglich ist, bliebe der maßnahmenverwirklichenden Behörde eine Rechtmäßigkeitsprüfung.

Eine Ermessensreduktion auf Null kommt nur ausnahmsweise in Betracht, wenn die Vorgaben des Lärmaktionsplanes für die konkrete Situation die einzig rechtmäßige Lösung vorsehen. Dies ist

1115 *Jestaedt*, in: Erichsen/Ehlers, AllgVerwR, § 11 Rn. 55.

1116 BVerfG, Beschl. v.27.11.1990 – 1 BvR 402/87 = BVerfGE 83, 130; BVerfG, Beschl. v. 17.4.1991 – 1 BvR 419/81 und 213/83 = BVerfGE 84, 34; *Geis*, NVwZ 1992, 25, 29; *Schulze-Fielitz*, JZ 1993, 772, 726 ff.

1117 *Jestaedt*, in: Erichsen/Ehlers, AllgVerwR, § 11 Rn. 55.

1118 Vgl. *Jestaedt*, in: *Erichsen/Ehlers*, AllgVerwR, § 11 Rn. 55.

1119 Vgl. *Jestaedt*, in: Erichsen/Ehlers, AllgVerwR, § 11 Rn. 55.

etwa bei der Überschreitung von gesundheitsschützenden Pegeln in Wohngebieten und nur einer einzigen möglichen Maßnahme der Fall.[1120]

b) Ermessen bei vorausgegangener Lärmaktionsplanung

In der Literatur ist mitunter der Ansatz für die Lärmaktionsplanung vertreten, dass die planerstellende Stelle das Ermessen ausübt und damit die nachfolgende maßnahmenverwirklichende Behörde bindet.[1121] Nach diesem Ansatz ist eine einzelfallbezogene Verhältnismäßigkeitsprüfung bei der konkreten Maßnahmenimplementierung nur vorzunehmen, wenn eine Ermessensausübung auf Planungsebene noch nicht erfolgt ist oder erfolgen konnte.[1122] Somit bedeutet die Inbezugnahme von Ermächtigungsgrundlagen durch den Lärmaktionsplan nach § 47 Abs. 6 S. 1 BImSchG eine Ermessensbindung. Welchen Gestaltungsspielraum die maßnahmenverwirklichende Behörde hat, hängt dann von der Ausgestaltung der Maßnahmen im Lärmaktionsplane ab. Auch innerhalb dieser Ausgestaltung kann die plangebende Stelle der Maßnahmenimplementierung viel Raum lassen.[1123] Insbesondere bei Maßnahmen des Straßenverkehrs wäre ein Ermessen noch bei der Art der erfassten Kraftfahrzeuge und unter räumlichen und zeitlichen Beschränkungen möglich.[1124] Nicht in jedem Fall wird die planerstellende Behörde in der Lage sein, für jede Maßnahme eine umfassende Ermessensprüfung durchzuführen. Dazu müssten neben den nötigen Informationen, die zum Teil

---

1120 VGH München, Urt. v. 21.1.2001 – 8 A 4230/01 – ZUR 2003, 368; Urt. v. 1.6.2005 – 8 A 2350/04-, ZUR 2006, 28 vgl. dazu auch 2. Teil III. 2.; aus Lärmschutzgesichtspunkten können auch die Polizeivollzugsbehörden zu Geschwindigkeitskontrollen verpflichtet werden OVG Münster, Urt. v. 21.1.2001 – 8 A 4230/01 – ZUR 2003, 368; Urt. v. 1.5.2005 – 8 A 2350/04 – ZUR 2006, 28.

1121 Z. B. *Assmann/Knierim/Friedrich*, NuR 2004, 695, 699.

1122 *Hansmann*, in: Landmann/Rohmer, BImSchG, § 47 Rn. 29 a.

1123 *Paternoster*, Verkehrsbeschränkungen zur Verringerung der innerstädtischen Feinstaubbelastung, S. 84 f.

1124 *Hansmann*, in: Landmann/Rohmer, BImSchG, § 40 Rn. 12.

durch die umfassende Öffentlichkeitsbeteiligung zu erlangen wären, auch Kapazitäten für die eigentliche Ausübung des Ermessens zur Verfügung stehen.[1125]

Nach anderer Ansicht steht der implementierenden Stelle vollständige Ermessensausübung zu, und eine Bindung durch den Lärmaktionsplan erfolgt nicht. *Rehbinder*[1126] etwa will den maßnahmenverwirklichenden Behörden einen weiten Entscheidungsspielraum zugestehen und verlangt nur einige Mindestanforderungen in der Lärmaktionsplanung. Nötig wären nach seiner Ansicht konkrete Angaben bzgl. der Emissionsquellen sowie eine prognostische Ermittlung des Immissionsminderungspotentials der Maßnahme und ein Aufwand-Nutzen-Vergleich im Rahmen der Verhältnismäßigkeit.

Ob eine Ermessensbindung durch einen Lärmaktionsplan überhaupt möglich ist, hängt wieder von der Kompetenzzuweisung an die Planungsbehörde durch § 47d Abs. 1 S. 1 BImSchG und § 47 Abs. 6 S. 1 BImSchG ab.[1127]

Eine Kompetenz zur Implementierung der Maßnahmen aufgrund der durch den Lärmaktionsplan in Bezug genommenen Ermächtigungsgrundlagen ist in § 47d Abs. 1 S. 1 und § 47 Abs. 6 S. 1 BImSchG gerade nicht geregelt. § 47d Abs. 1 S. 1 BImSchG weist den Gemeinden oder anderen nach Landesrecht zuständigen Stellen nur die Kompetenz zur Planerstellung zu. § 47 Abs. 6 S. 1 BImSchG regelt die Inbezugnahme von Vorschriften des BImSchG und anderer Gesetze, die Implementierung will er aber bei den zuständigen Behörden belassen.

Eine generelle Kompetenz zur Ermessensbindung kommt grundsätzlich nur den Aufsichtsbehörden zu, wenn sie auf dem Wege der Fachaufsicht in das Handeln der zu beaufsichtigenden Behörden

---

1125 *Hansmann*, in: Landmann/Rohmer, BImSchG, § 47 Rn. 29 a.

1126 *Rehbinder*, NuR 2005, 493, 495.

1127 **§ 47d Abs. 1 S. BImSchG** „Die zuständigen Behörden stellen bis zum 18. Juli 2008 Lärmaktionspläne auf, mit denen Lärmprobleme und Lärmauswirkungen geregelt werden für; § 47 Abs. 6 S. 1 BImSchG „Die Maßnahmen, die Pläne nach den Absätzen 1 bis 4 festlegen, sind durch Anordnungen oder sonstige Entscheidungen der zuständigen Träger öffentlicher Verwaltung nach diesem Gesetz oder nach anderen Rechtsvorschriften durchzusetzen".

eingreifen.[1128] Die Aufsichtsbehörde könnte das Ermessen auch als ermessenslenkende Verwaltungsvorschrift steuern und vorbestimmen.[1129] Auch solch eine Kompetenz kommt den planerstellenden Stellen grundsätzlich nicht zu, da sie in den überwiegenden Konstellationen gerade keine Aufsicht über die maßnahmenverwirklichenden Behörden haben.

Eine Reduzierung des Ermessens könnte darüber hinaus aber aus einem Zusammenhang mit anderen Rechtsvorschriften, insbesondere Grundrechten und allgemeinen Verwaltungsgrundsätzen, wie dem Verhältnismäßigkeitsgrundsatz[1130], aber auch aus dem Europarecht[1131] oder angesichts der besonderen Umstände des Einzelfalls, folgen.[1132] Zu diesen ermessenslenkenden Eingriffsmöglichkeiten anderer Normen gehört auch der unmittelbar durch öffentliches Interesse bestimmte Zweck der jeweiligen Ermessensregelung.[1133] Der Zweck des Ermessens lässt sich dabei nicht allein aus der Ermächtigungsnorm ableiten[1134], sondern wird durch das Gesetz insgesamt[1135] und die Grundrechte[1136] beeinflusst. Wenn eine Regelung Ermessensnormen in Bezug nimmt, sind auch die besonderen Zielsetzungen der verweisenden Regelung für die Bestimmung des Ermessenszwecks zu berücksichtigen.[1137] Diese Kategorie der Ermessensdeterminierung durch Zwecke sonstiger Normen nimmt auf alle Zwecke einfachgesetzlicher Regelungen im gesamten

1128 *Jestaedt*, in: Erichsen/Ehlers, AllgVerwR, § 11 Rn. 58 ff.

1129 *Erichsen/Klüsche*, Jura 2000, 540, 543 ff.; *Wolff*, in: Sodan/Ziekow (Hrsg.), VwGO, § 114 Rn. 88–114.

1130 *Maurer*, Allg.VerwR, § 7 Rn. 16.

1131 Bsp.: EuGH, Rs. C-265/95, Slg. 1997, I-6959 Rn. 33 ff. – Kommission/Frankreich.

1132 Allgemein zur Ermessensreduzierung *Di Fabio*, VerwArch 86 (1995), 214 ff.

1133 *Kopp/Ramsauer*, VwVfG-Kommentar, § 40 Rn. 49.

1134 So aber wohl VG Darmstadt, Urt. v. 11.3.04 – 3 E 815/01, NVwZ-RR 2005, LS 5, 236, 239.

1135 Zur Berücksichtigung von Lärmschutzinteressen bei § 45 Abs. 1 S. 1 StVO OVG Münster, Urt. v. 12.1.1996 – 25 A 2475/93, NJW 1996, 3024, 3025 f.

1136 *Stern*, Staatsrecht, Bd. III/1, S. 1354 m. W. n.

1137 OVG Münster, Beschl. v. 4.11.1994 – 8 B 1845/94, NVwZ 1995, Beilage 3, S. 20, 22.

Rechtssystem Bezug und umfasst alle in einer Situation überhaupt irgendwie zulässigen Zwecke. Eine Beurteilung, welche Zwecke in der konkreten Ermessensentscheidung berücksichtigt werden dürfen oder müssen, stellt sich aber generell als schwierig dar.[1138] Bei der im Wortlaut des § 47 Abs. 6 S. 1 BImSchG angelegten Implementierungspflicht könnte es sich um eine solche Determinierung des Ermessens der in Bezug genommenen Normen durch eine andere Vorschrift handeln. Damit würde § 47 Abs. 6 S. 1 BImSchG als verweisender Rechtssatz umgesetzt.[1139] Diese weite Auslegung von Ermessensnormen, auch durch sie in Bezug nehmende Regelungen, rührt aus dem Grundsatz her, dass sich etwa die maßnahmenverwirklichende Behörde nicht im Widerspruch zu sonstigen gesetzlichen Regelungen verhalten darf[1140], indem sie strikt bindende Vorschriften unangewandt lässt[1141].

Die Verwirklichungspflicht nach § 47 Abs. 6 S. 1 BImSchG und damit die Ermessensdeterminierung müssten aber mit der konkreten Ermessensausübung der jeweiligen Norm in Bezug stehen.[1142] Dies ist insoweit problematisch, als dass die einzige Verbindung zwischen § 47 Abs. 6 BImSchG und einer durch sie nicht näher bestimmten und auch nicht losgelöst vom Einzelfall bestimmbaren Ermessensnorm der Lärmaktionsplan ist. Weiter sind die in Bezug genommenen Kompetenzen gerade nicht der planerstellenden Behörde zugewiesen.[1143] Der § 47 Abs. 6 S. 1 BImSchG stellt eine von der zur Maßnahmenverwirklichung eingesetzten Norm weit entfernte Erwägung dar. Seine Einflussnahme auf die konkrete Ermessensausübung wird nur durch den erstellten Lärmaktionsplan konkretisiert

---

1138 *Alexy*, JZ 1986, 701, 710.

1139 Vgl. zur Bindung des Ermessens durch verweisende Rechtssätze BVerwG, Urt. v. 9.5.1956 – III C 123.54, E 3, 279; BVerwG, Urt. v. 18.8.1960 – I C 42. 59, E 11, 97; *Kopp/Schenke*, Kommentar-VwGO, § 114 Rn. 6.

1140 Vgl. grundlegend *Sachs*, in: v. Stelkens/Bonk/Sachs (Hrsg.), VwVfG-Kommentar, § 40 Rn. 73.

1141 So grundlegend etwa VGH Mannheim, Urt. v. 9.8.1991 – 14 S 2421/90, NVwZ-RR 1992, 358 f.; *Kienzle*, GewArch 1992, 407 ff.

1142 Allgemein zum Verstoß der Ermessensausübung gegen Zwecke sonstiger Normen *Alexy*, JZ 1986, 701, 710.

1143 *Hermann*, in: Koch (Hrsg.), GK-BImSchG, § 47 Rn. 100.

und möglich. Somit hängt es zum einen von der Entscheidung der planerstellenden Behörde ab, welche Maßnahmen sie vorsieht, und zum anderen von der konkret für die Verwirklichung zuständigen Behörde, welche Normen sie zur Verwirklichung der Maßnahmen nutzt. Weiter hängt es von der Ausgestaltung des Lärmaktionsplans im Einzelfall ab, ob er eine hinreichende Verbindung zwischen § 47 Abs. 6 S. 1 BImSchG und der jeweiligen Ermächtigungsgrundlage herstellt und damit die möglichen Einwirkungen auf das Ermessen bezüglich der Anforderungen von § 47 Abs. 6 S. 1 BImSchG konkretisiert.

Solch ein weiter und in der praktischen Umsetzung vager Zusammenhang zwischen § 47d Abs. 6 i. V. m. § 47 Abs. 6 BImSchG und etwa § 45 StVO als Ermächtigungsgrundlage für verkehrsrechtliche Maßnahmen ist nicht ausreichend, um eine generelle Einflussnahme abzuleiten.

Dieser Befund wirkt sich aber nicht auf die Erwägungen des Lärmaktionsplanes zu seinen feststellenden Teilen aus. Diese sind auf die konkrete Maßnahmenverwirklichung bezogen und in der Ermessensausübung zu berücksichtigen.[1144]

c) Zwischenergebnis

Damit hängt eine Ermessensbindung von der Ausüben des Ermessens auf Planungsebene und der Wille der Planungsbehörde zur Bindung von der jeweiligen Ausgestaltung im Einzelfall ab. Dennoch dürfen Behörden kompetenzgerecht erlassene Entscheidungen und damit auch Lärmaktionspläne anderer Behörden nicht ignorieren und müssen die Lärmaktionspläne bei ihrer Ermessensausübung berücksichtigen. Die durch die Lärmaktionsplanung konkretisierten und für den konkreten Einzelfall anwendbar gemachten Zwecke des § 47 Abs. 6 S. 1 BImSchG sind daher in der Ermessensausübung grundsätzlich nur einzustellen und entsprechend zu gewichten und damit zu berücksichtigen.

Der Lärmaktionsplan kann das Ermessen insoweit steuern, als dass die in ihm festgelegten Beeinträchtigungen und das Lärm-

1144 Dazu 6. Teil I. 3.

schutzniveau als Belang einzustellen sind. Damit bindet der Lärmaktionsplan bisher nicht strikt die zuständigen Behörden, sondern die Erwägungen der in Bezug genommenen Ermächtigungsgrundlagen und grundrechtlichen Vorgaben. Eine Ermessensreduzierung auf Null kommt nur bei der Überschreitung gesundheitsschützender Grenzwerte in Betracht.

Eine generelle Vereinheitlichung der Ermessensentscheidungen für alle Lärmaktionspläne ist darüber hinaus schon deshalb nicht möglich, weil unterschiedliche Maßnahmen von unterschiedlichen planerstellende Stellen für unterschiedliche maßnahmenvollziehende Behörden gegen unterschiedliche Emittenten vorgesehen werden. Das Ermessen ist für jede Maßnahme nach der jeweiligen Ermächtigungsgrundlage gesondert auszuüben. Dies gilt schon innerhalb eines Planes, aber erst recht zwischen Lärmaktionsplänen unterschiedlicher Ballungsräume oder Hauptverkehrsstraßen. Darüber hinaus dürften die in der Planung vorgenommene Abwägung und die Qualität der Öffentlichkeitsbeteiligung nicht einheitlich, sondern weitestgehend unterschiedlich sein. Das Abwägungsgebot verlangt eine sorgfältige Sachverhaltsermittlung und Gewichtung der mit unterschiedlichen Vor- und Nachteilen verbundenen Maßnahmen. Der Sinn des Lärmaktionsplans besteht gerade darin, dass die Behörden vor Ort für ihr Gebiet geeignete Maßnahmen vorsehen können und diese gerade nicht in allen Lärmaktionsplänen einheitlich sein müssen. Dies würde auch dem Managementansatz der Lärmaktionsplanung zuwiderlaufen.

Außerdem dürfen die Behörden das ihnen zugewiesene Ermessen gegenüber dem Bürger nicht ungenutzt lassen oder nur teilweise ausüben.

4. Außenwirkung

Eine Begrenzung des Ermessens der Verwirklichungsbehörden und damit eine strikte Bindung an die Vorgaben der Lärmaktionspläne würden zudem zu einer direkten Wirkung der Lärmaktionspläne gegenüber dem Bürger führen, da viele der oben genannten Ermächtigungsgrundlagen gegenüber dem Bürger und damit nach außen wirken. Maßnahmen mit Außenwirkung sind etwa alle Verkehrsbeschränkungen nach § 45 StVO, die Widmung von Straßen sowie der Erlass von Bebauungsplänen.[1145] Lärmaktionspläne lösen aber keine Pflichten der Bürger aus.[1146] Wie oben bereits gesehen, verbleiben die Zuständigkeiten für die durch die Lärmaktionsplanung in Bezug genommenen Ermächtigungsgrundlagen bei den jeweils zuständigen Behörden. Die Aufstellung eines Lärmaktionsplans ändert nichts an der Aufgabenzuweisung, daran ist auch beim Vollzug gegenüber dem Bürger festzuhalten.

Die in den Lärmaktionsplänen vorgesehenen Maßnahmen müssen gegenüber dem Bürger von der zuständigen Behörde erlassen werden, denn der Bürger hat einen Anspruch drauf, dass die sachlich, örtlich und instanziell zuständige Behörde ihm gegenüber handelt. Es ist für die Rechtssicherheit unerlässlich, dass der Einzelne im Vorhinein weiß, mit welcher staatlichen Stelle er es zu tun hat.[1147] Aus Art. 2 Abs. 1 GG folgt zudem, dass ein Bürger auch allein durch eine Maßnahme in seinen Rechten verletzt sein kann, die unter Verstoß gegen die Zuständigkeitsvorschriften zustande gekommen ist.[1148] Aber nicht nur der Erlass, sondern auch das Verwaltungsverfahren ist zwingend von der zuständigen Behörde durchzuführen, selbst dann, wenn eine übergeordnete Kompetenz bestehen sollte.[1149] Beim ungeprüften Vollzug der Lärmaktionspläne durch die maßnahmenverwirklichende Behörde trifft nicht diese eine eigenständige Letztentscheidung, sondern die planerstellende Behörde bei der Planerstellung.

Bei der wörtlichen Auslegung des § 47 Abs. 6 S. 1 BImSchG könnte eine Ermessensbindung angenommen werden, besteht nach

---

1145 Vgl. 5. Teil II. 1. a), b) und 2. b).

1146 *Stettner*, in: Ule/Laubinger (Hrsg.), BImSchG, § 47d Rn. H2.

1147 *Brohm*, DÖV 1983, 525.

1148 Etwa BVerwG, Urt. v. 9.3.2005 – 6 C 3/04, NJW 2005, 2330; *Schnapp*, AöR 105 (1980), 243, 272 ff.; *Faber*, VerwR, S. 62; *Ipsen*, Allg. VerwR, Rn. 226.

1149 So für die Stilllegung der KKWs Biblis A und B nach dem AtG und der Frage, ob der Bund aufgrund übergeordneter Kompetenz Abschnitte des Verwaltungsverfahrens durchführen durfte und sich die hessische Landesregierung dies zurechnen kann VGH Kassel, Urt. v. 27.2.2013 – 6 C 824/11.T und 6 C 825/11.T, ZUR 2013, 367-374; bestätigt durch BVerwG, Beschl. v. 20.12.2013 – 7 B 19/13 und 7 B 18/13.

dem oben Gesagten aber nicht. Eine zu Unrecht angenommene Ermessensbindung führt zu einem Ermessensnichtgebrauch. Bei einem ungenutzten, aber auszuübenden Ermessen wären die Grenzen des Ermessens überschritten. Ein unter diesem Rechtsverstoß zustande gekommener Verwaltungsakt ist gemäß § 114 S. 1 VwGO rechtswidrig und anfechtbar.[1150] Beim Vorliegen der weiteren Voraussetzungen ist in diesen Fällen auch eine Amtspflichtverletzung gegeben.[1151]

Die Bürger müssen erst die aufgrund bestehender Ermächtigungsgrundlagen umgesetzten Maßnahmen befolgen. Dies würde sich aber ändern, wenn die Verwirklichungsbehörde keine eigene Entscheidung mehr trifft, sondern die Vorgaben des Lärmaktionsplans strikt vollzieht, etwa aufgrund einer irrig angenommenen Bindung.[1152] Somit würde faktisch eine nicht zuständige Behörde handeln, wenn die maßnahmenverwirklichende Behörde sich fälschlich gebunden fühlt. Die Wertungen, die hinter der Rechtswidrigkeit und Aufhebbarkeit von Verwaltungsakten stehen, die von nicht zuständigen Behörden erlassen wurden, gelten genauso für den Fall, in dem formal zwar die zuständige Behörde handelt, sich aber zum Erlass des Verwaltungsaktes gezwungen fühlt.[1153] Dies wäre im Rahmen der Lärmaktionsplanung der Fall, wenn die für die Maßnahmenverwirklichung zuständige Behörde sich durch die Lärmaktionsplanung verpflichtet fühlte, die im Plan vorgesehenen Maßnahmen mittels Verwaltungsakt umzusetzen. Sie trifft keine weitere eigene Entscheidung, und die Letztentscheidung liegt damit bei der planerstellenden Behörde. Es müssen aber letztverantwortlich die Straßenverkehrsbehörden über die Maßnahmen nach § 45 StVO entscheiden und der zuständige Straßenbaulastträger über die Widmung der Straße urteilen.

1150 *Sachs*, in: V. Stelkens/Bonk/Sachs (Hrsg.), VwVfG-Kommentar, § 40 Rn. 55.

1151 Vgl. BGH, Urt. v. 15.2.1979 – III ZR 108/76, Z 74, 144; BGH, Urt. v. 12.7.1979 – III ZR 154/77, Z 75, 120; *Ossenbühl*, S. 46 m. W. n.

1152 Zu irrig angenommenen Bindungen vgl. BVerwG, Beschl. v. 21.3.1990 – B 276/89, NVwZ 1990, 774, 775 m. W. n.

1153 Vgl. *Brohm*, DÖV 1983, 525; BVerwG, Beschl. v. 21.3.1990 – B 276/89, NVwZ 1990, 774, 775 m. W. n.

Bei den Zuständigkeitsfehlern ist zwischen solchen der sachlichen, instanziellen und der örtlichen Zuständigkeit zu differenzieren.

Verstöße gegen die sachliche Zuständigkeit können beim Erlass eines Verwaltungsakts zu seiner Rechtswidrigkeit führen und seine Aufhebung begründen.[1154] Zwar sind einige Verfahrens- und Formfehler generell nach § 46 VwVfG unbeachtlich, diese Vorschrift findet auf Fehler der sachlichen und Verbandszuständigkeiten aber keine Anwendung.[1155] Verfahrensfehler müssten für die Aufhebbarkeit eines Verwaltungsaktes darüber hinaus zugleich einen materiellen Fehler begründen. Solch ein materieller Fehler ist beim Fehlen der Sachlegitimation der Behörde, insbesondere bei fehlender Ermächtigung zum Erlass des Verwaltungsakts[1156] oder bei fehlender Zustimmung eines Drittbetroffenen, etwa der Gemeinde[1157], typischerweise der Fall.[1158] Daher ist das Handeln einer unzuständigen Behörde grundsätzlich beachtlich und wird überwiegend Auswirkungen auf das getroffene Ergebnis haben. Soll Gegenteiliges angenommen werden, muss die fehlende Auswirkung offensichtlich sein.[1159] Eine fehlende Auswirkung ist beim Handeln sachlich nicht zuständiger Behörden aber nicht anzunehmen, insbesondere dann nicht, wenn der einzige Auftrag der planerstellenden Behörde im Moment der Entscheidung im Schutz vor Lärm besteht, ohne andere Belange zwangsläufig in den Blick nehmen zu müssen.

5. Wirkung für die Finanzhaushalte

Ein fünftes faktisches Verbindlichkeitshindernis könnte die Wirkung der in den Lärmaktionsplänen vorgesehenen Maßnahmen für die Finanzhaushalte sein.

1154 *Kopp/Ramsauer*, VwVfG-Kommentar, § 46 Rn. 23.

1155 *Kopp/Ramsauer*, VwVfG-Kommentar, § 46 Rn. 14.

1156 BVerfG, Urt. v. 20.2.1992 – 5 C 66/88, E 90, 32.

1157 Wie im Falle von § 36 BauGB, *Kopp/Ramsauer*, VwVfG-Kommentar, § 46 Rn. 15.

1158 *Meyer*, in: Knack (Hrsg.), VwVfG-Kommentar § 46 Rn. 28 ff.

1159 *Kopp/Ramsauer*, VwVfG-Kommentar, § 46 Rn. 26.

Die bei einer Behörde entstehenden Kosten für eine Verwaltungsaufgabe werden gemäß Art. 104a Abs. 5 GG von ihrem jeweiligen Träger getragen.[1160] Die für eine Lärmminderung in Bezug genommenen Kompetenzen verbleiben bei der jeweils zuständigen Behörde, daher müssen auch die durch die Verwirklichung entstanden Kosten vom Träger der maßnahmenverwirklichenden Behörde getragen werden. Nur die Kosten der Lärmaktionsplanerstellung fallen bei den planerstellenden Gemeinden oder Regierungspräsidien an, nicht aber die Kosten für die vorgesehene Maßnahme, sofern nicht eine Behörde desselben Hoheitsträgers für deren Verwirklichung selber zuständig ist.

Die oben aufgezeigten Maßnahmen[1161] schlagen alle mehr oder weniger finanziell zu Buche. Die bloßen Kosten für die Schilder einer Tempo-30-Zone tun dies dabei weniger als ein oft nötiges, umfassendes Verkehrskonzept. Die Kosten der Lärmaktionsplanung werden bei einer Befragung durch das Umweltbundesamt (UBA) mit 500 € bis 190.000 € angegeben. Im Schnitt hat das UBA auf die Befragung hin einen Pro-Kopf-Aufwand von 0,58 € in Bezug auf die Gesamtbevölkerung errechnet.[1162] Dieser Aufwand erscheint sehr gering, lässt sich aber auf Gesamtausgaben von 21,6 Mio. € hochrechnen.

Eine Bindung der Haushaltsgesetzgeber ist grundsätzlich nicht möglich und die Maßnahmenverwirklichung steht immer unter der Einschränkung der finanziellen Leistungsfähigkeit des jeweiligen Trägers. Aus Art. 104a ff., 106 Abs. 5–7 GG und Art. 28 Abs. 2 GG in Verbindung mit den jeweiligen Landesvorschriften[1163] folgt die Finanzhoheit von Kommunen, Ländern und dem Bund.

Die kommunale Finanzhoheit statuiert nach Art. 28 Abs. 2 GG eine Einnahmen-, Ausgaben- und eine spezielle Abgabenhoheit. Die kommunale Haushaltswirtschaft unterliegt zudem gewissen Haushaltsgrundsätzen. Die Gemeinde muss ihren Haushalt etwa

1160 **Art. 104a Abs. 5 S. 1 GG** „Der Bund und die Länder tragen die bei ihren Behörden entstehenden Verwaltungsausgaben und haften im Verhältnis zueinander für eine ordnungsmäßige Verwaltung".

1161 1. Teil II. 1. d).

1162 *UBA*, Lärmbilanz 2010, S. 11.

1163 Z. B. Art. 63 ff. NV; Art. 139 ff. HV.

so führen, dass eine fortgesetzte Aufgabenerfüllung möglich ist.[1164] Grundsätzlich sind die Gemeinden darin frei, zu bestimmen, wofür sie wieviel Geld ausgeben wollen. Diese Freiheit wird aber durch die ihnen per Gesetz zugewiesenen Pflichtaufgaben begrenzt und steht so in einem Spannungsverhältnis zu den freiwilligen Selbstverwaltungsaufgaben.[1165] Zu den Pflichtaufgaben gehören die Basisentsorgung von Abwasser und Abfall, die Bereitstellung von Stätten für Soziales, Gesundheit und Bildung sowie Kultur. Außerdem sind die Gemeinden Träger der Bauleitplanung und verpflichtet, entsprechende Pläne zu erstellen, soweit dies für eine städtebauliche Entwicklung und Ordnung erforderlich ist; zudem tragen sie die Erschließungslast.[1166] Schließlich ist ihnen als Pflichtaufgabe die Gefahrenabwehr zugewiesen. Auch Lärm kann eine Gefahr darstellen.[1167] Unterhalb der Gefahrenschwelle besteht aber keine Pflicht der Gemeinde, Maßnahmen zu ergreifen, außerdem treten Lärmschutzmaßnahmen in Konkurrenz zu den Pflichtaufgaben.[1168]

Aber auch in die Entscheidungen der Haushaltsgesetzgeber von Bund- und Ländern kann nicht eingegriffen werden. Diese werden über Art. 104a ff. GG geschützt. Das BVerfG hat die danach geregelte Finanzverfassung als „Eckpfeiler der bundesstaatlichen Ordnung" bezeichnet.[1169] Sie soll eine staatliche Selbständigkeit von Bund und

---

1164 Ausführlich zur Finanzhoheit und ihren Details *Gern*, Deutsches Kommunalrecht, Rn. 658.

1165 *Ipsen*, Nds. Kommunalrecht, Rn. 112.

1166 **§ 1 Abs. 3 BauGB** „Die Gemeinden haben die Bauleitpläne aufzustellen, sobald und soweit es für die städtebauliche Entwicklung und Ordnung erforderlich ist. Auf die Aufstellung von Bauleitplänen und städtebaulichen Satzungen besteht kein Anspruch; ein Anspruch kann auch nicht durch Vertrag begründet werden."

1167 Überblick zu den Pflichtaufgaben der Gemeinden bei *Ipsen*, Nds. Kommunalrecht, Rn. 113 ff.

1168 Vgl. *Engel*, in: Gesellschaft für Umweltrecht (Hrsg.), S. 94, 129.

1169 Vgl. BVerfG, Urt. v. 10.12.1980 – 2 BvR 3/77, E 55, 274, 300; *Stern*, Staatsrecht, Bd. III/2, § 87 Rn. 12 ff.; *Heintzen*, in: v. Münch/Kunig (Hrsg.), GG-Kommentar, Vorb. Art. 104a-115 Rn. 28.

Ländern gewährleisten, damit diese eigenständig und eigenverantwortlich ihre Aufgaben wahrnehmen können.[1170]

Somit wird einer Verwirklichungspflicht der Maßnahmen aus dem Lärmaktionsplan zusätzlich durch die Haushaltsmittel Grenzen gesetzt. Gesetzliche Pflichtaufgaben, wie etwa Maßnahmen der Verkehrssicherheit, sind vorrangig zu Maßnahmen des Lärmschutzes wahrzunehmen. Sollten die Lärmpegel aber die Schwellen zur Gesundheitsgefährdung überschreiten, konkurrieren in diesem Fall zwei Pflichtaufgaben, die nach den Grundsätzen praktischer Konkordanz zu lösen sind.[1171] Auch die Straßenbaulast müssen die jeweiligen Träger nur nach ihrer Leistungsfähigkeit wahrnehmen.[1172]

In Zeiten knapper Haushaltsmittel ist es sehr wahrscheinlich, dass sich andere Träger öffentlicher Belange darauf berufen, keine finanziellen Mittel für die Implementierung der Lärmaktionspläne zur Verfügung zu haben und so einen Lärmschutz verhindern.

II. Zwischenfazit

Der Verbindlichkeit und damit der Effektivität von Lärmaktionsplänen stehen insbesondere rechtliche Hindernisse bei der Verwirklichung der festgelegten Maßnahmen entgegen.

Aufgrund der Kompetenzverteilung zwischen planerstellenden und maßnahmenverwirklichenden Behörden besteht keine Pflicht zur Maßnahmenverwirklichung, sondern allenfalls eine Berücksichtigungspflicht der Vorgaben der Lärmaktionspläne bei eigener Ermessensausübung der zuständigen Behörde. Die anderen Trägern öffentlicher Belange zugewiesenen Kompetenzen stehen im Einzelfall einer strikten Pflicht zur Verwirklichung der Maßnahmen entgegen. Durch die ordnungsgemäß und kompetenzgerecht erlassenen Lärmaktionspläne sowie der möglichen Feststellung eines Lärmschutzniveaus besteht zwar eine abstrakte Bindungswir-

1170 BVerfG, Urt. v. 27.5.1992 – 2 BvF 1/88, 2 BvF 2/88, 2 BvF 1/98, 1 BvF 1/90, E 86, 148, 264.

1171 So *Engel*, in: Gesellschaft für Umweltrecht (Hrsg.), S. 94, 129; vgl. zur Konkordanz *Grimm*, NJW 1995, 1697.

1172 § 9 Abs. 1 NStrG.

kung an den Lärmaktionsplan mit einer Berücksichtigungspflicht für nachfolgende Entscheidungen, aber keine konkrete Bindung für die in den Lärmaktionsplänen festgelegten Maßnahmen. Die Kompetenzen zur Verwirklichung der Maßnahmen sollen bei den jeweils zuständigen Behörden bleiben, sodass diese primär über die Implementierung der jeweiligen Maßnahme entscheiden. Auch durch kompetenzgerecht erlassene Lärmaktionspläne darf nicht in die Kompetenzen anderer Hoheitsträger eingegriffen werden. Somit können die zuständigen Behörden oftmals eine Verwirklichung der Maßnahmen zulässig verweigern, insbesondere, wenn Ermächtigungsgrundlagen des Straßenrechts ohne strikte straßenrechtliche Notwendigkeit zum Lärmschutz genutzt werden sollen.

Dieser Befund gilt trotz des Wortlauts in § 47 Abs. 6 S. 1 BImSchG auch für Maßnahmen der Kategorie Plan-Anordnungen und wird durch die Wirkung vieler Maßnahmen gegenüber dem Bürger und durch eingeräumtes Ermessen gestützt. Die Letztentscheidung kann bei Außenwirkung nicht der den Lärmaktionsplan erstellenden Behörden überlassen werden, sondern muss von der gegenüber dem Bürger zuständigen Behörde erfolgen. Außerdem ist zu beachten, dass sich eine unmittelbare Geltung des Plans gegenüber dem Bürger nicht begründen lässt und auch nicht gewollt ist. Dieses Ergebnis darf auch nicht dadurch erreicht werden, dass andere Hoheitsträger zur Verwirklichung verpflichtet werden. Für die Verwirklichung der Einzelmaßnahme müssen deren Voraussetzungen vorliegen und das Ermessen muss durch die zuständigen Behörden ausgeübt werden. Es kann über einen Lärmaktionsplan nur auf das Ermessen oder die Bewertung der Voraussetzungen von Tatbestandsmerkmalen Einfluss genommen werden, wenn der Lärmaktionsplan ein regelungsbedürftiges Lärmproblem feststellt und diese Bewertung mit einem dem Lärmschutz dienenden Tatbestandsmerkmal der jeweiligen Ermächtigungsgrundlage korrespondiert. Plan-Anordnungen sind ähnlich den planungsrechtlichen Festlegungen durch die maßnahmenverwirklichenden Behörden zu berücksichtigen, etwa, indem sie die Wertungen in ihre Ermessensentscheidung einstellen.

Aus der abstrakten Bindung lässt sich damit allenfalls eine Berücksichtigungspflicht ableiten, die Vorgaben des Lärmaktionsplanes in der sich anschließenden Entscheidung zur Maßnahmenverwirklichung in die Erwägungen einzustellen. Diese

Berücksichtigungspflicht bezieht sich auf die konkret vorgesehenen Maßnahmen, die ihnen zugrunde liegenden Erwägungen und ihre Tatbestandsvoraussetzungen. Ein stärkeres Gewicht kommen Lärmaktionsplänen der Gemeinden für Ballungsräume aus Art. 28 Abs. 2 GG zu, ohne jedoch eine Verwirklichungspflicht begründen zu können. Die Berücksichtigungspflicht reicht in ihrer Wirkung aber nicht an ein Optimierungsgebot heran und die Erwägungen können durch andere Belange, je nach Ausrichtung der Ermächtigungsgrundlage, verdrängt werden.

Ein weiteres Verbindlichkeitshindernis stellt die Wirkung der Maßnahmen für die Finanzhaushalte dar, bei gleichzeitig fehlender Möglichkeit der Bindung der Finanzgesetzgeber auf Gemeinde-, Landes- und Bundesebene.

Auch über eine Bindung an die Vorgaben der Umgebungslärmrichtlinie nach Art. 288 Abs. 3 AEUV kann eine solche Pflicht nicht hergeleitet werden, da die Auslegung von § 47 Abs. 6 BImSchG insoweit mit den Grundsätzen des nationalen Rechts kollidieren würde.

Somit besteht keine strikte Pflicht zur Verwirklichung der Maßnahmen, sondern nur eine Pflicht zur Berücksichtigung der Festlegungen des Lärmaktionsplanes in der nachfolgenden Entscheidung, gegebenenfalls in der dortigen Ermessensausübung. Damit hängt die Verwirklichung der Lärmaktionspläne bisher faktisch davon ab, ob die planvollziehenden Fachbehörden die vorgesehenen Maßnahmen auch vollziehen und damit von einer eigenen Entscheidung im Stadium des Planvollzugs. Dies ist mit großen Unsicherheiten verbunden und steht einem effektiven Vollzug der Umgebungslärmrichtlinie entgegen.

Die Ansicht einer strikten Ermessensbindung, die teilweise in der Literatur zu finden ist, ist abzulehnen. Insoweit gewährleistet das deutsche Verwaltungsrecht nicht die Anforderungen an die praktische Wirksamkeit der Umgebungslärmrichtlinie. Hierbei handelt es sich um einen Fall der indirekten Kollision zwischen nationalem und europäischem Recht. Dies sind Fälle, in denen sich nationales Recht und Gemeinschaftsrecht nicht direkt widersprechen, aber eine kompromisslose Anwendung des nationalen Rechts die effektive Durchsetzung des Gemeinschaftsrechts hemmt oder gar verhindert. Solle angenommen werden, der Gesetzgeber habe dieses Ergebnis mit der Inbezugnahme von § 47 Abs. 6 BImSchG verhindern und einen richtlinienkonformen Zustand herstellen wollen[1173], hält dies einer eingehenden rechtlichen Prüfung nicht stand. Auch die Auswertung der Verwaltungspraxis zeigt, dass nicht einmal faktischer Zwang durch möglichen Rechtsschutzbegehren der planerstellenden Gemeinden besteht und zu einer Implementierung der in den Lärmaktionsplänen vorgesehenen Maßnahmen führt.

III. Grundlagen für Lösungsansätze

Die Lösungen für eine effektive Maßnahmenverwirklichung und damit eine richtlinienkonforme Anwendung des nationalen Rechts müssen natürlich zuvorderst die Anforderungen des Unionsrechts an eine praktische Wirksamkeit der Umgebungslärmrichtlinie erfüllen. Zugleich dürfen aber auch die Spezifika des deutschen Rechts nicht außer Acht gelassen werden, damit sich die Anforderungen und Vorgaben der Umgebungslärmrichtlinie möglichst schonend in das nationale Recht einfügen.

1. Unionsrechtliche Anforderungen

Welche Anforderungen das Unionsrecht an die praktische Wirksamkeit der Umgebungslärmrichtlinie stellt, sowie an welchen Punkten das nationale Recht diesen Anforderungen noch nicht genügt wurden in den Teilen 3 bis 5 dargestellt. Diesen Anforderungen der Umgebungslärmrichtlinien gilt es nun gerecht zu werden.

2. Nationale Anforderungen

Nationale Anforderungen an die Richtlinienumsetzung und damit den Richtlinienvollzug folgen insbesondere aus solchen Vorgaben, die für ein schonendes Einfügen in die nationale Rechtsordnung relevant sind. Dazu gehören zum einen die Grenzen aus der Staatsstruktur und zum anderen solche aus der Struktur der bestehenden

1173 So nimmt es Berkemann an, *Berkemann*, S. 12 f.

und für die Lärmaktionsplanung in Bezug zu nehmenden Rechtsregimes.

a) Grenzen aus der Staatsstruktur

aa) Gewaltenteilung

Die Gewaltenteilung wird als Grenze für die Ausgestaltung des Verwaltungsvollzuges insbesondere in ihrer Dimension der Trennung von Zuständigkeiten innerhalb der Gewalten relevant.[1174] Durch die Verteilung von Zuständigkeiten auf unterschiedliche Hoheitsträger wird zum einen eine gegenseitige Kontrolle sicher gestellt. Zum anderen dient die Aufgabenverteilung dazu, Kapazitätsgrenzen der jeweiligen Behörde zu wahren,[1175] und legt damit die Grundlage für rationale Staatsorganisation[1176]. Gleichzeitig bezweckt diese funktionale Gewaltenteilung auch, dass staatliche Entscheidungen von geeigneten sachverständigen Stellen getroffen werden.[1177] Die Bestimmung der jeweils sachlich, aber auch örtlich und instanziell zuständigen Behörde ist angesichts vielfältiger Aufgaben - gerade im Bereich Lärmschutz - von entscheidender Bedeutung für die rechtsstaatlich begründete Verantwortungsklarheit und eine erfolgreiche Aufgabenerledigung.

1174 *Wolff/Bachhof/Stober*, Verwaltungsrecht I, § 20 Rn. 60.

1175 *Schliesky*, DÖV 2004, 809, 817 f.; *Schmidt-Aßmann*, Allgemeines Verwaltungsrecht als Ordnungsidee, S. 260 f.

1176 *Stern*, Staatsrecht, Bd. II, § 36 IV 6; *Schulze-Fielitz*, in: Dreier (Hrsg.), GG-Kommentar, Bd. II, Art. 20 Rn. 67 ff.

1177 Zur verfassungsrechtlichen Dimension BVerfG, Urt. v. 18.12.1984 - 2 BvE 13/83, E 68, 1; BVerfG, Urt. v. 12.7.1994 - 2 BvE 3/92, 2 BvE 5/93, 2 BvE 7/93, 2 BvE 8/93, 90, 286, 364; BVerfG, Beschl. v. 17.7.1996 - 1 BvF 2/93,E 95, 1, 15; BVerfG, Urt. v. 14.7.1998 - 1 BvR 1640/97, DVBl. 1998, 955, 958; *Schmidt-Aßmann*, in: Isensee/Kirchhof (Hrsg.), HdbStR, Bd. I, § 24 Rn. 50.

bb) Bundesstaatsprinzip

Das Bundesstaatsprinzip bewirkt, ähnlich wie die Gewaltenteilung, eine effektive Aufgabenteilung und -erfüllung sowie eine klare Abgrenzung von Zuständigkeiten, aber auch eine horizontale Machtverteilung zwischen dem Bund und den Ländern.[1178] Das Bundesstaatsprinzip fordert zugleich eine pluralistische Verwaltungsorganisation, die den Bund, die Länder und damit auch die Kommunen einbezieht.[1179]

Aus der Solidargemeinschaft werden der Bund und die Länder verpflichtet:

> *„dem Wesen des sie verbindenden verfassungsrechtlichen ‚Bündnisses' entsprechend zusammenzuwirken und zu seiner Festigung und zur Wahrung der wohlverstandenen Belange des Bundes und der Glieder beizutragen"*.[1180]

Die Bundestreue kann Strukturvorgaben der Verfassung, wie die Statusgleichheit von Bund und Ländern sowie ihre Solidargemeinschaft, in konkrete Handlungsanforderungen umsetzen.[1181] Damit setzt sie aber bestehende Kompetenzen der jeweiligen Gebietskörperschaft voraus und begründet sie nicht. Unter dem Stichwort des „bundesfreundlichen Verhaltens" hat das BVerfG aus der Bundestreue eine Kasuistik konkreter Unterlassungspflichten und Handlungsvorgaben abgeleitet, insbesondere die Pflicht der Länder, bei der Inanspruchnahme ihrer Rechte die gebotene Rücksichtnahme auf die Interessen anderer Länder und des Bundes zu nehmen.[1182]

1178 Umfassend *Oeter*, Integration und Subsidiarität im deutschen Bundesrecht; *Karpen/Becker*, JZ 2001, 966 ff.; *Brohm*, DÖV 1983, 525.

1179 *Leisner*, in: Spanner/Lerche u. a. (Hrsg.), Festgabe f. Maunz, S. 267. 279 f.; *Leisner*, DÖV 1969, 405, 410 f.

1180 BVerfG, Urt. v. 26.03.1957- 2 BvG 1/55, E 6, 309, 361.

1181 *Isensee*, in: Isensee/Kirchhof (Hrsg.), HdbdStR, Bd. IV, § 98 Rn. 93 ff., 142 ff., 146 ff.

1182 Vgl. BVerfG, Urt. v. 1.12.1954 – 2 BvG 1/54, E 4, 115, 140; BVerfG, Ent. v. 30.1.1973 – 2 BvH 1/72, E 34, 216, 232.

cc) Rechtsstaatsprinzip

Aus dem Rechtsstaatsprinzip leitet das BVerfG eine ganze Reihe weiterer Gebote und Anforderungen an die Staatsstruktur und Aufgabenerfüllung ab. So verlangt etwa das Gebot der rationellen Verwaltung eine vorhersehbare, kontrollierbare und nachvollziehbare Verwaltung.[1183] Das Gebot der effektiven Aufgabenerfüllung setzt eine klare und rationale Aufgabenzuordnung voraus. Dem entspricht auch das Gebot der Funktionengliederung,[1184] das eine formelle Kompetenzverteilung verlangt und Machtmissbrauch der Kompetenzträger verhindert und eine sachgemäße Aufgabenerledigung ermöglicht.[1185] Darüber hinaus lässt sich aus dem Rechtsstaatsprinzip das Gebot der Gesetzmäßigkeit der Verwaltung ableiten. Es verlangt ein einfach, zweckmäßig[1186] effektives und zügig durchgeführtes Verwaltungsverfahren.[1187]

dd) Gesetzmäßigkeit der Verwaltung

Der Grundsatz der Gesetzmäßigkeit der Verwaltung folgt aus Art. 20 Abs. 3 GG und verpflichtet jede Behörde dazu, das Verwaltungsrecht zu vollziehen.[1188] Ein Vollzug der jeweiligen verwaltungsrechtlichen Norm ist aber nur bei umfassend ermitteltem Sachverhalt möglich, der unter anderem durch die Beteiligung aller betroffenen Hoheitsträger gewährleistet wird.[1189] Soweit Gemeinden in ihrer Selbstverwaltungsgarantie betroffen sind gehen die Anforderungen sogar dahin, dass sie beratenden Einfluss auf die Entscheidung haben sol-

---

1183 Siehe schon *Richter*, Die Organisationsgewalt, 1926, S. 17.

1184 *Krebs*, in: Isensee/Kirchhof (Hrsg.), HdBdStR, Bd. III, § 69, Rn. 77.

1185 *Hesse*, Grundzüge des Verfassungsrechts der Bundesrepublik Deutschland, Rn. 482; *Ossenbühl*, DÖV 1980, 545, 549.

1186 Vgl. § 10 VwVfG.

1187 *Klüsener*, NVwZ 2002, 816 ff.

1188 *Peine*, AllgVerwR, Rn. 65.

1189 BVerfG, Beschl v. 7.10.1980,E 56, 298, 319 – Flugplatz Memmingen; *Kallerhoff*, in: v. Stelkens/Bonk/Sachs (Hrsg.), VwVfG-Kommentar, § 28 Rn. 3.

len.[1190] Dennoch besteht nicht pauschal für den Vollzug jeder Norm eine umfängliche Beteiligungspflicht zur Sachverhaltsermittlung, es bleibt dem Gesetzgeber überlassen, wie er das Erfordernis einer umfassenden Sachverhaltsermittlung erreichen möchte. Im Verwaltungsverfahren wurde der Grundsatz der Amtsermittlung geregelt, sodass eine bestimmte Informationsquelle nicht vorgeschrieben werden kann.[1191] Die Qualität der Quelle und der zu erlangenden Informationen ist vielmehr eine Frage von Effektivität und Zweckmäßigkeit des Verwaltungsvollzugs.[1192]

ee) Kommunale Selbstverwaltungsgarantie

Das Recht der Gemeinden, Angelegenheiten der örtlichen Gemeinschaft eigenverantwortlich wahrzunehmen, folgt aus der kommunalen Selbstverwaltung und ist zu beachten[1193]. Die Körperschaften kommunaler Selbstverwaltung haben einen generellen Anspruch auf Wahrung der körperschaftlichen Interessen[1194], auch wenn die Rechtsprechung mit subjektiven Rechten von Gemeinden insgesamt Zurückhaltung übt.[1195] Wie schon im 2. Teil VI. 1. Gesehen, muss die Planerstellung für die Ballungsräume bei den Kommunen verbleiben.

1190 *Hoppe/Rengeling*, Rechtsschutz bei der kommunalen Gebietsreform, S. 146.

1191 Vgl. HessVGH, Beschl. v. 3.1.1985 – 10 TH 2149/84, NVwZ 1985, 674.

1192 *Bredemeier*, Kommunikative Verfahren im deutschen und europäischen Verwaltungsrecht, S. 270 f.

1193 BVerfG, Beschl. v. 26.10.1994 – 2 BvR 445/91, E 91, 228, 236; BVerfG, Beschl. v. 19.11.2002 – 2 BvR 329/97, E 107, 1, 11; BVerfG, Urt. v. 20.12.2007-2 BvR 2433/04, 2 BvR 2434/04, E 119, 331, 362; *Schenk*, VBlBW. 1982, 313, 320 f.

1194 *Hoppe/Rengeling*, Rechtsschutz der kommunalen Gebietsreform, S. 154; *Ossenbühl*, DÖV 1969, 548, 553; *Rennert*, in: Umbach/Clemens (Hrsg.), Mitarb.-Kommentar-GG, Art. 28 II Rn. 102.

1195 Ausnahmefall aufgrund gesamträumlicher Planungsverantwortung der Gemeinde BVerwG, Urt. v. 7.7.1978 – IV C 79.76, E 56, 110, 136 f.; BVerwG, Urt. v. 22.6.1979 – IV C 40.75, NJW 1980, 718.; BVerwG, Urt. v. 16.12.1988 – 4 C 40/86, E 81, 95, 107 f.; *Kügel*, Planfeststellungsbeschluss und seine Anfechtbarkeit, S. 205.

c) Wahrung der Rechtsregimes

Die Darstellung der Ermächtigungsgrundlagen in Teil 5. Kap. II, die für lärmschützende Maßnahmen in Betracht kommen, hat gezeigt, dass eine Vielzahl sehr unterschiedlicher Rechtsregimes genutzt werden können. Innerhalb der Rechtsregimes sollen sehr vielfältige und oft vom Lärmschutz abweichende Aufgaben wahrgenommen werden, was zum einen zu dem dargestellten Problem führt, dass keine konkret auf den Lärmschutz ausgerichteten Ermächtigungsgrundlagen bestehen. Zum anderen sind die Ermächtigungsgrundlagen auf die Wahrnehmung anderer wichtiger Aufgaben ausgerichtet, deren Wahrnehmung es zu achten gilt. So kann das öffentliche Straßenrecht von seiner Aufgabe, den öffentlichen Straßenverkehr zu regeln, nicht gänzlich zu Gunsten eines Lärmschutzes angezogen oder in seiner Aufgabe vollständig enthoben werden. Dass der Straßenverkehr funktioniert, ist für ein Zusammenleben in einem wirtschaftlich ausgerichteten Staat von entscheidender Bedeutung. Ähnlich können andere Erfordernisse, wie der Naturschutz etwa, in Planungsentscheidungen nicht gänzlich zugunsten des Lärmschutzes konterkariert werden. Daher kann eine rein durch Lärmschutz motivierte Planung einer Umgehungsstraße nicht möglich sein.

IV. Lösungen für die Probleme bei der Planerstellung

Wie im 3. Teil der Arbeit dargestellt wurde, ist die verbreitete Praxis Lärmaktionspläne erst zu erstellen, wenn von den Landesministerien vorgegebene Auslöseschwellen für eine Planung überschritten sind. Dies stimmt, wie im 3. Teil dargestellt, aber nicht mit den Anforderungen der Umgebungslärmrichtlinie überein, die ein Regelungsbedürfnis bei Ballungsräumen und Orten in der Nähe von Hauptverkehrsstraßen bereits vermutet. Daher ist der § 47d Abs. 1 BImSchG seinem Wortlaut entsprechend anzuwenden, der in Bezug auf Ballungsräume und Orte in der Nähe von Hauptverkehrsstraßen die Pflicht zur Erstellung von Lärmaktionsplänen und nicht erst aufgrund der Feststellung eines Regelungsbedürfnisses vorsieht. Somit bedarf es für die Lösung dieses Effektivitätsproblemes keines Tätigwerdens des Gesetzgebers, sondern eines am

Wortlaut der Norm orientierten Gesetzesvollzuges. Zudem haben auch die Verwaltungsbehörden und die Gemeinden die Vorgaben der Umgebungslärmrichtlinie strikt zu beachten und ihr Handeln an den Anforderungen der Richtlinie auszurichten.[1196]

Ein weiteres Problem besteht darin, dass die Anforderungen der Umgebungslärmrichtlinie in Bezug auf den räumlichen Umfang der Lärmaktionspläne in der Praxis nicht immer eingehalten werden. Probleme bereitet zunächst die Definition von Ballungsräumen. Ballungsräume werden überwiegend durch Gemeindegrenzen beschränkt und nicht konsequent anhand der gesetzlichen Definition beurteilt. In § 47b Nr. 1 BImSchG werden Ballungsräume aber schon dahin definiert, dass es sich bei ihnen um „Gebiete mit einer Einwohnerzahl von über 100.000 und einer Bevölkerungsdichte von mehr als 1.000 Einwohnern pro Quadratkilometer“ handelt. Die Definition entspricht den Anforderungen der Umgebungslärmrichtlinie an eine tatsächliche und von Zuständigkeitsgrenzen unabhängige Betrachtung des Umgebungslärmes. Daher bedarf es auch hier keiner zusätzlichen gesetzgeberischen Akte, sondern einer am Wortlaut des Gesetzes orientierten Anwendung.

Das letzte festgestellte Problem bei der Planerstellung betrifft das Verhältnis der Planerstellungspflicht für Ballungsräume zu der an Hauptverkehrsstraßen. In vielen kleineren Ballungsräumen, die erst 2013 erstmals zu beplanen waren, wurde auch der Lärmaktionsplan für die Hauptverkehrsstraßen auf dieses Datum verschoben, auch wenn diese bereits die Voraussetzungen für eine Planerstellung bis 2008 erfüllten. Da der § 47d Abs. 1 BImSchG hier aber auch zwei eigenständige Pflichten zur Planerstellung – für Ballungsräume und Orte in der Nähe von Hauptverkehrsstraßen – vorsieht, bedarf es wieder nur einer am Wortlaut der Norm orientierten Vollzuges.

1196 *Nass*, in: Frank/Langrehr (Hrsg.), Die Gemeinde. FS f. Faber, S. 57, 65 ff.

V. Lösungen für die Probleme beim Festlegen von Maßnahmen

Wie im 4. Teil festgestellt, werden in der Planungspraxis sehr unterschiedliche Maßnahmen vorgesehen. Da es der Umgebungslärmrichtlinie zuvorderst auf ein in sich stimmiges Lärmschutzkonzept mit aufeinander abgestimmten Maßnahmen ankommt, wäre eine undifferenzierte Pflicht Maßnahmen einer bestimmten Kategorie vorzusehen, nicht angemessen. Es kommt vielmehr darauf an, dass Maßnahmen vorgesehen werden, die geeignet sind, einem Lärmschutzbedürfnis gerecht zu werden, also Umgebungslärm zu mindern, zu verhindern oder dort, wo die Situation gut ist, diese zu bewahren.

Dies kann über den Erlass bindender Grenzwerte erreicht werden, die das Bestehen eines Lärmschutzbedürfnisses markieren. Gleichzeitig wird die planerstellende Behörde gezwungen, bei Überschreitung der Grenzwerte Maßnahmen vorzusehen, die geeignet sind den Lärm zu reduzieren. Sollte aber kein Lärmschutzbedürfnis bestehen sind auch keine Maßnahmen vorzusehen. Somit bleibt es eine Entscheidung im konkreten Einzelfall, ob, und wenn ja welche Maßnahmen im Lärmaktionsplan festzulegen sind.

Da es, wie im nächsten Abschnitt zu zeigen ist, auch für eine effektive Verwirklichung der in den Lärmaktionsplänen vorgesehenen Maßnahmen des Erlasses von Grenzwerten bedarf, werden die Details im nächsten Abschnitt dargestellt.[1197]

VI. Lösungen für die Probleme bei der Maßnahmenverwirklichung

Wie Teil 5 dieser Arbeit gezeigt hat, besteht das wesentliche Vollzugsdefizit der Umgebungslärmrichtlinie bei der Maßnahmenverwirklichung. In der Praxis werden die überwiegende Zahl der aufzustellenden Lärmaktionspläne erstellt und die meisten Städte sehen auch für den Lärmschutz geeignete Maßnahmen vor. Verwirklicht werden aber nur noch wenige dieser Maßnahmen.

1197 6. Teil VI. 4.

1. Unmittelbare Anwendung der Richtlinie

Eine unmittelbare Anwendung von Vorgaben der Umgebungslärmrichtlinie, die unzureichende nationale Regelungen ersetzen könnten, ist nicht möglich. Die Umgebungslärmrichtlinie lässt den Mitgliedstaaten einen Spielraum, wie durch Lärmaktionspläne verbindliche Vorgaben für lärmschützende Maßnahmen gemacht werden können.[1198] Damit normiert die Umgebungslärmrichtlinie aber keine inhaltlich hinreichend bestimmten Vorgaben, wie die verbindliche Wirkung der Maßnahmen in Lärmaktionsplänen erreicht werden sollen, sondern sieht auch die Wirkung der Lärmaktionspläne als Zielvorgabe vor. Reine Ziel- und Programmvorgaben sind aber nie hinreichend bestimmt, um unmittelbar wirksam zu sein.[1199] Somit scheidet eine unmittelbare Anwendung von Richtlinienvorgaben aus.

2. Richtlinienkonforme Anwendung des deutschen Rechts

Fraglich ist, ob sich die §§ 47a ff. BImSchG richtlinienkonform anwenden lassen. In der Literatur wird insbesondere das Herleiten eines Anspruchs auf Planvollzug vertreten.[1200]

a) Auslegung des § 47 Abs. 6 BImSchG

Zunächst ist zu untersuchen, ob die Regelung des § 47 Abs. 6 BImSchG ausgelegt und richtlinienkonform angewandt werden kann.

Als die naheliegendste Lösung des Verwirklichungsdefizites mag es erscheinen, den Lärmaktionsplänen an sich Regelungscharakter zu verleihen und mit ihnen verbindliche Vorgaben für die Maßnahmenverwirklichung zu machen. Beziehungsweise nehmen einige

1198 Vgl. Art. 1 Abs. 1 lit. c) und Art. 8 UL-RL

1199 Zur Trennung von Normstruktur und Norminhalt in diesem Sinne schon *Grabitz*, EuR 1971, 1, 7.

1200 *Sparwasser/Engel*, NVwZ 2010, 1513, 1519; *Repkewitz*, VBlBW 2006, 409, 416.

Stimmen in der Literatur schon an, dass Lärmaktionsplänen verbindliche Vorgaben gleich einer Rechtsverordnung machen.[1201]

Dem stehen aber die im 6. Teil I. 2. dargestellten Probleme der Aufgabenverteilung zwischen unterschiedlichen Trägern öffentlicher Belange entgegen, die es zu beachten gilt. Entgegen steht solch einer Verbindlichkeit auch die Wirkung einiger Maßnahmen gegenüber dem Bürger bei gleichzeitig der maßnahmenverwirklichenden Behörde eingeräumten Ermessen, das von dieser ausgeübt werden muss.[1202] Lärmaktionspläne regeln gerade nicht unmittelbar verbindlich das Verhältnis zwischen Verwaltung und Bürger.[1203] Um diese Schwierigkeiten zu umgehen, müssten die Lärmaktionspläne von übergeordneten Stellen aller von den Maßnahmen potentiell betroffener Behörden aufgestellt werden. Nach diesem Konzept könnten die Lärmaktionspläne Verwaltungsanweisungen darstellen und wären etwa auf Ebene der Landesministerien anzusiedeln. Damit würde aber der Grundgedanke der Umgebungslärmrichtlinie in Frage gestellt, zuständige Stellen auf geeigneter Ebene zu bestimmen.[1204] Die Erstellung von Lärmaktionsplänen gerade in die Hand der Kommunen zu geben, hatte den Hintergrund, dass diese am dichtesten an den örtlichen Problemen sitzen und am besten Maßnahmen festlegen können. Zudem folgt auch aus der kommunalen Selbstverwaltungsgarantie nach Art. 28 Abs. 2 GG, dass Lärm als örtliches Problem zumindest für die Beplanung der Ballungsräume den Gemeinden zugeweisen werden muss.[1205]

In Anlehnung an die Luftreinhalteplanung und die dort in § 40 Abs. 1 S. 1 BImSchG geregelte Verbindlichkeit der Maßnahmen könnten auch die hier entwickelten Vorgaben der Lärmaktionsplanung Anwendung finden und für eine Auslegung des § 47 Abs. 6 BImSchG fruchtbar gemacht werden.

§ 40 Abs. 1 S. 1 BImSchG verpflichtet die Straßenverkehrsbehörden strikt, die im Luftreinhalte- oder Kurzfristplan festgelegten

1201 *Sparwasser/Engel*, NVwZ 2010, 1513, 1519; *Repkewitz*, VBlBW 2006, 409, 416.

1202 Dazu 6. Teil I. 3. und 4.

1203 Vgl. *Scheidler*, NuR 2005, 628, 630.

1204 Art. 4 Abs. 1 UL-RL

1205 Ausführlich 2. Teil VI. 1.

Verkehrsbeschränkungen zu verwirklichen.[1206] Dabei ist die Straßenverkehrsbehörde an alle Detailfestlegungen des Plans gebunden z. B. für welche Fahrzeuge oder zu welchen Zeiten die Beschränkungen gelten sollen. Lediglich die im Plan und durch die planerstellende Behörde offen gelassenen Einzelheiten werden dann in das Ermessen der Straßenverkehrsbehörde gestellt. Für die Verwirklichung der Verkehrsbeschränkungen werden die straßenverkehrsrechtlichen Vorschriften und damit insbesondere der § 45 StVO in Bezug genommen. Die Straßenverkehrsbehörde darf sich daher nur der im Straßenverkehrsrecht vorgesehenen Instrumente bedienen, wie Verkehrszeichen. Daraus folgt auch, dass sie keine Anordnungen treffen darf, die nicht im Straßenverkehrsrecht vorgesehen sind. Dem Rechtsregime des Straßenverkehrsrechts bleiben alle weiteren Rechtsfolgen hinsichtlich Wirksamkeit, Adressaten und Durchsetzung überlassen.[1207]

Bei § 40 Abs. 1 S. 1 BImSchG handelt es sich nach allgemeiner Meinung um eine Rechtsfolgenverweisung[1208], sodass nicht verlangt wird, dass auch die besonderen straßenverkehrsrechtlichen Anordnungsvoraussetzungen vorliegen.[1209] Damit umgeht die Luftreinhalteplanung das oben beschriebene Problem fehlenden spezifisch lärmschützenden Ermächtigungsgrundlagen im Straßenrecht. Diese Auslegung müsste dann auch auf § 47d Abs. 6 i. V. m. § 47 Abs. 6 BImSchG anwendbar sein.

Die strikte Bindung der Straßenverkehrsbehörde an die Festlegung der Pläne wird zudem in zweierlei Hinsicht abgesichert. Zunächst werden die Einschränkungen der Straßenbau- und Straßenverkehrsbehörden durch das in § 47 Abs. 4 S. 2 BImSchG vor-

1206 So die amtl. Begr. zum geänderten Gesetzesvorschlag, BT-Drs 14/8450 Nr 2, 16; ferner *Hansmann*, in: Landmann/Rohmer, BImSchG, § 40 Rn 14; *Jarass*, BImSchG § 40 Rn 11 f.; OVG Lüneburg, Urt. v. 12.5.2011 – 12 LC 143/09, Immissionsschutz 2011, 147.

1207 *Hansmann*, in: Landmann/Rohmer, BImSchG § 40 Rn 33; *Jarass*, BImSchG § 40 Rn 15.

1208 OVG Lüneburg, Urt. v. – 12 LC 143/09 Rn. 76 zitiert nach Juris Rn. 76; VG Köln, Beschl. v. 25.1.2011 – 8 A 2751/09 –, juris; VG Düsseldorf, Urt. v. 8.12.2009 – 3 K 3720/99 –, juris

1209 *Hansmann*, in: Landmann/Rohmer, BImSchG § 40 Rn 10.

gesehene Einvernehmen kompensiert.[1210] Zum anderen sind die strikten Grenzwerte für Feinstaub geeignet, auch das Ermessen der Straßenverkehrsbehörden im Rahmen von § 45 StVO dahin zu binden, dass zum Schutz der Wohnbevölkerung Maßnahmen ergriffen werden müssen.

Einer analogen Anwendung von § 40 Abs. 1 S. 1 BImSchG bedarf es nicht, da die Anwendung von § 47 Abs. 6 BImSchG seinem Wortlaut nach ausreichen würde, die von der Umgebungslärmrichtlinie verlangte Verbindlichkeit herzustellen, wenn eine Wahrung der Kompetenzen durch die Beteiligung der Fachbehörden abgesichert ist.

Der Ansicht, dass es einer § 40 Abs. 1 S. 1 BImSchG entsprechenden Ausgestaltung des § 47d Abs. 6 BImSchG gar nicht bedürfe, da der Gesetzgeber schon davon ausgegangen sei, dass Lärmaktionsplänen Verbindlichkeit zukommt und es einer weiteren Anordnung, wie in § 40 Abs. 1 S. 1 BImSchG, wie für die Luftreinhalteplanung nicht bedarf, wird mit den oben genannten Kompetenzkonflikten entgegen getreten.

Somit wäre der Lösungsansatz, die Lärmaktionspläne an sich als verbindliche Vorgaben auszugestalten, nur unter zusätzlichen Anforderungen möglich.

Zwar entspricht eine Auslegung des § 47 Abs. 6 BImSchG nach Wortlaut, Sinn und Zweck sowie dem Wille des Gesetzgebers für eine Verwirklichungspflicht. Wie dargelegt, muss eine Auslegung immer im Zusammenhang mit der übrigen Rechtsordnung stehen. Danach ist eine Verwirklichungspflicht nicht möglich, ohne andere wesentliche Prinzipien zu verletzten.

b) Analoge Anwendung von § 47 Abs. 4 S. 2 BImSchG – Beteiligungspflicht

Daher sind Lösungen im Wege der Rechtsfortbildung zu suchen. Denn hier wird eine Ergänzung des bisherigen Verfahrens der Lärmaktionsplanung möglich. Fraglich ist, ob durch die analoge

1210 So auch OVG Lüneburg, Urt. v. 12.5.2011 – 12 LC 143/09, Immissionsschutz 2011, 147; vgl. *Scheidler,* in: Feldhaus, BImSchG-Kommentar, Bd. 1 Teil II, § 40 Rn. 22, 27.

Anwendung der Beteiligungsregel der Luftreinhalteplanung in § 47 Abs. 4 S. 2 BImSchG die Voraussetzungen dafür geschaffen werden können, einen richtlinienkonformen Zustand herzustellen.

Für die Luftreinhalteplanung ist eine Pflicht zu Koordination mit den in ihren Kompetenzen betroffenen Straßenbehörden in § 47 Abs. 4 S. 2 BImSchG geregelt. Insoweit ist auch die in § 40 Abs. 1 S. 1 BImSchG geregelten Verbindlichkeit der Luftreinhaltepläne durch eine Wahrung der Interessen der Straßenverkehrsbehörden abgesichert und stellt ein alle Kompetenzen wahrendes System dar. Eine Beteiligung der in ihren Aufgaben betroffenen Fachbehörden sehen die Vorschriften für die Lärmaktionsplanung demgegenüber nicht vor. In § 47c Abs. 3 BImSchG ist für die Aufstellung von Lärmaktionsplänen lediglich eine grenzüberschreitende Zusammenarbeit vorgesehen. Darüber hinaus gibt es im Verwaltungsverfahrensgesetz keine generelle Anordnung von Beteiligungspflichten öffentlicher Stellen.[1211]

Problematisch ist zudem, dass es sich beim Fehlen einer Regelung nicht um eine planwidrige Regelungslücke handelt. Aus der Entstehungsgeschichte der §§ 47a ff. BImSchG[1212] geht eindeutig hervor, dass ein Einvernehmenserfordernis zunächst vorgesehen war, dann aber im Vermittlungsausschuss gestrichen wurde. Somit hat sich der Gesetzgeber offensichtlich in einer politischen Entscheidung gegen ein Einvernehmenserfordernis entschieden[1213], auch wenn er deren Anordnung zunächst für notwendig erachtete. Fraglich ist aber, ob es auf die Voraussetzung einer planwidrigen Regelungslücke überhaupt ankommt, da die hier diskutierte Rechtsfortbildung auf europarechtlichen Grundsätzen und Erfordernissen beruht. Das Unionsrecht stellt gerade die effektive Anwendung seiner Rechtsakte in den Vordergrund und eine Rechtsfortbildung erfolgt unabhängig von den Analogievoraussetzungen des nationalen Rechts[1214], sodass eine analoge Anwendung möglich ist.

1211 Einzelbestimmungen zur Beteiligung öffentlicher Stellen z. B. beim Planfeststellungsverfahren oder sonstigen Zulassungsverfahren nach AtG, BImSchG und GenTG.

1212 BT-Drs. 15/3782; BT-Drs. 15/3921; BT-Drs. 15/4024; BT-Drs. 15/4412; BT-Drs. 15/5734.

1213 So auch *Berkemann*, S. 17.

1214 Zu den Effektivitätsanforderungen und Rechtsfortbildung schon 2. Teil III.

Den Straßenverkehrsbehörden und Straßenbaubehörden wird bei der Luftreinhalteplanung eine besondere Stellung zugwiesen, da Maßnahmen vornehmlich aus diesen Regimes kommen, was auch für die Lärmaktionsplanung des Straßenverkehrs gilt. Die den Luftreinhalteplan erstellenden Behörden dürfen Maßnahmen im Straßenverkehr nicht erlassen, ohne das Einvernehmen der Straßenverkehrsbehörden einzuholen.[1215] Dieses Einvernehmen ist als einzige Voraussetzung an die in § 47 Abs. 4 S 2 BImSchG verankerten ermessenssteuernden Kriterien gekoppelt und eröffnet keine darüber hinausgehenden weiteren Ermessensbefugnisse. Es ist aber weiter zu fragen, welche Folge es hat, wenn das Einvernehmen rechtswidrig nicht erteilt wird, insbesondere ob es ersetzt werden kann.[1216] Aus dem Sinn und Zweck der Luftreinhalteplanung, Maßnahmen im Plangebiet abzustimmen und zu koordinieren und den allgemeinen Grundsätzen einer ordnungsgemäßen Verwaltung folgt zudem, dass all diejenigen Behörden, die die in den Plänen vorgesehenen Maßnahmen nach § 47 Abs. 6 BImSchG umzusetzen haben, sowie die Behörden, deren Handlungsmöglichkeiten durch den Plan eingeschränkt werden, an der Planaufstellung zu beteiligen sind.[1217] Oder, soweit die Maßnahmen den Aufgabenbereich anderer Behörden berühren, sind diese *anzuhören*.[1218] Insbesondere die Behörden sind „einzubeziehen", die die fraglichen Maßnahmen durchzuführen haben.[1219]

Hier stellt sich die Frage, ob die hohen Voraussetzungen aus der zu § 36 Abs. 1 BauGB entwickelten Rechtsprechung anwendbar sind. Im Rahmen der Luftreinhalteplanung, aber auch der Lärmaktionsplanung könnten geringere Anforderungen gelten, da die Verkehrsbehörden weder eine eigenständige verfassungsrechtliche

---

1215 *Köck*, in: Giesberts/Reinhardt (Hrsg.), Beck'scher OK-BImSchG, § 47 Rn. 17; *Hannsmann*, in: Landmann/Rohmer, BImSchG § 47 Rn 18.

1216 So auch der Kläger im Verfahren VG Wiesbaden, Urt. v. 10.10.2011 – 4 K 757/11, ZUR 2012, 113, 116.

1217 *Jarass*, BImSchG, § 47 Rn 41; *Hansmann*, in: Landmann/Rohmer, BImSchG § 47 Rn 18; *Assmann/Knierim/Friedrich*, NuR 2004, 699; *Scheidler*, UPR 2006, 216, 218

1218 *Hansmann*, in Landmann/Rohmer, BImSchG§ 47 Rn. 18; Heitsch KO 51.

1219 *Scheidler*, UPR 2006, 218.

Rechtsposition geltend machen können noch eine juristische Person sind.[1220] Um eine effektive Verwirklichung der Umgebungslärmrichtlinie herzustellen, müsste es auch ein Instrument geben, das versagte Einvernehmen zu ersetzen. Dennoch ist die Kompetenzzuweisung an die Straßenverkehrsbehörden und Straßenbaubehörden zu beachten. Anders als in der Bauleitplanung ist die Entscheidung über die Verwirklichung der Maßnahmen gerade nicht originär den Gemeinden zugewiesen. Ein Ersetzen des Einvernehmens wäre aber auch nur dann rechtmäßig, wenn die Voraussetzungen der jeweiligen Ermächtigungsgrundlage geprüft werden und vorliegen. Auch nach § 36 BauGB kann ein zu Recht versagtes Einvernehmen, etwa weil das Vorhaben baurechtswidrig ist, nicht ersetzt werden.[1221]

Fraglich ist nun, wie weit eine „Beteiligung" gehen muss und, ob eine bloße Anhörung ausreicht. Die gesetzliche Regelung zu straßenverkehrsrechtlichen Maßnahmen sieht sogar ein Einvernehmenserfordernis vor. Damit geht das Gesetz in Bezug auf diese Maßnahmen über eine bloße Anhörung hinaus.

aa) Grundlagen von Beteiligung und Koordination

Die Koordination von Verwaltungshandlungen kann zum einen spontan (ad hoc) und informell, zum anderen in einem festen formellen Prozess erfolgen.

Informelle Absprachen sind „rechtlich nicht geregelte Verfahrenshandlungen sowie Sachentscheidungen der öffentlichen Verwaltung, die außerhalb der rechtlich geregelten Handlungsformen vorgenommen werden".[1222] Neben solchen informellen Handlungen kommen der Definition entsprechend auch rechtsförmige Verhal-

1220 Argumentation des Klägers im Verfahren VG Wiesbaden, Urt. v. 10.10.2011 – 4 K 757/11, ZUR 2012, 113, 116.

1221 *Hofmeister*, in: Spannowsky/Uechtritz (Hrsg.) Bech'scher OK-BauGB, § 36 Rn. 29.

1222 *Kautz*, Absprachen im Verwaltungsrecht, S. 39.

tensweisen in Betracht.[1223] Diese erfolgen in einem organisierten, strengen und zwingenden Verfahren.[1224]

Eine formelle Koordination findet weitgehend unabhängig von persönlichen Elementen statt. Sie ist darauf angelegt, eine Vielzahl von Akteuren zu erfassen und die Anwendung von speziellen Analyse- und Koordinierungsverfahren zu erleichtern. Damit soll sie auch bei komplexen Entscheidungen zu einer Abstimmung verhelfen.[1225] Diese Vorteile kommen aber auch informellen Handlungsweisen zu, wenn sie nicht nur zufällig erfolgen, sondern organisiert werden und so die Vorteile streng reglementierter Handlungsformen gewährleisten.[1226] In diesen Fällen kann insgesamt von einer institutionalisierten Koordination gesprochen werden.[1227]

Die unterschiedlichen formellen Formen der Koordination lassen sich nach ihrer Intensität in Instrumente der Mitentscheidung, Mitberatung und Mitteilung gliedern.[1228] Welche Art gewählt wird, hängt zum einen von dem Koordinierungsproblem, zum anderen von innerorganisatorischer Machtverteilung ab.[1229]

Auf unterster Stufe steht die bloße Mitteilung. Instrumente der Mitteilung haben die Funktion, sachlich zwar interessierte, aber nicht am Verfahren beteiligte Stellen zu informieren. Dies kann durch Anzeige-, Berichts- und Vorlagepflichten ausgestaltet werden.[1230] Die Mitteilung dient der Effizienzsteigerung von Vollzugs-

1223 *Kautz*, Absprachen im Verwaltungsrecht, S. 39.

1224 *Krüger*, Die Koordination von gesamtwirtschaftlicher, regionaler und lokaler Planung, S. 101.

1225 *Schneider*, in: Schneider (Hrsg.) Rationale Wirtschaftspolitik und Planung in der Wirtschaft heute, S. 259.

1226 *Krüger*, Die Koordination von gesamtwirtschaftlicher, regionaler und lokaler Planung, S. 260.

1227 *Krüger*, Die Koordination von gesamtwirtschaftlicher, regionaler und lokaler Planung, S. 101.

1228 *Stober/Kluthe*, Verwaltungsrecht II, S. 119 ff.

1229 *Schneider*, in: Schneider (Hrsg.) Rationale Wirtschaftspolitik und Planung in der Wirtschaft heute, S. 260.

1230 *Stober/Kluthe*, Verwaltungsrecht II, S. 121 f.

aufgaben.[1231] Sie ist sehr selten und greift meist als Mindestgewährung und bei Ausnahmen von anderen Kommunikationspflichten ein.[1232]

Auf der nächsten Stufe folgt die Mitberatung als wechselseitige Kommunikation und ist etwa beim Erlass von Rechtsverordnungen und Verwaltungsvorschriften vorgesehen[1233] sowie bei einem Eingriff in die Zuständigkeiten von Gemeinden und Kreisen im übertragenen Wirkungskreis[1234]. Zu den Instrumenten der Mitberatung zählt unter anderem die unverbindliche Stellungnahme. Im Gegensatz zur verbindlichen Stellungnahme, die schon als Instrument der Mitentscheidung gewertet wird, hat ihr Ausbleiben keinen Einfluss auf die Rechtmäßigkeit der Maßnahme. Diese Form der Beteiligung dient vornehmlich der Sachverhaltsermittlung.[1235]

Auf dritter Stufe steht der mitbestimmende Einfluss als qualifizierte Form der Beteiligung. In gesetzlichen Vorschriften wird dies entweder als „Erfordernis des Einvernehmens“[1236], als „Einverständnis“, „Gegenzeichnung“ oder als „Zustimmung“[1237] bezeichnet.[1238] Sowohl die wechselseitige Kommunikation als auch der mitbestimmende Einfluss sind im VwVfG nicht generell vorgesehen, sondern werden im Einzelfall spezialgesetzlich angeordnet.[1239] Der mitbestimmende Einfluss wird im Verhältnis aber wesentlich seltener angeordnet und häufig sind Ausnahmen vorgesehen.[1240] Die Erteilung des Einvernehmens oder der Zustimmung bei mitbestimmendem

1231 *Siegel*, Die Verfahrensbeteiligung von Behörden und anderer Träger öffentlicher Belange, S. 65 f.

1232 so z. B. bei § 35 Abs. 4 S. 2 GewO.

1233 Z. B. § 51 BImSchG; § 20 BBodSchG; *Finke*, NWVBl. 2004, 329 ff.; *Repkewitz*, VBlBW 2005, 1, 10 ff.

1234 Dazu *Vetzberger*, LKV 2004, 433 ff.; *Hederich*, NdsVBl. 2005, 33 ff.

1235 *Siegel*, Die Verfahrensbeteiligung von Behörden und anderer Träger öffentlicher Belange, S. 65 f.

1236 z. B. § 22 Abs. 5 S. 1, § 36 Abs. 1 S. 1, § 37 Abs. 2 S. 3, § 173 Abs. 1 S. 2 BauGB.

1237 z. B. § 36 Abs. 1 S. 4 BauGB; § 5 Abs. 4 S. 3, § 9 Abs. 2 S. 1 FStrG.

1238 Zur Einvernehmensregelung in der nordrhein-westfälischen Landesplanung *Finke*, NWVBl. 2004, 329, 330.

1239 Z. B. §§ 4 und 4a BauGB, als Voraussetzung in § 7 WHG und § 11 ROG.

1240 So § 9 Abs. 7 FStrG und § 37 Abs. 2 S. 2 BauGB.

Einfluss bindet die Sachentscheidungsbehörde insoweit, dass sie ohne Erteilung nicht entscheiden darf. Bei Ausbleiben der Entscheidung wird diese aber meist nach einer bestimmten Zeit fingiert.[1241] Die Hauptfunktion der qualifizierten Beteiligung ist die Kontrolle der sachentscheidenden Instanz und damit der Einhaltung materiell-rechtlicher Vorschriften. Der Sachverhaltsermittlung kommt nur eine untergeordnete Rolle zu.[1242] Die qualifizierte Beteiligung dient generell auch nicht der Wahrung von Rechten betroffener Behörden, nur bei Selbstverwaltungskörperschaften kommt diese Funktion hinzu. Den Selbstverwaltungskörperschaften kommt auch insoweit eine Sonderstellung zu, da ihnen in Ausnahmefällen ein subjektives Recht auf Beteiligung zusteht.[1243]

Diese Modelle der Koordination zwischen Behörden könnte auch für das Verfahren der Lärmaktionsplanung genutzt werden. Welcher Ausgestaltung es genau bedarf lässt sich anhand der Anforderungen des nationalen und europäischen Rechts an einen effektiven Gesetzesvollzug im Einzelfall bestimmen.

bb) Anforderungen aus nationalen Vorgaben an eine Koordination in der Lärmaktionsplanung

Fraglich ist nun, welche Qualität einer Beteiligung der Fachbehörden zukommen muss. Anforderungen könnten aus allgemeinen Rechtsgrundsätzen des Verwaltungsrechts an eine ordnungsgemäße Verwaltung folgen. Diese Koordinationspflichten folgen wiederum als grundsätzliche Anforderungen zur Beteiligung von Trägern öffentlicher Belange aus dem Verfassungsrecht und dort speziell aus dem Grundsatz der Gesetzmäßigkeit der Verwaltung, der kommunalen Selbstverwaltungsgarantie und den Grundsätzen zur Solidargemeinschaft zwischen Bund und Ländern.

1241 § 22 Abs. 5 S. 4, § 36 Abs. 2 S. 2 BauGB; *Stock*, in: Ernst/Zinkahn/Bielenberg (Hrsg.), BauGB, Bd. V, § 173 Rn. 9; *Finke*, NWVBl. 2004, 329, 330.

1242 *Söfker*, in: Ernst/Zinkahn/Bielenberg (Hrsg.), BauGB, Bd. III, § 36 Rn. 10 f.

1243 *Söfker*, in: Ernst/Zinkahn/Bielenberg (Hrsg.), BauGB, Bd. III, § 36 Rn. 9, 47; HessVGH, NVwZ 1984, 738; *Reidt*, in: Batties/Krautzberger/Löhr (Hrsg.), BauGB-Kommentar, § 36 Rn. 6.

Diese Rechtsgrundsätze sind auch auf das Verfahren der Lärmaktionsplanung anzuwenden und bestimmen die Anforderungen an eine Koordinierung zwischen den Behörden.

(1) Grundsatz der Gesetzmäßigkeit der Verwaltung

Zunächst könnte der Grundsatz der Gesetzmäßigkeit der Verwaltung Anforderungen an die Beteiligung in ihren Aufgaben betroffene Behörden stellen.

Der Grundsatz der Gesetzmäßigkeit der Verwaltung folgt aus Art. 20 Abs. 3 GG und verpflichtet jede Behörde dazu, das Verwaltungsrecht bei umfassend ermitteltem Sachverhalt zu vollziehen.[1244] Die Ermittlung des Sachverhalts erfolgt auch durch Beteiligung aller betroffenen Hoheitsträger.[1245] Eines mitbestimmenden Einflusses auf die schließlich zu treffende Entscheidung bedarf es dazu aber nicht. Strengere Anforderungen stellen sich, soweit Gemeinden in ihrer Selbstverwaltungsgarantie betroffen sind. Diesen muss dann beratender Einfluss auf die Entscheidung zukommen.[1246]

Es bleibt dem Gesetzgeber überlassen, wie er das Erfordernis einer umfassenden Sachverhaltsermittlung erreichen möchte und er kann auch andere Informationsquellen als die Beteiligung von Behörden nutzen. Dennoch gehört zum Erfordernis der umfassenden Sachverhaltsermittlung die Beteiligung Betroffener und im konkreten Fall die Beteiligung der maßnahmenverwirklichenden Behörden. Sie haben das größte Fachwissen und sind am besten zur Sachverhaltsermittlung in der Lage.[1247] Aus dem Grundsatz der Gesetzmäßigkeit der Verwaltung folgt aber kein Anspruch auf Beteiligung. Die planerstellende Behörde könnte sich somit das nötige Wissen ausnahmsweise auch aneignen und dann alleine entscheiden.

1244 *Peine*, AllgVerwR, Rn. 65; BVerfG, Beschl v. 7.10.1980,E 56, 298, 319 – Flugplatz Memmingen; *Kallerhoff*, in: V. Stelkens/Bonk/Sachs (Hrsg.), VwVfG-Kommentar, § 28 Rn. 7.

1245 BVerfG, Beschl v. 7.10.1980,E 56, 298, 319 – Flugplatz Memmingen; *Kallerhoff*, in: V. Stelkens/Bonk/Sachs (Hrsg.), VwVfG-Kommentar, § 28 Rn. 6.

1246 *Hoppe/Rengeling*, Rechtsschutz bei der kommunalen Gebietsreform, S. 146.

1247 *Kopp*, Verfassungsrecht und Verwaltungsverfahren, S. 69.

(2) Recht der kommunalen Selbstverwaltungsgarantie

Höhere Anforderungen an eine Beteiligung könnten aus der kommunalen Selbstverwaltungsgarantie nach Art. 28 Abs. 2 GG folgen. Soweit Gemeinden in ihren von der Selbstverwaltung umfassten Rechten betroffen sind, gehen die Anforderungen an eine Beteiligung über eine bloße Obliegenheit hinaus und den Gemeinden kommt ein Anspruch auf Beteiligung zu. Aus der kommunalen Selbstverwaltung ergibt sich das Recht der Gemeinden, Angelegenheiten der örtlichen Gemeinschaft eigenverantwortlich wahrzunehmen und damit Einfluss auf Entscheidungen zu haben, die diese Rechte betreffen. Die Beteiligung kommunaler Gebietskörperschaften dient insbesondere der Verhinderung von Verstößen gegen die kommunale Selbstverwaltungsgarantie.[1248] Eine untergeordnete Bedeutung kommt der Rechtswahrung, der Kontrolle der Verwaltung[1249], der Möglichkeit einer Akzeptanzsicherung und -steigerung[1250] sowie daneben auch der Sachverhaltsermittlung zu. Der Pflicht zur Beteiligung wird sowohl von § 28 Abs. 1 VwVfG als auch von spezialgesetzlichen Beteiligungsregelungen[1251] Rechnung getragen. Damit steht den Körperschaften kommunaler Selbstverwaltung unabhängig von der Ausgestaltung der konkreten Beteiligungsregelung ein Anspruch auf Beteiligung aus der Wahrung der körperschaftlichen Interessen zu.[1252] Obwohl die Rechtsprechung subjektive Rechten von Gemeinden nur ausnahmsweise annimmt, sind diese gerade bei ihrer Planungsverantwortungen berührt[1253], sodass Lärmaktionspläne für Ballungsräume zur Wahrung der Selbstverwaltungsrechte

---

1248 BVerfG, Beschl. v. 27.11.1978 – 2 BvR 165/75, E 50, 50, 55 f.; BVerfG, Beschl. v. 17.1.1979 – 2 BvL 6/76, E 50, 195, 202 f.; BVerfG, Beschl. v. 19.11.2002 – 2 BvR 329/97, E 107, 1, 24; *Schenk*, VBlBW. 1982, 313, 320 f.

1249 *Bredemeier*, Kommunikative Verfahren im deutschen und europäischen Verwaltungsrecht, S. 249 f.

1250 SächsVGH, Urt. v. 23.6.1994 – 4.VIII-94, LKV 1995, 115, 116.

1251 Z. B. § 36 Abs. 1 BauGB.

1252 *Hoppe/Rengeling*, Rechtsschutz der kommunalen Gebietsreform, S. 154; *Ossenbühl*, DÖV 1969, 548, 553; *Rennert*, in: Umbach/Clemens (Hrsg.), Mitarb.-Kommentar-GG, Art. 28 II Rn. 102.

1253 Ausnahmefall aufgrund gesamträumlicher Planungsverantwortung der Gemeinde BVerwG, Urt. v. 7.7.1978 – IV C 79.76, E 56, 110, 136 f.; BVerwG, Urt. v. 22.6.1979 – IV C 40.75, NJW 1980, 718.; BVerwG, Urt. v. 16.12.1988 –

mit allen Gemeinden abgestimmt sein müssen, soweit eine gemeindeübergreifende Maßnahme vorgesehen werden soll.

(3) Rechtsstaatsprinzip

Weiter könnte das Rechtsstaatsprinzip in seinem postulierten Grundsatz der Gesetzmäßigkeit der Verwaltung und in seinem Unterfall der effektiven Staatstätigkeit Anforderungen an ein Zusammenwirken der planenden und maßnahmenverwirklichenden Behörden stellen.

Behörden der unmittelbaren Staatsverwaltung haben anders als Gemeinden keine eigenen Rechte, sondern nehmen nur Kompetenzen wahr.[1254] Deshalb können sie auch keinen Anspruch auf Beteiligung geltend machen. Eine Beteiligung findet hier zur Durchsetzung von Staatszielen statt und dient überwiegend der Sachverhaltsermittlung. Die Beteiligung ist aber nur in Ausnahmefällen erforderlich, etwa bei einer Kompetenzverschiebung und um die Effizienzgesichtspunkte der Verschiebung zu rechtfertigen.[1255] Dabei gebietet der Grundsatz der effektiven Staatstätigkeit keine Beteiligung mit einem bestimmten Einfluss, da es nur um einen Informationsaustausch mit der entscheidenden Behörde geht. Grundsätzlich werden solche Anhörungs- und Beteiligungspflichten zusammen mit der Kompetenzverschiebung geregelt.[1256] Die Lärmaktionsplanung sieht aber keine Verschiebung von Kompetenzen im eigentlichen Sinne vor. Die Ermächtigungsgrundlagen zur Maßnahmenimplementierung stehen nicht der planerstellenden Behörde zu, sodass hiernach auch keine Anhörungspflicht für Stellen der unmittelbaren Staatsverwaltung nötig ist.

---

4 C 40/86, E 81, 95, 107 f.; *Kügel*, Planfeststellungsbeschluss und seine Anfechtbarkeit, S. 205.

1254 Das Selbstverwaltungsrecht der Gemeinden folgt u.a. aus Art. 28 Abs. 2 GG.

1255 *Bredemeier*, Kommunikative Verfahren im deutschen und europäischen Verwaltungsrecht, S. 262 f., 270 f., 278 f.; Hess.VGH, Urt. v- 9.4.1974 – II OE 103/73, DÖV 1975, 649.

1256 *Bredemeier*, Kommunikative Verfahren im deutschen und europäischen Verwaltungsrecht, S. 345 f.

(4) Solidargemeinschaft des Bundes und der Länder

Eine Pflicht zur Beteiligung von Bund, Ländern und Gemeinden, soweit diese durch die Ausarbeitung der Lärmaktionspläne betroffen sind, könnte sich auch aus dem Grundsatz der Solidargemeinschaft zwischen Bund und Ländern ergeben.

Die Rücksichtnahme auf die Interessen der anderen Länder oder des Bundes spielt auch eine entscheidende Rolle bei der Lärmaktionsplanung, da für Hauptverkehrsstraßen in der Trägerschaft des Landes oder des Bundes Maßnahmen vorgesehen werden können. Aus der Bundestreue lassen sich konkret die kompetenzrechtliche Rücksichtnahme, die Amtshilfe und eine Mitwirkungspflicht bei der Aufgabenerfüllung anderer Behörden ableiten, sodass betroffene Stellen zu beteiligen sind.[1257] Die Pflicht, Gelegenheit zur Mitwirkung zu geben, wird aber durch die Verantwortung der Behörde für eine sachgerechte Wahrnehmung der Aufgabe hinsichtlich des „Ob" und des „Wie" begrenzt.[1258] Konkret können der Bund und die Länder oder die Länder untereinander die Unterhaltung und der Ausbau von überörtlichen Straßen als Aufgaben im Erfordernis eines gesamtstaatlichen Gemeinwohls nur gemeinsam erfüllen. Daher besteht eine Pflicht zur gegenseitigen Abstimmung, Rücksichtnahme und Zusammenarbeit.[1259] Darüber hinaus bestehen Verpflichtungen zur gegenseitigen „Information" und „Konsultation" zu Beschlüssen, die für die anderen Bundespartner wichtig sind oder sich besonders auf sie auswirken können.[1260] Dies ist bei Landesgrenzen übergreifenden oder die Aufgaben des Bundes berührenden Lärmaktionsplänen grundsätzlich der Fall.

Die durch die Solidargemeinschaft zwischen Bund und Ländern vorausgesetzte Information und Konsultation verpflichten grundsätzlich aber nicht zur Herstellung eines gegenseitigen Einvernehmens, dass dies dennoch angestrebt wird, ist nicht ausgeschlossen.[1261]

1257 *Brohm*, DÖV 1983, 525, 531.

1258 *Brohm*, DÖV 1983, 525, 531.

1259 BVerfG, Urt. v. 24.6.1986, E 72, 330, 402.

1260 Überblick bei *Bauer*, Die Bundestreue, S. 346.

1261 *Bauer*, Die Bundestreue, S. 347, zwischen Ländern etwa im innerstaatlichen Nachbarrecht *Steinberg*, NJW 1987, 2345, 2346 ff.

Höhere Anforderungen an eine gegenseitige Abstimmung stellen sich grundsätzlich bei Planungen, es muss zwar keine Zustimmung, aber ein Austausch über den Plan erfolgen.[1262] Für die Raumordnungsplanung ist die Pflicht, betroffenen Stellen Gelegenheit zur Stellungnahme zu geben und den Plan zu begründen, in § 10 ROG normiert.

Auch Lärmaktionspläne könnten Pläne darstellen, sodass die strengeren Anforderungen auf sie anwendbar wären. Lärmaktionspläne dienen der vorausblickenden Bewältigung von Umweltproblemen und somit der Umweltvorsorge und daneben dem Gesundheitsschutz,[1263] dazu erfassen sie systematisch den Ist-Zustand der Lärmauswirkungen. Lärmaktionspläne sollen aber auch ein rationelles Konzept entwickeln, gegenläufige Umweltbelange in einen Ausgleich zu bringen, also einen Soll-Zustand definieren.[1264] Beides sind typische Elemente von Plänen. Weiteres Merkmal von Plänen ist ihre geringe gesetzliche Determinierung, die in der planerischen Gestaltungsfreiheit deutlich wird. Erst die planerische Gestaltungsfreiheit ermöglicht Plänen ihre Koordinierungsfunktion.[1265]. Auch bei Erstellung von Lärmaktionsplänen findet eine planerische Abwägung zwischen vielen sich teilweise entgegenstehenden öffentlichen und privaten Belangen statt, insbesondere bzgl. der festzulegenden Maßnahmen.[1266] Deshalb ist bei der Lärmaktionsplanung von einer Planungsentscheidung auszugehen.[1267]

1262 Vgl. zu Abstimmungspflichten als Ausprägung der Bundestreue in der Raumordnung, *Ernst/Hoppe*, Das öffentliche Bau- und Bodenrecht, S. 37; *Funke*, Bund-Länder-Abstimmung im Bereich der Raumordnung und Landesplanung, S. 44 f.

1263 Zum Gesundheitsschutz der UL-RL *Cancik*, ZUR 2007, 169, 172 f.

1264 *Sparwasser/Engel/Voßkuhle*, Umweltrecht, § 2 Rn. 88; *Kloepfer*, Umweltrecht, S. 225 ff.

1265 *Engel*, in: Gesellschaft für Umweltrecht (Hrsg.), Dokumentation zur 33. wissenschaftlichen Fachtagung der Gesellschaft für Umweltrecht e. V., Berlin 2009, S. 94, 104 f.

1266 *Schulze-Fielitz*, in: Koch (Hrsg.), GK-BImSchG, § 47 d Rn. 84, 92; *Wysk*, in: Giesberts/Reinhardt (Hrsg.), Beck'scher OK-BImSchG, § 47 d Rn. 21; *Blaschke*, Lärmminderungsplanung, S. 227.

1267 Vgl. zur möglichen Rechtsnaturen der Lärmaktionspläne die Vielzahl von Ansichten zur Rechtsnatur der verwandten Luftreinhaltepläne. Sie wer-

Da die Lärmaktionsplanung typischerweise in Kompetenzen anderer Behörden eingreift, ist auch für sie ein Austausch mit den betroffenen Stellen nötig. Dem steht nicht entgegen, dass die Pflicht zur Lärmaktionsplanerstellung überwiegend den Gemeinden zugewiesen wurde. Diese Zuweisung für die Ballungsräume entspricht der Zuständigkeit der Gemeinden für örtliche Aufgaben.[1268] Es ist auch nicht untypisch, dass der Bund oder die Länder durch Selbstverwaltungsaufgaben der Gemeinden gebunden werden. So können in der Bauleitplanung Gemeinden beispielsweise verbindliche Vorgaben für immissionsschutzrechtlich genehmigungsbedürftige Anlagen treffen[1269], aber auch Vorgaben durch Straßenrecht, Naturschutz und Denkmalschutz sind möglich[1270].

Aus der Pflicht zur Bundestreue ergibt sich, dass jeder Träger öffentlicher Verwaltung durch Pflichten zur Kooperation, Abstimmung und gegenseitigen Rücksichtnahme daran mitwirken muss, dass die anderen Träger ihrer Aufgabenerfüllung nachkommen können.[1271] Dies gilt über das Verhältnis zwischen Bund und Ländern hinaus auch für Vorgaben der Gemeinden aus Lärmminderungsplänen.

---

den als „ein der Verwaltungsvorschrift ähnliches verwaltungsinternes Planungsinstrument“ bezeichnet *Jarass*, BImSchG, § 47 Rn. 58, 47; *Jarass*, VerwArch 2006, 429, 449; als „verwaltungsinternen Handlungsplan“ *Stettner*, in: Ule/Laubinger (Hrsg.), BImSchG, § 47 Rn. E 1; ähnlich, *Steenbuck*, NVwZ 2005, 770; oder „Exekutivprogramm“ *Herrmann*, in: Koch (Hrsg.), GK-BImSchG, § 47 Rn. 102; vgl. auch *Kaden*, Der amerikanische CAA und das deutsche Luftreinhalterecht, S. 98; die einer Verwaltungsvorschrift ähnlich sein sollen BVerwG, Beschl. v. 29.3.2007, NVwZ 2007, 695, 698; Weiter werden sie als „verwaltungsinterne Handlungsanweisung“ und „bloßes Handlungskonzept“ diskutiert *Engelhardt/Schlicht*, BImSchG, § 47 Rn. 7. Andere sehen demgegenüber einen „rechtsverbindlichen Handlungsauftrag“ für alle staatlichen Stellen *Rehbinder*, NuR 1997, 313, 318.

1268 Dazu bereits 2. Teil, III. 1.

1269 *Schmidt*, Bauleitplanung und Immissionsschutz für gewerbliche Anlagen, S. 179 ff. und S. 255 ff.

1270 *Brohm*, DÖV 1983, 525.

1271 BVerwG, Urt. v. 28.7.1989 – 7 C 65.88, E 82, 266, 268 f = DVBl. 1990, 46; krit. *Lorenz*, DÖV 1990, 517, 519 f.

cc) Bindung durch Einvernehmen

Einer möglichen Zusage der für die Maßnahmenverwirklichung zuständigen Fachbehörden, könnte aus sich heraus Verbindlichkeit zukommen, sodass eine Verwirklichungspflicht sie nicht weiter in ihren Kompetenzen beeinträchtigt. Die Bindung an das Einvernehmen könnte über die Rechtshandlung der Verwaltungserklärung erfolgen.

(1) Rechtscharakter von Verwaltungserklärungen

Verwaltungserklärungen[1272] sind „Willensäußerungen" der Verwaltung, die auf Herbeiführung eines rechtlichen Erfolges gerichtet sind. Den Verwaltungserklärungen liegen verwaltungsrechtliche Willenserklärungen, wie jeder Handlungsform der Verwaltung, zugrunde.[1273] Anders als im Zivilrecht wird das Handeln der Verwaltung von Zielen und Normen gesteuert, die es umzusetzen gilt.[1274] Da die Gesetze aber nicht jeden Sachverhalt abschließend erfassen und regeln können, bedarf es zur Erreichung der Verwaltungsziele weiterer Entscheidungen im Einzelfall. Dem hierfür benötigten Willen liegen die vertretbaren und rechtmäßigen Entscheidungen in der jeweiligen Situation zugrunde.[1275] Der Wille der Verwaltung formt sich daraufhin aus dem Zusammentreffen von Verwaltungszielen. Diese folgen aus dem rechtlich umzusetzenden politischen Staatswillen[1276] und seiner Konkretisierung durch den jeweiligen Amtswalter[1277]. Es handelt sich damit im Ergebnis nicht um den geäußerten Willen eines Einzelnen, sondern um den Willen eines Kollek-

1272 *Ernst*, Die Verwaltungserklärung, S. 359 f.

1273 Zur verwaltungsrechtlichen Willenserklärung *Kluth*, NVwZ 1990, 608 ff.

1274 Ausführlich *Ernst*, Die Verwaltungserklärung, S. 192 ff.

1275 Rechtmäßige Entscheidungen können dennoch nicht vertretbar sein. Dieses Kriterium weist Parallelen zur Zweckmäßigkeit auf, insgesamt *Ernst*, Die Verwaltungserklärung, S. 216.

1276 *Ernst*, Die Verwaltungserklärung, S. 216.

1277 *Ernst*, Die Verwaltungserklärung, S. 319 ff., 341 ff.

tivs.[1278] Aus den geäußerten Einzelwillen lässt sich ein Gesamtwille bilden, sodass auch für die Verwaltung von einem geäußerten „Willen" gesprochen werden kann.[1279]

Dass auch dem Verwaltungshandeln eine Willensbildung zugrunde liegt, kannte schon die Einleitung des Allgemeinen Landrechts für die Preußischen Staaten von 1794.[1280] Hiernach wurden solche Rechte zuerkannt, die das Rechtssubjekt auch selbständig ausüben könnte. Die Ausübung von Rechten bestimmte sich nach den inneren Absichten des Rechtssubjekts, dies konnte sowohl innerhalb der Gesetze durch einen subjektiv getragenen und frei gebildeten Willen eines Individuums als auch innerhalb komplexer Verwaltungsziele durch einen Amtsträger und damit durch eine Behörde erfolgen.[1281] Dennoch wird der Wille im öffentlichen Recht, anders als im Zivilrecht, nicht aufgrund von Privatautonomie, sondern primär aufgrund von Verwaltungszielen gebildet. Auch das Ausführen des Willens ist unterschiedlich.

Im Zivilrecht steuert dies die Privatautonomie, im öffentlichen Recht hingegen die Gesetzmäßigkeit der Verwaltung. Obwohl die grundlegenden Strukturen zum Zivilrecht vergleichbar sind, ist die Ausführung des Willens sehr verschieden.[1282] Dennoch können auch hier beide Formen auf allgemeine Rechtsgrundsätze zurückgeführt werden[1283] und für die genaue Ausformung der Verwaltungserklärung kann in Bezug auf Zurechnung und Verbindlichkeit die

1278 Ausführlich zum „überindividuellen Willen" *Ernst*, Die Verwaltungserklärung, S. 143 ff.

1279 *Kluth*, NVwZ 1990, 608 ff.

1280 § 88 Einführung ALR „So weit jemand ein recht hat, ist er, dasselbe in den gesetzmäßigen Schranken auszuüben, befugt", § 89 Einführung ALR „Wem die Gesetze ein Recht geben, dem bewilligen sie auch die Mittel, ohne welche dasselbe nicht ausgeübt werden kann.", außerdem § 9 Erster Teil, Fünfter Titel ALR „Soweit jemand zu rechtsgültigen Willenserklärungen fähig ist, soweit kann er auch durch Verträge sich verpflichten.".

1281 *Ernst*, Die Verwaltungserklärung, S. 286.

1282 *Ernst*, Die Verwaltungserklärung, S. 287.

1283 *Clausen*, in: Knack, VwVfG-Kommentar, § 9 Rn. 25; *Simonis*, Leistungsstörung verwaltungsrechtlicher Schuldverhältnisse, S. 114; *Peine*, Allg. VerwR., Rn. 304 ff. und 775 ff.

zivilrechtliche Willenserklärung Pate stehen.[1284] Als Abgrenzung zur zivilrechtlichen Willenserklärung müssen der Erklärende oder der Empfänger gerade in Ausübung ihm zustehender, öffentlicher Gewalt handeln oder das zu ändernde Rechtsverhältnis muss auf öffentlich-rechtlichen Normen beruhen.[1285] Durch die Ausrichtung auf einen Erfolg unterscheiden sich die Verwaltungserklärungen von Verwaltungsrealakten.

Auch der Verwaltungserklärung liegt eine verwaltungsrechtliche Willenserklärung zugrunde.

Im Rahmen der Verwirklichung von Maßnahmen zum Lärmschutz durch Kooperation geht es um Verwaltungserklärungen, die in Abstimmung über einen Lärmaktionsplan zwischen zwei Hoheitsträgern auf dem Wege der Verhandlung abgegeben werden. Damit sollen Gegenstand dieser Untersuchung nur solche Verwaltungserklärungen sein, die nicht in einem Über-/Unterordnungsverhältnis, also etwa im Rahmen einer Weisung an eine untergebene Behörde oder gegenüber dem Bürger, erfolgen sondern nur solche, die zwischen zwei auf Augenhöhe verhandelnden Hoheitsträgern abgegeben werden.

(2) Regelungsinhalt von Verwaltungserklärungen

Für die Verwaltungserklärungen fehlen ausdrückliche gesetzliche Regelungen, wie es etwa für den Verwaltungsakt in § 35 S. 1 VwVfG oder bei der Willenserklärung des öffentlich-rechtlichen Vertrags in § 54 VwVfG i. V. m. den Normen des BGB der Fall ist.[1286] Eine spezialgesetzliche Regelung für Verwaltungserklärungen einer Behörde findet sich nur in § 10 Abs. 1 Nr. 1 KonsG.[1287] Aus den Grundsät-

1284 *Ernst*, Die Verwaltungserklärung, S. 291 und vgl. Argumentation.

1285 Ähnlich *Ernst*, Die Verwaltungserklärung, S. 99 und S. 338 ff.

1286 *Ernst*, Die Verwaltungserklärung, S. 99.

1287 Gesetz über die Konsularbeamten, ihre Aufgaben und Befugnisse, v. 11.09.1974, BGBl. I S. 2317, „Die Konsularbeamten sind befugt, über Tatsachen und Vorgänge, die sie in Ausübung ihres Amts wahrgenommen haben, Niederschriften oder Vermerke aufzunehmen, insbesondere 1. vor ihzen des Verwaltungsrechts ergeben sich aber Voraussetzungen und Regeln zur Rechtswirkung von Verwaltungserklärungen.[1288]

Aus der Vielfalt von möglichen Materien, mit denen die Verwaltung konfrontiert wird und den zu deren Regelung nötigen Handlungsalternativen lässt sich zunächst ein Bedürfnis für die Handlungsform der Verwaltungserklärung ableiten. Auch in der Literatur wird eine Vielzahl von Verwaltungserklärungen angenommen.[1289] Als Beispiele für Veraltungserklärungen zwischen Behörden, auch in Über-/Unterordnungsverhältnissen, sind das Amtshilfeersuchen sowie die Zustimmung und das Einverständnis bei mitwirkungsbedürftigen Verwaltungsakten zu nennen. Überwiegend werden auch Verwaltungsvorschriften als Verwaltungserklärungen charakterisiert.[1290]

Das Amtshilfeersuchen ist in den §§ 4 ff. VwVfG geregelt und hat das Ziel, bei einem anderen Hoheitsträger die Verbindlichkeit zur gegenseitigen Amtshilfe einzufordern. Ein Teil der Forschung nimmt hier eine Verwaltungserklärung an, da ein Erfolg angestrebt wird.[1291]

Bei mitwirkungsbedürftigen Verwaltungsakten können gesonderte Erklärungen anderer Behörden gesetzlich vorgesehenen sein, etwa das gemeindliche Einvernehmen nach § 36 Abs. 2 BauGB oder § 14 Abs. 2 BauGB. Diese Zustimmung ist grundsätzlich mangels Außenwirkung kein Verwaltungsakt.[1292] Sie ist auf einen Erfolg gerichtet und wird in der Literatur deshalb überwiegend als Veraltungserklärung qualifiziert.[1293]

---

nen abgegebene Willenserklärungen und Versicherungen an Eides statt zu beurkunden"

1288 *Ernst*, Die Verwaltungserklärung, S. 365 f.; zu allgemeinen Grundsätzen des Verwaltungsrechts *Schleifenbaum*, Die allgemeinen Grundsätze des Verwaltungsrechts als revisibeles Bundesrecht, S. 60 ff.

1289 Allgemein *Wolff/Bachof/Stober*, Verwaltungsrecht I, § 36 Rn. 8; *Gurlit*, in: Erichsen/Ehlers (Hrsg.), Allg. VerwR, § 27 Rn. 2; *Schmitz*, in: V. Stelkens/Bonk/Sachs (Hrsg.), VwVfG- Kommentar, § 1 Rn. 263.

1290 Übersicht bei *Ernst*, Die Verwaltungserklärung, S. 365 f.

1291 Überblick bei *Kopp/Ramsauer*, VwVfG-Kommentar, § 4 Rn. 14.

1292 U. a. BVerwG, Urt. v. 28.05.1963 – I C 247.58, E 16, 116, 122; BVerwG, Urt. V. 19.11.1965 – IV C 184.65, E 22, 342, 345.

1293 *Gurlit*, in: Erichsen/Ehlers (Hrsg.), Allg. VerwR, § 27 Rn. 2.

Darüber hinaus kommen grundsätzlich Weisungen im Rahmen der Fachaufsicht und verwaltungsinterne Anweisungen in Betracht. Beide Beispiele sind durch ein Über-/Unterordnungsverhältnis geprägt. Ganz herrschend werden Weisungen als Veraltungserklärungen angesehen.[1294] Dies soll aber nicht für an eine Gemeinde gerichtete Weisungen gelten, soweit deren Selbstverwaltungsbereich betroffen ist. In diesem Fall wird ein Verwaltungsakt angenommen.[1295] Ähnlich einer fachaufsichtsrechtlichen Weisung sind interne Weisungen zu behandeln, die konkret individuelle Weisungen an nachgeordnete Behörden oder Mitarbeiter darstellen. Für beide Fälle wird überwiegend angenommen, dass interne und fachaufsichtsrechtliche Weisungen auf eine Regelung gerichtet sind und somit eine Rechtsfolge erzeugen wollen.[1296] Dennoch ist im Gegensatz zur fachaufsichtsrechtlichen Weisung die verwaltungsinterne, etwa gegenüber einem Mitarbeiter, eine hoheitliche Maßnahme und damit keine Veraltungserklärung im hier verwendeten Sinne.[1297]

Auch wenn Verwaltungsvorschriften teilweise als Veraltungserklärungen eingeordnet werden[1298], ist dies aufgrund ihres abstrakt-generellen Regelungscharakters abzulehnen.[1299] Sie sind nicht auf einen Erfolg im Einzelfall gerichtet, sondern machen Vorgaben für eine Vielzahl von Fällen.

Die aus den Beispielen abgeleitete Definition von Veraltungserklärungen bezeichnet sie als durch die Verwaltung in ihrer Eigenschaft als Hoheitsträger einseitig abgegebene Erklärung, die auf Herbeiführung einer Rechtsfolge (in einen Gleichordnungsverhältnis) gerichtet ist.[1300]

1294 BVerwG, Beschl. v. 27.2.1978 – VII B 36.77, JZ 1978, 395; *Maurer*, Allg. VerwR, § 23 Rn. 23; *Schröder*, JuS 1986, 371, 375; *Engel*, DVBl. 1982, 757, 760.

1295 BVerwG, Beschl. v. 27.2.1978 – VII B 36.77, JZ 1978, 395; *Maurer*, Allg. VerwR, § 23 Rn. 23; *Schröder*, JuS 1986, 371, 375; *Engel*, DVBl. 1982, 757, 760.

1296 *Ernst*, Die Verwaltungserklärung, S. 122 f.

1297 *Ernst*, Die Verwaltungserklärung, S. 123.

1298 zur Abgrenzung von Verwaltungsvorschriften und Rechtsnormen BVerwG, Urt. v. 24.3.1977 – II C 14.75, E 52, 193, 199.

1299 *Ernst*, Die Verwaltungserklärung, S. 114.

1300 *Ernst*, Die Verwaltungserklärung, S. 100.

(3) Bindungswirkung von Verwaltungserklärungen

Aus der Definition für Verwaltungserklärungen, durch die Verwaltung in ihrer Eigenschaft als Hoheitsträger einseitig abgegebene Erklärung, die auf Herbeiführung einer Rechtsfolge (in einen Gleichordnungsverhältnis) gerichtet ist[1301], geht auch hervor, dass eine gewisse Verbindlichkeit der Verwaltungserklärungen vorausgesetzt wird. Wie weit diese Verbindlichkeit genau reicht, lässt sich im Einzelfall anhand unterschiedlicher Kriterien bemessen, die sich an der Dogmatik zum Verwaltungsakt orientieren. Diese Kriterien sind zudem geeignet, das Verwaltungshandeln angemessen zu charakterisieren.[1302] Dies sind die gebundene oder nicht-gebundene Rechtswirkung, die Innen- oder Außenwirkung sowie die mittelbare oder unmittelbare Rechtswirkung und die originäre oder derivative öffentlich-rechtliche Wirkung.[1303]

Das wesentliche Kriterium zur Charakterisierung einer Verwaltungserklärung ist die gebundene bzw. die nicht-gebundene Rechtswirkung. Die Veraltungserklärungen sind eng mit der zivilrechtlichen Willenserklärung verwandt. Aus dem Begriff der Willenserklärung folgt schon, dass eine Bindung nur für den Inhalt der Erklärung – gebundene Rechtswirkung – gewollt ist, darüber hinaus aber nicht. Das heißt, dass die Rechtswirkung an den Erklärungsinhalt gekoppelt wird. Grundsätzlich kann im öffentlichen Recht aber eine über den Erklärungsinhalt hinausgehende Bindung eintreten, was etwa für den Verwaltungsakt nicht ungewöhnlich ist.[1304] Der Zustimmung oder dem Einverständnis etwa bei mitwirkungsbedürftigen Verwaltungsakten kommt überwiegend gebundene Rechtswirkung zu.[1305]

Weiter ist zwischen Innen- und Außenwirkung zu unterscheiden. Für die Abgrenzung wird auf die Kriterien des Verwaltungsaktes

1301 *Ernst*, Die Verwaltungserklärung, S. 100.

1302 So *Ernst*, Die Verwaltungserklärung, S. 130 und S. 100.

1303 So *Ernst*, Die Verwaltungserklärung, S. 130 und S. 100.

1304 Tatbestandswirkung eines Verwaltungsaktes Peine, JZ 1990, 207; zum gebundenen Realakt *Renck*, NVwZ 1982, 236.

1305 *Ernst*, Die Verwaltungserklärung, S. 131.

zur Außenwirkung zurückgegriffen.[1306] Eine Außenwirkung besteht dann, wenn eine Rechtsfolge außerhalb der Verwaltung, etwa gegenüber dem Bürger, eintreten soll. Überwiegend wird eine Außenwirkung auch bei einem Handeln gegenüber Selbstverwaltungskörperschaften angenommen.[1307]

Das dritte Kriterium ist die unmittelbare oder mittelbare Rechtswirkung. Eine Verwaltungserklärung hat dann unmittelbare Rechtswirkung, wenn die anvisierte veränderte Rechtslage ohne weiteren Zwischenschritt eintritt. Damit hängt die Rechtsänderung maßgeblich vom Willen des Erklärenden ab und bindet den Empfänger. Bei einer nur mittelbaren Rechtwirkung bedarf es weiterer Schritte bis zur Rechtsänderung.[1308]

Ein letztes Kriterium beschreibt die originäre oder derivative öffentlich-rechtliche Wirkung. Originär öffentlich-rechtliche Effekte beziehen ihre Rechtswirkung direkt aus einem öffentlich-rechtlichen Zusammenhang. Dies sind etwa verwaltungsinterne Weisungen, die in direktem Bezug zur Personal- oder Organisationshoheit stehen.[1309] Derivative Wirkungen sind zwar öffentlich-rechtlicher Natur, da sie ansonsten nicht in öffentlich rechtlichen Handlungsformen vorgenommen werden können, stammen aber nicht direkt aus dem öffentlichen Recht.[1310]

Auch wenn nach dem Gesagten eine Bindung an das durch die Verwaltungserklärung Erklärte besteht, gibt es generell die Möglichkeit, die Bindung aufzulösen.[1311] Dies muss auch für die durch

1306 Zur Außenwirkung bei Verwaltungsakten vgl. *Kopp/Ramsauer*, VwVfG-Kommentar, § 35 Rn. 124; *V. Stelkens*, in: V. Stelkens/Bonk/Sachs (Hrsg.), VwVfG- Kommentar, § 35 Rn. 146 ff.; für den Lärmaktionsplan bereits in 3. Teil, II. 2. d).

1307 Vgl. zur Außenwirkung einer fachaufsichtlichen Weisung im Straßenverkehrsrecht, BVerwG, Urt. v. 14.12.1994 – 11 C 4/94, DÖV 1995, 512.

1308 *Ernst*, Die Verwaltungserklärung, S. 125 und S. 133.

1309 *Ernst*, Die Verwaltungserklärung, S. 133 f.

1310 Dazu *Ernst*, Die Verwaltungserklärung, S. 364 ff.

1311 Vgl. diese Möglichkeiten für Verwaltungsakte in §§ 48, 49 VwVfG, Verwaltungsverträge in § 60 VwVfG und § 62 VwVfG i. V. m. mit den entsprechenden zivilrechtlichen Vorschriften zur Anfechtung.

Kooperation festgelegten Maßnahmen in einem Lärmaktionsplan gelten.

Zwar gibt es für die Verwaltungserklärung keine geschriebenen Auflösungsregeln, wie etwa für Verwaltungsakte in §§ 48, 49 VwVfG, dennoch verfügt der Staat über die Möglichkeit, Rechtshandlungen zu ändern oder sich von ihnen zu lösen.[1312] Im Zivilrecht folgt dieses Recht aus der Privatautonomie, die dem Staat nicht zusteht, aber auch die Verwaltung muss sich ändernden Situationen und damit ihren Prioritäten und Verwaltungszielen anpassen können.[1313] Schon die Grundlage der Verwaltungserklärung, innere Ziele der Verwaltung nach außen umsetzen zu können, beinhaltet die Möglichkeit einer Abkehr von alten Zielen.[1314] Ob und wie eine Verwaltungserklärung widerrufen werden kann, hängt von auf Empfänger und Erklärer bezogenen Komponenten sowie vom Prozess der Aufhebung ab.[1315] Die Voraussetzungen für die Auflösung der Verwaltungserklärung und damit der Bindung variieren für verwaltungsinterne oder -externe Rechtswirkungen ohne oder mit schutzwürdiger Position. Grundsätzlich kommt Verwaltungserklärungen, wie die Mitwirkung bei Lärmaktionsplänen mit verwaltungsinterner Rechtswirkung, keine schutzwürdige Rechtsposition zu[1316]. Anders als bei Erklärungen gegenüber dem Bürger kann sich die Verwaltung nicht auf Vertrauensschutz berufen. Das Handeln gegenüber anderen Behörden berührt nicht deren rechtlich geschützte Interessen, sondern bezweckt rechtmäßige Verwaltungstätigkeit.[1317] Behörden sind dem öffentlichen Interesse verpflichtet, was gerade

1312 Zur actus-contrarius-Doktrin im öffentlichen Recht *Bleckmann*, JuS 1988, 174, 175 f.

1313 Dazu *Forsthoff*, VVDStRL 12 (1954), S. 8 ff.; *Bachof*, VVDStRL 12 (1954), S. 37 ff.

1314 *Ernst*, Die Verwaltungserklärung, S. 499.

1315 Ausführlich *Ernst*, Die Verwaltungserklärung, S. 499 ff.

1316 Allgemein BVerwG, Urt. v. 8.12.1965 – V C 21.64, E 23, 25, 30; BVerwG, Urt. v. 20.6.1967, E 27, 215, 217 f.; OVG Koblenz, Urt. v. 3.11.1987 – 7 A 21/87, NVwZ 1988, 448, 449; OVG München, Urt. v. 9.8.1999 – 4 B 99.779, NVwZ 2000, 829, 830.

1317 *De Wall*, Die Anwendbarkeit privatrechtlicher Vorschriften im Verwaltungsrecht, S. 151.

durch den Widerruf der Erklärung erreicht werden soll.[1318] Die Verwaltungsfunktionen können nur die andere Behörde berühren.[1319] Somit erfordert die Aufhebung eine entsprechende Erklärung und die Bekanntgabe gegenüber der betroffenen Behörde.[1320] Schließlich muss auch die Aufhebung rechtmäßig sein, also den Vorrang des Gesetzes beachten.[1321] Eine Aufhebung ist dann rechtswidrig, wenn das Gesetz gerade den durch die Verwaltungserklärung erreichten Zustand fordert. Außerdem ist der Grundsatz von Treu und Glauben zu beachten. Der aus dem Zivilrecht, insbesondere aus § 242 BGB abgeleitete Grundsatz von Treu und Glauben gilt auch im öffentlichen Recht und wird insbesondere aus dem Rechtsstaatsprinzip hergeleitet.[1322] Es tritt danach ein rechtswidriger Zustand ein, wenn die aufgrund einer Zustimmung oder eines Einvernehmens ergangene Verwaltungsmaßnahme mittlerweile erlassen wurde.[1323] Ein Widerruf ist nur so lange möglich, wie noch keine abschließende Entscheidung einer anderen Behörde getroffen wurde. Dies gilt zumindest für solche Verwaltungsmaßnahmen, für die eine Verwaltungserklärung Voraussetzung ist, z. B. § 36 BauGB.[1324]

1318 OVG München, Urt. v. 9.8.1999 – 4 B 99.779, NVwZ 2000, 829, 830.

1319 Vgl. das Amtshilfeersuchen und das gemeindliche Einvernehmen nach § 36 BauGB oder fachaufsichtliche Weisungen, *Ernst*, Die Verwaltungserklärung, S. 503.

1320 *Bleckmann*, JuS 1988, 174, 176.

1321 Für die Bindung an das gemeindliche Einvernehmen nach § 36 BauGB, BGH, Urt. v. 17.9.1970 – III ZR 4/69, DVBl. 1971, 319 f.; VGH Kassel, Urt. v. 6.8.1992 – 3 UE 1576/91, NVwZ 1993, 908; *Söfker*, in: Ernst/Zinkahn/Bielenberger (Hrsg.), BauGB, Bd. III, § 36 Rn. 32; *Reidt*, in: Battis/Krautzberger/Löhr (Hrsg.), BauGB-Kommentar, § 36 Rn. 8.

1322 *Detterbeck*, Allg. VerwR, Rn. 248.

1323 Für öffentlich-rechtliche Willenserklärungen des Bürgers *Middel*, Öffentlich-rechtliche Willenserklärungen von Privatpersonen, S. 100 ff.; *Schnell*, Der Antrag im Verwaltungsverfahren, S. 106 ff.

1324 *Ernst*, Die Verwaltungserklärung, S. 508.

3. Zwischenfazit

Prinzipiell kann ein richtlinienkonformer Zustand über ein Einvernehmenserfordernis der Straßenverkehrsbehörden, aber darüber hinaus aller in ihren Kompetenzen betroffenen Behörden erreicht werden. Sollte das Einvernehmen gegeben werden, muss sich die Behörde daran messen lassen und daraufhin in den Lärmaktionsplan aufgenommene Maßnahmen auch verwirklichen. Um eine effektive Maßnahmenverwirklichung zu gewährleisten, ist es nötig, die maßnahmenverwirklichenden Behörden an die Lärmaktionspläne zu binden, indem die Anforderungen an eine Kooperation über diese verfassungsrechtlichen Anforderungen hinaus gehen und die Form einer Mitentscheidung in Form einer Verwaltungserklärung vorsehen. Solch ein Einvernehmen wird dann nötig, wenn Maßnahmen für Straßen in der Baulast des Bundes oder der Länder vorgesehen werden sollen, da die Gemeinden Behörden auf Bundes- und Landesebene nicht auf andere Weise zum Handeln verpflichten können. Aber auch bei Vorgaben für die Straßenverkehrsbehörden müsste diese ihr Einvernehmen erklären.[1325] Somit legt eine analoge Anwendung der Beteiligungspflicht der Luftreinhalteplanung nach § 47 Abs. 4 S. 2 BImSchG die Grundlage für einen effektiven Richtlinienvollzug.

Problematisch ist aber, dass es im geltenden Recht an einem kohärenten System zur Bekämpfung von Straßenverkehrslärm fehlt und dies auch nicht durch die Lärmaktionsplanung ersetzt wird. Ein bloßes Ignorieren der jeweiligen spezifischen Tatbestandsvoraussetzungen, wie es die Luftreinhalteplanung in § 40 Abs. 1 S. 1 BImSchG tut, ist zwar ein einfacher aber kein Rechtssicherheit schaffender Weg. Die Lärmaktionsplanung ist trotz ausschließlicher Ausrichtung auf den Lärmschutz von Ermächtigungsgrundlagen abhängig, die einen anderen Regelungsschwerpunkt haben. Schließlich steht auch die Finanzhoheit des jeweiligen Trägers dem entgegen.

1325 Dazu bereits 5. Teil I. 1. a) und b).

4. Ermächtigungsgrundlagen zum Lärmschutz

Somit müssten für den Lärmschutz an Straßen geeignete Ermächtigungsgrundlagen erlassen werden. Damit könnten die Behörden direkter als bisher auf die Bedürfnisse des Lärmschutzes an Straßen und damit auf den Gesundheits- und Umweltschutz eingehen, indem Lärmschutzmaßnahmen zur Verkehrsbegrenzung rein aus Gesundheitsschutz- oder Umweltschutzerwägungen möglich werden. Anders als durch den Verweis der Luftreinhalteplanung in § 40 Abs. 1 S. 1 BImSchG[1326] würde so die bestehende Ausrichtung des Rechtsregimes Straßenverkehrsrecht gewahrt. Aus § 40 Abs. BImSchG folgt eine strikte Pflicht der Straßenverkehrsbehörden, die Verkehrsbeschränkungen zu verwirklichen, ein Entschließungsermessen kommt ihnen nicht mehr zu.[1327] Es handelt sich bei der Vorschrift um einen Rechtsfolgen- und keinen Rechtsgrundverweis.[1328] Demgegenüber könnte auf das Handeln der zuständigen Behörde aufgrund spezifischer, auf den Lärmschutz an Straßen zugeschnittener Ermächtigungsgrundlagen mittels eines Lärmaktionsplans effektiv in der Form eingewirkt werden, dass Feststellungen zu den Auswirkungen des Umgebungslärms auf Menschen und Umwelt getroffen werden und somit die Tatbestandsvoraussetzung der Ermächtigungsgrundlage mit den Erwägung der Pläne übereinstimmen. Gleichzeitig entsteht ein kohärentes Planungsinstrument für die Bedürfnisse und Auswirkungen des Straßenverkehrs insgesamt.

Ermächtigungsgrundlagen zum Lärmschutz an Straßen könnten entweder als neue eigene Ermächtigungsgrundlagen erlassen werden oder in bereits bestehenden ergänzt werden.

1326 **§ 40 Abs. 1 BImSchG**: „Die zuständige Straßenverkehrsbehörde beschränkt oder verbietet den Kraftfahrzeugverkehr nach Maßgabe der straßenverkehrsrechtlichen Vorschriften, soweit ein Luftreinhalteplan oder ein Plan für kurzfristig zu ergreifende Maßnahmen nach § 47 Abs. 1 oder 2 dies vorsehen. Die Straßenverkehrsbehörde kann im Einvernehmen mit der für den Immissionsschutz zuständigen Behörde Ausnahmen von Verboten oder Beschränkungen des Kraftfahrzeugverkehrs zulassen, wenn unaufschiebbare und überwiegende Gründe des Wohls der Allgemeinheit dies erfordern."

1327 BT-Drs 14/8450 Nr 2, 16; *Jarass*, BImSchG, § 40 Rn. 7, 11.

1328 Vgl. *Jarass*, BImSchG, § 40 Rn. 12, m. W. n.

Ein Anknüpfen an bisher in Bezug genommene Ermächtigungsgrundlagen etwa des öffentlichen Straßenrechts, ist ein die bisherige Zuständigkeitsverteilung und Aufgabenzuweisung der Rechtsordnung schonende Variante. Im Rahmen der Ermächtigungsgrundlagen des § 45 Abs. 1 Nr. 3 StVO könnte eine ausdrückliche Ermächtigung zur Anordnung von Beschränkungen aus gesundheits- und umweltbezogenen Lärmschutzerwägungen, etwa im Zusammenhang mit der Überschreitung von Grenzwerten ermöglicht werden. Um dennoch den Bedürfnissen des Straßenverkehrs Rechnung zu tragen, wäre eine Einschränkung dahin möglich, dass die Verkehrsbeschränkungen auf einem innerstädtischen Verkehrskonzept beruhen müssen, dass das Verkehrsbedürfnis des Wirtschafts- und Durchgangsverkehrs berücksichtigt und ein abgestimmtes Konzept der Verkehrsarten vorsieht. Schon heute legt das BVerwG einer Verkehrsbegrenzung aus Immissionsschutzerwägungen das Erfordernis nach einem Verkehrskonzept zugrunde.[1329] Das BVerwG sieht aber vor, dass in der nach § 45 StVO vorgesehenen Ermessensentscheidung Verkehrsbelange gegenüber anderen Belangen eine höhere Gewichtung zukommen sollen. Damit können die Straßenverkehrsbehörden auch Anordnungen zur städtebaulichen Entwicklung treffen. Da die Gemeinden der Ballungsräume, in denen ein Verkehrskonzept relevant wird, die Aufgaben der Straßenverkehrsbehörde selbst wahrnehmen, würde ihr Selbstverwaltungsrechte im Hinblick auf Planung und Stadtentwicklung gestärkt.[1330] Um aber eine effektive Lärmaktionsplanung auf gemeindlicher Ebene zu ermöglichen, müssten Lärmschutzbelange als Belange der Stadtentwicklung in der straßenbehördlichen Ermessensentscheidung im Vordergrund stehen und Verkehrsbelange im Einzelfall zurücktreten lassen können. Das notwendige Verkehrskonzept könnte etwa im Rahmen der Lärmaktionsplanung oder eines kommunalen Verkehrskonzeptes vorgesehen werden. Somit würden schon auf Ebene der Planerstellung eine enge Zusammenarbeit der Lärmaktionsplanenden

1329 BVerwG Urt. v. 20.4.1994 – 11 C 17/93, E 95, 333.

1330 Vgl. allgemein zu § 45 StVO BVerwG Urt. v. 20.4.1994 – 11 C 17/93, E 95, 333, 2. Leitsatz.

Behörde und der Straßenverkehrsbehörde vorausgesetzt, die auch für die Verwirklichung der Maßnahmen Vorteile bringt.[1331]

Mit einer Lösung im Straßenverkehrsrecht besteht zwar immer noch das Problem einer Gefahrenabwehrplanung im „straßenverkehrsrechtlichen Gewand"[1332]. Das Straßenverkehrsrecht dient, wie oben gesehen, nicht primär dazu, vor Auswirkungen des Straßenverkehrs zu schützen, sondern eine gute Verkehrsorganisation zu gewährleisten.[1333] Verkehrsbeschränkungen werden aber als eine der effektivsten Maßnahmen gegen Verkehrslärm angesehen.[1334] Gleichzeitig wahrt die Lösung die bisherige Zuständigkeit der Straßenverkehrsbehörden für Begrenzungsmöglichkeiten des Straßenverkehrs. Durch das Erfordernis ein Verkehrskonzept zu erstellen, wird das jeweils bestehende Verkehrsbedürfnis gewahrt, indem ein Netz von Hauptstrecken zur Verfügung gestellt wird oder nur zu Zeiten begrenzt, in denen dies für das Verkehrsbedürfnis vertretbar ist.

5. Gesetzliche Verankerung von Verfahrensvorgaben

Fraglich ist, ob die analoge Anwendung von § 47 Abs. 4 S. 2 BImSchG und der Grenzwerte der 16. BImSchV auf bestehende Straßen überhaupt taugliche Bausteine sind, um einen richtlinienkonformen Vollzug herzustellen oder eine Beteiligungspflicht und Grenzwerte dafür gesetzlich verankert werden müssen.

Die Umsetzung einer Richtlinie muss den Grundsätzen von Rechtssicherheit und Rechtsklarheit genügen. Dies erfordert, dass Richtlinien durch verbindliche innerstaatliche Vorschriften umgesetzt werden müssen und dies nicht durch bloße Verwaltungsübung erfolgen darf.[1335] Verwaltungsinterne Weisungen für eine Verwal-

1331 Zur Beteiligungspflicht vgl. 6. Teil III. 2.

1332 So *Steiner*, NJW 1993, 3161, 3165.

1333 5. Teil II. 1.a) bb) und 1. b).

1334 *UBA*, Handbuch Silent City, online, S. 18 f.

1335 Grundlegend EuGH Urt. v. 15.10.1986, Rs. 168/85, Slg. 1986, 2945 Rn. 13 – Kommission/Italien; EuGH Urt. v. 30.5.1991, Rs. C-361/88 und C-59/89, Slg. 1991, I-2567 bzw. 2607 – Kommission/Deutschland.

tungskooperation, wie in vielen Bundesländern erlassen,[1336] oder das bloße Einhalten eines Verfahrens ohne rechtliche Regelung sind demnach nicht ausreichend, um eine Richtlinie unionsrechtskonform umzusetzen.[1337] Es ist nach der EuGH-Rechtsprechung zwar nicht notwendig, dass Richtlinien in einer einzigen förmlich und wörtlich ausdrücklich zur Umsetzung der jeweiligen Richtlinie erlassenen Gesetzesvorschrift geregelt werden, es muss aber die vollständige Anwendung der Richtlinie in klarer und bestimmter Weise gesetzlich gewährleistet sein.[1338] Die Mitgliedstaaten müssen Richtlinien daher in verbindliche innerstaatliche Regelungen umsetzen, die der Rechtssicherheit und Rechtsklarheit genügen. Schlichte Verwaltungspraktiken können einfach geändert werden und reichen damit nicht aus.[1339] Richtlinien müssen somit nicht nur in tatsächlicher, sondern auch in rechtlicher Hinsicht vollständig umgesetzt werden,[1340] und durch die Regelungen muss eine ordnungsgemäße Durchführung der Richtlinie gewährleistet sein.[1341] Somit können der Vollzug und das Einhalten von Verfahrensvorgaben nicht allein einer Verwaltungsübung überlassen bleiben.

Das gleiche müsste auch für eine durch Rechtfortbildung erreichte richtlinienkonforme Anwendung gelten. Die §§ 47 Abs. 4 S. 2 BImSchG sind nur für Luftreinhaltepläne anwendbar, nach den Verweisungen aber gerade nicht für Lärmaktionspläne. Auch

---

1336 Z. B. *Schleswig-Holstein*, Ministerium für Landwirtschaft, Umwelt und ländliche Räume, Leitfaden für die Aufstellung von Lärmaktionsplänen online; *Brandenburg* Ministerium für Umwelt, Gesundheit und Verbraucherschutz, Die Strategie der Lärmaktionsplanung im Land Brandenburg, Online.

1337 Grundlegend EuGH Urt. v. 15.10.1986, Rs. 168/85, Slg. 1986, 2945 Rn. 13 – Kommission/Italien; EuGH Urt. v. 30.5.1991, Rs. C-361/88 und C-59/89, Slg. 1991, I-2567 bzw. 2607 – Kommission/Deutschland.

1338 EuGH Urt. v. 30.5.1991, Rs. C-361/88, Slg. 1991, I-2596, 2601 Rn. 15 – Kommission/Deutschland.

1339 Ständige Rechtsprechung des EuGH Urt. v. 15.10.1986, Rs. 168/85, Slg. 1986, 2945 Rn. 13 – Kommission/Italien.

1340 EuGH, Urt. v. 15.3.1990, Rs. 339/87, Slg. 1990, I-851, Rn. 25 – Kommission/Niederlande.

1341 EuGH Urt. v. 30.5.1991, Rs. C-361/88, Slg. 1991, I-2596, 2604 Rn. 26 – Kommission/Deutschland.

die Grenzwerte der 16. BImSchV gelten gerade nicht für bestehende Straßen und sollen dies nach dem Willen der Bundesregierung auch nicht im Rahmen der Lärmaktionsplanung.[1342] Somit stünde eine richtlinienkonforme Anwendung beider Regelungen einer bloßen Verwaltungsübung gleich, die eine Beteiligungspflicht und Grenzwerte annimmt. Eine reine Verfahrensausübung durch Beteiligung der durch die Planung betroffenen Behörden genügt daher nicht, um die Umgebungslärmrichtlinie auch europarechtskonform durchzusetzen.

Somit bedarf es einer gesetzlichen Regelung von Koordinationspflichten als Verfahrensanforderungen und bindenden Grenzwerten. Mit dieser Verfahrensanforderung und Grenzwerten könnten sowohl die planerstellenden Stellen als auch die örtlich und sachlich zuständigen maßnahmenverwirklichenden Behörden in die Pflicht genommen werden.

In der Planerstellung könnte ein Verfahrensschritt – Behördenbeteiligung – vorgesehen werden, bei dem die betroffenen Behörden ihr Einvernehmen zu den im Lärmaktionsplan vorgesehenen und sie betreffenden Maßnahmen abgeben müssten. Dies könnte, wie die oben gezeigte analoge Anwendung des § 47 Abs. 4 S. 2 BImSchG, durch eine Inbezugnahme der Regelung in § 47a BImSchG umgesetzt werden oder dieser Verfahrensschritt könnte selbständig geregelt werden. Solch eine Regelung würde sich in den § 47c Abs. 3 BImSchG zur grenzüberschreitenden Beteiligung von Behörden bei der Lärmkartierung einfügen lassen, dieser müsste dann auch für die Lärmaktionspläne in Bezug genommen werden.

Andererseits könnten Verfahrensanforderungen einschließlich einer Behördenbeteiligung in einer Rechtsverordnung geregelt werden. Eine Verordnungsermächtigung ist für das Verfahren zur Erstellung von Lärmaktionsplänen in § 47f BImSchG zwar nicht ausdrücklich vorgesehen, die Absätzen 1 bis 4 nennen aber nur Beispiele für einen besonderen Regelungsbedarf und sind nicht abschließend.[1343] So könnte auch das Verfahren zur Aufstellung von

1342 Gemeldete Grenzwerte aus der Datenberichterstattung der Bundesregierung 2005, http://www.lung.mv-regierung.de/dateien/laerm_hinweis_grenzwerte.pdf, online; vgl. BT-Drs. 16/4331, S. 5.

1343 *Schulze-Fielitz*, NuR 2009, 687.

Lärmaktionsplänen samt der Behördenbeteiligung in einer Verordnung geregelt werden.[1344] Bisher ist das Verfahren zur Aufstellung von Lärmaktionsplänen im BImSchG, das überwiegend die Umgebungslärmrichtlinie 1:1 umsetzt, nur punktuell vorgegeben, wie beispielsweise die Öffentlichkeitsbeteiligung und die grenzüberschreitende Behördenbeteiligung.[1345] Auch für eine vereinfachte Planerstellung für die Fälle, in denen eine Pflicht zur Maßnahmenverwirklichung nicht erreicht werden muss, böte sich eine Regelung des Aufstellungsverfahrens an. So könnte, unabhängig von Effektivitätsgesichtspunkten, für die Implementierung der einzelnen Maßnahmen eine innerstaatliche Behördenbeteiligung auch für Synergie-Effekte mit Luftreinhalteplänen oder dem Schutz von Natur und Landschaft durch die Festlegung von ruhigen Gebieten sorgen.[1346]

Der erste Entwurf zur Umsetzung der Umgebungslärmrichtlinie in deutsches Rechts sah bereits solch eine Verfahrensregelung vor. In § 47i BImSchG der Entwurfsfassung wurde neben der grenzüberschreitenden Behördenbeteiligung auch die Beteiligung nationaler Behörden geregelt.

> § 47i
>
> *Beteiligung der Behörden*
>
> *(1) Die Behörden und sonstigen Träger öffentlicher Belange, deren Aufgabenbereich durch einen Lärmminderungsplan nach § 47e berührt werden kann, sind von der zuständigen Behörde entsprechend § 47h Abs. 1 Satz 1 schriftlich zu unterrichten und zur Äußerung aufzufordern. Die beteiligten Behörden nach § 47n Abs. 1 Nr. 3 haben möglichst frühzeitig einen ihren Aufgabenbereich berührenden Planungsbeitrag zur Verfügung zu stellen.*
>
> *(2) Die zuständige Behörde holt die Stellungnahmen der Behörden und sonstigen Träger öffentlicher Belange zu dem Entwurf des Lärmminderungsplans ein; sie sollen von der Auslegung*

1344 Im Grundsatz auch *Hansmann*, in: Landmann/Rohmer, BImSchG, § 47f Rn. 5; *Schulze-Fielitz*, NuR 2009. 687, 691.

1345 *Schulze-Fielitz*, NuR 2009. 687, 692.

1346 *Lehming/Diekmann/Heinrichs* u. a., Lärmbekämpfung in Berlin, Lärmbekämpfung 2009, 97, 102 f.

nach § 47h Abs. 2 benachrichtigt werden. Die Stellungnahmen sind innerhalb eines Monats abzugeben; die zuständige Behörde soll diese Frist bei Vorliegen eines wichtigen Grundes angemessen verlängern. In den Stellungnahmen haben die Behörden und sonstigen Träger öffentlicher Belange auch Aufschluss über von ihnen beabsichtigte oder bereits eingeleitete Planungen und sonstige Maßnahmen sowie deren zeitliche Abwicklung zu geben, die für die Lärmminderung in dem Planungsgebiet bedeutsam sein können.
(3) Die zuständigen Behörden arbeiten mit den zuständigen Behörden anderer Mitgliedstaaten der Europäischen Gemeinschaft bei der Aufstellung und der Überarbeitung von Lärmminderungsplänen in Grenzgebieten zusammen.[1347]

In der Begründung zum Gesetzesentwurf wird davon ausgegangen, dass es neben der Bestimmung einer zuständigen Behörde für die Aufstellung von Lärmaktionsplänen weiterer Vorgaben für die Implementierung bedarf. Dazu sollte auch die Pflicht zur Beteiligung anderer Behörden mit Stellungnahmeerfordernis gehören.[1348] Somit wurde bereits in dem Entwurf von dem Bedürfnis einer Stellungnahme ausgegangen, die über die bloße Bereitstellung von Informationen hinaus geht. Es wurde das Bedürfnis nach entsprechenden Beteiligungsregeln gesehen, da die Konzeption der Lärmaktionsplanung die Zusammenarbeit mit anderen in ihren Aufgaben betroffenen Behörden erfordert. Der Ablauf der Behördenbeteiligung wurde damit auch parallel zur Öffentlichkeitsbeteiligung und zur Behördenbeteiligung nach § 4 BauGB geregelt.[1349] Anders scheint es die Bundesregierung aber Anfang 2007 zu sehen. Zwei Jahre nach Inkrafttreten der Änderung des BImSchG zur Umsetzung der Umgebungslärmrichtlinie hält sie weitergehende und entsprechend dem obigen Entwurf geregelte Durchführungsvorschriften für nicht erforderlich.[1350] Auch *Schulze-Fielitz* hält die Regelung von Beteili-

1347 Entwurf eines Gesetzes zur Umsetzung der EG-Richtlinie über die Bewertung und Bekämpfung von Umgebungslärm, BT-Drs. 15/3782, S. 33.

1348 BT-Drs. 15/3782, S. 33.

1349 BT-Drs. 15/3782, S. 33.

1350 BT-Drs. 16/4331 S. 4.

gungspflichten als Verfahrensvorgaben für nicht notwendig, da eine Anwendung der Vorschriften des VwVfG, wie etwa § 9 VwVfG in entsprechender Anwendung ausreichen sollen.[1351] Dass es aber weiterer Regelungen bedarf, zeigt die Auswertung der Vollzugspraxis in dieser Arbeit.[1352]

Aber auch in diesem Entwurf zur Umsetzung der Umgebungslärmrichtlinie wurde nur eine Konsultation der betroffenen Behörden vorgesehen. Soll auch eine Pflicht zur Maßnahmenverwirklichung erreicht werden, müsste darüber hinausgehend ein Einvernehmens- oder Zustimmungserfordernis geregelt werden. Auf diesem Wege würde die bestehende Zuständigkeitsverteilung zwischen Planerstellung und Verwirklichung von Maßnahmen innerhalb des jeweiligen Rechtsregimes gewahrt und dennoch eine Verbindlichkeit zur Verwirklichung der Maßnahmen erreicht. Diese Variante birgt aber die Gefahr, dass in den Lärmaktionsplänen keine Maßnahmen vorgesehen werden, da viele Behörden Kosten scheuen und ihr Einvernehmen verweigern. Dies wäre nach bisherigen nationalen Normen auch zulässig, da ohne spezifisch lärmschützende Ermächtigungsgrundlagen allein durch eine hohe Lärmbelastung nie die Voraussetzungen für straßenverkehrsrechtliche Maßnahmen festgestellt werden könnten. Aber selbst bei spezifisch lärmschützenden Ermächtigungsgrundlagen wäre eine gebundene Entscheidung nicht zweckdienlich und das den Straßenverkehrsbehörden durch § 45 StVO eingeräumte Ermessen wäre beizubehalten. Somit können die Regelungen des Ersetzens eines Einvernehmens etwa aus dem Baurecht zu § 36 BauGB nicht auf die Lärmaktionsplanung übertragen werden. Im Baurecht besteht ein Anspruch des Bauherren auf Baugenehmigung wenn die Voraussetzungen des Bauplanungs- und Bauordnungsrechts vorliegen.[1353] In Lärmaktionsplänen sollen aber Regelungen gegen die Auswirkungen und Beeinträchtigungen von Umgebungslärm getroffen und dabei Prioritäten gesetzt werden. Somit muss zunächst gar keine und vor allem nicht eine bestimmte Maßnahme vorgesehen und dieser zugestimmt werden.[1354] Dennoch

1351 *Schulze-Fielitz*, NuR 2009, 687, 692.

1352 5. Teil III.

1353 Vgl. etwa § 70 Abs. 1 NBauO

1354 Dazu bereits 4. Teil I. und II.

soll durch Lärmaktionspläne Belästigungen durch Umgebungslärm begegnet und damit die menschliche Gesundheit und die Umwelt geschützt werden. Diese Ziele würden aber verfehlt, wenn die maßnahmenverwirklichende Behörden ihr Einvernehmen ohne weiteres verweigern könnten und so keine geeigneten Maßnahmen mehr Eingang in die Lärmaktionspläne fänden. Nach bisheriger Rechtslage bestehen auch mit einer geregelten Beteiligungspflicht nur bei der Überschreitung grundrechtsrelevanter Lärmpegel eine Zustimmungspflicht und damit eine Pflicht zur Verwirklichung von Maßnahmen.[1355] Wie bereits gesehen würde das Fehlen von Maßnahmen genauso wenig einer effektiven Richtliniendurchsetzung entsprechen wie deren mangelnde Verwirklichung.[1356]

6. Erlass bindender Grenzwerte

Dieser Gefahr, dass die Lärmaktionspläne leere Hüllen ohne Maßnahmen werden, könnte durch den Erlass bindender Grenzwerte begegnet werden. In § 47f Abs. 1 Nr. 4 BImSchG ist eine Verordnungsermächtigung geregelt, nach der Kriterien für die Festlegung von Maßnahmen in Lärmaktionsplänen vorgesehen werden können. Aufgrund dieser Verordnungsermächtigung wären einheitliche Grenzwerte auf Bundesebene möglich.

Wie oben gezeigt, ist eine analoge Anwendung der Grenzwerte aus der 16. BImSchV auf bestehende Straßen nicht ausreichend, um einen richtlinienkonformen Zustand auch formell herzustellen. Eine Absicherung des effektiven Richtlinienvollzuges kann nicht durch bloße Verwaltungsübung erreicht werden.

Eine Verwirklichungspflicht für die Maßnahmen ließe sich durch die Kombination von feststellendem Teil des Lärmaktionsplanes, der festlegt, ob Belästigungen durch Umgebungslärm vorliegen, die einer Minderung bedürfen, mit den Tatbestandsvoraussetzungen der Ermächtigungsgrundlage, dem Einvernehmenserfordernis der maßnahmenverwirklichenden Behörde und mit einer Drittwirkung

---

1355 Vgl. dazu 2. Teil V. 1.

1356 2. Teil III. 1.

der Grenzwerte erreichen[1357] und ähnlich der Luftreinhalteplanung absichern. Diese Grenzwerte könnten zum einen an den als Auslöseschwellen konzipierten Werten des UBA[1358] und der einzelnen Bundesländer[1359] anknüpfen bzw. die Grenzwerte der 16. BImSchV übernehmen.

Im Wege der Verwaltungskontrolle könnte der effektive Vollzug der Umgebungslärmrichtlinie nur weiter gestärkt werden, wenn die für die Lärmaktionsplanung in Bezug genommenen Grenzwerte nicht nur dem Schutz der Allgemeinheit sondern auch des Einzelnen zu dienen bestimmt wären. Über eine effektive Implementierung von Maßnahmen hinaus ist der Erlass von Grenzwerten auch insoweit angebracht, als dass er einen effektiven Vollzug generell möglich machen würde.[1360] Die mit einer solchen Ausrichtung der Grenzwerte einhergehenden Klagerechte der Bürger würden eine effektive Festlegung und Verwirklichung der Maßnahmen weiter absichern.

Der Drittschutz von Grenzwerten hängt im deutschen Recht klassisch davon ab, ob sie nur die Allgemeinheit oder individuell vor Gesundheitsgefahren schützen wollen und ob sie der Gefahrenabwehr oder Vorsorge dienen.[1361] Im Rahmen der Luftreinhalteplanung dienen die dort bereits durch die Richtlinie vorgegebenen Grenzwerte einer rechtlich verbindlichen Konkretisierung von Gesundheitsgefahren. Damit dienen sie nicht nur dem Schutz der Allgemeinheit, sondern dem Schutz eines individualisierbaren, von einer Überschreitung betroffenen Personenkreises.[1362] Das Unionsrecht

1357 Vgl. Rspr. des EuGH zu den Grenzwerten der Luftreinhalteplanung EuGH, Urt. v. 25.7.2008, Rs. C-237/07.

1358 *UBA*, Richtlinie über die Bewertung und Bekämpfung von Umgebungslärm – Auslösekriterien für die Lärmaktionsplanung, S. 1.

1359 Z. B. *Nordrhein-Westfalen*, Ministerium für Umwelt und Naturschutz, Landwirtschaft und Verbraucherschutz, Runderlass, V-5.8820.4.1, vom 07.02.2008, MBl. NW 2008, 105, Nr.

1360 *Ekardt/Beckmann*, UPR 2008, 241, 246; vgl. zur Durchführung der Umgebungslärmrichtlinie Bericht der Kommission, KOM(2011) 321 eng. 1.6.2011.

1361 Ausführlich zum subjektiv-öffentlichen Recht *Scherzberg*, in: Erichsen/Ehlers (Hrsg.), Allg. VerwR, § 12 Rn. 18 ff.

1362 *Ekardt/Beckmann*, UPR 2008, 241, 245.

erkennt, anders als das deutsche Recht, auch den Individualschutz für vorsorgeorientierte Grenzwerte an.[1363] Aus solchen Grenzwerten, die auch dem Schutz der menschlichen Gesundheit dienen, könnten auch Ansprüche der Bürger auf Planerstellung und Maßnahmenverwirklichung hergeleitet werden. Aufgrund drittschützender Grenzwerte im Luftreinhalterecht wurden etwa Ansprüche von Bürgern auf Aktionspläne hergeleitet. Der EuGH gründet diese auf die unbedingten und hinreichenden Bestimmungen der Luftqualitätsrichtlinie in Art. 7 Abs. 3 RL im Zusammenhang mit bindenden europäischen Grenzwerten.[1364] Die Umgebungslärmrichtlinie sieht demgegenüber bisher keine Grenzwerte vor, die ausdrücklich dem Gesundheitsschutz dienen und damit auch keine unbedingte und hinreichend bestimmte Pflicht, Maßnahmen zu ergreifen. Aufgrund fehlender wissenschaftlicher Erkenntnisse sollen diese Grenzwerte nicht auf europäischer Ebene erlassen werden, sondern den Mitgliedstaaten vorbehalten bleiben.[1365] Dennoch sind in Lärmaktionsplänen solche Maßnahmen vorrangig einzustellen, die auf Grenzwertüberschreitungen reagieren.[1366] Außerdem sollen Lärmaktionspläne zunächst dem Gesundheitsschutz dienen,[1367] und dies würde auch für die Grenzwerte gelten, wenn sie als solche ausgestaltet werden. Auch die Umgebungslärmrichtlinie sieht vor, dass von den Mitgliedstaaten Grenzwerte gemeldet werden, die eine Bewertung der Gesundheitsschädlichkeit oder Belästigung ermöglichen.[1368]

1363 EuGH, Urt. v. 28.2.1991 – Rs. C-131/88, Slg. 1991, I-825, Rn. 7; EuGH Urt. v. 17.10.1991 – Rs. C-58/89, Slg. 1991, I-4983, Rn. 14 zum Grund- und Trinkwasser; *Calliess*, NVwZ 1996, 339, 340 f.

1364 Vgl. zu den Voraussetzungen des Drittschutzes, EuGH Urt. v. 5.4.1979, Rs. 148/78, Slg. 1979, 1629, Rn. 20 – Ratti; EuGH, Urt. v. 13.11.1990, Rs. C-106/89, Slg. 1990, I-4135 Rn. 8 – Marleasing.

1365 Ausführlich 1. Teil V. 1.

1366 Art. 8 Abs. 2 UL-RL; *Cancik*, ZUR 2007, 169, 172.

1367 Vgl. Art. 1 Abs. 1 c) und 3 a) UL-RL.

1368 *Cancik*, ZUR 2007, 169, 172.

7. Bereitstellung von Finanzmittel

Eines der größten Schwächen des Lärmschutzes ist der hohe Finanzbedarf. Wie im 1. Teil[1369] gesehen betragen die Kosten der Lärmminderung in Ballungsräumen im Durchschnitt etwa 0,58 € pro Kopf der Gesamtbevölkerung.[1370] Dieser Wert würde zunächst steigen, wenn verbindliche und auch drittschützende Grenzwerte eingeführt würden, da nun auch für Bereich Maßnahmen vorzusehen wären, die in einigen Lärmaktionsplänen aufgrund von Implementierungs- oder Finanzproblemen bisher nicht beplant wurden. Dabei sind auch die Kosten der Lärmminderung gemäß Art. 104a Abs. 5 GG vom Träger der Behörde zu tragen, die für die Verwirklichung der Maßnahme zuständig ist.[1371] Die für eine Lärmminderung in Bezug genommenen Kompetenzen verbleiben bei der jeweils zuständigen Behörde, daher müssen auch die durch die Verwirklichung entstanden Kosten vom Träger der maßnahmenverwirklichende Behörde getragen werden.

Problematisch sind hier insbesondere die Kosten, die bei den Gemeinden anfallen. Einige Bundesländer unterstützen die Gemeinden bereits auch finanziell. Aber darüber hinaus ist es nötig, die 2008 zwischen Bund, Ländern und Kommunen aufgenommenen Verhandlungen über ein Finanzierungsprogramm für den Lärmschutz an kommunalen Straßen[1372] wieder aufzunehmen und mit ausreichenden Mitteln auszustatten.

1369 1. Teil II. 1. d).

1370 Die Aussagen dieser Kosten sind aber aufgrund weniger Meldungen und fehlender Daten zur Ermittlung gering. *UBA*, Lärmbilanz 2010, 78/2011, S. 26.

1371 Dazu schon 6. Teil I. 5.

1372 Erwähnt in der Antwort auf eine Kleine Anfrage der Partei Die Linke, BT-Drs. 17/4409 S. 1.

VII. Abschnittsergebnis

Richtlinienkonforme Regelungen, um dem festgestellten Umsetzungsdefiziten zu begegnen, können nicht allein durch analoge Anwendung von Normen der Luftreinhalteplanung oder von Grenzwerten erreicht werden, sondern bedürfen eines Tätigwerdens des Gesetz- oder Verordnungsgebers. Gleichzeitig besteht bei der Maßnahmenverwirklichung auch das größte Problem, die europäischen Vorgaben im Rahmen der Effektivitätsanforderungen schonend in das System des deutschen Verwaltungsrechts einzufügen, da hier die Unterschiede zwischen den europarechtlichen Anforderungen an ein übergreifendes Lärmschutzsystem und dem gewachsenen System des deutschen Verwaltungsvollzugs am größten sind. Die deutschen Regelungen zum Lärmschutz an Straßen hat primär eine verkehrsregelende oder planende Ausrichtung und umfasst nur daneben den Lärmschutz, zudem teilt das Lärmschutzrecht die Zuständigkeiten zwischen unterschiedlichen Hoheitsträgern auf.[1373] Auch diesen Schwierigkeiten gilt es mit gesetzgeberischen Mitteln zu begegnen.

Aufgrund der verfassungsrechtlichen Vorgaben sind die betroffenen Hoheitsträger in Bezug auf die jeweilige Maßnahme an der Lärmaktionsplanerstellung zu beteiligen. Dies entspricht einer wechselseitigen Kommunikation als Mitberatung. Für durch die Lärmaktionspläne betroffenen Gemeinden folgt dies zudem aus ihrer Selbstverwaltungsgarantie. Um eine Bindung an die Festlegungen des Lärmaktionsplanes herzustellen bedarf es aber darüber hinaus eines Einvernehmens. Neben diesem Verfahrenserfordernis sind bindende Grenzwerte zu erlassen. Desweiteren bedarf es der Bereitstellung von Finanzmittel, um die recht teuren Maßnahmen angehen zu können.

1373 Zum deutschen Lärmschutzrecht 1. Teil I. 1.; Rechtsregimes der Maßnahmenverwirklichung 5. Teil II.

Ergebnis und Ausblick

Der rechtliche Ordnungsrahmen für die Lärmaktionsplanung befindet sich nach wie vor in einer Phase des Umbruchs.

Die Lärmaktionsplanung ist für das deutsche Verwaltungsrecht ein ungewöhnlicher Regelungsansatz und deutet auf ein bisher wenig beachtetes Problem. Gleichzeitig zeigen aber Studien, wie wichtig Lärmschutz insbesondere an Straßen ist, ohne dass aber ihre Schädlichkeit heute ausreichend erforscht ist.

Die Lärmaktionsplanung bietet erstmals ein quellenübergreifendes System zum Lärmschutz an. Die Umgebungslärmrichtlinie ist als zentraler Baustein eines europaweiten Lärmschutzkonzeptes gedacht, das weiter ausgebaut werden soll und der Lärmwirkungsforschung der Mitgliedstaaten neuen Schwung geben möchte.

Bisher entspricht die Um- und Durchsetzung der Umgebungslärmrichtlinie im deutschen Recht nicht den europäischen Effektivitätsanforderungen. Bei der Erstellung von Lärmaktionsplänen werden die Anforderungen des Unionsrechts nicht erfüllt, da Ballungsräume nicht immer umfassend und Hauptverkehrsstraßen nicht immer rechtzeitig beplant werden. Defizite im Verwaltungsvollzug bestehen auch beim Festlegen konkreter und auf Lärmbelastungen zugeschnittener Maßnahmen. Das größte Defizit besteht aber bei der Verwirklichung der in den Lärmaktionsplänen festgelegten Maßnahmen. Viele ambitionierte Ansätze und Maßnahmenkonzepte laufen leer, da die für die Verwirklichung zuständigen Fachbehörden nicht im ausreichenden Maße tätig werden (können).

Zumeist beruhen diese Vollzugshemmnisse auf den im Rahmen des Lärmschutzes nur schwer erfüllbaren Tatbestandsvoraussetzungen der durch die Lärmaktionspläne in Bezug genommen Ermächtigungsgrundlagen. Insoweit bietet das deutsche Recht keine ausreichende Grundlage für die Verwirklichung eines konsistenten Lärmschutzes, und die Weigerung vieler Behörden zur Maßnahmenverwirklichung entspricht diesem geltenden Recht. Vor allem sieht das deutsche Straßenverkehrsrecht Ermächtigungsgrundlagen nur für Lärmschutz an wesentlich veränderten oder neu gebauten Straßen und Regelung zur Begrenzung des Straßenverkehrs nur aufgrund von verkehrlichen Erwägungen vor. Es hält aber keine Ermächtigungsgrundlagen bereit, um an bestehenden Straßen aus Lärmschutzerwägungen ausreichend regelnd einzugreifen.

Vollzugsdefizite rühren aber auch daher, dass die Vorgaben der Umgebungslärmrichtlinie nur „eins-zu-eins" in deutsches Recht umgesetzt wurden, ohne die Vorgaben der Umgebungslärmrichtlinie im Hinblick auf den durch sie geforderten Rechtszustand umfassend auszugestalten. Die Umgebungslärmrichtlinie ist vor allem in Bezug auf Verfahrensvorgaben konkretisierungsbedürftig. Außerdem verlangt die Umgebungslärmrichtlinie nach ihrer Konzeption, dass die Mitgliedstaaten Grenzwerte festlegen und über abgestimmte Verfahrensvorgaben die Richtlinienvorgaben schonend in ihr bestehendes Rechtssystem einfügen. Sowohl Vorgaben für das Verfahren zu Aufstellung und Verwirklichung der Lärmaktionspläne, als auch Grenzwerte werden im deutschen Recht bislang nicht vorgegeben.

Zur Herstellung des vom europäischen Recht geforderten effektiven Vollzugs und der effektiven Umsetzung der Umgebungslärmrichtlinie besteht Handlungsbedarf. Zunächst müssten die Verfahrensvorgaben für die Lärmaktionsplanung so ausgestaltet werden, dass diese Regelungen zur Lösung bestehender Kompetenzkonflikte sowie zur Kooperation zwischen den planerstellenden und den anschließend maßnahmenverwirklichenden Behörden vorsehen. Die planerstellenden Behörden sollten die maßnahmenverwirklichenden Behörden zu geplanten Maßnahmen beteiligen, indem die maßnahmenverwirklichenden Behörden den sie betreffenden Maßnahmen zustimmen müssten und sich gleichzeitig verpflichten würden, diese zu verwirklichen. Bindende Grenzwerte, ab deren Überschreitung ein Regelungsbedürfnis besteht und Maßnahmen vorzusehen sind, verhindern zudem, dass keine Maßnahmen festgelegt werden oder dass die benötigte Zustimmung nicht erteilt wird. Somit wird eine Verbindlichkeit der Lärmaktionsplanung über bindende Grenzwerte und eine Zustimmungserfordernis zu geplanten Maßnahmen erreicht. Des Weiteren müssten den zuständigen Stellen auch geeignete Ermächtigungsgrundlagen an die Hand gegeben werden, um die Vorgaben der Lärmaktionspläne auch an bestehenden Straßen verwirklichen zu können. Da Lärmschutz verhältnismäßig kostengünstig und effektiv durch Verkehrsbeschränkungen erreicht werden kann, sollten insbesondere im Straßenverkehrsrecht geeignete Ermächtigungsgrundlagen geschaffen werden, die verkehrliche, aber insbesondere Lärmschutzanforderungen im Blick haben. Nur so kann verhindert werden, dass zwei Systeme entstehen, die Vorgaben für Straßenverkehr im Hinblick auf das Verkehrsbedürfnis und Lärmschutz machen und sich im Einzelnen widersprechen.

Diese eher geringen gesetzgeberischen Nachbesserungen könnten dazu dienen, die Lärmaktionsplanung möglichst schonend in die bestehend Zuständigkeitsverteilung und die Regelungssystematik des deutschen Verwaltungsrechts einzufügen. Es sollte dabei das Konzept beibehalten werden, dass keinen Regelungscharakter der Lärmaktionspläne selber vorsieht, sondern bestehende Ermächtigungsgrundlagen in Bezug nimmt. Die Letztentscheidung über die Verwirklichung der Maßnahmen sollte bei den nach dem bestehenden System zuständigen Behörden verbleiben. Gleichzeitig sollte aber die Möglichkeit der planerstellenden Behörden gewahrt werden, auf eine der Maßnahmenverwirklichung vorgelagerten Stufe ein kohärentes Lärmschutzkonzept zu erstellen. Daher sollte die Zuweisung der Lärmaktionsplanerstellung an die Gemeinden oder Bezirksregierungen beibehalten werden, damit diese ein Lärmschutzkonzept aus einer Hand erstellen können.

Um insgesamt an effektivem Gesundheitsschutz orientierten Lärmschutz zu erreichen besteht auch auf europäischer Ebene weiterhin Handlungsbedarf, da Vorgaben für lärmarme Fahrzeuge und Reifen als Wirtschaftslenkung besonders lärmschutzrelevant sind und nur auf überstaatlicher Ebene erfolgreich verabschiedet werden können.

Literaturverzeichnis

Achterberg, Norbert/Püttner, Günter/Würtenberger, Thomas (Hrsg.), Besonderes Verwaltungsrecht, Bd. I, Wirtschafts-, Umwelt-, Bau-, Kulturrecht, 2. Aufl., Heidelberg 2000

Alexy, Robert, Begriff und Geltung des Rechts, Freiburg 1992

Alexy, Robert, Ermessenslehre, in JZ 1986, 701–716

Alexy, Robert, Zum Begriff des Rechtsprinzips, in Rechtstheorie 1979 (Beiheft 1), 59–87

Alscher, Andreas, Rechtliche Möglichkeiten einer integrierten kommunalen Verkehrsplanung, Frankfurt a. M. 2001, Zugl.: Regensburg, Univ., Diss., 2011

Assmann, Jürgen/Knierim, Katharina/Friedrich, Jörg, Die Luftreinhalteplanung im Bundes-Immissionsschutzgesetz, in NuR 2004, 695–701

Baake, Rainer, Fortentwicklung des Umweltrechts – Europa als Modell oder Problem, WHI-Paper 3/00 – Juni 2000

Bachof, Otto, Begriff und Wesen des sozialen Rechtsstaates in VVDStRL 12 (1954), S. 37 ff.

Baden-Württemberg, Landesamt für Umwelt, Messung und Naturschutz, Lärmaktions-planung: Informationen für die Kommunen in Baden-Württemberg, 2. Aufl., Stuttgart 2008

Barth, Sibylle, Nahverkehr in kommunaler Verantwortung: der öffentliche Personennahverkehr nach der Regionalisierung, Bielefeld 2000, Zugl.: Konstanz, Univ., Diss., 1999–2000

Bartlsperger, Richard, Planungsrechtliche Optimierungsgebote, in DVBl. 1996, 1–12

Battis, Ulrich/Krautzberger, Michael/Löhr, Rolf-Peter (Hrsg.), Baugesetzbuch: Kommentar, 12. Auflage 2014

Bauer, Michael, Personenbeförderungsgesetz – Kommentar, Köln 2010

Bauer, Hartmut, Die Bundestreue: zugleich ein Beitrag zur Dogmatik des Bundesstaates und zur Rechtsverhältnislehre, Tübingen 1992, Zugl.: Augsburg, Univ., Habil.-Schr., 1991

Bayerisches Landesamt für Umweltschutz (LfU): Die Umsetzung der EU-Umgebungslärmrichtlinie. Augsburg 2005.

Beaucamp, Guy, Innerstädtische Verkehrsreduzierung mit ordnungsrechtlichen und planungsrechtlichen Mitteln, 1. Aufl., Baden-Baden 1997, Zugl.: Münster (Westfalen), Univ., Diss., 1996

Berkemann, Jörg, Rechtsgutachterliche Stellungnahmen zur Frage der Bedeutung von § 45 Abs. 1 S. 2 Nr. 3, Abs. 9 StVO im Rahmen eines Lärmaktionsplanes unter Beachtung des unionsrechtlichen Richtlinienrechts, Stadt Norderstedt, Amt Nachhaltiges Norderstedt, Hamburg/Berlin 2011

Beutler, Bengt/Bieber, Roland/Cremer, Wolfram, Die Europäische Union, 5. Aufl., Baden-Baden 2001

Blaschke, Ulrich, Lärmminderungsplanung: der Schutz vor Umgebungslärm durch Lärmkartierung und Lärmaktionsplanung, Berlin 2010, Zugl.: Würzburg, Univ., Diss., 2009

Bleckmann, Albert, Aufgaben einer Methodenlehre des Völkerrechts: Probleme der Rechtsquellenlehre im Völkerrecht, Heidelberg 1978

Bleckmann, Albert, Der Grundsatz der Völkerrechtsfreundlichkeit der deutschen Rechtsordnung, in DÖV 1996, 137–145

Bleckmann, Albert, Die actus-contrarius-Doktrin, in JuS 1988, 174–176

Blumberg, Die Ortsdurchfahrten nach dem Bundesfernstraßengesetz, S. 94 ff.;

Boeddinghaus, Gerhard, Eingliederung des § 50 BImSchG in das Planungsrecht, in UPR 1985, 1–10

Bohny, Hans-Michael, Lärmschutz in der Praxis, München 1986

Bötticher, Eduard, Die Bindung der Gerichte an Entscheidungen anderer Gerichte, in von Caemmerer, Ernst/Friesenhahn, Ernst/ Lange, Richard (Hrsg.), Hundert Jahre Deutsches Rechtsleben, Festschrift zum hundertjährigen Bestehende des Deutschen Juristentages, 1860–1960, Karlsruhe 1960

Boujong, Karlheinz, Entschädigung für Verkehrslärmimmissionen, in UPR 1987, 207–213

Bouska, Wolfgang/Leue, Anke, Straßenverkehrsordnung, 22. Aufl., Heidelberg 2007

Bredemeier, Babara, Kommunikative Verfahrenshandlungen im deutschen und europäischen Verwaltungsrecht, Tübingen 2007, Zugl.: Freiburg, Univ., Diss., 2006/2007

Bredimas, Anna E., Methods of Interpretation and Community Law, Amsterdam 1978, Zugl.: London, Diss.

Brenner, Michael/Seifarth, D, Fortgeschrittenenklausur – Öffentliches Recht: Die unliebsame Umweltzone, in JuS 2009, 231–237

Breuer, Rüdiger, Konditionale und finale Rechtssetzung, in AöR 127 (2002), 523–574

Breuer, Rüdiger (Hrsg.), Umweltschutz im Widerstreit differierender Konzepte: Umweltrechtstage 2000 am 22. und 23. August 2000 in Düsseldorf, Tagungsband, Düsseldorf 2000

Brohm, Winfried, Gemeindliche Selbstverwaltung und staatliche Raumplanung, in DÖV 1989, 429–441

Brohm, Winfried, Kompetenzüberschneidung im Bundesstaat, in DÖV 1983, 525–532

Buck, Cartsen, Über die Auslegungsmethoden des Gerichtshofs der Europäischen Gemeinschaft, Frankfurt am Main 1998, Zugl.: Münster (Westfalen), Univ., Diss., 1997

Buerstedde, Wolfgang, Juristische Methodik des Europäischen Gemeinschaftsrechts. Ein Leitfaden, Baden-Baden 2006

Burgi, Martin, Kommunalrecht, 4. Aufl., München 2012

Burgi, Martin, Verwaltungsprozessrecht und Europarecht, München 1996

Bydlinski, Ulrich R., Juristische Methodenlehre und Rechtsbegriffe, 2. Aufl., Wien 1991

Calliess, Christien/Ruffert, Matthias (Hrsg.), EUV/EGV: das Verfassungsrecht der Europäischen Union mit Europäischer Grundrechtecharter, 3. Aufl., 2007 (aktuell 4. Aufl., München 2011).

Calliess, Christian, Europarechtliche Vorgaben für ein Umweltgesetzbuch, in NuR 2006, 601–614

Cancik, Pascale, Lärmaktionsplanung in Niedersachsen, Nds.VBl. 2013, 329–335

Cancik, Pascale, Stand und Entwicklung der Lärmminderungsplanung in Deutschland, in WiVerw 2012, 210–226

Cancik, Pascale, Die Pflicht zur Aufstellung von Aktionsplänen zur Lärmminderung und ihre Kopplung an „Auslösewerte", in NVwZ 2008, 167–170

Cancik, Pascale, Aktionspläne zur Lärmminderung – effektives Instrument oder „Aktionismus"?, in ZUR 2007, 169–176

Classen, Claus-Dieter, Das nationale Verwaltungsverfahren im Kraftfeld des Europäischen Gemeinschaftsrechts, in Die Verwaltung 31 (1998), 307–334

Couzinet, Daniel, Die Zulässigkeit von Immissionen im anlagenbezogenen Immissionsschutzrecht. Berlin 2007, Zugl.: Tübingen, Univ., Diss., 2005–2006

Dannecker, Achiem, Rechtliche Neukonzeption der kommunalen Straßenverkehrsplanung, Baden-Baden 1997, Zugl.: Konstanz, Univ., Diss., 1997

de Wall, Heinrich, Die Anwendbarkeit privatrechtlicher Vorschriften im Verwaltungsrecht, Tübingen 1999, Zugl.: Erlangen-Nürnberg, Univ., Habil.-Schr., 1997

Denninger, Erhard (Hrsg.), Kommentar zum Grundgesetz, Bd. 1, 3. Aufl., Neuwied 2001–2002

Deppen, Michael, Beteiligungsrechte des Bürgers in Planfeststellungsverfahren auf der Grundlage des Verwaltungsverfahrensgesetzes, 1982, Zugl., Münster (Westfalen), Univ., Diss., 1982

Detterbeck, Steffen, Allgemeines Verwaltungsrecht, 11. Aufl., München 2013

Deutscher Bundestag – Wissenschaftlicher Dienst, Lachmuth, Annemarie/Georgii, Harald/Borhanian, Sarab (Verf.), Föderalismusreform 2006 Grundgesetzänderung – Synopse, 2006

Di Fabio, System der Handlungsformen und Fehlerfolgenlehre, in Becker-Schwarze, Kathrin/Köck, Wolfgang/Kupka, Peter/ v. Schwanenflügel, Matthias (Hrsg.), Wandel der Handlungsformen im Öffentlichen Recht, Stuttgart 1991

Di Fabio, Udo, Die Ermessensreduzierung – Fallgruppen, Systemüberlegungen und Prüfprogramm in VerwArch 86 (1995), 214–234

Dicke, Klaus, Effizienz und Effektivität internationale Organisationen, Berlin 1994, Zugl.: Kiel, Univ., Habil.-Schr., 1991

Dietrich, Björn/Au, Christian/Dreher, Jörg, Umweltrecht der Europäischen Gemeinschaft, Berlin 2003

Dörr, Oliver/Lenz, Christofer, Europäischer Verwaltungsrechtsschutz, Baden-Baden 2006

Dörr, Oliver, Der europäische Rechtsschutzauftrag deutscher Gerichte: Artikel 19 ABs. 4 GG unter dem Einfluss des europäischen Unionsrechts, Tübingen 2003, Zugl.: Berlin, Freie Univ., Habil.-Schr., 2002

Dreier, Horst (Hrsg.), Grundgesetz, Band I, 3. Aufl., Tübingen 2013 und Band II, 2. Aufl., Tübingen 2008

Drews, Bill/Wacke, Gerhard/Vogel, Klaus/Martens, Wolfgang, Gefahrenabwehr: allgemeines Polizeirecht, 9. Aufl., Köln 1986

Duden, Das Fremdwörterbuch, Bd. 5, 7. Aufl., Mannheim 2001

Dürr, Hansjochen, Die rechtlichen Grundlagen zur Lärmminderung in Städten, in UPR 1992, 241–251

Ekardt, Felix/Beckmann, Klaus, Feinstaub zwischen nationalem und europäischem Recht, in UPR 2008, 241–247

Engel, Rüdiger, in Gesellschaft für Umweltrecht (Hrsg.), Dokumentation zur 33. wissenschaftlichen Fachtagung der Gesellschaft für Umweltrecht e.V., Berlin 2009

Engel, Rüdiger, Staatlicher Selbsteintritt und kommunale Selbständigkeit, in DVBl. 1982, 757–762

Engelhardt, Hans/Schlicht, Johannes, Bundes-Immissionsschutzgesetz, 4. Aufl., Köln 1997

Engisch, Karl, Einführung in das juristische Denken, 11. Aufl., Stuttgart 2010

Engisch, Karl, Die Einheit der Rechtsordnung, Darmstadt 1987, unverändert reprografischer Nachdruck der bei Winter, 1935 Heidelberg, erschienenen Ausgabe

Epping, Volker/Hillgruber, Christian, Beck'scher Onlinekommentar, Grundgesetz, Stand 11.2013

Epping, Volker, Grundrechte, 5. Aufl., Berlin 2012

Erbguth, Wilfried/Beaucamp, Guy, Aspekte einer umweltgerechten Verkehrssteuerung durch Planungs- und Ordnungsrecht, in DÖV 2000, 769–775

Erichsen, Hans-Uwe/Ehlers, Dirk (Hrsg.), Allgemeines Verwaltungsrecht, 14. Aufl., Berlin 2010

Erichsen, Hans-Uwe/Klüsche, Charlotte, Verwaltungsvorschriften, in Jura 2000, 540–548

Ernst, Christian, Die Verwaltungserklärung, Berlin 2008, Zugl.: Kiel, Univ., Diss., 2007

Ernst, Werner/Zinkahn, Willy/Bielenberg, Walter (Hrsg.), Baugesetzbuch – Kommentar, München, Band III und V, Stand August 2013

Ernst, Werner/Hoppe, Werner, Das öffentliche Bau- und Bodenrecht, Raumplanungsrecht, 2. Aufl., München 1981

Faber, Heiko, Verwaltungsrecht, 4. Aufl., Tübingen 1995

Feldhaus, Gerhard/Hansel, Horst D. (Hrsg.), Bundesimmissionsschutzrecht: Kommentar, Heidelberg, Stand 2013

Feldmann, Franz-Josef, Wandel im Lärmschutz: Die Umgebungslärmrichtlinie und ihre Umsetzung ins deutsche Recht, in ZUR 2005, 352–358

Fickert, Carl, Grundlagen und Grundsätze des Lärmschutzes beim Bau von Verkehrswegen, in Geis, Max-Emanuel/Umbach, Dieter C. (Hrsg.), Planung – Steuerung – Kontrolle: Festschrift für Richard Bartlsperger, Berlin 2006

Fickert, Hans-Carl, Zum Einfluss der in Deutsches Recht umgesetzten Umgebungslärm-richtlinie der EU auf die Lärmsituation der Gemeinden und auf die Bürger, in BauR 2006, 920–937

Finke, Mathias, Das Einvernehmen bei der Genehmigung von Gebietsentwicklungsplanen gem. § 16 Abs.1 S. 1 LPlG NW in NWVBl. 2004, 329–337

Fisahn, Andreas, Effektive Beteiligung solange noch alle Optionen offen sind – Öffentlich-keitsbeteiligung nach der Aarhus-Konvention, in ZUR 2004, 136–140

Fisahn, Andreas, Demokratie und Öffentlichkeitsbeteiligung, Tübingen 2002, Teilw. zugl.: Bremen, Univ., Habil.-Schr., 2000–2001

Fonk, Christian Friedrich, Europäische Luftqualitätsziele und nationale Erfüllungsverant-wortung, Frankfurt a.M. 2009, Zugl.: Bonn, Univ., Diss., 2007

Forsthoff, Ernst, Verwaltungsrecht, 10. Aufl., München 1973

Forsthoff, Ernst, Begriff und Wesen des sozialen Rechtsstaats, in VVDStRl 12 (1954), 8–36

Frank, Götz, Verkehrsberuhigung und Verkehrsrecht, 1. Aufl., Baden-Baden 1992

Fromm, Günter, Zur Neuordnung des Personenbeförderungsrecht, in TranspR 1994, 425–434

Funke, Hans Friedrich, Bund-Länder-Abstimmung im Bereich der Raumordnung und Landesplanung, Münster 1987, Zugl.: Münster (Westfalen), Univ., Diss., 1987

Fürreder, Walter/Schwab, Dieter, Walked-Space.at – der Österreichische Verein für FußgängerInnen, Shared-Space/Begegnungszonen – ein Überblick, Wien 2008

Geis, Max-Emanuel, Josefine Mutzenbacher und die Kontrolle der Verwaltung, in NVwZ 1992, 25–31.

Geißler, Markus, Innenstädtische Verkehrsregelungen im Geflecht divergierender Gruppen-interessen, in DAR 1999, 345–352

Gellermann, Martin, Europäisierter Rechtsschutz im Umweltrecht, in Ipsen, Jörn/Stüer, Bernhard (Hrsg.), Europa im Wandel: Festschrift für Hans-Werner Rengeling, Köln 2008

Gellermann, Martin, Beeinflussung des bundesdeutschen Rechts durch Richtlinien der EG, Köln 1994, Zugl.: Osnabrück, Univ., Diss., 1993–1994

Gelzer, Konrad/Bracher, Christian-Dietrich/Reidt, Olaf (Hrsg.), Bauplanungsrecht, 8. Aufl., Köln 2014

Gern, Alfons, Deutsches Kommunalrecht, 3. Aufl., Badern-Baden 2003

Giesberts, Ludger/Reinhardt, Michael (Hrsg.), Beck'scher Online-Kommentar Umweltrecht- BImSchG, München 2013

Grabatin, Günther, Effizienz und Organisation, Berlin 1981, Zugl.: Darmstadt, Techn. Hochsch., Diss., 1980

Grabitz, Eberhard, Entscheidungen und Richtlinien als unmittelbar wirksames Gemeinschaftsrecht, in EuR 1971, 1–22

Grabitz, Eberhard/Hilf, Meinhard (Hrsg.), Das Recht der Europäischen Union, Band 1 und Band 3, München -2009, Stand Vertrag von Nizza (aktuell Vertrag von Lissabon, München -2011)

Grabitz, Eberhard/Hilf, Meinhard/Nettesheim, Martin (Hrsg.), Das Recht der Europäischen Union, Band 3, München -2012, Stand Vertrag von Lissabon

Griefahn, Babara/Jansen, Gerd/Scheuch, Klaus/Spreng, Manfred (Bearb.), Fluglärmsynopse, in ZfL 49 (2002), 171–175

Grimm, Dieter, Die Meinungsfreiheit in der Rechtsprechung des Bundesverfassungsgerichts, in NJW 1995, 1697–1705.

Guski, Rainer, Entwicklung der Lärmwirkungsforschung 2002–2008, in UVP-Report, 2008, 141–151

Haltern, Ulrich, Europarecht: Dogmatik im Kontext, 2. Aufl., Tübingen 2007

Hansmann, Klaus, Rechtsprobleme der Lärmminderungsplanung, in Führ, Martin/Wahl, Rainer/Wilmowsky, Peter (Hrsg.), Umweltwissenschaft und Umweltrecht: Festschrift für Eckard Rehbinder, Berlin 2007

Hansmann, Klaus, Harmonisierung unterschiedlicher Normstrukturen im europäischen und im deutschen Umweltrecht, in NVwZ 2006, 51–55

Hansmann, Klaus, Rechtsprobleme der Bewertung von Lärm, in NuR 1997, 53–59

Hansmann, Klaus, Zur Problematik der Festsetzung von Immissionsgrenzwerten, in Franßen, Everhardt/Redeker, Konrad/Schlichter, Otto/Wilke, Dieter (Hrsg.), Bürger – Richter – Staat: Festschrift für Horst Sendler, München 1991

Hatje, Arnim, Europäische Rechtseinheit durch einheitliche Rechtsdurchsetzung, in Schwarze, J./Müller-Graff, P.-C (Hrsg.), Europäische Rechtseinheit durch einheitliche Rechtsdurchsetzung, Baden-Baden 1998, (Europarecht Beiheft 1/1998)

Heiderhoff, Bettina, Gemeinschaftsprivatrecht, 3. Aufl., München 2011

Heinrichs, Ekkart/Popp, Christian, In der Ruhe liegt die Kraft, Möglichkeiten und Grenzen der Lärmaktionsplanung, in Lärmbekämpfung 2008, 95–100

Hellmann, Ulrich, Die Öffentlichkeitsbeteiligung in vertikale gestuften Zulassungsverfahren für umweltrelevante Großvorhaben nach deutschem und europäischem Recht, Frankfurt a. M. 1992, Zugl. Osnabrück, Univ., Diss., 1991

Hendler, Reinhard/Heimlich, Jörn, Raumplanung und Umweltschutz, in Jahrbuch des Umwelt- und Technikrechts 2000, 7 ff.

Hentschel, Peter/König, Peter/Dauer, Peter (Hrsg.), Straßenverkehrsrecht, 42. Aufl., München 2013

Hermann, Martin, Schutz vor Fluglärm bei der Planung von Verkehrsflughäfen im Lichte des Verfassungsrechts, Berlin 1994, Zugl.: Regensburg, Univ., Diss., 1993

Hermes, Georg, Staatliche Infrastrukturverantwortung, Tübingen 1998, Zugl.: Freiburg (Breisgau), Univ., Habil.-Schr., 1991

Hermes, Georg, Das Grundrecht auf Schutz von Leben und Gesundheit, Heidelberg 1987, Zugl.: Freiburg, Univ., Diss., 1986

Hermes, Ralf, Sperrung von Innenstädten – Rechtliche Aspekte, in DAR 1993, 92–95

Hesse, Konrad, Grundzüge des Verfassungsrechts der Bundesrepublik Deutschland, 20. Aufl., Heidelberg 1995

Hessisches Ministerium für Umwelt, Energie, Landwirtschaft und Verbraucherschutz, Lärmaktionsplanung für Hauptverkehrsstraßen in Hessen, Wiesbaden 2010

Hilf, Meinhard/Hörmann, Saskia, Effektivität – ein Rechtsprinzip?, in: Dupuy, Pierre-Marie/Fassbender, Bardo/Shaw, Malcom N./ Sommermann, Karl-Peter (Hrsg.), Völkerrecht als Werteordnung: Festschrift für Christian Tomuschat, Kehl 2006

Himmelmann, Steffen, Kompetenzen der Städte und Gemeinden auf dem Gebiet des Immissionsschutzes, in DÖV 1993, 497–509

Hochhuth, Martin, Vor schlichthoheitlichem Verwaltungseingriff anhören? – Drei Thesen zur Dogmatik des Realhandelns, in NVwZ 2003, 30–35

Hoffmann-Riem, Wolfgang, Zur notwendigen Verbindung von Effektivitäts- und Implementationsforschung, in Hoffmann-Riem, Wolfgang/Mollnau, Karl A./Rottleuthner, Hubert (Hrsg.), Rechtssoziologie in der Deutschen Demokratischen Republik und der Bundesrepublik Deutschland, Baden-Baden 1990

Hofmann, Ekkehard, Der Schutz vor Immissionen des Verkehrs, Baden-Baden 1997

Holm, Bernhard, Die Bedeutung der EU-Umgebungslärmrichtlinie für die Bundesfernstraßen, in NuR 2003, 144–149

Hoppe, Werner, Die Bedeutung von Optimierungsgeboten im Planungsrecht, in DVBl. 1992, 853–862

Hoppe, Werner, Planung und Pläne in der verwaltungsgerichtlichen Kontrolle, in Erichsen, Hans-Uwe/Hoppe, Werner/v. Mutius, Albert, (Hrsg.), System des verwaltungsgerichtlichen Rechtsschutzes, Festschrift für Christian-Friedrich Menger, Köln 1985

Hoppe, Werner/Rengeling, Hans-Werner, Rechtsschutz bei der kommunalen Gebietsreform, Frankfurt a. M. 1973

Hoppe, Werner/Stüer, Bernhard, Die Rechtsprechung zum Bauplanungsrecht, Stuttgart 1995

Hügel, Stefan, Dritte als Betroffene verkehrsberuhigender Maßnahmen, Baden-Baden 1991, Zugl.: Regensburg, Univ., Diss., 1991

Hummer, Waldemar, Paradigmenwechsel im Europarecht zur Jahrtausendwende: Ansichten österreichischer Integrationsexperten zu aktuellen Problemlagen ; Forschung und Lehre im Europarecht in Österreich, Wien 2004

Ipsen, Jörn, Staatsrecht 2: Grundrechte, 16. Aufl., München 2013

Ipsen, Jörn, Wirtschaftliche Betätigung der Gemeinden kommunalrechtliche und verfassungsrechtliche Fragestellung, in Ipsen, Jörn/ Schmidt-Jortzig, Edzard (Hrsg.), Recht – Staat – Gemeinwohl: Festschrift für Dietrich Rauschning, Köln 2001

Ipsen, Jörn, Allgemeines Verwaltungsrecht, 8. Aufl., Köln 2012

Ipsen, Jörn, Niedersächsisches Kommunalrecht, 4. Aufl., Stuttgart 2011

Ipsen, Jörn, Schutzbereich der Selbstverwaltungsgarantie nach Art. 28 Abs. 2 GG und Einwirkungsmöglichkeiten des Gesetzgebers in ZG 9 (1994), 194–212

Ipsen, Hans Peter, Europäisches Gemeinschaftsrecht, Tübingen 1972

Ipsen, Jörn/Stüer, Bernhard (Hrsg.), Europa im Wandel: Festschrift für Hans-Werner Rengeling, Köln 2008

Ipsen, Knut, Völkerrecht, 5. Aufl., München 2004

Irmer, Volker, Europäisch denken – national handeln. Perspektiven der nationalen und europäischen Lärmschutzpolitik, in BBauBl. 2000, 14–16

Isensee, Josef/Kirchhof, Paul (Hrsg.), Handbuch des Staatsrechts der Bundesrepublik Deutschland, Rechtsquellen, Organisation, Finanzen, Bd. V, 3. Aufl., Heidelberg 2007

Isensee, Josef/Kirchhof, Handbuch des Staatsrechts der Bundesrepublik Deutschland, Aufgaben des Staates Bd. IV, Aufgaben des Staates, 3. Aufl., Heidelberg 2006

Isensee, Josef/Kirchhof, Paul (Hrsg.), Handbuch des Staatsrechts der Bundesrepublik Deutschland, Demokratie – Bundesorgane, Bd. III, 3. Aufl., Heidelberg 2005

Isensee, Josef/Kirchhof, Paul (Hrsg.), Handbuch des Staatsrechts der Bundesrepublik Deutschland, Bd. I, Heidelberg 1987 (aktuell 3. Aufl. 2003)

Jarass, Hans D., Bundes-Immissionsschutzgesetz: Kommentar, 10. Aufl., München 2013

Jarass, Hans D., Die Regionalisierung des öffentlichen Personennahverkehrs, in Pitschas, Rainer/Ule, Arnd (Hrsg.), Wege gelebter Verfassung in Recht und Politik: Festschrift für Rupert Scholz, Berlin 2007

Jarass, Hans D., Rechtsfragen des neuen Luftqualitätsrechts, in VerwArch 2006, 429–450

Jarass, Hans D., Luftqualitätsrichtlinie der EU und die Novellierung des Immissionsschutzrechts, in NVwZ 2003, 257–266

Jarass, Hans D., Europäisierung des Immissionsschutzrechts, in UPR 2000, 241–247

Jarass, Hans D., Schnittstellen zwischen Immissionsschutzrecht und anderen Rechtsgebieten in Czajka, Dieter/Hansmann, Klaus/Rebentisch, Manfred (Hrsg.), Immissionsschutzrecht in der Bewährung, 25 Jahre BImSchG – Festschrift für Gerhard Feldhaus, Heidelberg 1999

Jarass, Hans D., Aktuelle Rechtsprobleme des Lärmschutzes an Straßen und Schienenwegen, in UPR 1998, 415–420

Jarass, Hans D., Grundfragen der innerstaatlichen Bedeutung des EG-Rechts, Köln 1994

Jarass, Hans D., Schädliche Umwelteinwirkungen – Inhalt und Grenzen eines Kernbegriffs des Immissionsschutzrechts, in DVBl. 1983, 725–732

Jarass, Hans D./Beljin, Sasa, Unmittelbare Anwendung des EG-Rechts und EG-rechtskonforme Auslegung, in JZ 2003, 768–777

Jarass Hans D.,/Kühling, Wilfried/Bärwolf, Martin, Verbesserungsmöglichkeiten des planungsrechtlichen Instrumentariums im Immissionsschutzrecht, Berlin 1989

Jarass, Hans D./Pieroth, Bodo, Grundgesetz für die Bundesrepublik Deutschland: Kommentar, 12 Aufl., München 2012

Kaden, Nina, Der amerikanische Clean Air Act und das deutsche Luftreinhalterecht, Frankfurt a. M. 1999, Zugl.: Marburg, Univ., Diss., 1999

Kahl, Wolfgang, Über einige Pfade und Tendenzen in Verwaltungsrecht und Verwaltungsrechtswissenschaft- Ein Zwischenbericht, in Die Verwaltung 42 (2009), 463–500

Kahl, Wolfgang, Europäisches und nationales Verwaltungsorganisationsrecht. Von der Konfrontation zur Kooperation, in Die Verwaltung 29 (1996), 341–384

Karpen, Ulrich/Becker, Stefan, Das Bundesstaatsprinzip in der Rechtsprechung des Bundes-verfassungsgerichtes und der Verfassungsgerichte der Länder, in JZ 2001, 966–973

Karpenstein, Ulrich, Praxis des EG-Rechts: Anwendung und Durchsetzung des Gemeinschaftsrechts in der Bundesrepublik Deutschland, München 2006

Kautz, Steffen, Absprachen im Verwaltungsrecht: Zulässigkeit, Grenzen und Folgen, Berlin 2002, Zugl.: Bayreuth, Univ., Diss., 2002

Kelsen, Hans, Reine Rechtslehre, Studienausgabe der 1. Auflage 1934, Jestaedt, Matthias (Hrsg.), Tübingen 2008

Kienzle, Werner, Der Einfluss der Unzuverlässigkeit auf Entscheidungen über die Sperrzeit, in GewArch 1992, 407–410

Kingreen, Thorsten/Poscher, Ralf, Grundrechte Staatsrecht II, Vorsetzung des von Pieroth/Schlink begründeten Lehrbuchs, 29. Aufl., Heidelberg 2013

Kloepfer, Michael/Griefahn, Babara/Kaniowski, A. M. u. a. (Hrsg.), Leben mit Lärm: Risikobeurteilung und Regulation des Umgebungslärms im Verkehrsbereich, Berlin 2006

Kloepfer, Michael, Umweltrecht, 3. Aufl., München 2004

Kloepfer, Michael, Die europäische Herausforderung – Spannungen zwischen deutschem und europäischem Umweltrecht, in NVwZ 2002, 645–657

Klüsener, Robert, Die Bedeutung der Zweckmäßigkeit neben der Rechtmäßigkeit in § 68. I 1 VwGO, in NVwZ 2002, 816–821

Kluth, Winfried B., Rechtsfragen der verwaltungsrechtlichen Willenserklärung, in NVwZ 1990, 608–614

Kment, Martin, Nationale Beachtlichkeits-, Heilungs- und Präklusionsvorschriften und europäisches Recht, Berlin 2005

Knack, Hans Joachim, Verwaltungsverfahrensgesetz: Kommentar, 9. Aufl., Köln 2010

Knauff, Matthias, Der Gewährleistungsstaat: Reform der Daseinsvorsorge, Berlin 2004, Zugl.: Würzburg, Univ., Diss., 2003–2004

Knemeyer, Franz-Ludwig/Wehr, Matthias, Die Garantie der kommunalen Selbstverwaltung nach Art. 28 Abs. 2 GG in der Rechtsprechung des Bundesverfassungsgerichts, in VerwArch 92 (2001), 317–343

Knemeyer, Franz-Ludwig, Die gemeindliche Straßenverwaltung, in Bartlsperger, Richard/Blümel, Willy/Schroeter, Hans-Wolfgang, Ein Vierteljahrhundert Straßenrechts-gesetzgebung, Hamburg 1980

Knöpfle, Franz, „Tatbestands" und „Feststellungswirkung" als Grundlage der Verbindlichkeit von gerichtlichen Entscheidungen und Verwaltungsakten, in BayVBl. 1982, 225–230

Koch, Hans-Joachim (Hrsg.), Umweltrecht, 4. Aufl., München 2014

Koch, Hans-Joachim/Scheuing, Dieter H./Pache, Eckhard (Hrsg.), Gemeinschaftskommentar zum Bundes-Immissionsschutzgesetz, Köln (Kommentierung zur Lärmminderungs-planung a. F.), Stand 2006

Koch, Hans-Joachim, Wege zu einer umweltverträglichen Mobilität: Entwicklungslinien des Verkehrsumweltrechts in Dolde, Klaus-Peter (Hrsg.), Umweltrecht im Wandeln, Berlin 2001

Koch, Hans-Joachim, Aktuelle Probleme des Lärmschutzes, in NVwZ 2000, 490–501

Koch, Hans-Joachim/Hofmann, Ekkehard/Reese, Moritz, Lokal handeln: nachhaltige Mobilitätsentwicklung als kommunale Aufgabe, Berlin 2001

Koch, Hans-Joachim, Immissionsschutz in der Bauleitplamnung in Erbguth, Wilfried/Oebbecke, Janbernd/Rengeling, Hans-Werner/ Schulte (Hrsg.), Planung: Festschrift für Werner Hoppe, München 2000

Koch, Hans-Joachim/Mengel, Constanze, Örtliche Verkehrsregelungen und Verkehrs-beschränkungen, in NuR 2000, 1–8

Koch, Hans-Joachim, Immissionsschutz durch Baurecht, Baden-Baden 1991

Köck, Wolfgang, Perspektiven integrierter Umweltplanung aus rechtlicher Sicht, in UPR 2002, 321–326

Kodal, Kurt/Krämer, Helmut, Straßenrecht: systematische Darstellung des Rechts der öffentlichen Straßen, Wege und Plätze in der Bundesrepublik Deutschland, 6. Aufl., München 1999

Kollmann, Andreas, Zur Bindungswirkung von Verwaltungsakten, in DÖV 1992, 189–196

Kopp, Ferdinand Otto, Verfassungsrecht und Verwaltungsverfahren, München 1971, Zugl.: München, Univ., Habil.-Schr., 1970

Kopp, Ferdinand Otto/Ramsauer, Ulrich, Verwaltungsverfahrensgesetz: Kommentar, 14. Aufl., München 2013

Kopp, Ferdinand Otto/Schenke, Wolf-Rüdiger, Verwaltungsgerichtsordnung: Kommentar, 19. Aufl. 2013

Kormann, Karl, Beziehungen zwischen Justiz und Verwaltung, in JÖR Bd. 7 (1913), 1–19

Kotulla, Michael (Hrsg.), Bundesimmissionsschutzgesetz: Kommentar und Vorschriften-sammlung, Bd. 2, Stuttgart, Stand: 6.2011

Krawietz, Werner, Recht als Regelsystem, Wiesbaden 1984

Kriele, Martin, Recht und praktische Vernunft, Göttingen 1979

Kröner, Anna, Der Bürger als Akteur oder Statist der Lärmaktionsplanung, in UPR 2013, 89–94

Krüger, Rolf, Die Koordination von gesamtwirtschaftlicher, regionaler und lokaler Planung, Berlin 1969

Kügel, J. Wilfried, Der Planfeststellungsbeschluss und seine Anfechtbarkeit, Berlin 1985, Zugl.: Muenster, Univ., Diss., 1984

Kupfer, Dominik, Lärmaktionsplanung – Effektives Instrument zum Schutz der Bevölkerung vor Umgebungslärm, in NVwZ 2012, 784–791

Kutscher, H., Thesen zu den Methoden der Auslegung des Gemeinschaftsrechts, aus der Sicht eines Richters, in: Gerichtshof der Europäischen Gemeinschaften, Luxemburg 1976

LAI (Bund/Länder-Arbeitsgemeinschaft für Immissionsschutz), Durchsetzung von Luftreinhalte- und Lärmminderungsplänen nach §§ 47 III, 47a IV BImSchG n. F., in NVwZ 1991, 1161–1165

LAI (Bund/Länder-Arbeitsgemeinschaft für Immissionsschutz), Hinweise zur Lärmaktionsplanung. Gemäß UMK-Umlaufbeschluss 33/2007 von der Umweltminis-terkonferenz zur Kenntnis genommen mit der Ergänzung zu ruhigen Gebieten entsprechend des Beschlusses zu TOP 10.4.2. der 117. LAI-Sitzung. Stand: 25.03.2009

LAI (Bund/Länder-Arbeitsgemeinschaft für Immissionsschutz), Umsetzung der Richtlinie 2002/49/EG über die Bewertung und Bekämpfung von Umgebungslärm in Deutschland, April 2010

LAI (Bund/Länder-Arbeitsgemeinschaft für Immissionsschutz), Unterausschuss Recht, Durchsetzung von Luftreinhalte- und Lärmaktionsplänen gemäß §§ 47 Abs. 3, 47a Abs. 4 BImSchG n. F., in UPR 1991, 334–339

Landmann, Robert von/Rohmer, Gustav, (begr.) Beckmann, Martin/Durner, Wolfgang/Mann, Thomas/Röckinghausen, Marc (Hrsg.), Umweltrecht: Kommentar, Bd. III Bundes-Immissionsschutzgesetz, München, Stand: April 2013

Langenscheidt, Taschenwörterbuch Englisch, Berlin 2011

Langenscheidt, Taschenwörterbuch Französisch, Berlin 2011.

Larenz, Karl/Canaris, Claus-Wilhelm, Methodenlehre der Rechtswissenschaft, 4. Auflage, Berlin 2014

Larenz, Karl, Methodenlehre der Rechtswissenschaft, 6. Aufl. Berlin 1991

Le petit Robert, Dictionnare de la langue Francaise, Paris 2004

Lehming, B./Diekmann, H./Heinrichs, E. u. a., Lärmaktionsplan Berlin, in Lärmbekämpfung 2009, 97–107

Leisner, Walter, Die quantitative Gewaltenteilung, in DÖV 1969, 405–411

Leisner, Walter, Gewaltenteilung innerhalb der Gewalt, in Spanner, Hans/Lerche, Peter/Zacher, Hans/Badura, Peter/Frhr. v. Campenhausen, Axel (Hrsg.), Festgabe für Theodor Maunz, München 1971

Leitl, Urban, Aspekte der Umweltplanung in der Luftreinhaltepolitik, in Weidner, Helmut/Knoepfel, Peter/Kollande, Dagmar (Hrsg.), Luftreinhaltepolitik in städtischen Ballungsräumen, Frankfurt a. M. 1985

Linke, Benjamin, Die Gewährleistung des Daseinsvorsorgeauftrages im öffentlichen Personennahverkehr, Baden-Baden 2010, Zugl.: Tübingen, Univ., Diss., 2010

Lorenz, Die Bedeutung der Sonderrechte gemäß § 35 StVO in ihrem Verhältnis zum Straßenrecht, in DÖV 1990, 517–521

Löwer, Klagebefugnis und Kontrollumfang der richterlichen Planprüfung bei straßenrechtlicher Planfeststellungsbeschlüssen, in DVBl. 1981, 528–535

Macher, Ludwig, Der Grundsatz des Gemeindefreundlichen Verhaltens, Berlin 1971, Zugl.: München, Univ., Diss., 1970

Magiera, Siegfried, Die Durchsetzung des Gemeinschaftsrechts im europäischen Integrations-prozess, in DÖV 1998, 173–183

Malchin, Cordula, Durchführung und Durchsetzung von Immissionsgrenzwerten im Luftqualitätsrecht, Hamburg 2009, Zugl.: Münster, Univ., Diss., 2008

Manssen, Gerit, Vom Vorrang zur Vorherrschaft des Straßenverkehrsrechts, in DÖV 2001, 151–158

Manssen, Gerit, Anordnungen nach § 45 StVO im System des Verwaltungsrechts und des Verwaltungsprozessrechts, in DVBl. 1997, 633–639

Masing, Johannes, Mobilisierung des Bürgers für die Durchsetzung des Rechts, Berlin 1997, Zugl.: Freiburg (Breisgau), Univ., Diss., 1996

Maunz, Theodor/Düring, Günter/Herzog, Roman (Hrsg.), Grundgesetz: Kommentar, München, Stand: 2011

Maurer, Hartmut, Allgemeines Verwaltungsrecht, 16.Aufl., München 2006 und 18. Aufl., München 2011

Meyer, Stephan, Juristische Geltung als Verbindlichkeit, Tübingen 2011, Zugl.: Erfurt, Univ., Habil.-Schr., 2010

Meyer-Teschendorf, Klaus G., Verfassungsmäßiger Schutz der natürlichen Lebensgrundlagen, in ZRP 1994, 73–79

Middel, Dieter, Öffentlich-rechtliche Willenserklärungen von Privatpersonen, Berlin 1971, Zugl.: Hamburg, Jur. Diss. v. 11. Juni 1970

Mitschang, Stephan, Die Umgebungslärmrichtlinie und ihre Auswirkungen auf die Regional- und Bauleitplanung, in ZfBR 2006, 430–442

Mitschang, Stephan, Lärmminderungsplanung als wichtige gemeindliche Aufgabe zum Schutz vor Lärm, in ZfBR 2002, 438–448

Müller, Hermann/Schulz, Herhard (Hrsg.), Bundesfernstraßengesetz mit Autobahnmautgesetz, Kommentar, München 2008

Müller-Bromley, Nicolai, Staatszielbestimmung Umweltschutz im Grundgesetz? – Rechtsfragen der Staatszielbestimmung als Regelungsform der Staatsaufgabe Umweltschutz, Berlin 1990, Zugl.: Göttingen, Univ., Diss., 1987

Müller-Uri, Rolf, Tatbestandswirkung und Feststellungswirkung, in VR 1982, 246–248

Murswiek, Dietrich, Die staatliche Verantwortung für die Risiken der Technik: verfassungsrechtliche Grundlagen und immissionsschutzrechtliche Ausformung, Berlin 2003, Zugl.: Saarbrücken, Univ., Habil.-Schr., 1983

Murswiek, Dietrich, Die staatliche Verantwortung für die Risiken der Technik, Berlin 1985, Zugl.: Saarbrücken, Univ., Habil.-Schr., 1983

Nass, Klaus Otto, Die deutschen Kommunen in der Europäischen Union, in Frank, Götz/Langrehr, Heinrich-Wilhelm (Hrsg.) Die Gemeinde; Verfassung, Planung, Wirtschaft und das kommunale Selbtsverwaltungsrecht, Festschrift für Heiko Faber, Tübingen 2007

Nettesheim Martin, Der Grundsatz der einheitlichen Wirksamkeit des Gemeinschaftrechts, in Randelzhofer, Albrecht (Hrsg.), Gedächtnisschrift für Eberhard Grabitz, München 1995

Nicklisch, Fritz, Die Bindung der Gerichte an gestaltende Gerichtsentscheidungen und Verwaltungsakte, Bielefeld 1965, Zugl.: Frankfurt, Univ., Diss., 1964

Nicolaysen, Gert, Zur Theorie von den Implied Powers in den Europäischen Gemeinschaften, in EuR 1966, 129–142

Nordrhein-Westfalen, Ministerium für Arbeit, Gesundheit und Soziales (MAGS), Schall-ausbreitung in bebauten Gebieten, Köln 1975

Nozon, Steffen, LMP = LAP + x – Praxiserfahrungen mit der Lärmminderungsplanung und Lärmaktionsplanung in der Hansestadt Rostock, in Lärmbekämpfung 2008, 108–113

Oeter, Stefan, Integration und Subsidiarität im deutschen Bundesstaatsrecht, Tübingen 1998, Zugl.: Heidelberg, Univ., Habil.-Schr., 1996

Oppermann, Thomas, Europarecht, 5. Aufl., München 2011

Ossenbühl, Fritz, Aktuelle Probleme der Gewaltenteilung, in DÖV 1980, 545–553

Ossenbühl, Fritz, Die Not des Gesetzgebers im naturwissenschaftlich-technischen Zeitalter, Wiesbaden 2000

Ott, Der Rechtspositivismus: kritische Würdigung auf der Grundlage eines juristischen Pragmatismus, 2. Aufl., Berlin 1992, Zugl. teilw.: Zürich, Univ., Habil.-Schr., 1978

Papier, Hans-Jürgen, Recht der öffentlichen Sachen, 3. Aufl., Berlin 1998

Parzefall, Helmut, Entschädigung des Straßennachbarn bei Eigentumsbeeinträchtigung durch Verkehrslärm, Stuttgart 1995

Paternoster, Stefan, Verkehrsbeschränkungen zur Verringerung der innerstädtischen Fein-staubbelastung, Hamburg 2010, Zugl.: Regensburg, Univ., Diss., 2010

Pawlowski, Hans-Martin, Methodenlehre für Juristen, 3. Aufl. Heidelberg 1999

Peine, Franz-Joseph, Allgemeines Verwaltungsrecht, 10. Aufl., Heidelberg 2011

Peine, Franz-Joseph, Die Legalisierungswirkung, in JZ 1990, 201–212

Peine, Franz-Josef, Die Einrichtung von Fußgängerzonen als Problem der Abgrenzung vom Straßenrecht und Straßenverkehrsrecht, in DÖV 1978, 835–840

Peters, Hein-Joachim, Art. 20a GG – Die neue Staatszielbestimmung des Grundgesetzes, in NVwZ 1995, 555–557

Petersen, Volkert, Zur verwaltungsgerichtlichen Kontrolldichte verkehrsbehördlicher Anordnungen, in NdsVBl. 1997, 169–173

Petersen, Frank, Schutz und Vorsorge: Strukturen der Risikoerkenntnis, Risikozurechnung und Risikosteuerung der Grundpflichten im Bundes-Immissionsschutzgesetz, Berlin 1993, Zugl.: Kiel, Univ., Diss., 1991–1992

Pitschas, Rainer, Maßstäbe des Verwaltungshandelns in: Hoffmann-Riem, Wolfgang/Schmidt-Aßmann, Eberhard/Voßkuhle, Andreas (Hrsg.), Grundlagen des Verwaltungsrechts, Bd. II, Informationsordnung – Verwaltungsverfahren – Handlungsform, 2. Aufl, München 2012

Porger, Karl-Wilhelm, Immissionsschutz in Bebauungsplänen, Wiesbaden 1995

Potacs, Michael, Effet utile als Auslegungsgrundsatz, EuR 2009, 465–487

Potacs, Michael, Entwicklungstendenzen beim indirekten Vollzug von Gemeinschaftsrecht, in Hummer, Waldemar (Hrsg.), Paradigmenwechsel im Europarecht zur Jahrtausendwende, Wien 2004

Potacs, Michael, Auslegung im öffentlichen Recht. Eine vergleichende Untersuchung der Auslegungspraxis des Europäischen Gerichtshofs und der österreichischen Gerichtshöfe öffentlichen Rechts, Baden-Baden 1994

Randelzhofer, Albert, Rechtsprobleme der Verkehrsberuhigung unter Berücksichtigung der Besonderheiten in Berlin, in DAR 1987, 237–256

Rebler, Adolf/Scheidler, Alfred, Immissionsschutz im Straßenverkehr, Stuttgart 2006

Rehbinder, Eckard, Zur Entwicklung des Luftqualitätsrechts, in NuR 2005, 493–498

Rehbinder, Eckard, Rechtsgutachten über die Umsetzung der 22. Verordnung zur Umsetzung des Bundes-Immissionsschutzgesetzes, Frankfurt a. M. 2004

Rehbinder, Eckard, Festlegung von Umweltzielen, in NuR 1997, 313–328

Renck, Ludwig, Der „gebundene Realakt" als neues Institut des Verwaltungsrechts? in NVwZ 1982, 236–237

Rengeling, Hans-Werner (Hrsg.), Handbuch des Rechtsschutzes in der Europäischen Union, 3. Aufl., München 2014

Rengeling, Hans-Werner/Badura, Peter (Hsrg.), Handbuch zum europäischen und deutschen Umweltrecht, Bd. II/1, 2. Aufl., Köln 2003

Rengeling, Hans-Werner/Middeke, Andreas/Gellermann, Martin, Handbuch des Rechtsschutz in der Europäischen Union, Bd. II/1, 2. Aufl., München 2003

Repkewitz, Ulrich, Probleme der Umsetzung der Umgebungslärmrichtlinie, in VBlBW 2006, 409–417

Repkewitz, Ulrich, Festlegung von Flugrouten –Materielle und formelle Anforderungen, Rechtsschutz in VBlBW 2005, 1–13

Richter, Lutz, Die Organisationsgewalt; Verwaltungsreform und Rechtsstaat, Leipzig 1926

Rieger, Wolfgang, Die Bedeutung naturschutzrechtlicher Vorschriften bei der Errichtung bau-lichen Anlagen – ein Überblick, in UPR 2012, 1–7

Röhl, Hans Christian, Verantwortung und Effizienz in der Mehrebenenverwaltung, in DVBl. 2006, 1070–1079

Röthel, Anne, Individuelle Mobilität in der Interessenabwägung, in NZV 1999, 63–69

Röthel, Anne, Grundrechte der mobilen Gesellschaft, Berlin 1997, Zugl.: Trier, Univ., Diss., 1996

Rüthers, Bernd, Rechtstheorie, 1. Aufl., München 1999 (aktuell 5. Aufl., 2010)

Sachs, Michael Hrsg.), Grundgesetz: Kommentar, 6. Aufl., München 2011

Sachsen-Anhalt, Ministerium für Bau und Verkehr, Bei Anruf Bus – Flexible Lösungen im Öffentlichen Personennahverkehr, 2009

Sächsisches Landesamt für Umwelt und Geologie: Hinweise für die Lärmaktionsplanung – Informationsbroschüre für Städte und Gemeinden. Dresden 2008

Sauthoff, Michael, Gemeindliche Instrumente des Straßen- und Straßenverkehrsrechts zur Innenstadtgestaltung, in KommP spezial, 2011, 42–51

Sauthoff, Michael, Öffentliche Straßen: Straßenrecht – Straßenverkehrsrecht – Verkehrs-sicherungspflichten, 2. Aufl., München 2010

Sauthoff, Michael, Die Entwicklung des Straßenrechts seit 1993, in NVwZ 1998, 239–256

Scharpf, Fritz Wilhelm, Die Politikverflechtungs-Falle: Europäische Integration und deutscher Föderalismus im Vergleich, in PolVS 26 (1985), S. 323 ff.

Scheidler, Alfred, Die Anlagenüberwachung im Immissionsschutz, GewArch Belage 03/2010, 181–244

Scheidler, Alfred, Der Begriff des Umgebungslärms im neuen sechsten Teil des Bundes-Immissionsschutzgesetzes, in Immissionsschutz 2007, 31–35

Scheidler, Alfred, Neue Aufgaben für die Gemeinden durch die Neuregelung im BImSchG zur Lärmminderungsplanung, in DVBl. 2005, 1344–1351

Scheidler, Alfred, Strategische Umweltprüfung für Lärmaktionspläne, NuR 2005, 628–634

Schenk, Wolf-Rüdiger, Das Verwaltungsverfahren zwischen Verwaltunqseffizienz und Recht¬schutzauftrag, in VBlBW. 1982, 313–326

Schleifenbaum, Henrich, Die allgemeinen Grundsätze des Verwaltungsrechts als revisibles Bundesrecht, Bamberg 1966, Zugl.: München, Univ., Diss., 1966

Schlichter, Otto/Berkemann, Jörg (Hrsg.), Berliner Schwerpunkte-Kommentar zum Baugesetzbuch, Köln 1998

Schliesky, Utz, Auswirkungen des E-Government auf Verfahrensrecht und kommunale Ver-waltungsstrukturen, in DÖV 2004, 809–818

Schmidt, Alexander, Bauleitplanung und Immissionsschutz für gewerbliche Anlagen, Taunusstein 1992

Schmidt, Alexander, Entwicklung der Lärmminderungsplanung, in UPR 1995, 379–385

Schmidt-Aßmann, Eberhard, Verwaltungsverfahren und Verwaltungskultur, in NVwZ 2007, 40–45

Schmidt-Aßmann, Eberhard, Allgemeines Verwaltungsrecht als Ordnungsidee, 2. erweiterte Aufl., Berlin 2006

Schmidt-Aßmann, Eberhard Deutsches und europäisches Verwaltungsrecht, DVBl. 1993, 924–936 931.

Schmidt-Aßmann, Eberhard, Verwaltungsprobleme in Verdichtungsräumen, in Die Ver-waltung, 1985, 273–288

Schmidt-Aßmann, Eberhard, Anwendungsprobleme des Art. 2 Abs. 2 GG im Immissions-schutzrecht, in AöR 106 (1981), 205–217

Schmidt-Aßmann, Eberhard/Hoffmann-Riem, Wolfgang (Hrsg.), Strukturen des europäischen Verwaltungsrechts, Baden-Baden 1999

Schmidt-Aßmann, Eberhard/Schoch, Friedrich (Hrsg.), Besonderes Verwaltungsrecht, 14. Aufl., Berlin 2008 und 15. Aufl. Berlin 2013

Schnapp, Friedrich E., Überlegungen zu einer Theorie des Organisationsrechts, in AöR 105 (1980), 243–278

Schneider, H., Autonome Satzung und Rechtsverordnung, Unterschiede und Übergange, in Herfermehl, Wolfgang/Nipperdey, Hans Carl (Hrsg.), Festschrift für Philipp Möhring, München 1956

Schneider, Hans K., Gesetzgebung, 1. Aufl., Heidelberg 1982 (aktuell 2. Aufl., 1991)

Schneider, Hans K., Plankoordinierung in der Regionalpolitik, in Schneider, Erich (Hrsg.) Rationale Wirtschaftspolitik und Planung in der Wirtschaft heute, Berlin 1967

Schnell, Martin, Der Antrag im Verwaltungsverfahren, Berlin 1986, Zugl.: Bochum, Univ., Diss., 1985

Schrader, Christian, Altlasten und Grenzwerten in NuR 1989, 288–295

Schröder, Meinhard, Postulat und Kompetenz zur Durchsetzbarkeit und Durchsetzung der EG-Umweltpolitik, in NVwZ 2006, 389–395

Schröder, Meinhard, Grundfragen der Staatsaufsicht JuS 1986, 371–375

Schroeder, Werner, Nationale Maßnahmen zur Durchführung von EG-Recht und das Gebot der einheitlichen Wirkung, in AöR 129 (2004), 3–38

Schulte, Martin, Informales Verwaltungshandeln als Mittel staatlicher Umwelt- und Gesund-heitspflege in DVBl. 1988, 512–518

Schulte, Martin, Schienenverkehrslärm, in ZUR 2002, 195–201

Schulze-Fielitz, Helmut, Brauchen wir eine Verordnung zur Lärmaktionsplanung?, in NuR 2009, 687–693

Schulze-Fielitz, Helmut, Umgebungslärm als neuartige rechtliche Herausforderung, in UTR 2008, 7–53

Schulze-Fielitz, Helmut, Der Straßenverkehrslärm und das Umweltrecht, in ZUR 2002, 190–195

Schulze-Fielitz, Helmut, Lärmschutz bei der Planung von Verkehrsvorhaben, in DÖV 2001, 181–191

Schulze-Fielitz, Helmut, Neue Kriterien für die verwaltungsgerichtliche Kontrolldichte bei der Anwendung unbestimmter Rechtsbegriffe, in JZ 1993, 772–781

Schulze-Fielitz, Helmut, Rechtsfragen der Durchsetzung von Luftreinhalte- und Lärmak-tionsplänen, in UPR 1992, 41–47

Schulze-Fielitz, Helmut/Berger, Lärmminderungspläne als neue Form der Umweltplanung, in DVBl. 1992, 389–398

Schwarze, Der Reformvertrag von Lissabon – Wesentliche Elemente des Reformvertrages in EuR 2009, Beiheft 1, 9–30

Schwarze, Jürgen (Hrsg.), EU-Kommentar, 2. Aufl., Baden-Baden 2009 (aktuell 3. Aufl. 2012)

Schwarze, Jürgen, Konvergenz im Verwaltungsrecht der EU-Mitgliedstaat, in DVBl. 1996, 881–889

Schweitzer, Michael/Hummer, Waldemar/Obwexer, Walter, Europarecht: Das Recht der Europäischen Union, Wien 2007

Seibert, Max-Jürgen, Die Bindungswirkung von Verwaltungsakten, Baden-Baden 1989, Zugl.: Bonn, Univ., Diss., 1987/88

Seyr, Sibylle, Der effet utile in der Rechtsprechung des EuGH, Berlin 2008, Zugl.: Göttingen, Univ., Diss., 2006

Siegel, Thorsten, Die Verfahrensbeteiligung von Behörden und anderer Träger öffentlicher Belange, Berlin 2001, Zugl.: Speyer, Dt. Hochsch. für Verwaltungswiss., Diss., 2000

Silagi, Michael, Grenzen des Verkehrslärmschutzes, in UPR 1997, 272–278

Simonis, Lothar, Leistungsstörungen verwaltungsrechtlicher Schuldverhältnisse, Berlin 1967, Zugl.: Münster (Westf.), Univ., Diss., 1966

Sodan, Helge/Ziekow, Jan (Hrsg.), Verwaltungsgerichtsordnung: Großkommentar, 3. Aufl., Baden-Baden 2010

Spannowsky, Willy, Die Grenzwertkonzeption im Wandel, in NVwZ 1995, 845–850

Spannowsky, Willy/Mitschang, Stephan (Hrsg.), Lärmschutz in der Bauleitplanung und bei der Zulassung von Bauvorhaben, Köln 2003

Spannowsky, Willy/Uechtritz, Michael, Beck'scher Onlinekommentar Öffentliches Baurecht, BauGB, Stand 12.2013

Sparwasser, Reinhard, Luftqualitätsplanung zur Einhaltung der EU-Grenzwerte – Vollzugs-defizite und ihre Rechtsfolge, in NVwZ 2006, 369–377

Sparwasser, Reinhard/Engel, Rüdiger, Aktionspläne des Luftreinhalte- und Lärmschutzrechts im Spannungsfeld zwischen deutschem und europäischem Recht, in NVwZ 2010, 1513–1520

Sparwasser, Reinhard/Engel, Rüdiger/Voßkuhle, Andreas, Umweltrecht: Grundzüge des öffentlichen Umweltschutzrechts, 5. Aufl., Heidelberg 2003

SRU (Sachverständigenrat für Umweltfragen), Sachverständigenausschuss für Raumordnung, Raumordnung in der Bundesrepublik Deutschland, 1961

SRU (Sachverständigenrat für Umweltfragen), Sondergutachten Umwelt und Straßenverkehr, Baden-Baden 2005

SRU (Sachverständigenrat für Umweltfragen), Umweltgutachten: Umweltpolitische Handlungsfähigkeit sichern, Baden-Baden 2004

Stälzer, Elmar, Städtebaulicher Schallschutz, 2. Aufl. Wiesbaden 1982

Staudinger, Julius von/Roth, Herbert (Hrsg.), Kommentar zum Bürgerlichen Gesetzbuch, Buch 3 Privates Nachbarrecht,

Steenbuck, Michael, Anspruch auf Verkehrsbeschränkungen zum Schutz vor Feinstaub, in NVwZ 2005, 770–772

Steinberg, Rudolf, Die verfassungsrechtliche Gewährleistung der kommunalen Planungshoheit – BVerfGE 56, 298, in JuS 1982, 578–583

Steinberg, Rudolf/Berg, Thomas/Wickel, Martin (Hrsg.), Fachplanung, 3. Aufl., Baden-Baden 2000

Steinberg, Rudolf, Probleme der Europäisierung des deutschen Umweltrechts, in AöR 120 (1995), 549–594

Steinberg, Rudolf, Grenzüberschreitende Informationsansprüche im Bundesstaat, in NJW 1987, 2345–2351

Steiner, Udo, Die Rechtsstellung der Gemeinden beim Vollzug des § 45 StVO, in NZV 1995, 209–212

Steiner, Udo, Höchstrichterliche Rechtsprechung zum Verwaltungsrecht: Verfassungs- und Verwaltungsrechtsfragen straßenverkehrsrechtlicher Anordnungen, in VerwArch 86 (1995), 173–186

Steiner, Udo, Zulässigkeit der Klage einer Gemeinde gegen verkehrsrechtliche Weisungen, in DVBl. 1994, 351–353

Steiner, Udo, Innerstädtische Verkehrsführung durch verkehrsrechtliche Anordnungen nach § 45 StVO, in NJW 1993, 3161–3165

Steiner, Udo, Rechtsprobleme hoheitlicher Eingriffe in den Innenstadtverkehr, in DVBl. 1992, 1561–1567

Steiner, Udo, Aktuelle Rechtsfragen der Einrichtung Verkehrsberuhigter Bereiche, in NVwZ 1984, 201–206

Steiner, Udo, Straßenrecht und Straßenverkehrsrecht, in JuS 1984, 1–9

Stern, Klaus (Hrsg.), Das Staatsrecht der Bundesrepublik Deutschland, Bd. III/2, Allgemeine Lehre der Grundrechte, München 1994

Stern, Klaus (Hrsg.), Das Staatsrecht der Bundesrepublik Deutschland, Bd. III/1, Grundlagen und Geschichte, München 1988

Stern, Klaus (Hrsg.), Das Staatsrecht der Bundesrepublik Deutschland, Bd. I, Grundbegriffe und Grundlagen des Staatsrechts, Strukturprinzipien der Verfassung, 2. Aufl., München 1984

Stern, Klaus (Hrsg.), Das Staatsrecht der Bundesrepublik Deutschland, Bd. II, Staatsorgane, Staatsfunktionen, Finanz- und Haushaltsverfassung, Notstandsverfassung, München 1980

Stern, Klaus, Die öffentliche Sache, in VVDStRL 21 (1964), 193 ff.

Stich, Rudolf, Der Umweltschutz im Entwurf des Baugesetzbuches, in UPR 1986, 205–214

Stich, Rudolf, Entwicklung und Stand des Schutzes von Verkehrslärm, in UPR 1985, 265–272

Stober, Rolf,/Kluthe, Winfrid/Müller, Martin/Wolff, Hans J./Bachhof, Otto/ Verwaltungsrecht II, 7. Aufl., München 2010

Storm, Peter-Christoph, Umweltrecht: Einführung, 9. Aufl., Berlin 2010

Storost, Ulrich, Umweltprobleme bei der Zulassung von Flughäfen – Materielle Schutz-standards, in NVwZ 2004, 257–267

Streinz, Rudolf (Hrsg.), Vertrag über die Europäische Union und Vertrag zur Gründung der Europäischen Gemeinschaft, München 2003

Strick, Stefan, Lärmschutz an Straßen, 2. Aufl., Köln 2006

Stüer, Bernhard, Der Bebauungsplan: Städtebaurecht in der Praxis, 4. Aufl., München 2009

Stüer, Bernhard, Handbuch des Bau- und Fachplanungsrecht, 4. Aufl., München 2009

Trute, Hans-Heinrich, Das Planungsinstrumentarium des Bundes-Immissionsschutzgesetzes, in Koch, Hans-Joachim/Lechelt, Rainer (Hrsg.), Zwanzig Jahre Bundes-Immissionsschutzgesetz, Baden-Baden 1994

Uechtritz, Michael, Der rechtliche Regelungsrahmen für die Bewältigung von Verkehrslärm in der Bauleitplanung, in DVBl. 1999, 198–205

Ukrow, Jörg, Richterliche Rechtsfortbildung durch den EuGH. Dargestellt am Beispiel der Erweiterung des Rechtsschutzes des Marktbürgers im Bereich des vorläufigen Rechtsschutzes und der Staatshaftung, Baden-Baden 1995

Ule, Carl-Hermann/Laubinger, Hans-Werner, Bundes-Immissionsschutzgesetz: Kommentar, Neuwied, Stand: 12.2103

Umbach, Dieter C./Clemens, Thomas, Grundgesetz: Mitarbeiterkommentar und Handbuch, Bd. I, 2. Aufl. Heidelberg 2005

Umweltbundesamt (UBA), Lärmbilanz 2010: Untersuchung der Entscheidungskriterien für fest¬zulegende Lärmminderungsmaßnahmen in Lärmaktionsplänen nach der Umgebungslärmrichtlinie 2002/49/EG, 78/2011, Heinrichs, Eckhart (Bearb.), Berlin 2011

Umweltbundesamt (UBA)/EA.UE, LK Argus GmbH, konsalt GmbH, Lärmkontor GmbH: Silent City – Ein Handbuch zur kommunalen Lärmminderung. Berlin 2008

Umweltbundesamt (UBA), Beeinträchtigung durch Fluglärm: Arzneimittelverbrauch als Indikator für gesundheitliche Beeinträchtigung, Geiser, Eberhard/Jahnsen, Katrin/Geiser, Claudia (Bearb.), Berlin 2006

Umweltbundesamt (UBA), Fluglärmwirkung, Ortscheid, Jens/Wende, Heidemarie (Bearb.), Berlin 2000

Umweltbundesamt, Richtlinie über die Bewertung und Bekämpfung von Umgebungslärm – Auslösekriterien für die Lärmaktionsplanung, März 2006

v. Bomhard, Verena, Immissionsschutz durch gemeindliches Verwaltungshandeln, München 1996, Zugl.: München, Univ., Diss., 1995

v. Danwitz, Thomas, Aarhus-Konvention: Umweltinformation, Öffentlichkeitsbeteiligung, Zugang zu den Gerichten, in NVwZ 2004, 272–282

v. Danwitz, Thomas, Funktionsbedingungen der Rechtsprechung des Europäischen Gerichtshofes, EuR 2008, S. 769–785

v. Danwitz, Thomas, Verwaltungsrechtliches System und Europäische Integration, Tübingen 1996, Zugl.: Bonn, Univ., Habil.-Schr., 1995–1996

v. Mangoldt, Hermann/Klein, Friedrich/Starck, Christian (Hrsg.), Kommentar zum Grund-gesetz, Bd. I, 6. Aufl., München 2010

v. Münch, Ingo/Kunig, Philip(Hrsg.), Grundgesetz-Kommentar, Bd. III. 4./5. Aufl., München 2003

v. Münch, Ingo/Kunig, Phillip (Hrsg.), Grundgesetz-Kommentar, Bd. II, 6. Aufl., München 2012

v. Münch, Ingo/Kunig, Phillip (Hrsg.), Grundgesetz-Kommentar, Bd. I, 5. Aufl, München 2000

v. Stelkens, Paul/Bonk, Heinz Joachim/Sachs, Michael (Hrsg.), Verwaltungsverfahrens-gesetz-Kommentar, 8. Aufl., München 2014

Verbandes deutscher Verkehrsunternehmen (VDV), Mobilität in Deutschland, Köln 1991

Verdross, Alfred/Simma, Bruno, Universelles Völkerrecht: Theorie und Praxis, 3. Aufl., Berlin 1984

Vesting, Thomas, Constitutionalism or Legal Therory, in Constitutionality or Legal Theory, in Joerges, Christian/Sand, Inger-Johanne/Teuber, Gunther (Hrsg.), Transnational Governance and Constitutionalism, Oxford 2004

Vetzberger, Klaus, Verfahrensschutz bei Eingriffen des Gesetzgebers in die kommunale Selbstverwaltung, in LKV 2004, 433–438

Vogel, Hans-Jochen, Die Reform des Grundgesetzes nach der deutschen Einheit, in DVBl. 1994, 497–506

Wahl, Rainer (Hrsg.), Prävention und Vorsorge: von der Staatsaufgabe zu den verwaltungs-rechtlichen Instrumenten, Bonn 1995

Wahl, Rainer, Das deutsche Genehmigungs- und Umweltrecht unter Anpassungsdruck, in Dolde, Klaus-Peter (Hrsg.), Umweltrecht im Wandel, Berlin 2001, S. 237–266

Wahrig, Gerhard, Deutsches Wörterbuch, Wahrig-Burfeind, Renate (Hrsg.), 9. Aufl., München 2012

Wallerath, Maximilian/Strätker, Georg, Zustandshaftung von Hoheitsträgern und zivilrechtlicher Eigentumsbegriff im Ordnungsrecht, in JuS 1999, 127–134

Walter, Christian, Internationalisierung des deutschen und Europäischen Verwaltungs-verfahrens- und Verwaltungsprozessrechts – am Beispiel der Aarhus-Konvention, in EuR 2005, 302–338

Wegener, Bernhard W., Rechtsschutz im europäischen (Umwelt-)Recht – Sekundär- und richterliche Bausteine einer gemeinschaftlichen Dogmatik, in UTR 98 (2008), 319–351

Wegener, Bernhard W., Vollzugskontrolle durch Klagerechte vor mitgliedsstaatlichen Gerichten, in Lübbe-Wolff, Gertrude (Hrsg.), Der Vollzug des europäischen Umweltrechts, Berlin 1996

Weyreuther, Felix, Über die Erforderlichkeit von Bebauungsplänen in DVBl. 1981, 369–373

WHO-Europa-Regionalbüro, „Night Noise Guidlines for Europe", 2009

Wiechers, G., Lärmminderung und Aktionsplanung in Düsseldorf, in Lärmbekämpfung 2008, 102–107

Wissenschaftlicher Beirat beim Bundesministerium für Verkehr, Bau und Stadtentwicklung (BMVBS), Zuverlässigkeit der Verkehrssysteme, in Zeitschrift für Verkehrswissenschaft 2009, 1–28

Wohlfahrth, Jürgen, Handlungsfelder privatrechtlich organisierten Parkraummanagements, in DÖV 1993, 902–907

Wolff, Hans J./Bachhof, Otto/Stober, Rolf, Verwaltungsrecht I, 12. Aufl., München 2007

Wolfrum, Rüdiger, Durchsetzung von Umweltbelangen im Verwaltungsverfahren am Beispiel der Bauleitplanung, in DÖV 1981, 606–614

Wolst, Dieter, Die Bundesauftragsverwaltung als Verwaltungsform, Bonn 1974, Zugl.: Erlangen-Nürnberg, Univ., Diss.

Würsig, Thorsten, Die Steuerung von Summenbelastungen im Deutsche Immissionsschutzrecht, Baden-Baden 2009, Zugl.: Frankfurt am Main, Univ., Diss., 2009

Würtenberger, Thomas, Legitimität staatlicher Herrschaft: eine staatsrechtliche-politische Begriffsgeschichte, Berlin 1973

Zipellius, Reinhold, Juristische Methodenlehre, 11. Aufl., München 2012

Zweigert, Konrad/Radbruch, Gustav, Einführung in die Rechtswissenschaft, 13. Aufl., Stuttgart 1980

Internetquellen-Verzeichnis

Baden-Württemberg, Landesamt für Umwelt, Messungen und Naturschutz, Lärmaktions-planung, Karlsruhe 2008, online: http://www.lubw.baden-Wuerttemberg.de/servlet/is/35602/laermaktionsplanung.pdf?command=downloadContent&filename=laermaktionsplanung.pdf, zuletzt abgerufen am 02.03.2014

Baden-Württemberg, Ministerium für Verkehr und Infrastruktur, Hinweis zur Lärmaktionsplanung 23.12.2012, online: http://www.mvi.baden-wuerttemberg.de/servlet/is/108146/Kooperationserlass.pdf?command=downloadContent&filename=Kooperationserlass.pdf, zuletzt abgerufen 03.02.2013

Berlin, Senatsverwaltung für Staatentwicklung und Umwelt, Lärmminderungsplanung Berlin, Lärmaktionsplan, online: http://www.berlin.de/sen/umwelt/laerm/laermminderungs-planung/de/laermaktionsplan/index.shtml, zuletzt abgerufen am 02.03.2014

Bottrop, Umgebungslärm, online: http://www.bottrop.de/stadtleben/umwelt/umgebungslaerm/index.php#a3, zuletzt abgerufen am 02.03.2014

Brandenburg, Ministerium für Umwelt, Gesundheit und Verbraucher-schutz, Strategie der Lärmaktionsplanung im Land Brandenburg, 2007, online: http://www.mugv.brandenburg.de/cms/media.php/lbm1.a.3310.de/strategie_lap.pdf, zuletzt abgerufen am 02.03.2014

Bremen, Senator für Umwelt, Bau und Verkehr, Bremer Umweltinformationsystem, Luft Lärm, Mobilität, Chemikalien-Klimaschutzverordnung, online: http://www.umwelt.bremen.de/de/detail.php?gsid=bremen179.c.7506.de, zuletzt abgerufen am 02.03.2014

Buchholz i. d. N., Lärmaktionsplan, 2011, online: http://www.buchholz.de/rathaus/buergerservice/planen-und-bauen/laermaktionsplan/, zuletzt abgerufen am 02.03.2014

Burgdorf, Lärmaktionsplan der Stadt Burgdorf, 2009, online: http://www.burgdorf.de/stadtinfo/umwelt/laerm/laermaktionsplan/, zuletzt abgerufen am 02.03.2014

Bundesregierung, gemeldete Grenzwerte im Rahmen der Umgebungslärmrichtlinie, http://www.lung.mv-regierung.de/dateien/laerm_hinweis_grenzwerte.pdf

Düsseldorf Landeshauptstadt, Umweltamt, Masterplan-Lärm: „Reduzierung des Straßen-verkehrslärms", online: http://www.duesseldorf.de/umweltamt/laerm/masterplan_laerm/index.shtml, zuletzt abgerufen am 02.03.2014

Düsseldorf Landeshauptstadt, Umweltamt, Schallschutzfensterförderung der Landes-hauptstadt Düsseldorf, online: http://www.duesseldorf.de/umweltamt/laerm/schallschutzfensterfoerderung.shtml, zuletzt abgerufen am 02.03.2014

Düsseldorf, Lärmaktionsplan für die Landeshauptstadt Düsseldorf gemäß § 47d BImSchG und nach EG-Umgebungslärmrichtlinie 2002/49/EG, Stand Januar 2011, online: http://www.duesseldorf.de/umweltamt/laerm/lae50/laermaktionsplanungen_ddorf.pdf, zuletzt abgerufen am 02.03.2014

Eisenbahnbundesamt, Projekt Lärmkartierung im Eisenbahn-Bundesamt, Lärmkarten/Ergebnisse (Eisenbahn), online: http://laermkartierung.eisenbahn-bundesamt.de/, zuletzt abgerufen am 02.03.2014

Esslingen, Lärmaktionsplan Entwurf, 2009 online: http://tourist.esslingen.de/servlet/PB/show/1419141/laermaktionsplan.pdf, zuletzt abgerufen am 02.03.2014

Frankfurter Allgemeine Zeitung, Auswirkungen von Lärm, 24.8.2012, online: http://www.faz.net/aktuell/feuilleton/auswirkungen-von-laerm-warum-tun-wir-uns-das-an-11865692.html, zuletzt abgerufen am 02.03.2014

FreeDictionary.com Großwörterbuch Deutsch als Fremdsprache, Farlex, Inc. and partners., online: http://de.thefreedictionary.com/Maßnahme, zuletzt abgerufen am 02.03.2014

GeoServer der Landesverwaltung Nordrhein-Westfalen, Information und Technik, online: http://www.geoserver.nrw.de, zuletzt abgerufen am 02.03.2014

Gießen, Regierungspräsidium, Lärmaktionsplan Hessen: Teilplan Straßenverkehr Regierungs-bezirk Gießen, online: http://www.rp-giessen.hessen.de/irj/RPGIE_Internet? cid=f62e6d42c73133e3523dc16 92c4df35b, zuletzt abgerufen am 02.03.2014

Halle, Fachbereich Umwelt, Lärmaktionsplanung der Stadt Halle (Saale): Zwischenbericht, 2008, Download online: http://www.halle.de/de/Leben-Gesellschaft/Umwelt/Klima-Energie-und-L-05755/Laerm/Laermkartierung/, zuletzt abgerufen am 02.03.2014

Hamburg Freie und Hansestadt, Behörde für Stadtentwicklung und Umwelt, Strategischer Lärmaktionsplan Hamburg, 2008, online: http://www.hamburg.de/contentblob/914000/data/strategischer-lap.pdf, zuletzt abgerufen am 02.03.2014

Hamburg Freie und Hansestadt, Behörde für Stadtentwicklung und Umwelt, Lärmaktions-planung in Hamburg Vorschläge für Hamburg-Nord, Gutachterliche Bewertung der Ergebnisse der Lärmforums im Bezirk Hamburg-Nord, 2009, online: http://www.hamburg.de/contentblob/2669192/data/laermaktionsplanung-in-hamburg-nord.pdf, zuletzt abgerufen am 02.03.2014

Hamburg Freie und Hansestadt, Behörde für Stadtentwicklung und Umwelt, Lärmaktions-planung in Hamburg Vorschläge für Eimsbüttel, Gutachterliche Bewertung der Ergebnisse der Lärmforums im Bezirk Eimsbüttel, 2009, online: www.hamburg.de/contentblob/2640176/data/eimsbuettel-broschuere.pdf, zuletzt abgerufen am 02.03.2014

Hamburg, Behörde für Stadtentwicklung und Umwelt, Entwurf Lärmaktionsplan 2012/2013, S. 11, online: http://www.hamburg.de/contentblob/4088786/data/laermaktionsplan-hamburg-2013.pdf, zuletzt abgerufen am 02.03.2014

Hamburg, Behörde für Stadtentwicklung und Umwelt, Homepage zur Lärmaktionsplanung online: http://www.hamburg.de/laermaktionsplan/, zuletzt abgerufen am 02.03.2014

Hannover Landeshauptstadt, Lärmaktionsplan: Entwurf, 2009, online: https://e-government.hannover-stadt.de/lhhSIMwebdd.nsf/DDBF9F3D6FC94E86C12575 A7004A5145/$FILE/1732-2009_Anlage1.pdf, zuletzt abgerufen am 02.03.2014

Kassel, Regierungspräsidium Kassel, Umgebungslärm, online, Downloads unter: http://www.rp-kassel.hessen.de/irj/RPKS_Internet?cid=0ddf376268c24 d8078b148d64ba6076b, zuletzt abgerufen am 02.03.2014

LAI, Umsetzung der Richtlinie 2002/49/EG über die Bewertung und Bekämpfung von Umgebungslärm in Deutschland, 2010, online: http://www.umweltbundesamt.de/sites/default/files/medien/481/dokumente/lai_erfahrungsbericht_1_stufe.pdf, zuletzt abgerufen am 02.03.2014

Loxstedt, Lärmaktionsplan der Gemeinde Loxstedt, 2010, online: http://www.loxstedt.de/downloads/40/2980/5_Projekte_Laermaktionsplan_2010-10-18_Laermaktionsplan_Gemeinde Loxstedt.pdf, zuletzt abgerufen am 02.03.2014

Niedersachsen, Ministerium für Umwelt und Klimaschutz, Lärmaktionsplanung, online: http://www.umwelt.niedersachsen.de/live/live.php?navigation_id=2393&article_id=8808&_psmand=10, zuletzt abgerufen am 02.03.2014

Norderstedt, Lärmminderungsplanung Norderstedt, Aachen/Berlin 2008, online unter: http://www.prr.de/download/erw/34_lapNorder.pdf, zuletzt abgerufen am 02.03.2014

Nordrhein-Westfalen, Ministerium für Klimaschutz, Umwelt, Landwirtschaft, Natur- und Verbraucherschutz, Förderportal Lärmschutz, online: http://www.laermschutz.nrw.de/Foerder programme/, zuletzt abgerufen am 02.03.2014

Osnabrück, Stadt Osnabrück, 1. Zwischenbericht Lärmaktionsplan Osnabrück 2012, online: http://ris.osnabrueck.de/bi/vo020.asp?VOL FDNR=1001437, zuletzt abgerufen am 02.03.2014

Sachsen-Anhalt, Statistisches Landesamt, online: http://www.stala.sachsen-anhalt.de/, zuletzt abgerufen am 02.03.2014

Schleswig-Holstein, Ministerium für Landwirtschaft, Umwelt und ländliche Räume, Leitfaden für die Aufstellung von Lärmaktionsplänen, online: http://153.96.8.105/ULR/de/aktion/nps/Leitfaden_Aktions planung_SH.pdf, zuletzt abgerufen am 02.03.2014

Spiegel.de, Feinstaubplakette: Ruhrgebiet wird größte Umweltzone, vom 29.12.2011, online: http://www.spiegel.de/auto/aktuell/feinstaubplakette-ruhrgebiet-wird-zur-groessten-umweltzone-a-806200.html, zuletzt abgerufen am 15.3.2014

Spiegel.de, Neue Untersuchung: Feinstaub-Studie zeigt Nutzen von Umweltzonen, vom 30.3.2013, online: http://www.spiegel.de/auto/aktuell/neue-studie-aus-leipzig-zur-effizienz-von-umweltzonen-a-897473.html, zuletzt abgerufen am 15.3.2014

Spiegel.de, Umweltschutz contra Ostalgie: No, Trabi, no!, vom 27.1.2012, online: http://www.spiegel.de/panorama/umweltschutz-contra-ostalgie-no-trabi-no-a-811784.html, zuletzt abgerufen am 15.3.2014

Spiegel.de, Umweltzone 2010: Freie Fahrt für saubere Bürger, vom 5.1.2010, online: http://www.spiegel.de/auto/aktuell/umweltzonen-2010-freie-fahrt-fuer-saubere-buerger-a-669961.html, zuletzt abgerufen am 15.3.2014

Spiegel-Online, Lärmforschung: Wenn Geräusche bloß noch nerven, online: http://www.spiegel.de/gesundheit/psychologie/laermforschung-wenn-geraeusche-bloss-noch-nerven-a-864747.html, zuletzt abgerufen am 02.03.2014

Spiegel-Online, Neue Lärmgrenzwerte für Autos: Die volle Dröhnung, online: http://www.spiegel.de/auto/aktuell/neuen-eu-laermgrenzwerte-deutschland-haette-gern-ein-dreiklassensystem-a-855796.html, zuletzt abgerufen am 02.03.2014

Statistisches Bundesamt, Gemeindeverzeichnis, https://www.destatis.de/DE/ZahlenFakten/LaenderRegionen/Regionales/Gemeindeverzeichnis/Gemeindeverzeichnis.html, zuletzt abgerufen am 02.03.2014

Stuttgart Landeshauptstadt, Lärmaktionsplan 2009, online: http://www.stuttgart.de/img/mdb/publ/17847/51453.pdf, zuletzt abgerufen am 02.03.2014

Stuttgart, Diagramm, Lärmaktionsplan Stuttgart: Stand der Umsetzung (September 2013), online: http://www.stadtklima-stuttgart.de/stadtklima_filestorage/download/LMP/LAP/Diagramm-Umsetzung-Laermaktionsplan_09-2013.pdf, zuletzt abgerufen am 02.03.2014

Stuttgart, Karte, Umsetzung Maßnahmen (Auswahl) – Lärmaktionsplan Stuttgart (September 2013), online: http://www.stadtklima-stuttgart.de/stadtklima_filestorage/download/LMP/LAP/Karte-Stgt_Laerm-Massnahmen-09-2013.pdf, zuletzt abgerufen am 02.03.2014

Stuttgart, Tabelle, Lärmaktionsplan Stuttgart – Maßnahmenkonzept – Stand der Umsetzung (September 2013), online: http://www.stadtklima-stuttgart.de/stadtklima_filestorage/download/LMP/LAP/Ueberblick-09-2013.pdf, zuletzt abgerufen am 02.03.2014

Umweltbundesamt, Auswertung der Online-Lärmumfrage des Umweltbundesamtes, 2011, online: http://www.umweltdaten.de/publikationen/fpdf-l/3974.pdf, zuletzt abgerufen am 02.03.2014

Umweltbundesamt, Daten zur Umwelt, Karte: Lage der Ballungsräume, für die nach der Umgebungslärmrichtlinie in 2007 Lärmkarten und in 2008 Lärmaktionspläne erstellt werden müssen, online: http://www.umweltbundesamt.de/sites/default/files/medien/480/bilder/ulr_ballungsraeume.gif, zuletzt abgerufen am 02.03.2014

Umweltbundesamt, Daten zur Umwelt, Karte: Lage der Ballungsräume, für die nach der Umgebungslärmrichtlinie in 2012 Lärmkarten und in 2013 Lärmaktionspläne erstellt werden müssen, online: http://www.umweltbundesamt.de/sites/default/files/medien/384/bilder/13_karte_lage-br_2011-02-17.gif, zuletzt abgerufen am 02.03.2014

Umweltbundesamt, Lärm, Umgebungslärmrichtlinie, online: http://www.umweltbundesamt.de/themen/verkehr-laerm/umgebungslaermrichtlinie, zuletzt abgerufen am 02.03.2014

FSC
www.fsc.org
MIX
Papier | Fördert
gute Waldnutzung
FSC® C083411

Kolibri 360 GmbH
Ferdinand-Jühlke-Straße 7
99095 Erfurt, Deutschland
produktsicherheit@kolibri360.de